一個瑜伽行者的自傳

著

Autobiography of a Yogi

by Paramhansa Yogananda

紅桌文化
UnderTable Press

Paramhansa Yogananda

推薦序　實證天命的一本好書

宇色

如果要我推薦一本書，給想要透過修行達到身心合一的讀者，我會毫不猶豫地推薦：《一個瑜伽行者的自傳》。如果有十本書會放在我的書架直到今世結束，我相信《一個瑜伽行者的自傳》絕對是被列入前幾本之一。

走靈修跑遍全台灣靈山廟宇將近二十年，學習哈達、希瓦南達瑜伽（sivananda yoga）到各派瑜伽也有近十五年光陰，對於以上領域的書籍我已培養了相當的敏銳度，一本書拿到手中總是能快速嗅察出作者與著作本身具有相當的「厚度」。當我在閱讀本書前幾頁時，書中具有一股瑜伽神力，滲透作者尤迦南達在七十年前想要傳遞給世人的瑜伽睿智。

我的心中目的大師定義又是什麼？赤子之心與坦然面對過去種種，這就是一名真正的大師，說來容易，做起來又何其困難，尤其是當一個人站在某個領域的至高層級時，心性必已修到返璞歸真才能做到。這樣的定義在尤迦南達身上展露無疑。尤迦南達在十七歲（一九一〇年）遇見上師聖尤地斯瓦爾前，他有著世人常見的粗糙心性，魯莽、好奇心、莽撞、不求上進……這一些心性都在書中展露無疑，閱讀到此，我不禁讚嘆尤迦南達身為一代瑜伽上師、靈性大師，竟有如此的胸襟，親自執筆將過往的愚昧開誠布公面對世人，這是須要何等的勇氣與真誠。本書能夠流通世間近七十年，甚至蘋果公司已逝CEO賈伯斯手中iPad唯一下載的電子書，不僅具有其不可不閱讀的魔力，也絕不是此書中記載了太多現今閱讀起來仍覺不可思議之處。

本書記載了尤迦南達尋找上師與尋道的過程，我必須坦言，這些是讀者千萬要小心處理的重點。許多人會陷在此書這些神奇的章節中，誤以為尤迦南達是在教導人們如何去尋找一名具移山倒海通天能力的神通大師，如何尋覓實證悟者？書中已點出了心法（讀者不妨自行書中尋找）。

尤迦南達生命中遇見無數現今看來已屬大神通的聖人，無中生香味、永不入眠、分身兩地上師、不進食的女瑜伽士……），但千萬不要將焦點停留在此處，這不是尤迦南達著作的心意，其實尤迦南達暗藏玄機是要點醒世人，大師無所不在，重要的是你該以何種態度來面對一名能帶領你離苦得樂的上師呢？尤迦南達曾說，神通除了令人稱奇，但無法提升人的靈性，一般人只覺好玩，不是真心想尋求解脫。這句話雖然是說在七十多年前，至今仍然直指人心，撼動靈魂。本書所要傳遞的訊息是，你該如何去實證你自己今生的天命，這需要培養一顆無畏的心與勇氣，尤迦南達以他真實的人生教導想要尋求離苦得樂之祕密的世人，其實每個人的內在都具有一顆不平凡的鑽石之心，等待你去發掘與擦拭。

你一定對靈修所有疑問，對修行有所好奇，萬籟俱寂之時，也曾深思生命的意義，不妨帶領進入《一個瑜伽行者的自傳》的世界，當你閱畢闔上此書，以上種種已從內在實證獲悉。

宇色為靈修作家、華人網路心靈電台主持人

謹以此書追憶

美國聖人

路德・貝本

若不看見神蹟奇事，你們總是不信。

《約翰福音》第四章四十八節

長憶師恩

譯者誌

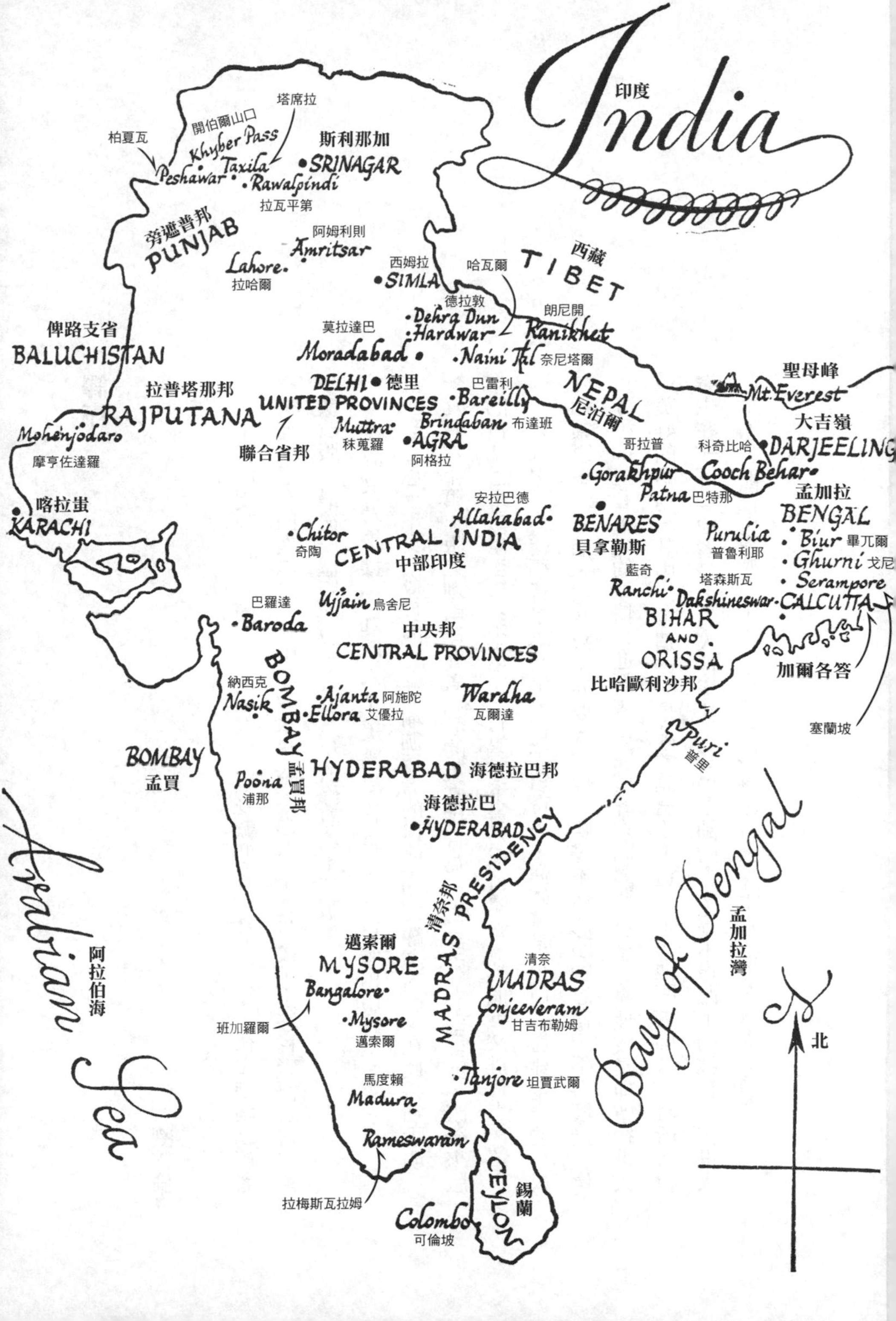
India
印度
塔席拉
開伯爾山口
Khyber Pass
柏夏瓦
Peshawar
Taxila
Rawalpindi
拉瓦平第
斯利那加
SRINAGAR
旁遮普邦
PUNJAB
阿姆利則
Amritsar
Lahore
拉哈爾
西姆拉
SIMLA
哈瓦爾
西藏
TIBET
德拉敦
Dehra Dun
Hardwar
朗尼開
Ranikhet
莫拉達巴
Moradabad
Naini Tal
奈尼塔爾
俾路支省
BALUCHISTAN
DELHI
德里
巴雷利
Bareilly
NEPAL
尼泊爾
聖母峰
Mt. Everest
拉普塔那邦
RAJPUTANA
UNITED PROVINCES
聯合省邦
Brindaban
布達班
Muttra
秣菟羅
AGRA
阿格拉
大吉嶺
DARJEELING
Mohenjodaro
摩亨佐達羅
哥拉普
Gorakhpur
科奇比哈
Cooch Behar
Patna
巴特那
孟加拉
BENGAL
喀拉蚩
KARACHI
安拉巴德
Allahabad
BENARES
貝拿勒斯
Chitor
奇陶
CENTRAL INDIA
中部印度
Purulia
普魯利耶
Biur
畢兀爾
Ghurni
戈尼
Serampore
藍奇
Ranchi
塔森斯瓦
Dakshineswar
CALCUTTA
巴羅達
Baroda
Ujjain
烏舍尼
中央邦
CENTRAL PROVINCES
BIHAR AND ORISSA
比哈歐利沙邦
加爾各答
BOMBAY
孟買邦
納西克
Nasik
Ajanta
阿旃陀
Ellora
艾優拉
Wardha
瓦爾達
塞蘭坡
BOMBAY
孟買
Poona
浦那
HYDERABAD
海德拉巴邦
Puri
普里
海德拉巴
HYDERABAD
Arabian Sea
阿拉伯海
MADRAS PRESIDENCY
清奈邦
Bay of Bengal
孟加拉灣
邁索爾
MYSORE
清奈
MADRAS
Bangalore
Conjeeveram
甘吉布勒姆
班加羅爾
Mysore
邁索爾
北
馬度賴
Madura
Tanjore
坦賈武爾
Rameswaram
拉梅斯瓦拉姆
CEYLON
錫蘭
Colombo
可倫坡

譯序

劉粹倫

本書原文版在一九四六年出版後，廣受歡迎，一九五二年，在尤迦南達尊者辭世前，已有四次修訂（其中一版次為大字版）。自第五版後，由洛杉磯悟真會主導多次改版，最後一個版次為一九九八年的修訂第十三版。

本譯文乃根據一九四六年美國紐約哲學圖書館出版社（New York: The Philosophical Library）發行的《一個瑜伽行者的自傳》初版翻譯而成。在此特別說明，一九四六年第一版尤迦南達尊者法名的英文拼音為Paramhansa Yogananda，跟後來版本的拼法（Paramahansa Yogananda）有異，本書乃保留原貌，其他英文拼音也保留。

原版引《約翰福音》：「若不看見神蹟奇事，你們總是不信。」貫穿全書的，盡是通靈事蹟，然而，這些故事乃要我們放下喋喋不休的頭腦思緒，不再懷疑、停止分析那些看不見的事情，進而讓自己接受神的照顧。尊者的靈性成是他留給世人最美好的禮物，其中一項遺澤，是讀者諸君手上這本書，他開誠佈公，將所有會發生在一個尋道者身上的人性掙扎、尋得上師的喜樂等求道路上的種種，與世人分享。本書問世超過七十年，也在此再次隆重將本譯本介紹給全球中文讀者。

序

伊文茨博士

出版尤迦南達的自傳意義重大，這類型的書在英語世界十分罕見，本書不是記者或外國人寫成，而是由印度文化培養的人才，執筆記錄印度智者的生平；簡言之，本書是瑜伽行者所撰寫瑜伽大師的生平，其重要性跨越時空，見證現代印度聖人不凡的一生與其神通事蹟。我有幸在印度與美國，見過這位了不起的作者，著實倍感榮幸。這份不凡的人生紀錄，絕對是所有於西方出版過的書中，最深刻觸及印度精神和情感的作品，也是印度靈性的珍寶，希望讀者珍惜、感恩。

我有幸見到書中提到的一位聖人，聖尤地斯瓦爾・吉利（Sri Yukteswar Giri）。在拙作《西藏瑜伽與奧義》（牛津大學出版社，一九三五）的扉頁印有聖人的法照。我在孟加拉灣的普里（Puri）遇見聖人，他主持當地一個僻靜的道場，訓練一批年輕弟子。他關切美國、美洲及英國人民的福祉，也垂詢遠方發生的事；他特別關注加州，因為一九二零年，他把摯愛的大弟子尤迦南達送到西方弘法。

聖尤地斯瓦爾溫文儒雅，語調柔和，風度翩翩，追隨者對其敬愛有加。不論是否同屬於他的團體，認識他的人都十分敬重他。記得當時聖人站在道場的入口處迎接我，他高大挺拔、苦行者的風骨令我記憶猶新：一身橘黃色僧袍，象徵捨棄世俗的追求。他的長髮微捲，臉上留著鬍鬚，肌肉結實，身材修長勻稱，步伐穩健。他選擇聖城普里當作他在塵世的居所，每天都有來自各邦的印度教徒成群來到聞名的「世界之主」札格納斯神廟（Jagannath）朝聖。一九三六年，聖尤地斯瓦爾在普里圓寂，他明白此生已功德圓滿，於是闔上眼，告別人世的無常。

能夠為文記下聖尤地斯瓦的莊嚴神聖，筆者非常喜悅。聖人一生離群索居，全然奉獻，涅盤寂靜，這正是他的弟子尤迦南達在此書中為我們這個世代所描述的典範。

伊文茨博士（W. Y. Evans-Wentz, M.A.,D. Litt, D. Sc.）

著名的藏傳佛教學者，牛津基督書院學者；《西藏度亡經》、《西藏偉大的瑜伽行者密勒日巴傳》、《西藏瑜伽與奧義》等書的編譯者。

致謝

我由衷感激普烈特（L. V. Pratt）小姐孜孜不倦編輯本書原稿。感謝桑恩（Ruth Zahn）小姐製作索引；萊特（Richard Wright）先生授權我摘錄他的印度遊記；也感謝伊文茨博士提供建議和鼓勵。

尤迦南達

一九四五年十月廿八日

於加州恩西尼塔斯市

目次

推薦序　宇色 4
譯序 10
序 11
致謝 13
第1章　兒時生活 17
第2章　母親的神祕遺言 29
第3章　奇異的分身聖人 36
第4章　逃家 44
第5章　無中生有的香氣聖人 58
第6章　老虎尊者 67
第7章　飄浮聖人 75
第8章　大科學家博西 83
第9章　神母的祝福 93
第10章　遇見上師 101
第11章　兩個身無分文的男孩 112
第12章　我在道場的日子 122
第13章　不眠的聖人 155
第14章　體驗宇宙意識 163
第15章　花椰菜大盜 173
第16章　智取星相 185
第17章　忘恩負義的薩西 196
第18章　神奇的回教術士 203
第19章　分身兩地的上師 209

第20章　未竟之旅　213
第21章　喀什米爾之旅　218
第22章　聖像顯靈　228
第23章　奇蹟畢業　235
第25章　出家為僧　242
第25章　哥哥辭世　251
第26章　克利亞瑜伽　257
第27章　創辦瑜伽學校　267
第28章　凱思的死亡與重生　277
第29章　泰戈爾的勇氣　283
第30章　奇蹟的法則　288
第31章　咕嚕之妻，眾生之母　300
第32章　死而復生的羅摩　310
第33章　不死的肉身—巴巴吉　319
第34章　山裡的宮殿　328
第35章　瑜伽的化身—拿希里・瑪哈賽　340
第36章　巴巴吉對西方的關懷　353
第37章　遠渡重洋　364
第38章　玫瑰花叢中的聖人—貝本　376
第39章　德雷絲的聖殤　383
第40章　重返印度　393
第41章　南印風情畫　401
第42章　最後與咕嚕在一起的日子　416
第43章　復活的上師　433
第44章　為世界和平而戰—聖雄甘地　453
第45章　孟加拉的歡喜之母　473
第46章　不進食的女瑜伽士　479
第47章　回到西方　492
第48章　加州恩西尼塔斯　498
尤迦南達尊者年表　510

第1章

兒時生活

印度文化向來追求至高真理，人自然也要尋找咕嚕[1]，皈依學法。我也有一位如基督般神聖的上師，他的一生莊嚴美妙，映照千古，堪為典範。他和許多偉大的上師皆為印度僅存的珍寶，他們累世降生斯土，保衛家園，使自己的國家不致步入古埃及、巴比倫的後塵，招致滅亡的命運。

我上一世是喜瑪拉雅山雪地中的瑜伽行者[2]。我的記憶可以追溯至前世，過去的種種，仍歷歷在目。某種超越空間的連結，使我得以窺見前世，預知未來。

由於我仍保有前世的記憶，轉世後，身為嬰兒的軟弱無助，讓我難以釋懷。我氣自己力不從心，只好以不同的語言禱告。雖然我聽不懂周圍的人講的話，但也漸漸熟悉家人講的孟加拉語。其實我很懂事，但大人以為我只喜歡玩玩具和吸手指頭。

當時我有很多念頭，但卻無法表達，所以經常哭鬧。雖然說是段傷心往事，卻也有美好的回憶，例如母親的愛撫、開口說的第一句話、踏出的第一步。兒時的小小成就很容易遺忘，卻是建立自信的起步。

我擁有過去世記憶並非特例，許多著名的瑜伽大師都有與生俱來的覺知，保留過去世的記憶，不受生死輪迴的巨變所擾。如果人只是臭皮囊，那麼一旦身體崩壞，記憶便消失；不過，若流傳數千年的預言是真的，那麼人的本質應是靈魂，而非肉體。人只是暫時與感官經驗結合，卻誤以為那是「真我」。

雖然清楚記得嬰兒時期的種種並不尋常，但日後我四處遊歷，聽聞許多男男女女訴說類似經驗，也證實我的經驗並非稀有。

我出生在十九世紀末，印度東北部的哥拉普（Gorakhpur），八歲以前都在這裡度過。家中共有八個孩子，四男四女。我的俗名是慕空達．拉爾．高士（Mukunda Lal Ghosh）[3]，上有一個哥哥、兩個姊姊。

我的雙親是孟加拉人，屬於剎帝利階級[4]。父母都很有靈性，互信互愛、相敬如賓，他們嚴謹持家，讓我們八個頑皮的小鬼平安長大成人。

父親名叫巴加巴帝．加隆．高士（Bhagabati Charan Ghosh）。他很慈祥，偶爾嚴肅。我們敬愛父親，但沒像跟母親那樣親密。父親思考嚴謹，不曾感情用事；相較之下，母親像和藹的皇后，對孩子呵護有加。母親去世後，父親變得比較溫柔，我發現他偶爾會流露母親般慈愛的眼神。

母親健在時，常教我們讀經，我們學得苦樂參半。母親唸《大戰詩》或《羅摩記》[5]給我們聽，也常常藉說故事的方式，做機會教育，教我們聽話、守規矩。

每天下午父親從辦公室回來時，母親會要孩子穿戴整齊，表示敬意。父親在印度一家很大的機構「孟加拉—納加普鐵路公司」（Bengal-Nagpur Railway）工作，職務是副總裁。因為父親的工作地點經常調動，所以小時候我們常搬家。

母親樂善好施，父親也生性慷慨；但比起母親，父親更講求規則和秩序，他認為布施也該有原則。有一次，母親在兩週內接濟窮人的金額竟超過了父親的月薪。

「助人也要有限度。」父親不過是唸了幾句，卻讓母親十分傷心。我們孩子還不懂發生什麼事，她說：「再見！我回娘家了。」就準備跳上馬車，揚長而去——這是老派的最後通牒。我們嚇得驚慌失措，幸好舅舅出面緩頰，好言相勸，母親才作罷，讓車夫離開。這是我生平唯一一次目睹父母口角。我記得他們常有類似以下的對話。

「門口有需要幫助的婦人，請給我十盧比。」母親笑笑地說，但語氣堅定。

「為什麼要十盧比？一盧比就夠了。」父親解釋道：「想當年，老爸和祖父母突然過世，我第一次嚐到貧窮的滋味——早餐一根香蕉裹腹，獨自走好遠的路上學。後來讀大學，實在窮到不行，還求一位有錢的法官每月資助我一盧比。他不僅回絕我，還說，就算一盧比也很珍貴。」

「既然那一盧比給你那麼痛苦的回憶，」母親馬上反駁道：「你該不會希望這位婦人也像你一樣痛苦吧？」

「說得好！」自古以來，先生總是說不過太太；父親只好打開皮夾，拿出鈔票，「十盧比拿去吧！代我祝福她。」

無論我們提出什麼要求，父親總先拒絕，雖然陌生婦人一下子就取得母親的同情，但是看看父親的態度，就可知道他為人處事有多麼謹慎。父親不會當場決定（這在西方人來說，是典型的法式思維），總是謹守「當用則用」的原則；不僅判斷精準，而且料事如神。只要我能列出一兩條論點說服他，不論是買機車，還是去玩，父親總會讓我如願。

小時候，父親對我們很嚴格。他嚴以律己，從不看戲，有空就靈修、讀《薄伽梵歌》[6]；生活節儉，鞋子穿壞才丟。當汽車普及，我們孩子都以車代步，他還是寧願搭電車上班。父親不喜爭權奪利，所以他當加爾各答城市銀行的主管時，拒絕公司配股；他只做份內的事，不想靠持股賺外快。

多年後，父親拿了養老金退休。鐵路公司從英國派人來查帳，那位會計發現父親從未領過年終獎金，非常驚訝。

「他一個人當三個人用。」會計跟公司報告：「公司應該補償他十二萬五千元。」於是公司請出納開支票，把錢寄給父親。但父親並不因此沾沾自喜，也沒跟家裡提，多年後，小弟畢修（Bishnu）發現銀行帳單中有這筆帳，才跟父親問起。

「有什麼好得意的？」父親答道：「追求內心平靜的人，得之勿喜、失之不憂；錢財乃身外之物，生不帶來，死不帶去。」

父母親結婚初期，皈依了偉大的上師，他就是住在聖城瓦拉納西（Varanasi）的拿希里．瑪哈賽。皈依上師之後，父親求道之心更為堅定。母親曾向大姊蘿瑪（Roma）坦承道：「我跟你父親一年同床一次，行房只為生兒育女。」

孟加拉—納加普鐵路公司哥拉普站的職員阿畢納斯．巴布[7]將父親引見給這位上師。小時候，阿

我的父親
巴加巴帝・加隆・高士
拿希里・瑪哈賽的弟子

畢納斯說了許多印度聖人的故事給我聽，總說這一切都要感謝上師所加持的無上光力。

「你知不知道你爸怎麼變成拿希里．瑪哈賽的弟子？這故事很特別！」某個慵懶夏日的午后，我和阿畢納斯一起坐在家門前的廣場，他這麼問我。我笑著搖頭，等他跟我講故事。

「那是很多年前的事了，你還沒出生。有一天，我跟老闆，就是你爸，請一星期的假，因為我想去聖城看我的上師，但是你父親沒有批准。

「他問我：『你是走火入魔啦？』『要出人頭地，就得專心工作。』

「那天，我傷心地走回家，在林間小路上碰到你父親，他下了轎子，叫僕人、還有抬轎的人先走，然後一邊走、一邊跟我聊天。

「他說一些努力工作才有世俗成就的話來安慰我，但是我聽得心不在焉，心中默唸：『拿希里．瑪哈賽！見不到您，活著還有什麼意義？』

「路的盡頭是一處林間靜地，暮色冥冥，我們駐足欣賞美景。沒想到，幾步之遙處，我的上師突然出現[8]。

「『巴加巴帝！你對待員工太苛刻。』我們聽見上師清亮的聲音，驚訝極了，只見上師倏然消失，一如他忽然神祕出現在我們面前。我跪喊上師之名，你爸愣在原地。

「『阿畢納斯，你准假了！我也要放假，明天我要去聖城見拿希里．瑪哈賽，他竟然能現身指引。我也要帶我太太皈依，請你引見。』

「『沒問題！』我高興地答應了。我的禱告應驗，事情也幡然轉向。

「隔天晚上，我跟你的父母親搭火車到聖城；翌日換乘馬車，再走進錯雜的窄巷，來到上師隱居的地方。進到大廳，便見到上師結跏趺坐，我們立即向上師頂禮。上師眨了眨眼，直視你父親。

「『巴加巴帝！你對待員工太苛刻了。』這和先前聽到的話，一字不差。『我很高興你讓阿畢納斯來看我，還有帶你太太一起來。』

「你爸媽如願皈依，上師傳授他們克利亞瑜伽[9]。那真是很難忘的經驗，後來，我和你爸就變成師兄弟了。拿希里．瑪哈賽很關心你的誕生，你的生命必定與他緊密相連。上師的祝福不會錯。」

我剛出生不久，拿希里．瑪哈賽就離開人世。每次因父親調職而搬家，我們總會帶著拿希里．瑪哈賽的法照，放在家中祭壇上。每天早晚，我和母親都會在祭壇前禪定，獻花、焚香，以乳香和沒藥，禮拜拿希里．瑪哈賽的至上榮光。

拿希里．瑪哈賽的法照給我的影響很大，待我年齡稍長，便常憶起這位上師。我禪定時，常常看到照片中的人走出小小的相框，坐在我面前。每當我想摸摸法身的雙腳，他就走回相框裡。慢慢長大後，我發現法照在我腦海中變成活生生的人，成為我靈性的導師。每當我遇到問題時，便向他禱告，他總給我安慰。一開始，我還因為他的肉身不在世上而難過，但後來我注意到他原來無所不在，我就不再傷心了。拿希里．瑪哈賽以前常寫信給那些不得親炙上師的弟子，說道：「我常在你們的靈視裡，不必來看我這血肉之軀。」

我八歲得了瘧疾，當時我們住在孟加拉的伊佳普（Ichapur）。我病得很重，醫生束手無策，病榻旁的母親執意要我看著頭頂上拿希里．瑪哈賽的法照。

「全心全意地禮拜！」母親知道我很虛弱，連合掌禮敬都嫌吃力，「如果在心中虔敬呼喊上師之名，一定有救。」

我注視著拿希里．瑪哈賽的法照，只覺得一陣眩目，光在體內膨脹，籠罩整個房間，頓時難過的感覺和症狀都褪去——我康復了。我恢復力氣，馬上彎下身，用手摸媽媽的腳，表示感謝，她對她的上師強烈的信心，讓我感激無比。母親把額頭貼在法照上，不斷感謝拿希里．瑪哈賽。

「無所不在的上師啊！感謝您，您的光治好我兒子的病。」

我知道她也看到那道強光，突然治癒了我的病軀。

我所珍藏的照片是拿希里．瑪哈賽親自送給我父親的。這張照片有神的波動。我從父親的師兄迦梨．庫瑪．羅伊聽說這張照片的由來，很不可思議。

上師不喜歡拍照，但皈依的弟子不理會上師的抗議，於是羅伊等弟子便跟上師合照。結果攝影師看到照片後很驚訝，因為照片中的每一個人都很清楚，唯獨上師的位置空白，讓大家議論紛紛。

有個弟子瓦加．達爾懂攝影，於是誇下海口，說拍上師相片不是難事。隔天清晨，他請上師盤坐在木頭椅子上，後面架了屏風，他把攝影器材都搬來，小心翼翼的、也很貪心地照了十二張。沖印出來，張張都有椅子和屏風，就是沒有上師的影像。

這弟子覺得臉都丟光了，哭著問上師怎麼會這樣，好幾個小時後，上師才開口說話。

「我是道，你以為相機可以反映出無所不在，肉眼不可見的道嗎？」

「不能！我真的很淺薄。神聖的主，我很想要一張您肉身廟堂的照片。」

「你明天早上來，我讓你照相。」

次日，這位弟子來了，調好焦距、按下快門。這次，上師法身清楚顯影，不再模模糊糊。據我所知，這是上師唯一的相片。

本書的這幀照片，拿希里．瑪哈賽相貌莊嚴，很難看出他的血統。他神祕的微笑，透露與上天連結的喜悅；他慈目低垂，觀世間芸芸眾生，無視世俗誘惑，開示迷惑的弟子。

上師的法照讓我不藥而癒後，不久我又看到一次異象，對我很有助益。那一次，我在床上熟睡，做了個夢。

「閉上雙眼，會在黑暗中看到什麼呢？」我一心求道，立刻看見一道光，一群發光的聖人在山洞裡禪定，彷彿投影機把影像投射到大銀幕上，畫面出現在我的眉心。

「我們是喜瑪拉雅山上的瑜伽行者。」言語難以形容這場與靈界的對談，我內心激動不已。

「我一直很想跟你們一樣，上喜瑪拉雅山修行。」畫面消失，但是銀色的光擴散，無限延伸。「這光真奇妙，究竟是什麼？」

「我是伊濕伐羅[10]。我是光。」不知從哪裡傳來這低沉的聲音。

「我要與祢合一。」

這神聖的夢境讓我喜悅無比，雖然感受慢慢消退，但那瞬間的永恆激勵我尋道。這是恆常的喜悅，我久久難以忘懷。

我小時候還發生過更奇妙的事，真的，有疤痕為證。某天清早，姊姊烏瑪（Uma）在哥拉普廣場的苦楝樹下教我認字，我不時分心看旁邊的鸚鵡啄食果子。烏瑪抱怨腳上長了膿包，隨身帶了一罐藥膏。我調皮地偷沾了一點塗在手臂上。

「你手又沒事，幹嘛塗藥膏？」

「姊！我覺得明天這裡會長膿包，所以先塗一下。」

「亂講話！」

「明早你就知道了，到時候再罵我也不遲。」我說得忿忿不平。

烏瑪聽了不為所動，繼續數落我，但我不肯讓步。於是，我動念道：「明天我的手臂會長出膿包，姊的膿包會變兩倍大。」

隔天早上，我發現手臂上真的有膿包，而且烏瑪的膿包真的變成兩倍大。姊姊尖叫跑去跟媽媽告狀：「慕空達使巫術！」媽媽告誡我，絕對不可以詛咒別人，媽媽的話我牢記在心，之後從未再犯。

我的膿包嚴重到得開刀，醫生幫我開刀的疤痕還在。我右手臂上的疤痕永遠警惕我，語言的力量非常強大。

我對烏瑪說的話，聽起來沒什麼殺傷力。但因為我的意念很強，所以讓簡單的語言變成炸彈，蘊涵爆炸的力量，這個念頭產生了波動，傷害他人。後來，我了解如何聰明運用語言的影響力，引導人走出人生困境；這樣運用語言，就不會留下傷痕。[11]

我們全家搬到旁遮普邦（Punjab）的拉霍，我希望新家能有一張時母迦梨像[12]，我們在露台搭了小廟供奉迦梨。後來發生一件事，使我相信，只要對著神祈求，都會得到回應。某天，我跟烏瑪站在那裡看兩個小孩放風箏，風箏飛到我們家上空，我們家和鄰居隔著窄巷。

「你怎麼那麼安靜？」烏瑪逗我。

「我在想女神，她對我太好了，我要什麼她都給我。」

「好到她會把那兩個風箏給你嗎？」姊姊笑我。

「當然會！」於是我靜下來禱告。

印度鬥風箏很盛行，小孩子會在線上黏上玻璃粉末，放風箏時，就故意去割斷別人的風箏線，掉下來的風箏飄到屋頂，小孩子會衝去搶，很好玩。當時我跟姊姊站在樓上陽台，斷線風箏要飄到我們這裡不太可能，風箏線只是在上方蕩著。

兩個小孩隔著巷子開始鬥風箏，有的被鬥下來，風箏便朝我飄來，風一停，風箏就掉下來，纏在對街的仙人掌上，剛好讓我把風箏勾過來，我把戰利品拿給烏瑪看。

「這只是巧合，不能證明你的禱告應驗，如果再一次，我就信。」雖然烏瑪嘴裡這麼說，但心裡也覺得奇怪。我繼續禱告。又有風箏被小孩扯斷，風箏往我這邊掉，仙人掌又幫我攔截下來，我把風箏勾過來，拿給姊姊看。

「女神真的聽見你的禱告了，不過，也太詭異了吧！」語畢，她像受驚嚇的小鹿逃開了。

1 咕嚕（Guru）就是靈性的導師，意為排除黑暗的人，梵文字根Gu是黑暗、Ru是排除的意思。

2 瑜伽就是相應、合一，印度流傳千年古老的靈修方法。

3 一九一四年，我加入僧團，法名為尤迦南達。一九三五年，上師賜我帕拉宏撒（Paramhansa）的頭銜，意為悟者。詳見第二十四章、第四十二章。

4 剎帝利（Kshatriyas）是種姓制度中之第二階級，指統治者或武士。

5 這些古代的經典是印度的寶藏，是印度的歷史、神祕學和哲學。

6 《薄伽梵歌》這卷高貴梵語詩篇是《大戰詩》（*Mahabharata*）的一部分，也是印度的聖經。最詩意的英文翻譯是阿諾（Edwin Arnold）的譯本*The Song Celestial*；阿羅賓多（Sri Aurobindo）的*Message of the Gita* 譯本也很好，還有詳盡的註解。

7 巴布即「先生」的意思，孟加拉人習慣在名字後面加上先生兩個字。

8 偉大的上師都具有神通力，本書第三十章有詳細的解釋。

9 克利亞瑜伽（*Kriya Yoga*）是一種瑜伽法門，能讓人不受感官蒙蔽，增強與宇宙意識連結的能力，見第二十六章。

10 伊濕伐羅（Iswara），佛典又譯作「自在天」，是主宰宇宙的天神。梵文字根*Is*是宰制的意思。在印度典籍中，有一〇八種稱呼神的名字，有哲學上不同層面的意義。

11 宇宙中，「唵」是無限能量之聲，最具創造性的聲音，也是所有震動的合音。當我們把話清楚地表達，同時意念集中，便出口成真。法國學者庫耶（Émile Coué de la Châtaigneraie）與持類似理論的心理學家認為，反覆大聲朗誦或默念鼓勵的字眼，的確會對人產生影響，祕訣就在心靈震動的頻率。

詩人丁尼生（Alfred Tennyson）在回憶錄裡曾說，自己用反覆的方式，越過意識的層面，進入超意識：「這種經驗難以言喻，那是一種清醒的出神狀態，早在我小時候獨處時，心裡就一直覆誦著自己的名字，直到離開自我意識的剎那，自我好像融化，消逝在無窮無盡的存在，這不是在困惑的狀態下發生的，我很清醒、很確定，難以言喻。在那個境界裡，死亡是無稽之談，個體消失（如果真的會這樣的話），卻看不出有任何肉體的消失，只感受到真正生命的存在。」他還寫道：「那不是恍惚，是在心智全然清明的狀態下，一種超越宇宙的狀態。」

12 迦梨（Kali）是時間的意思，又譯作「時母」，象徵上帝母性的那一面。

第2章
母親的神祕遺言

母親最大的願望是大哥成家。「要是能看到阿南達（Ananta）娶妻，此生無憾。」媽媽說這是為了延續香火，語氣感慨。

阿南達訂婚時，我十一歲左右。母親在加爾各答興高采烈地準備婚禮，我跟父親待在北印度巴雷利（Bareilly）的家。因為兩年前父親的工作調離拉霍，我們才搬到這裡。

我見識過大姊跟二姊盛大的婚禮，但阿南達身為長子，故排場更為隆重。母親每天都要接待遠道而來的眾多親朋好友，安排親戚住新房子；房子在安斯街五十號，裡面一應俱全。婚禮一切就緒：設席、備佳餚，備妥華麗的轎子要給哥哥坐到新娘子家，會場張燈結綵，還有厚紙板糊成的大象和駱駝，英國、蘇格蘭、印度的管絃樂團、藝人，以及熟悉古老儀式的僧侶。

我跟父親都因為哥哥的喜事興奮不已，計劃婚禮前回到加爾各答。不過，就在大喜之日的前幾天，我突然有不祥的預感。

那天半夜，我們還在巴雷利。當時我睡在父親旁邊，有隻奇怪的蚊子在蚊帳外飛來飛去，把我吵醒了，蚊帳突然被掀開，我看見母親的影像。

我的母親
拿希里・瑪哈賽的弟子

「快叫醒爸爸！」她的聲音微弱，「想見我最後一面的話，搭清晨四點的第一班火車來加爾各答。」說完後，模糊的影像消失。

「爸爸！爸爸！媽媽快不行了！」父親也醒了，我因為這個噩耗渾身顫抖，哭個不停。

「別在意，那只是夢。」父親覺得我胡說：「你媽非常健康，明天要是知道什麼壞消息，再走也不遲！」

「現在不出發的話，你會後悔的。」我大叫道：「我也不會原諒你的。」

隔天早上獲知悲傷的訊息：「母病危，婚禮延期，速返。」我和父親不安地動身回加爾各答，轉車的時候，碰到一個舅舅。火車發出巨響，慢慢靠站。我的心情很亂，突然有個念頭，想跳下鐵軌——母親已經離開人世，我頓失所依。我深愛母親，她是我最好的朋友，在不足為人道的童年悲劇中，她深邃的眼睛溫暖看顧，給我許多安慰。

「媽媽還活著嗎？」我停下來問舅舅最後一個問題。

舅舅看到我失望的樣子，他急忙答道：「當然還活著！」但我不相信。

我們回到加爾各答，直接面對母親的驟逝，我深受打擊，多年來，喪母的悲痛依舊難以平息。這場風暴波及天界，我的哭聲終於上達天聽，女神的話安撫了我的傷痛。

「是我讓你的母親，一世又一世的照顧你。看著我的眼睛，這不就是你在尋找的那雙眼嗎？」

母親火化後，我跟父親立刻回到巴雷利。每天清晨，我都會走到屋前那棵大無花果樹下，悼念母親。這棵無花果樹下是一片修剪整齊的草坪。這個時刻充滿詩意，我想像樹上白色的花朵落在草坪上，佈置這天地間的祭壇。我的淚水混合露珠，眼眸中時常看到一道不屬於俗世的光，從朝霞射出，渴望卻無法親近神，讓我痛苦不堪，我感受到一股強大的力量，要把我帶到喜瑪拉雅山。

有個堂兄剛從聖山歸來，到巴雷利探望我們。我專心聽他講高山上的瑜伽行者和師父（swami）[1]的事蹟。

有一天，我向房東兒子普拉塞（Dwarka Prasad）提議去喜瑪拉雅山。他並不把這件事當真，隨口把我的計畫轉述給探望父親的大哥聽。大哥聽了，並沒有一笑置之，他覺得這並非兒戲，於是嘲笑我：「你的橘色僧袍呢？沒有僧袍當什麼師父？」

這番話讓我很激動，我清楚看見自己是一個浪跡天涯的僧人，也喚醒了我前世的記憶：我知道，只要時機成熟，就會披上袈裟。

某天早上跟普拉塞聊天時，我感覺到上天的愛排山倒海而來，自顧說得口沫橫飛，但我的朋友並沒有認真傾聽。

當天下午，我逃到喜瑪拉雅山腳下的奈利塔爾（Naini Tal）。大哥阿南達死命追上我，我只好傷心地返回巴雷利。我只能回到老地方，朝拜暮光中的無花果樹，但我仍暗自傷悲，因為天上與人間的兩個母親都不在身邊。

失去母親是全家無法撫平的傷痛。母親死後，父親獨身四十多年，沒有再娶。雖然父兼母職、困難重重，但父親愈來愈平易近人，他用心平氣和的方式，細心洞察，解決了家中許多問題。下班後，他會躲進房間，在舒適謐靜的氣氛下鍛鍊克利亞瑜伽。母親過世多年後，我想請一位英籍護士幫傭，讓父親過得舒服一點，但是父親搖頭拒絕。

「你母親是服侍我的最後一個人。」他的眼神流露此生對妻子的忠誠，「其他女人就不必了。」

母親辭世後十四個月，我得知她留給我一段重要的遺言。母親臨終時，大哥隨侍，錄下母親的話。雖然母親交代一年內要把遺言告訴我，但大哥卻拖了很久才說。當時他很快就要離開巴雷利，前往加爾各答，跟許配給他的女子完婚[2]，於是有一天晚上，他把我叫過去。

「慕空達，我不喜歡跟你說怪力亂神的事。」阿南達一副認命的樣子，「我怕你聽了就離家出走。你熱愛著上帝。上次你逃到喜瑪拉雅山途中，我下定決心，不該違背媽媽的心意，所以現在要把媽媽的遺言告訴你。」哥哥給我一個小盒子，裡頭裝著母親的遺言。

「我的愛子，慕空達！這是我臨終的祝福。」母親說：「現在時候到了，我要讓你知道你出生後遇見的許多奇人異事。你襁褓時，我就知道你的命運不凡。那時我把你帶到貝拿勒斯（Benares）的上師家，躲在眾多師兄姊後面，我從很遠的地方看到拿希里．瑪哈賽進入深禪定。

「我輕撫你，祈禱偉大的上師能注意你，給你加持。我一心一意不斷祈求，上師出定，喚我上前，大家讓開通道讓我過去，我跪在拿希里．瑪哈賽跟前，上師把你抱起來放在大腿上，按著你的額頭，灌頂加持。

「『母親，你的兒子會成為瑜伽行者，啟發世人尋道，帶領許多靈魂到天神的國度。』

「無所不在的上師回應我內心的禱告，讓我雀躍不已。你快出生前，他說過，你將追隨他的腳步。

「後來，我的孩子，你姊和我都知道你在禪定中見到神聖的光；我們從隔壁看到你動也不動地躺在床上，小小的臉上閃爍著光輝。你說，你要去喜瑪拉雅山尋道，語氣斬釘截鐵。

「我親愛的兒子，我從不同角度觀察你，知道你的路並非俗世追尋的功成名就。這輩子，還發生一件事情更確定我的看法。現在，就要走了，我非說出來不可。

「我兒，故事是這樣的：我在旁遮普遇到一位聖人。那時我們住在拉霍，有一天早上，僕人來到我的房中說：『夫人，外頭來了個苦行僧[3]，堅持要見慕空達的母親。』

「雖然寥寥數語，卻讓我動容。我立刻放下手邊的事，去向這位訪客致意，當我跪下禮拜，我發現眼前是一位悟者。

「他說：『母親——偉大的上師希望你知道自己來日不多，下一次生病就是你的大限[4]。』語畢，他沉默半晌，但我卻不驚恐，只覺得安詳。最後，他又說：

「『你是這塊銀製護身符的保管人。我現在不交給你，但為表示我的話是真的，明天你禪定時，護身符會出現在你的手心。你臨死前，請交代長子阿南達保管護身符，一年後再交給你第二個兒子慕空達。他會從偉大的聖者處，了解這塊護身符的意義。等他準備好捨棄俗世欲望、追尋神時，他就該拿到這個護身符。幾年後，護身符便功成身退，即便藏在最隱密的地方，它也會回到本來的地方。』

「我供養聖人，再度俯首致意[5]，但他不接受供養，祝福我們之後便離開。第二天晚上，我合掌禪定，感到手中有個冰涼光滑的東西——一塊銀製的護身符，聖人果然所言不虛。我小心保管了兩年多，現在交由阿南達保管。不要為我悲傷，偉大的上師會引領我進入無限的懷抱。孩子，再見了，願宇宙之母保祐你。」

我拿起護身符時，一道光閃過，喚醒我蟄伏的記憶。古拙的圓形護身符上刻了梵字。我知道這是代代宗師傳承的寶物，冥冥之中引領我的腳步，意義非凡，但是，人又如何能明白其中真諦呢？

本章暫不告訴各位讀者，護身符是怎麼在我人生最不快樂的時候消失，我又如何在失去護身符之際，遇見我的上師。但是，我現在能告訴各位，有個一直想去喜瑪拉雅山的小男孩，每天都乘著這塊護身符的翅膀，神遊他方。

1 師父（*swami*）的梵文指與「真我」（*Swa*）合一者。在印度僧團中，也做後學對資深者的敬稱，此時譯作「尊者」。若放在法名前，則譯作「史瓦米」，做為頭銜。

2 子女的婚姻大事由父母親作主，這是印度的禮俗，自古至今都是如此，很多人婚姻幸福。

3 苦行僧（*sadhu*）是遵守儀軌、修行戒律之人。

4 當我得知母親知道自己來日不多，才明白她為什麼急著要大哥完婚。雖然母親在婚禮前過世，但是願望達成了。

5 供養是傳統對隱士致意的方式。

第3章 奇異的分身聖人

「爸！不用你講，我一定會乖乖回來的。讓我去一趟貝拿勒斯好嗎？」

父親不曾澆熄我對旅行的熱愛，甚至當我還小，就讓我去很多城市和聖地旅行。也藉著在鐵路公司工作的職務之便，只要家裡有人要出外流浪，他一定安排周到，保證滿意。我旅行時，常相偕幾個同學作伴，父親會幫我們準備車票，讓我們舒舒服服地坐頭等艙、四處玩。

聽了我的要求，父親答應我會考慮。他隔天叫我過去，給我一張從巴雷利到聖城貝拿勒斯的來回票、旅費和兩封信，對我說：「我想聯絡一位住在那裡的朋友卡達・納德・巴布（Kedar Nath Babu），不過我把住址弄丟了，但是我想，我可以從我們的朋友史瓦米・普拉邦納達（Swami Pranabananda）那邊，打聽到住址。這位師父是我的師兄，道行很高，有他在，你必定受益良多，第二封信是你的介紹信。」

父親睜大眼睛看著我，又說：「不要再逃家了！」

我懷著十二歲的熱情啟程，歲月從來沒有讓我失去熱情，我總是覺得陌生的人事物很有趣。一到貝拿勒斯，我立刻就趕到這位師父的住處。前門大開，我擅自上樓。二樓有個長形的大廳，裡面有個相當魁梧的人，只以獅皮裹身，在稍高的平台上結跏趺坐。他的頭光溜溜的，臉上沒有一點鬢毛，嘴上帶著笑意，讓我忘記自己擅闖這裡。我們一見如故，他向我致意。

「祝福你。」師父的聲音像孩子，由衷歡迎我；我跪下來摸他的腳。

「請問您是史瓦米．普拉邦納達嗎？」

他點頭。我還沒掏出爸爸的信，他就問：「你是巴加巴帝的兒子？」我聽了很訝異，把爸爸的信交給他──這封介紹信顯得有點多餘。

「我再跟你說卡達．納德．巴布的住址。」這位聖人的神通讓我驚訝不已。他讀了信，問候父親近況。

「你知道嗎？我有兩筆退休金。一筆是託你父親的福；以前我在鐵路公司與你父親共事過。另一筆是老天爺保佑，讓我憑著良心，完成此生世俗的責任。」

我百思不得其解。「師父，是什麼樣的退休金？老天爺發的嗎？祂把錢丟到您面前嗎？」

他笑著說：「老天爺的這筆退休金，是無盡的平靜，這是我多年深禪定的報酬。我不缺錢，對物質的需求很少，以後你會了解第二筆退休金的重要。」

談話突然中斷，聖人如如不動，彷彿一尊人面獅身像。他的眼睛發亮，好像看到有意思的事，然後又靜止。這狀況讓我尷尬，不知如何自處，而且他還沒有說父親的朋友在哪裡。我胡思亂想，環顧這空空如也的房子，盯著平台下的木拖鞋發呆。

「小兄弟[1]！別擔心，你想要見的人，半個鐘頭內會來這裡。」這位瑜伽行者一眼看透我的心思——以前覺得很神奇，現在對我來說，這不是太難的技術。

他又陷入不可思議的靜默。我看看手錶，過了三十分鐘，師父醒來，開口說：「我想卡達．納德．巴布來了。」

我聽到有人上樓，但還是想不透，沒有人通知父親的朋友，他就不請自來，怎麼可能？我來這裡以後，師父只跟我說話，沒別人。

我不發一語，起身下樓，碰到一位中等身材、皮膚白皙的先生，形色匆匆。

我很興奮地問道：「您是卡達．納德．巴布嗎？」

「是的。迎接我的，不正是巴加巴帝的兒子？」他友善地笑著。

「先生！您怎麼會來這裡？」我不明白他怎麼會出現。

「今天的每一件事情都不可思議，一小時前，我在恆河沐浴完，普拉邦納達師父就來了，我不知道他怎麼找到我的。

「他問：『巴加巴帝的兒子在我家等你。你要不要跟我來？』我欣然同意。我們肩並肩走，雖然師父穿著木拖鞋，但竟然走得比我穿布鞋的還快。

「『這樣走到我家要多久？』師父突然這麼問我，我答道：『大概半小時。』

「『現在我有事要辦。我先走一步，到我家碰面，我跟巴加巴帝的兒子等你來。』我不懂他的用意，還來不及回話，他就快步離開，消失在人群裡。我只好儘快趕到這裡。」

這個說法讓我更摸不著頭緒。我問他有多久沒有見到師父了。

「去年我們見過幾次，最近都沒有機會碰面。今天在恆河畔又看到師父，實在高興。」

我說：「我是不是聽錯了！我被搞糊塗了，您是看到幻影？還是他本人？您有碰到他的手，還是聽到他的腳步聲嗎？」

他有點生氣地說：「我不知道你在說什麼！我沒有騙你，我不是說了嗎？是師父告訴我你在這裡等我的。」

「您怎會見到師父？我到這裡已經一小時了，他沒有離開半步，怎麼會同時跟您見面。」於是，我抖出整個故事。

他聽了眼睛都亮了，說道：「我們是真的活在這個物質世界裡？還是我們只是在做夢？我這一生從沒想過會遇到這種奇蹟。我還以為師父只是普通人，原來他能分身辦事！」我們一起走進聖人的屋子，卡達．納德．巴布指著平台下的鞋子對我耳語道：「看！我在河邊碰到他時，他穿的就是這雙拖鞋。他裹著一張獅皮，就是現在身上的這一件。」

訪客鞠躬時，聖人對我調皮一笑。

師父說：「有什麼不懂的呢？現象界的精微個體，在真正的瑜伽行者面前是無所遁藏的。我可以看到遠在加爾各答的弟子，可以跟他們交談，他們也可以隨意超越粗鈍的物質障礙，與我相會。」

師父可能想激發我對靈性的熱愛，好心跟我解釋他的神通[2]。這神通像收音機或電視機，可以同時出現在多個地方。但是我無心於此，反倒有點害怕，因為我命中註定要拜聖尤地斯瓦爾（Sri Yukteswar）為師。我懷疑地看著，不知道那是他本人，還是分身。

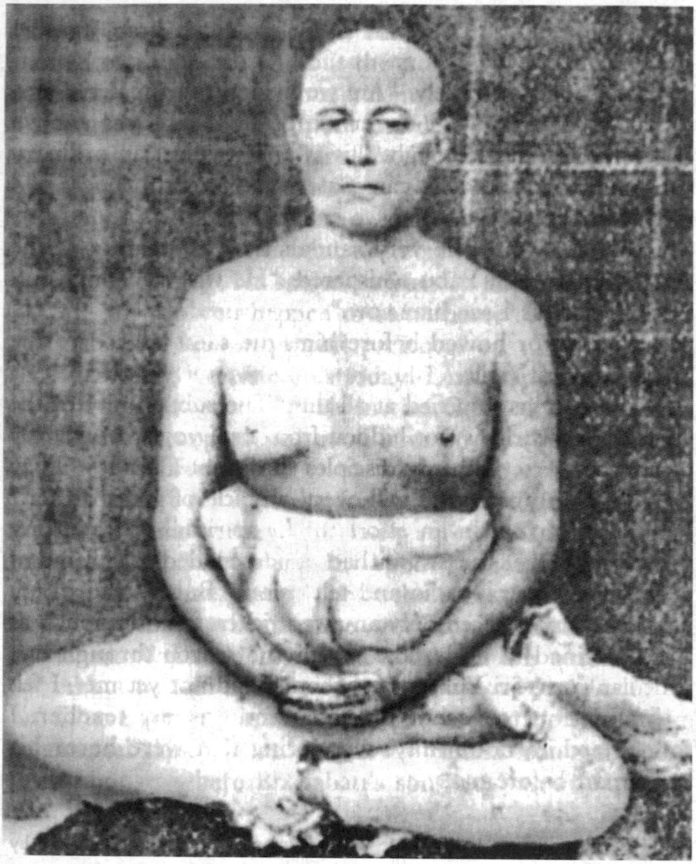

分身聖人
史瓦米・普拉邦納達

拿希里・瑪哈賽尊貴的弟子

師父為了消除我的不安，以喚醒靈魂的眼神看著我，說了一些關於他上師的話激勵我。「拿希里．瑪哈賽是我所知道最偉大的瑜伽行者。他是神的化身。」

如果弟子能分身有術，那麼他的上師一定也會，我心裡想。

師父說：「我告訴你：上師的幫助是無價的。以前，我每晚都跟一位師兄禪定八個小時。白天我們要在鐵路公司上班。我覺得俗務纏身，不能全心全意侍奉神。就這樣過了八年，每天都半夜禪定。結果很奇妙，禪定讓我的心一片光明，但仍觸不到宇宙的無限，就算再怎麼用超人的意志努力，也無法與這無限合而為一。有一晚，我去找拿希里．瑪哈賽，整晚不住地祈求上師幫我。

「『慈悲的上師啊！未能親見這至上之愛，我的精神非常痛苦，快不行了。』

「『我要怎麼幫你呢？你要進入更深的禪定。』

「『我求您！神啊！我的上師啊！我看到祢在我面前化為肉身；請賜福，讓我得見無限的祢。』

「拿希里．瑪哈賽輕輕伸出手，說：『現在去禪定，我替你向梵天[3]祈求。』

「這是難能可貴的幫助！我回家，在晚上禪定，完成了一直想達到的目標。現在我的靈性退休金源源不絕，讓我喜悅無比。從那一天起，幻相不再能遮蔽我的雙眼，阻絕偉大的神。」

普拉邦納達的臉龐充滿神聖的光輝，另一個世界的平靜進入我的心靈，所有恐懼逃逸無蹤。聖人又說了另一個故事。

「幾個月後，我回到上師處，感謝他的恩賜，然後我提到另一件事。我說：『我靈性的上師，我無法工作了，請釋放我，至上意識使我沉醉不已。』

「上師說：『向公司申請退休金吧。』

「『我要提出什麼理由呢？我服務的年資尚早呢？』

「『實話實說。』

「第二天我提出申請，醫師問：『還沒有到退休的年齡，為什麼要申請退休？』

「『我在工作時，有一股力量從我的脊柱升起[4]，穿過全身，讓我無法好好工作。』

「就這樣，醫師沒有再多問，就幫我背書退休。我需要的退休金，很快就收到了。我知道拿希里．瑪哈賽的神聖意識在醫師和鐵路公司的長官身上，還有你父親身上，發生作用。他們主動遵守偉大的上師給予的靈性指示，並且讓我離開，使我一生不中斷與上天溝通[5]。」

說完這麼不凡的故事，師父靜默良久，我離開時，十分虔敬地觸摸他的腳，他祝福我：「你一生就要走修行瑜伽的路，之後，我會再遇見你和你的父親。」幾年之後，這兩項預言[6]都應驗了。

我跟卡達．納德．巴布在暮色中並肩而行，我趁機把父親的信交給他，他在街燈下把信讀完。他說：「你父親請我去他加爾各答的鐵路公司上班。可以像史瓦米．普拉邦納達有兩筆退休金真不錯！但我走不開，可惜我不會分身術。」

1 有些印度聖人稱呼我會叫我「小兄弟」（*Choto Mohasaya*）。

2 心理學家斷定，瑜伽行者的心靈活動與物理學上某些定律的吻合。例如，一九三四年十一月廿六日在羅馬皇家大學，有人示範透視術。神經心理學教授卡利加里斯博士（Dr. Giuseppe Calligaris）觸摸他人身體的某些地方，這個人就能清楚看見隔壁的人或物。博士告訴其他教授說，皮膚某些部位受到刺激，人就有超感應，使他看見平常所看不到的。然後，為了要讓受試者看到隔壁的情形，博士又按著那個人右胸上十五分鐘。博士說，如果身體其他部位受刺激，這個人就有千里眼，不論先前有沒有看過那個物體，眼界不受限制。

3 梵天（*Brahma*）是創造之神，梵文字根*brih*是擴展的意思。一八五七年，愛默生在《大西洋月刊》上刊登了一首詩，大多數的讀者讀都不懂。愛默生笑道：「跟讀者說，把『梵天』改成『耶和華』會比較好懂。」

4 進入深沉禪定時，脊椎會先有感覺，然後轉到腦部，如醍醐灌頂，甘露滋心。但瑜伽行者得控制外在的行為舉止，不影響日常生活。

5 普拉邦納達退休之後寫了一本《薄伽梵歌評註》，有印度文和孟加拉文兩個版本。

6 參考第二十七章。

第4章 逃家

「你隨便找個理由離開學校，叫車到我家，停在巷子裡，別被我的家人發現。」

這是我給阿瑪．米特（Amar Mitter）最後的指示。阿瑪是我高中同學，我們要一起逃家到喜瑪拉雅山，約好隔天就走。大哥非常留意我的動靜，所以要特別小心。他會破壞我的逃家計畫。護身符觸發我的靈性，悄悄在我身上發揮作用。我常在禪定中看到上師的面孔，希望自己能在喜瑪拉雅山中，找到上師。

因為父親不用再輪調，我們就定居在加爾各答，新家在古柏路四號。照印度禮俗，阿南達把大嫂帶回來同住。閣樓有一間小房間，我每天都在那裡禪定，準備走出家的路。

那天雨下個不停，讓人頗為心煩。聽到阿瑪的馬車聲，我趕緊整理行李，把毯子、拖鞋、兩件獅皮衣、念珠包好，帶上拿希里．瑪哈賽的法照和《薄伽梵歌》，然後把包袱從三樓窗戶往下丟，跑下樓，在門口碰到剛好在買魚的叔叔，我從他身邊溜過。

「什麼事那麼興奮？」他一邊打量我一邊問道。

我不置可否地笑了笑，鑽進巷子，撿起包袱，確定四下無人，便要動身。車子來到加尼．裘克商場。過去幾個月，我們不吃午後點心，省下錢買西服穿。我大哥很聰明，到處是他佈下的天羅地網，我們設想，也許穿西服可以逃過他的法眼。

往車站的路上，我們去接堂弟優廷．高士（Jotin Ghosh），我都叫他亞廷達（Jatinda）。他是我們「尋找上師」的新成員，也想在喜瑪拉雅山找他的上師。他換了我們預備的衣服，希望我們變裝成功！真是刺激。

「現在還缺布鞋。」我帶他們到一家有賣膠底鞋的店。「這趟神聖的旅程，不該有皮製衣物。屠殺動物才會有皮製衣物。」於是我拿掉《薄伽梵歌》的皮封面，也解下紳士帽上的皮繩。

到了火車站，我們買了開往巴爾達曼（Burdwan）的車票，再轉車到喜瑪拉雅山山腳下的哈瓦爾（Hardwar）。火車開了，逃家之旅開始！我按捺不住興奮之情，說：「上師帶我們穿過宇宙意識的大門，因此肉身會充滿能量，山上的野生動物會乖乖靠過來。老虎會讓我們摸牠，像貓一樣溫馴。」

我幻想這幅景象，有幾分真實，阿瑪看了會心一笑，但是亞廷達別過視線，只顧看著窗外倒退的風景。「把錢分做三份。」一直沉默不語的亞廷達突然開口，建議道：「我們應該在巴爾達曼各自買票，這樣人家就不會猜到我們是一起行動的。」

我聽了不疑有他，便一口答應。傍晚，火車抵達巴爾達曼。下車後，亞廷達走進票務室，我跟阿瑪坐在月台上等。只是等了十五分鐘，還是不見人影，我們找遍整個車站，氣急敗壞地叫著亞廷達的名字，就是不知道他消失在這小車站的哪個角落了。

我像個傻子，在原地發愣。上天竟然讓這種事情發生，真的好沮喪！我第一次精心策劃的逃家尋道之旅，就這樣被破壞了，好殘忍！

「阿瑪，我們必須回家。」我哭得像個小孩，「沒想到亞廷達溜了，這是老天爺不准我們逃家的凶兆，這次註定失敗了。」

「你不是很愛神嗎？區區一個背叛，就打退堂鼓？」經阿瑪這麼一說，我心定了下來，覺得這是上天的試煉。我們吃了一些巴爾達曼當地的名產：希塔玻（*sitabhog*，這是女神的聖餐）和莫提球（*motichur*，甜珍珠丸）轉換心情。再幾個小時，我們就會坐火車到哈瓦爾，經巴雷利，隔天在蒙兀爾塞瑞（Moghul Serai）換車。在月台等車時，我們討論一件大事。

「阿瑪，站務員可能很快就會來問話。不能小看我哥。不論事情如何演變，我都不會說一句假話。」

「慕空達，你就保持緘默。我說話的時候，你不要笑，也不要搭腔。」

就在這個時候，有一位歐洲籍的站務員跟我打招呼，揮舞著一封電報，我馬上知道內容。

「你們是不是賭氣逃家啊？」站務員問。

「才不是！」我很高興他這麼問，我可以實話實說，因為我逃家真的不是賭氣，而是出於慕道之心，才做出這樣離經叛道的事。

然後這位站務員改問阿瑪；阿瑪很機智，對答如流，我差一點就要笑場。

「還有一個小孩在那裡？」這個人聲音很有威嚴，「快點！說實話！」

「先生！我發現你有戴眼鏡；難道你看不出來，我們就兩個人嗎？」阿瑪狂笑道：「我不會變魔術，沒辦法變出另一個人來。」

我們這麼不禮貌的回嘴，似乎把他搞糊塗了，於是他另闢戰場，啟動攻擊。

「你叫什麼名字？」

「我叫湯姆斯，媽媽是英國人，父親是改信基督教的印度人。」

「你的朋友叫什麼名字？」

「我叫他湯姆森。」

我聽了差點沒笑出來。還好火車鳴笛，我大搖大擺往列車走，阿瑪和站務員也跟著來，顯然站務員相信我們的話，還很周到地把我們送上歐洲人專用的車廂。他以為我們兩個是英國混血兒，不然不會把我們送上白人的車廂。

他禮貌地離開，我笑到癱在座位上；阿瑪唬過站務員，也頗為得意。

在月台上，我看到那封電報的內容，是哥哥阿南達拍的沒錯！上面寫著：「有三名孟加拉小孩，著襯衫，經蒙兀爾塞瑞逃往哈瓦爾。務必扣留，必有重賞。」

「阿瑪，就跟你說不要在日曆上做記號。」我責備他說，「我哥一定看到了。」

阿瑪乖乖認帳。我們在巴雷利停留的時間很短，老鄰居普拉塞已經收到阿南達的電報，早在此守候。我告訴他，這次逃家很不容易，請他網開一面，還邀請他一起去喜瑪拉雅山，他跟上次一樣回絕，卻也拿我們沒輒。

當晚火車暫停一個小站，我還是半睡半醒。阿瑪被站務員喚醒，站務員卻也被迷人的「湯姆斯」和「湯姆森」唬弄過去。我們在黎明時分抵達哈瓦爾，崇山峻嶺在朦朧的遠方召喚我們。我們衝出車站，走進人海。既然阿南達識破我們的變裝，我們要趕快換回印度裝。我有預感，這次會被抓回去。想到這裡，我就想趕快離開哈瓦爾，於是買票北上到瑞詩凱詩（Rishikesh）。長久以來，很多上師行腳經這塊聖地。我早就上車，而阿瑪還留在月台上。有一個討厭的警察叫住他，把我們帶到警衛室，扣留我們的錢。他很有禮貌地解釋，他在執行任務，要我們留在這裡，等到我哥哥來。

警官知道我們逃家的目的地是喜瑪拉雅山，就跟我們講了一個故事。

「你們真的很渴望遇見聖人！昨天我才碰到一位偉大聖人，你們一定沒碰過。我哥哥也是警官，我跟我哥第一次遇到他是在五年前。我們在恆河邊巡邏，全面搜索一名殺人犯。上級要我們死捉活逮，都要拿到這名殺人犯。凶手為了搶劫朝聖者，喬裝成苦行僧。我們依照這個線索，看到某個身影很有嫌疑，便把他叫住，但他並不理會，於是我們衝上前去制伏他。靠近他背後，我把斧頭用力一揮，這個人的右臂差點被我砍斷。

「他不但沒有叫，也沒有查看傷口，這位奇怪的仁兄繼續快步前進，於是我們衝到他面前，他沉著地說：『我不是你們要找的殺人犯。』

「看到他莊嚴的面孔，我很難過，自己竟然傷害無辜的聖人。我拜倒在他腳下，請求原諒，並且把頭巾解下，替他包紮止血。

「『孩子啊！我可以理解你怎麼會做錯事。』聖人慈祥地說：『去吧！不要責備自己了。上天有好生之德。』他把快斷掉的手臂接上，竟然黏了回去，奇怪的是，血也不流了。

「『三天後，在那棵樹下會我，你會看到我安然無恙，就不會愧疚了。』

「昨天，我跟我哥哥趕到那裡，僧人讓我們看他的手臂，沒有疤痕，看不出受過傷。

「『我要走過瑞詩凱詩，到喜瑪拉雅山上隱居。』僧人祝福我們後，便很快地離開。經歷過這樣神聖的事件，讓我的生命轉化、提升了。」

警官說完這個故事時，情不自禁發出讚歎，顯然這段經歷改變了他。

他給我們看一份剪報。報紙誇大報導這段奇蹟，說僧人的頭差一點就被砍斷！

這位瑜伽行者像基督一樣，原諒迫害自己的人，真是太偉大了，可惜我們無緣見面。印度在過去兩個世紀，物質條件貧乏，但精神生活卻很豐富，在路邊，連一般的警察都能碰到高僧大德。

我們感謝警官說了這段奇遇，打發無聊的等待時間。他比我們還幸運，不費吹灰之力就遇到得道高僧，我們苦心計畫半天，結果沒有找到上師，還被困在髒亂的警局。

已經那麼靠近喜瑪拉雅山了，卻又被逮到，我跟阿瑪說，我想上山求道的心意更堅定了。

「一有機會就溜，我們可以走到瑞詩凱詩。」我鼓勵他說。

金錢一向是我們最大的靠山，如今錢被沒收，我的同伴已經絕望了。

阿瑪說：「徒步穿越危險的叢林，我們的終點不是聖人的居處，而是老虎的肚子！」

三天後，阿南達和阿瑪的哥哥到了，阿瑪跟他哥哥一派沒發生什麼事的樣子，只是打個招呼。

我卻不願意認錯，一直罵哥哥。

「我懂你的感受！」哥哥柔和地說：「我只要求你跟我到貝拿勒斯見一位聖人，再回家探望傷心了好幾天的老父，然後再回來這裡找你的上師。」

阿瑪在這個時候插話，他說他喜歡家庭的溫暖，不跟我去哈瓦爾了。但是我知道，我決不會放棄尋找上師。

我們一起坐火車到貝拿勒斯。在這裡，我的禱告得到回應。

阿南達精心安排一場會面，他在來接我之前，先在貝拿勒斯請一位經師跟我見面，經師和他兒子還答應阿南達，勸我不要出家[1]。

阿南達帶我去他們家。經師的兒子是年輕人，在庭院假惺惺地跟我們打招呼。他告訴我一大堆哲理，佯裝自己有天眼通，點破我有出家的想法：

「如果你放棄俗世責任，會遭遇一連串的不幸，也找不到神。沒有世俗的歷練，你無法消除過去無數世的業障[2]。」

我腦海浮起《薄伽梵歌》[3]克里虛那（Krishna）不朽的教誨，反駁道：「就是業障最深重的人，只要不停地觀想我，很快就會脫離業力的影響，成為高貴的靈魂，得到和平與安詳。阿周那（Arjuna），要確信：信我者得永生。」

然而，眼前這位年輕人斬釘截鐵的預示我的將來，我的信心微微動搖了。我默默向上天祈求：

「此時此刻，請上天告訴我，祢要我出家？還是做個俗人？」

我注意門外路過一位苦行僧，散發莊嚴的氣度。他叫我過去，顯然他聽見我和超我的對話。我從他平靜的雙眼中，感覺到巨大的力量。

「孩子啊！不要受這番無明的話所干擾。上天回答你的禱告，祂要我向你保證，你今生必要走上出家之路。」

我聽了又驚又喜，這個訊息堅定了我的信心。

「你快過來！不要靠近那個人！」那個無明的年輕人在叫我。上天派來的使者舉起手給我祝福，緩緩離去。

「這個苦行僧跟你一樣神經有毛病。」這位滿頭白髮的經師下了如此斷語，他跟他的兒子對我投以同情的眼神。「我聽說，剛那僧人也離家尋道。」

我走到阿南達身邊，不想跟他們對話，大哥只好氣餒地帶我離開，搭火車回加爾各答。

「名偵探！你怎麼發現我跟同學離家的？」回家的途中，我好奇問哥哥，他故作神祕地笑了笑。哥哥說：「我去你的學校打聽，發現阿瑪離開教室後就沒有回去；隔天我去他家，看到一張行程表。阿瑪的爸爸正要出門，在跟車夫說話。

「他父親傷心地說：『今天早上我的兒子沒有跟我一道坐車上學，他失蹤了！』

「車夫說：『我從別的車夫那邊聽說，你兒子跟穿襯衫的兩個同學到郝拉（Howrah）車站，他們……他們還把皮鞋送人。』

「所以我有三條線索：行程表、三個男生和襯衫。」

我聽了阿南達的描述，覺得好氣又好笑，心想當初真不該對車夫太慷慨。

「我馬上打電報到每個阿瑪在行程表上作記號的鐵路公司，又打電話給你的朋友普拉塞，他查過巴雷利。在加爾各答老家附近，問到堂弟亞廷達有一晚不在家，但是隔天穿著襯衫回家了。於是我

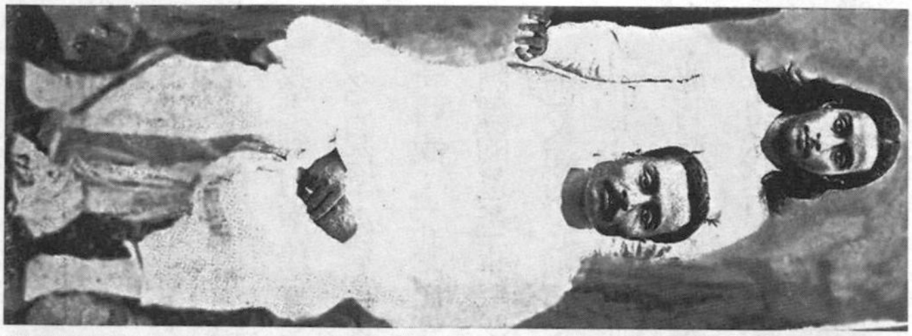

（左）大哥阿南達，他身後的人是我。

（右）1935年12月，聖尤地斯瓦爾最後一次主持冬季慶典。上師坐在中央，我在他右手邊，地點在塞蘭坡道場的大中庭。

找他出來吃飯，我雖然好聲好氣地問他，但他堅持不吐露實情。回家的路上我故意帶他到警察局，找幾個警察兇他，結果他就把事情和盤托出。

「堂弟跟哥哥說：『起先我以虔誠的態度出發到喜瑪拉雅山，覺得很興奮，希望能碰到大師。但是慕空達說，在喜瑪拉雅山的山洞充滿喜悅，老虎會因此震懾，像家貓一樣坐在我們身旁。我聽得都嚇呆了，額頭不停冒汗。我想：如果凶猛的老虎對我們展現的力量無動於衷，牠們還會像家貓嗎？想到自己就要被老虎生吞活剝，就嚇死了。』」

我原本對堂弟很生氣，但因為大哥這番話，讓我忍不住大笑。這些荒謬的情節，讓我氣不下去。我得承認，他被警察盤問時才招供，讓我心裡好過一點。

「阿南達達[4]，你真是天生的偵探嘛！」我消遣哥哥，但多少有點生氣，「我會告訴亞廷達，他根本沒意思要尋道，遇到困難只想自保。」

回到加爾各答，父親拜託我要念完高中，別再離家出走。我逃家的這段期間，父親安排一位很有學問的經師史瓦米・凱巴南達（Swami Kebalananda）[5]固定當我的家教。

「這位師父就是你的梵文家教。」父親篤定地向我宣布。

父親希望由一位有學問的哲學家來教我，緩解我出家的渴望。但事與願違，我的新老師沒教我枯燥乏味的哲理，反而教導我怎麼過靈性的生活。父親不知道史瓦米・凱巴南達是拿希里・瑪哈賽的大弟子。成千上萬的弟子全被這位咕嚕所吸引，他就像磁鐵，發出神聖的吸引力。後來我得知拿希里・瑪哈賽常常讚美凱巴南達是「證悟的聖人」(*rishi*)。

老師的頭髮長長捲捲的，襯托出英俊的臉，無邪的黑眼珠十分澄澈。他行止從容，瀟灑愜意，無時無刻都在禪定。我們常在一起用克利亞瑜伽進入禪定，在深沉的禪定中，度過許多快樂時光。

凱巴南達是著名的古籍經典權威，他有「經典之王」的美名。我的梵文並未進步，只要一有機會，我就會跳過文法，聽他聊瑜伽和拿希里．瑪哈賽的事，有一天，我央求老師談談他和上師的故事。

「我與上師能夠相處十年，這種機會委實不多。他在貝拿勒斯的家，是我每晚朝聖的目標。上師走到樓下前廊，坐在沒有靠背的木椅上，弟子就會獻上花環。他的目光如炬，也進入觀想，進入至善的境界，上師常常靜默。偶爾他會看著需要幫助的學生，然後讓療癒的言語如潮水般湧出。

「上師的靈視帶給我內心不可言喻的安寧，就像一朵永恆的蓮花，透露出清新的芬芳，澆灌著我的靈魂。跟在上師身旁多日，不必交談，整個人都會改變；如果我無法專心修法，就會在他跟前禪定，很容易進入很高的境界。上師是一座活的廟堂，只要弟子虔心學習，宇宙的祕密之門將為所有弟子而開。

「拿希里．瑪哈賽不是解經家，不必費勁就可出入『神聖的圖書室』，神聖的言語和思想自然排山倒海奔流而出，他無所不知。他掌握了奇妙的鑰匙，能夠解開幾世紀以來埋藏在《吠陀經》[6]中的深奧哲理。如果你要他解釋章節中有關不同層次的意識，他會欣然同意。

「『我先走過層層的意識，告訴你我體驗到什麼。』他都是這樣，不像別的老師，囫圇吞棗，只管把經典上難懂抽象的句子背誦出來，卻不明所以。

「『你說出你對某個章節的思考，意義就會出現。』寡言少語的上師會跟身旁的弟子說：『我會引導你，讓正確的詮釋出現。』拿希里．瑪哈賽的很多觀點都是經過這種方式記錄，學生會將上師解經的筆記彙集。

「上師不贊成盲目信仰宗教。『文字只是表象。』他說：『相信神的存在要經由禪定，從心靈去接觸到那種喜樂。』

「不論弟子的問題是什麼，上師會勸他做克利亞瑜伽來解決問題。

「『即便我的肉身不在世上引導你們，瑜伽的鑰匙也不會失去效用。這瑜伽法門不受理論的局限或分類，以致被世人遺忘。想要悟道，要不停地練習瑜伽，鍛鍊愈多，功力愈高。』

「人類以自己的方式追求永恆，但是我覺得克利亞瑜伽是解脫的最有力之法。」最後，凱巴南達語重心長地作結：「經由瑜伽的鍛鍊，你可以看到那無所不能的神就在你心中，在世間化身為拿希里．瑪哈賽，還有他的弟子。」

凱巴南達親眼看到拿希里．瑪哈賽行了一次類似基督所行的奇蹟。有一天，我聖者般的老師，告訴我下面這個故事；他的思緒離開書桌上的梵文課本，飄到遠方。

「我有一個瞎眼的師兄拉姆，很可憐。他忠心耿耿地侍奉上師，上師散發著神聖的光輝，他卻看不見。有一天早晨，他拿著芭蕉扇，替咕嚕扇了好幾個小時，一點也不厭煩，這位虔誠的弟子終於離開房間，我尾隨他。

「『拉姆，你從什麼時候開始看不見？』

「『從我出生開始，從來沒見過一點光。』

「『我們的上師無所不能，可以幫助你，你可以向上師祈求。』

「第二天拉姆靜靜地來到拿希里．瑪哈賽的跟前，這位弟子由於靈性充足，不好意思開口祈求這個關於他肉體的事。

「『上師，宇宙的創造者在你裡面，我求您把他的光帶給我的雙眼，使我得見陽光。』

「『拉姆，有人想為難我，我沒有醫病的能力。』

「『上師！在您內在永恆的神一定有。』

「『當然！這是不同的，拉姆！神無所不在！祂用奇妙的生命之光，點亮星星和肉體細胞，當然也能把光帶給你的雙眼。』上師手觸拉姆的眉心處[7]。

「『專心於眉心處，一直念著先知羅摩[8]之名，七天後，太陽的光輝會特別加寵於你。』

「哇！一個星期後果真如此，拉姆第一次看到美麗的自然。全能的神引導弟子覆誦羅摩之名。羅摩是眾上師最崇敬的神。咕嚕在拉姆的心中灑下有力的種子，由於拉姆深具信心，不斷灌溉，終於病癒，使信心的種子開花。」凱巴南達沉默了半晌，在心中深深地向上師致敬。

「事實上所有的奇蹟都是拿希里．瑪哈賽做的，但是上師不認為是自己[9]的力量促成；他完全無我執，臣服在崇高的治癒力之下，使這種力量在他體內流動。

「雖然拿希里．瑪哈賽行過許多神蹟，救過許多人，但這些人最終還是難逃一死。不過他喚醒世人的靈性，薰陶出許多如基督般犧牲奉獻的弟子，這才是他不可磨滅的奇蹟。」

最後，我沒有成為梵文學者。史瓦米．凱巴南達教給我的，是比梵文更神聖的語言。

1 出家人（*sannyasi*）字面上是「拋棄」的意思，梵文中動詞字根的意思是「棄置一旁」。

2 業障（*karma*）是此生或前世行為的後果，梵語中*Kri*為「去做……」之意。

3 《薄伽梵歌》9：30-31。克里虛那是印度最偉大的先知，阿周那是他最重要的弟子。

4 我都叫他阿南達達。在哥哥姊姊名字後面加「達」（da），表示尊敬。

5 我們認識的時候，凱巴南達尚未加入僧團，外號是「經典之王」，直譯是「經典．瑪哈賽」。為了不跟拿希里．瑪哈賽、第九章所談到瑪哈賽大師混淆，我喚我的梵文老師名稱都用他出家的法名史瓦米．凱巴南達。他的傳記最近有孟加拉文版本。凱巴南達在一八六三年生於孟加拉的庫那（Khulna），六十八歲在貝拿勒斯辭世，俗名是亞殊杜．雀特吉（Ashutosh Chatteji）。

6 現存的四部吠陀經典尚有一百多冊經書。愛默生在《手記》（*Journal*）裡表達他對《吠陀經》的觀點：「高貴莊嚴如火、如夜、如平靜之洋。吠陀包含所有宗教的情操，這些詩意高貴的情懷中，足見所有偉大的美德……不讀吠陀也沒有用。如果，我相信我在森林中，在池畔的舟上，自然馬上就會把我變成為婆羅門：永遠存在、永恆的補償、深沉的力量、萬籟俱寂……這就是自然的律法，自然告訴我，和平、純粹、絕對的捨棄——這些是洗掉所有罪惡的良藥，帶你到恩賜八福處，神的跟前。」

7 眉心處是真正的眼睛、靈魂之眼。人臨終時，意識往往會集中在此神聖的眉心處；可以解釋死人的眼睛會向上翻的這種現象。

8 羅摩是《羅摩記》（*Ramayana*）中的主要人物。

9 「我執」（*ahankara*）就是自我意識，字面上的意義是「我做」。「我執」是二元論的本源，人與造物主分離的意識。「我執」使人在心所生之幻影的控制之下，誤以為主體為客體，受造物誤以為自己是創造者。

第5章 無中生有的香氣聖人

「凡事有期，萬物有時。」

所羅門王的智慧，還是沒給我安慰。我四處探求，每每離家遠遊尋找命中的上師，但是都高中畢業了，因緣還是不到。

兩年前，我和阿瑪逃家，如今，上師聖尤地斯瓦爾就要走進我的生命。在這之前，我遇到許多聖人：「香氣聖人」、「老虎尊者」納甘陀．納斯．巴篤利（Nagendra Nath Bhaduri）、瑪哈賽大師（Master Mahasaya）和孟加拉著名的科學家博西。

我碰到香氣聖人，有兩個故事作引子：一則很有啟發，另一則有點好笑。

「道很單純，其餘都是複雜的。不要在相對的自然界裡，尋找絕對的真理。」

我靜靜站在迦梨[1]女神像前，這句話輕輕傳進耳裡，我轉身一看，原來是一位身材高大、衣衫襤褸的男性，顯然是苦行僧。

「你竟然看出我的苦惱！」我感激地笑了笑，「自然界中，善惡混淆，如同迦梨象徵自然界溫柔與恐怖的兩個面向，讓多少聰明人困惑不已。」

「少有人能解開這個謎題！生命把善與惡的謎語，如同斯芬克斯出的難題，擺在聰明人面前。許多人嘗試解開謎語，不但找不到答案，最後還付出生命，作為代價，現在不比遠古底比斯時代還容易。放眼望去，有個高大孤寂的人物，從來不曾落敗，從二元性的幻相[2]中，摘取到一統的真理。」

「這位師父，您倒說得很有信心。」

「我長久以來用非常刻苦內省的方式，希望獲得智慧。持續觀察內在，徹底自省，這個經驗對我影響很大，瓦解牢不可破的『我執』。先知對於『假我』有系統的分析，所謂『自我表達』、『個體認同』，只會造成自以為是的人，以為自己對神和宇宙的詮釋是正確的。」

「真理面對傲慢自大時，絕對謙卑地退隱。」我喜歡這樣的討論。

「人類無法了解永恆真理，除非脫離虛妄。人類的心靈已經囤積數世紀的塵垢，生命充斥無數可憎的假象。戰場上的廝殺，與人類初次遭遇內在敵人時的困境相比，根本算不了什麼！內在敵人不是火力強大就能打敗的！這些配備著無明、貪念等有毒武器的士兵，連你睡覺時，也不放過攻擊，準備隨時隨地殘害所有人。不假思考、粗心大意，就等於埋葬了理想，屈服於命運，只剩無能的肉身、麻痹的心靈，其餘一無所有。」

「師父，你難道不同情迷惘的大眾？」

聖僧靜默片刻，並沒有正面回答。

「要能愛無形、展現所有美德的神；同時愛有形、有缺陷的人，通常很難！但清明的心能解決這個難題。只要向內探求，很快會發現人類心智有個共通點：只顧自己血脈的利益。人至少會展現一點同胞愛，在這個層次上，會明白這樣的同胞愛是人因為恐懼而生的謙卑。當人類發展成熟時，就會憐憫自己的同胞，卻看不見自身靈魂潛在的療癒力量，不去開發內在。」

「師父，但世世代代的聖人都如此悲天憫人哪！」

「膚淺的人只要陷入苦難，便對他人的苦難失去同情心。」這位苦行僧的表情顯然輕鬆些。「只要詳細剖析內在，就會對有情眾生起慈悲心，對『自我』的喋喋不休，充耳不聞。對神的愛，就會開花結果。眾生最終轉向造物主，苦惱地問：『老天爺，怎麼這麼苦？』苦難不停鞭策眾生，步入那『無限存在』散發的榮光之中。」

我本來只是想逛逛以華美聞名的加爾各答迦梨神廟，沒想到巧遇這位聖僧。他揮揮手，像是作勢掃去神廟的巧飾。

「磚頭和灰泥沒辦法歌唱；心只為人類唱頌生命而開。」

我們慢慢走向大門口，陽光很舒服，信徒絡繹不絕。

我跟聖僧站在加爾各答的迦梨聖廟前。

「你還年輕。」聖僧若有所思地看著我，說道：「印度也很年輕，古聖先賢[3]已經示範一套牢靠的方法，教導人們過靈性的生活。他們的教誨對今日印度仍綽綽有餘，不但不過時，也足以破解物質主義世界的詭計，而且戒律仍然適用——這是很多學者精心算計都達不到的成就。幾千年來，時間證實吠陀的價值，好好運用這份遺產！」

隨後，我恭敬道別，師父預言：「你會有不平凡的際遇。」

我離開迦梨神廟，信步前行，在轉角巧遇老友，他話很多，只要一開口就講個不停。

「我很快就放你走。」他答應我，「好久不見耶！你這幾年都在做什麼？」

我說：「不行，我現在就要走！」

但他緊拉著我的手不放，要我講一些近況，宛如餓狼撲羊，我講得愈多，他就問得愈多。我默默祈求女神幫我脫身。

這位朋友突然決定離開，讓我鬆了一口氣，我趕緊走開，深怕這個長舌公又回心轉意。我聽見身後的腳步聲愈來愈近，不敢回頭。他又追上來，很高興地拍拍我的肩膀說：

「我忘記告訴你甘達巴巴（Gandha Baba）的事，他是香氣聖人，就住那棟房子。」他指著不遠處的一棟房子說：「去看看吧！他很有意思，會是一段奇遇喔。再會！」這次，他真的走了。

我想起剛剛在迦梨神廟前碰到的苦行僧，還有他說過的話。於是受好奇心的驅使，我走近那棟房子，有人領我到寬敞的大廳。一大堆人盤坐在橘色地毯上，我聽見有人語帶驚訝地低聲交談：

「注意甘達巴巴，就是披著豹皮的那位，他能讓沒有味道的東西發出花香，還可以使枯萎的花朵再度盛開，或使人的皮膚發出愉悅的香味。」

我注視這位聖人，他也看著我。他身材肥胖，臉上長滿鬍子，皮膚黝黑，雙眼炯炯有神。

「孩子！很高興你來。說吧，你喜不喜歡香氣？」

「要香氣做什麼？」我認為這個問題很幼稚。

「體驗一下奇蹟。」

「要神製造香氣？」

「有什麼不對？香氣也是老天爺做的。」

「是的！但老天爺也創造出嬌嫩的花瓣，散發馨香，花朵一旦枯萎，便化作春泥。你能造出花朵來嗎？」

「會的，小朋友！但是我擅長製造香氣。」

「那香水工廠就沒生意了。」

「我不會這麼做的，我的目的是展現神的力量。」

「有必要證明嗎？無處不都是奇蹟嗎？」

「是，但是也應該展示一些神多變的創造力。」

「您學這套功夫花了多久時間？」

「十二年。」

「練就神通製造香氣！可敬的聖人，您似乎浪費了十二年的功夫在這事情上。只要到花店花點錢，就可以買到花的香啊。」

「花香會消失。」

「香氣也會跟著死亡消失掉。我為什麼要讓肉體有這種享受？」

「小哲學家，我很高興你這麼想。現在，把右手伸出來。」

他做了祝福的手勢。我離甘達巴巴有幾公尺遠，也沒人靠近我。我伸出手，那位瑜伽大師沒有直接碰到我。

「你要什麼香？」

「玫瑰花。」

「如你所願！」

我嚇了一跳，我的掌心散發出濃郁的玫瑰花香。我笑著從一旁的花瓶裡，拿起一朵沒有香味的白花。

「這朵沒有香味的花，能不能散發茉莉花香呢？」

「如你所願！」

茉莉香味從花瓣散發出來，我謝過他，到弟子席位坐下。弟子告訴我，甘達巴巴的法名是維穌南達（Vishudhananda），以前在西藏跟一位大師學得許多瑜伽密法；那位瑜伽大師據信已經活了上千歲。

「你不要小看甘達巴巴的法術，好像只說了幾個字就變出來，平常不是這樣的喔。」看弟子說話的樣子，很以自己的上師為榮。「上師因材施教，很厲害！加爾各答許多讀書人都是老師的弟子。」

我不想加入他們，我不喜歡太「神奇」的上師。我禮貌謝過甘達巴巴之後就離開，信步回家，心想，那是今天第三次奇遇了。

我回到古柏路的家，姊姊烏瑪站在門口。

「你愈來愈時髦！擦香水喔？」我沒多說，只是伸出手掌讓她聞。

「好香的玫瑰香。很不尋常的濃郁！」

這真是「不尋常的濃郁」，我默默地把帶著靈氣香味的花朵湊到她的鼻下。

「啊！我喜歡茉莉。」她拿著花，表情很困惑：嗅了又嗅，她知道茉莉花啊，但不懂這種沒有香味的花，怎麼會發出茉莉香。她的表情讓我不再懷疑甘達巴巴，我還以為自己是被催眠才聞到香氣的。

後來我聽朋友阿拉卡南達（Alakananda）說，香氣聖人還有一種神通，我真希望亞洲或歐洲百千萬飢民也有這種力量。

「在巴爾達曼，甘達巴巴的家中，我跟他一百多位弟子在一起，」阿拉卡南達說：「那次宴會很盛大。據說這位瑜伽行者能無中生有，我央求他變一種非當季產的水果蜜柑；芭蕉葉上的露奇餅[4]突然全部脹起來，裡頭都包著去皮的蜜柑，我小心翼翼地嚐了一口，居然很好吃。」

多年後，我才參透甘達巴巴行神通的祕密，老天！這個方法是千萬飢民學不來的。

不同的感官刺激皆由質子和中子的震動而生。發出震動力量的是「生命量子」（lifetron），亦即生命的精微能量，它比原子還細微，儲藏在五個感官意識中。

甘達巴巴藉某種瑜伽鍛鍊，導引自身的生命量子，重新排列震動的結構，或把想法變成物質。他變出來的香氣、水果等奇蹟，實際上都是因為他能夠把能量物質化，並非催眠別人的結果。[5]只是，像香氣聖人所顯的神通，著實令人稱奇，但無法提升人的靈性。一般人只覺得好玩，不是真心想尋求解脫。

催眠術可以用在少數病人身上。有些人需要動手術，但因麻醉藥所引起的副作用可能危及生命，所以使用催眠術；可是，如果常常被催眠，容易產生負面情緒，遲早會使腦細胞紊亂。催眠術入侵人腦的意識，現象是暫時的，與悟者所展現之神通沒有共通之處。從夢幻世界中覺醒的悟道之人，因自身願力與造物主的宇宙大夢同調，才能引發改變。

真正的大師並不隨便展示神通。波斯密行者阿布・薩伊德（Abu Said）譏笑某些回教術士，就算能操弄水、風、空，也沒什麼了不起。

「青蛙在水上也很自得。」阿布・薩伊德語帶諷刺地說：「烏鴉和禿鷹也輕鬆飛翔；魔鬼同時存在於東方和西方。遵行道義的真人，在社會人群之中，在買與賣之間，片刻未嘗忘記神。」這位偉大的波斯上師，也表達對修行的看法：「把腦子裡的貪婪與野心，擱置一旁；把身上所擁有的都布施出去；切記，要勇敢面對逆境。」

在迦梨神廟前遇到那位無私的聖僧，或學習藏密的香氣聖人，都不是我命中的咕嚕。我不需要這些認可，內心暗暗為自己喝彩，而無聲之聲，更為響亮。後來遇到我的上師時，他教我，只要觀察法相是否莊嚴，就知道眼前之人，是否為悟者。

1 迦梨代表自然永恆的原則。傳統的女神像是有四臂的女性，或站或躺在濕婆神像（God Shiva）或宇宙無限（Infinite）之上。自然的活動或世界的現象，皆源於宇宙的本體。四隻手臂象徵四個特點：兩慈悲、兩毀滅，代表造物與物質世界的二元性。

2 幻相（*maya*）即宇宙創造的錯覺（Cosmic illusion），字面上的意思是「丈量者」。幻相有一種奇妙的力量，可以在不可度量、不可分割的「一」中，創造出界限與分別。愛默生寫過一首詩叫〈幻相〉。

錯覺牢不可破，
編成無數的網羅，
美麗的圖像不曾令人失望，
層層堆疊，霧裡看花，
相信魅惑之術的
是那些願受欺瞞的人。

3 先知（*rishis*）字面之意「見者」，乃上古《吠陀經》之作者。

4 露奇餅（*luchis*）是印度扁圓餅。

5 一般人都不知道，二十世紀的科學已邁進一大步。在各地的實驗室中，都看得到煉丹術成功的例子。一九二八年，法國化學家克勞德（M. Georges Claude）在楓丹白露示範「奇蹟」，示範氧化作用。聯合通訊社報導，在某次的科學集會上，克勞德「把滿手的沙變成珍貴寶石，鐵熔成巧克力般的液體；去掉花朵的顏色，再轉變成玻璃狀」。

「克勞德解釋，海水可以通過氧化作用，轉化成數百萬噸的馬力；水的沸騰，不一定是滾的；只要小小一堆沙子，從氧吹管吹一口氣，能化作藍寶石、紅寶石和黃玉。他預測，未來人可以走在海洋的底部，不用潛水員的設備。最後，科學家藉由把陽光中的紅色取走的方法，把觀眾的臉變成黑色的，令人稱奇。」

這也說明了這位法國科學家，已經藉由膨脹的方式，分離空氣中的各種氣體，製造液態空氣，並發現如何運用海水的溫差機制。

第6章 老虎尊者

我的高中同學江迪（Chandi）說，他知道「老虎尊者」的住處，邀我明天一道去拜訪。我很想見見這位聖僧，聽說在他還沒有出家前，曾經徒手與老虎搏鬥——小孩子都很崇拜這種武藝高強的人！

隔天清晨出奇地冷，但是我跟江迪都興致勃勃，動身前往加爾各答市郊的邦瓦尼普（Bhowanipur）。我們迷路好久，終於找到老虎尊者的住處。我用力敲敲門上鐵環，他的家丁慢吞吞地來應門，迎面而來的笑容帶點挖苦的意味——訪客就算製造噪音，也不能打擾此地的清靜。

我們雖然被無聲地斥責，但很慶幸仍被允許入內。不知怎的，等了好久仍不見尊者蹤影。印度有個不成文規定，求法者要有耐心，師父會試探來者有多渴望見他。在西方，醫師和牙醫最會玩這種心理遊戲。

後來我們被叫進臥房，聲名遠播的宋洪[1]尊者就坐在床上。他龐大的身軀給人一種奇妙的感覺；我們兩眼直瞪著師父，不發一語，只是呆站著。我們從來沒有見過那麼厚實的胸膛，他的手臂肌肉如橄欖球般大，脖子粗壯，相貌嚴肅，卻流露出寧靜，眼神中有慈悲、無畏的光輝；除了腰上圍著一件虎皮外，幾乎一絲不掛。

過了半晌，我們才回神向師父致意，表達對他的仰慕。

「請您告訴我們，如何赤手空拳，降服叢林中最凶猛的野獸？」

「孩子啊！跟老虎搏鬥，沒什麼了不起，」他俏皮地笑一笑：「你看虎是虎，我看卻像貓。」

「師父！我們可以把老虎想成貓，但是老虎相信嗎？」

「當然需要力量。你不能期望小孩只要把老虎當成貓，就會打贏，我有力的雙手就是武器。」

他叫我們跟著他到走廊，他突然一拳打在牆緣，有塊磚頭掉落在地板上，光線從恍若缺了一顆牙齒的壁上穿透進來，我嚇了一跳！我想，連牆壁都能打出個洞，打掉老虎的牙齒更不是問題。

「許多跟我一樣孔武有力的人，還是缺乏信心；雖然身體強壯，但心智不成熟，因此在叢林裡才看到野獸，就昏倒。老虎的凶猛和習性，與馬戲團裡吃鴉片的動物大不相同。

「很多人力拔山河，一旦碰到老虎，便成了無用的廢人。老虎讓這些人以為自己是病貓。體健如牛、堅決果敢的人，會翻轉情勢，讓老虎覺得自己是病貓，對牠毫無招架之力。我每次面對老虎，都是這樣告訴自己的！」

我相信，我面前的大力士的確有這種「讓老虎變病貓」的能耐，他似乎在教我們勇敢的技巧，我跟江迪靜靜聆聽。

「意念決定肌肉的運作。能否舉起鐵錘，取決於出力的大小。人以身體顯現出的力量，取決於個人的意志和勇氣。意念創造了肉身，也維持肉身運作。人類因為累世的經驗，漸漸把強壯或軟弱融入自我意識，呈現出來就變成習性，這會影響身體的好壞。外在出現弱點，因為內心軟弱，一旦肉身受制於習性，心就氣餒，成為惡性循環。如果主從不分，任肉身侷限了心靈，心靈就會屈服，成為肉身的奴隸。」

我們央求厲害的師父透露生活點滴。

「早年，我雖有征服老虎的雄心，但身體軟弱無力。」

我聽了差點跳起來！這樣的大力士居然也會有這種經驗，太不可思議了。

「我不斷告訴自己，要健康、強壯，克服身體的限制，以盛讚心靈的力量，終於打敗老虎。」

「可敬的師父，我也可以打敗老虎嗎？我有這種莫名其妙的野心！」

「可以的！」他笑著說：「但老虎有很多種；有些存在於人類欲望的叢林；打死老虎，對靈性不會有實質的助益，還不如戰勝內心的習性。」

「您是如何從馴獸師，變成欲望的馴服者呢？」

師父陷入沉默，遙望遠處，追溯往日情景，我知道他在考慮要不要說。後來，他笑著說：

「當時我的名聲如日中天，只覺得很驕傲。我決定不只要打老虎，而且還要訓練牠們表演把戲，我打算把這些猛獸馴服成家畜。我開始公演，成果不錯、也很成功。有一晚，我的父親走進我房裡來，一副若有所思的樣子。

「『孩子！我有話要告訴你，你這樣造業是不行的。』

「『爸！您是認命的人嗎？應該讓迷信影響我的生活嗎？』

「『我不認命，但是我相信聖典裡教人要公義，不久之後，憤怒的叢林野獸會要你付出代價的。』

「『爸！您太讓我驚訝了！您明知道老虎生性殘忍，牠們就算才剛飽餐一頓，但又見獵心喜，只為滿足口腹之慾，貪得無厭。要是眼前有一隻瞪羚開心吃草，老虎會抓來，咬破瞪羚柔軟的喉嚨，嚐一點，然後揚長而去。』

「『老虎是叢林裡最卑鄙的生物，也許我的拳頭可以稍微訓誡牠們，我是森林小學的老師，教孩子們要仁慈。』

「『爸！請把我看成馴服老虎的人。我不是在獵殺老虎，我的善行怎麼會有不好的下場？我求您不要命令我改變生活的方式。』」

我和江迪全神貫注，非常能體會這種進退維谷的情況。在印度，小孩不能違抗父母的話。

師父繼續說：「父親沉默不語，聽我辯解後，傷心地說：『好兒子，你逼我說出一位聖人不祥的預言。昨天他來的時候，我正在走廊禪定。他對我說，親愛的朋友，我來是告訴你打虎的兒子，停止粗野的行為，否則下次會受重傷，被病魔纏身六個月，之後遠離紅塵，出家為僧。』

「我把這些話當耳邊風，認為父親不知受了什麼蠱惑。」

師父陷入沉默，神情黯然，無視我們的存在。過了半晌，突然又低聲道：

「就在父親警告我不久後，我去庫阿．比哈爾（Cooch Behar）首府玩。一路上景色新奇，而我也想趁機逛逛。但是每到一處都被好奇的群眾圍觀，大家都想來見打虎英雄！

「夜晚我正在休息，聽到馬蹄聲在我的居處門前停下，進來幾位高頭大馬、戴著頭巾的警察，向我行大禮，並說庫阿．比哈爾王子邀請我明天早上入宮。

「我覺得優閑的旅遊又被打擾，心有不甘，但看警長必恭必敬的樣子，我便答應了。

「翌日，四匹馬的華麗馬車護送我進宮。我覺得新奇，僕人替我撐傘遮陽。我威風凜凜地坐在上面，經過市區到近郊宮內。王子在門口迎接，他讓出自己金色刺繡的寶座，面露微笑，坐在素樸的椅子上。

「『全城都在議論，說你可以赤手搏虎，是真的嗎？』

「『是的。』

「『這太難以置信了！你也只是個凡人，恕我直言啊，你打的老虎是不是吃了鴉片的軟骨頭動物啊？』他高聲諷刺。

「我沒有回答，這話太汙辱人了。

「『你敢不敢挑戰我剛捉到的老虎貝貢王[2]？如果你活捉牠，用鐵鏈拴住牠，那麼老虎就歸你，我再賜你賞金千萬，跟其他禮物；如果你拒絕，那麼全世界都會知道你只是個懦夫。』

「他的話像機關槍般掃射我，我二話不說，便接受挑戰。他聽了興奮地站了起來，一臉幸災樂禍，然後又坐下。我腦中突然浮現羅馬皇帝在競技場內，坐觀野獸吃基督徒的景象。

「『搏鬥安排在七日後，你不准先看這猛虎。』王子大概是怕我把老虎催眠了，或偷偷餵鴉片給老虎吃才這麼說。

「當我離開皇宮時，沒有大傘遮陽，也沒有御用馬車。

「七天後，我的身心都已經準備就緒。從僕人口中聽到，聖人告訴父親的預言已經傳開了，還加油添醋，變得更誇張。很多單純的村民相信，這頭老虎被諸神咒詛的魔鬼附身，晚上搖身一變，成為各種妖魔鬼怪，但白天還是以老虎的模樣示人。這頭被附身的老虎是上天派來教訓我的。

「我的僕人又說，王子搭了一座能容納千人的帳棚，讓人觀賞人獸搏鬥。場子中央巨大的鐵籠是安置『虎王』的，老虎不停地怒吼，王子故意沒餵飽牠，使牠發怒，也許就是希望拿我餵老虎吧！

「在貝貢王的低吼和觀眾害怕的尖叫聲中，我靜靜走出場，腰間繫著一塊布，別無保護。老虎聞到食物，千斤重的身子跳躍起來撲在鐵欄杆上表示歡迎，我在瘋狂的野獸面前猶如綿羊，觀眾都嚇得不敢出聲。

「我打開鐵籠的門閂，進到籠子裡，再輕輕關上。才一關好，老虎便撲過來，我的右臂立刻被抓傷，鮮血直流。老虎最喜歡血腥味，如此更激發牠的鬥志。聖人的預言似乎成真。

「我從驚嚇中回神，把手上的血抹在腰際的布上，接著左拳出擊，猛獸跳回籠底，旋即轉身，又發狂似地撲過來，我的拳頭如雨點般地打在虎頭上。

「但是老虎嚐到人血，就像久沒豪飲的酒鬼看到酒一般興奮，只顧猛攻、銳不可當，我不斷出拳，面對尖牙利爪，卻只有單手可用。雙方滿身是血，彼此鬥得你死我活，籠子內就跟地獄一樣，血濺四處，老虎不停嘶吼。

「『射死牠！』『殺了老虎！』觀眾吼著。我們的動作變化太快，守衛的子彈失準。我低吼，奮力出擊，最後用力擊中老虎的腦袋，老虎終於不支倒地。」

「不就是一隻貓。」我插嘴說。

師父開心地笑了，繼續說：「老虎輸了，我用滿是鮮血的手扳開老虎的利齒，為了營造戲劇性的一刻，我還把頭伸進老虎口中。表演完畢，我找了一條鐵鏈圈住老虎的脖子，綁在欄杆上，我轉身走向門口。

「但老虎像是被魔鬼附身似的，甦醒過來後，居然還有力氣掙脫鐵鏈，把我撲倒。我的背又被抓傷。但我立刻騎到牠身上，又是一陣猛打，直到這隻危險的猛獸陷入半昏迷的狀態。這一次，我小心翼翼地離開籠子。

「我把傷口包紮好，接受獎賞和花圈，圍觀的人對我投擲許多金子，整個城市歡慶我的勝利，大家都在談論我如何打贏那麼凶猛的老虎，身手真好。按照約定，老虎歸我，但我一點也不快樂。我的心轉變了，在離開籠子的剎那，我也拋棄了世俗的野心。

「後來，我真的因為血液感染，奄奄一息，在病榻躺了六個月，才痊癒回鄉。

「『現在我知道警告我的是位聖人。』我向父親懺悔：『啊！我好希望能見他！』我真誠地期盼著。沒想到，有一天聖人出現了！

「『馴服夠多老虎了吧！』聖人滿懷信心說：『跟我來，我教你馴服人類心靈叢林中的無知野獸。以前你有很多觀眾，現在讓星河的天使做觀眾，觀賞你拿手的瑜伽吧！』

「我神聖的上師引領我走上靈性的道路，打開靈魂生鏽已久的大門。我前往喜瑪拉雅山，接受上師的訓練。」

聽完故事，江迪和我匍匐在師父腳下，感謝他告訴我們他的經歷。我們都覺得，在陰冷的走廊上等了那麼久，是值得的。

1 宋洪（Sohong）是老虎尊者的法名，一般都稱他老虎尊者。

2 貝貢王（Raja Begum）是「公主、王子」的意思，表示這頭野獸擁有公虎與母虎恐怖的特性。

第7章 飄浮聖人

「昨晚在法會上，我看到一位瑜伽行者飄浮在半空，離地幾尺高。」我的朋友烏潘卓・摩宏・喬杜利（Upendra Mohun Chowdhury）說得眉飛色舞。

我會心一笑，問道：「也許我猜得出是誰，是不是住在上環路的巴篤利・瑪哈賽（Bhaduri Mahasaya）？」

烏潘卓點頭，似乎有點失望。我的朋友知道我喜歡認識各方神聖，一有消息總是先告訴我，沒想到這次被我捷足先登了。

「這位瑜伽行者住在我家附近，我常去看他。」我這番話讓烏潘卓很心動，想知道更多。

「我還看過他展現神通。他精通能量控制調息法[1]，這種調息法在典籍上有記載，是帕坦伽利[2]《瑜伽經》的八支。有一次巴篤利・瑪哈賽示範風箱式寶瓶氣功，房內彷彿掀起了一場風暴。然後他驟然停止，停留在超意識[3]的狀態；風暴後的祥和寧靜，令人難忘。」

「聽說他從未踏出家門一步。」烏潘卓的語氣有點懷疑。

「這是真的！他二十年來，未離家寸步。只有在舉行聖典時，稍微輕鬆一下，但頂多走到大門口，這時乞丐都會靠過來，大家都知道巴篤利樂善好施。」

「他是怎麼抵抗地心引力，停在半空中呢？」

「瑜伽行者只要學會調息法，控制呼吸，身體就會失去重量，得以上升，或能像青蛙般上下蹦跳。沒有練習過瑜伽的聖者，只要一心侍奉上帝，也能飄浮。[4]」

「我好想多認識這位聖人。你去聽過他晚上的開示嗎？」烏潘卓睜大眼睛好奇地問。

「有啊！很多次。我很欣賞他的智慧與機智，偶爾我大笑不止，破壞肅穆的氣氛。聖人沒有不高興，倒是弟子看起來氣呼呼的。」

那天下午回家時，途經瑪哈賽的精舍，這位瑜伽行者平常不會客的，但我決定碰碰運氣。有個弟子坐在外頭守著，不讓外人打擾上師。這個弟子看到我靠近，一副警戒的樣子，問我有沒有預約。要不是他的上師適時出現，我就要被打發走了。

「讓慕空達進來吧！」聖人兩目炯炯有神，緩緩說道：「我遁世而居不是為了自己舒服，而是讓別人不困窘。凡夫俗子不喜歡坦率，因為坦率會打破假象。雖說聖人稀有，但總讓一般人出糗。就算在經書裡，你也會發現，聖人常常讓人尷尬。」

我跟著巴篤利．瑪哈賽到頂樓；小小的空間很簡樸，鮮少人打擾。跟聖人同一代的人，耽溺有限的現象，而歷代的大師往往無視外界的紛擾，不為小事所困，專注於內在的修持。

「大聖人[5]，據我所知，您足不出戶。」

「老天爺有時候在意想不到的地方安置聖人，免得大家以為，祂要人遵守某一條法則。」

漂浮聖人
巴篤利・瑪哈賽

我請求道：「大聖人，希望您為世界的福祉，寫一本瑜伽的書。」他答道：「我訓練弟子，使他們以及他們的弟子都成為活教材，這樣我的教導不受時間侷限，也能隨時反駁外界錯誤的解讀。」

聖人兩腿一盤，成蓮花坐姿。他的外表看不出已經七十歲，完全不顯老態，也看不出久長期盤坐的影響。他的身體硬朗，就像書上描繪的聖僧，面容高貴，滿臉鬍子，端正莊嚴，平靜的雙眼專注直視上方，觀無所不在的神（Omnipresence）。

我跟著聖人進入禪定，一小時後，他輕聲喚我。

「你常入禪定，但是你有沒有看到神？」他提醒我要愛神甚於禪定。「禪定只是手段，切莫本末倒置。」

他分一些芒果給我吃，我很喜歡他的幽默風趣。他說：「一般人比較喜歡吃瑜伽（*Jala Yoga*，與食物合一）甚過禪定瑜伽（*Dhyana Yoga*，與神合一）。」

這雙關語使我捧腹大笑。

「你笑得好開心！」他的眼神流露慈悲。他的臉總是莊嚴，又流露慈愛的微笑。那雙蓮花似的大眼，總是帶著笑意。

「這些信件來自遙遠的美國。」聖人指著厚厚的幾十封信說：「我回信給幾個對瑜伽有興趣的團體。他們發現印度，比哥倫布發現新大陸還興奮。我很樂意幫助他們。瑜伽的知識就像日光，沒有分別，誰都可以接受。

「東方的聖人知道，對西方人來說，最重要的還是人類的解脫。外表形形色色，但靈魂相同，如果不鍛鍊瑜伽，加強戒律，不論東方人抑或西方人，都不會有結果。」

聖人平靜地看著我，當時我還不知道，這番話是為了指引我的未來。現在回想起來，我完全了解他的用心，他的諄諄教誨，是為了將來讓我到美國弘法做準備。

我單獨陪這位瑜伽行者，一直到晚上他的弟子到來。巴篤利・瑪哈賽給弟子開示，像一股寧靜的洪流，洗滌心靈的雜質，朝神奔流而去。他用優美流暢的孟加拉語，說了幾個寓言。今天晚上巴篤利說了關於聖女蜜拉貝（Mirabai）的幾個哲學觀點。蜜拉貝是中古時期拉吉布（Rajput）的公主；她拋棄皇宮舒適的生活，與聖人為伍。有一位印度高僧拒絕收她為弟子，只因為她是女性，但她的回答使得這位高僧向她匍匐致意。

「請告訴上師——」她告訴傳話的弟子說：「除了神，我不知道天底下有別的男性。在神的腳下，我們不都是女人嗎？」（經典中論及，神是唯一創造的法則，其所創造的，是被動的幻相。）

蜜拉貝創作許多詩歌，至今仍是印度的寶藏。我翻譯了一篇：

如果天天洗澡能了悟上帝，
我願馬上跳到深海裡，做一隻鯨魚。
如果啃樹根、吃果子能徹悟真理，
我願做一隻羊。
如果以串珠持咒得見佛，
我願對千萬顆念珠祈禱。
如果拜求石像，就能見到神，

我願跪拜石山。
如果喝奶便如啜飲主，
牛犢和孩童都認識上帝。
如果拋棄糟糠妻能喚來神，
那成千上萬的人不都成閹人？
蜜拉貝知道怎麼找到神聖的祂
別無他法，唯有愛。

巴篤利結跏趺坐，幾個弟子把錢放到一旁的拖鞋裡。在印度，弟子以自己的財富供養上師，放在咕嚕腳下，表示尊敬。謝恩的人亦是神所喬裝，為照顧祂的化身而來。

「上師，您真是了不起啊！」正要告退的弟子，熱情地注視可敬的聖人說：「您捨棄財富和享受，尋求真理，教導我們。」大家都知道，巴篤利在小的時候捨棄家財萬貫，一心一意鍛鍊瑜伽。

「正好相反！」聖人略有慍色地說道：「為了進入宇宙無限喜樂的國度，只是丟掉幾個沒價值的盧比，一點小小的樂趣，哪有捨棄什麼？我知道分享寶藏的樂趣，但這是犧牲嗎？短視近利的凡夫俗子才真的虧大了！為了一丁點兒世俗的玩具，犧牲上天賜予無價的財富。」

聽到這種與「捨離」相反的論調，我偷偷地笑了。聖人般的乞丐才是真正富有的人，驕傲的百萬富翁們才是莫名其妙的犧牲者。

「上天比保險公司更保障我們的未來。」上師以實踐信念作結語，「世界上充滿緊張、缺乏安全感的信徒，他們只求物質的保障，這種不安的念頭揮之不去。其實當我們出生在這人世間，老天爺就一直看顧，給我們空氣和食物。」

後來，我常在放學後去聖人住處。他默默助我達到阿奴哈瓦，也就是看到神的境界。有一天，他搬到拉摩洛路，離我家所在的古柏路很遠，敬愛他的弟子給他蓋了新禪院，名為「納甘陀精舍」[7]。

我在這裡先補充一段話，雖然這是好幾年以後的事。那是巴篤利・瑪哈賽賜給我的祝福；就在我出發前往西方世界之前，我跑去找他，跪在他面前請求他加持。

「孩子！去美國。帶著印度千年的寶藏，做你的盾牌。勝利在望，遠方尊貴的人們，將非常歡喜地接待你。」

1 調息法（*pranayamas*）調節呼吸來控制生命力的方式。

2 帕坦伽利（Patanjali）是瑜伽的宗師。

3 超意識（superconsciousness）西方最早願意以科學的方式研究超意識心靈的，是法國的研究者。索邦（Sorbonne）心理協會的成員朱爾-波伊斯（Jules-Bois）教授一九二八年在美國演講時，告訴聽眾，法國的科學家已經將認知連結至超意識，「這種認知與佛洛依德（Freud）所指的潛意識正好相反；這種超意識心靈使人成為一個真正的人，而不只是一隻超級的動物。」教授解釋高層次意識的覺醒「是不能與庫耶派（Coueism）或催眠術相混淆的。哲學上長久以來就知道超意識心靈的存在，其實就是愛默生所提到的超靈（Oversoul），但一直到最近才被科學界所承認。」這位法國的科學家指出，隨著超意識而來的是靈感、才華、道德價值。「相信這些並不是在搞神祕主義，雖然超意識所認知及重視的那些品質，都是神祕主義者所鼓吹的價值。」

4 阿維拉的聖女德蕾莎（St. Theresa of Avila）及其他基督教的聖人，也經常被看到飄浮在空中。

5 原文是瑪哈希（*maharishi*），是偉大的聖人之義。

6 原文用阿奴哈瓦（*anubhava*）意是是真正看到上帝的境界。

7 他的全名是「納甘陀．納斯．巴篤利」。精舍（*math*）意為道場（*ashram*）。

第8章 大科學家博西

「早在義大利科學家馬可尼之前，孟加拉的加戈底斯・昌德拉・博西（Jagadis Chandra Bose）已發明無線電報了。」

我走在馬路上，無意中聽到一群教授在討論科學，忍不住湊過去聽。我當時很自豪同胞有這樣的表現，現在想起來還真害臊。但我對印度在形上學之外的成就，像是物理學突破性的發現，實在非常感興趣。我趨前問道：

「先生，請問您剛才說的是怎麼一回事？」

那位教授跟我解釋，態度親切。「博西是世界上第一個發明無線電檢波器和電波折射顯示儀的人。但印度科學家並沒有把這些發明變成商品。不久後，他的注意力從無生命轉往有機世界，成為植物生理學家，他的發現改變了科學界對植物的認知，成就比他是物理學家時更大。」

我有禮貌地謝過這位好老師，他補充道：「這位大科學家是我任教大學的同事。」

第二天，我造訪這位專家，他就住在古柏路附近。這位嚴肅的退休植物學家，親切歡迎我。他年約五十多歲，長相很英俊、身體健壯、頭髮濃密、天庭飽滿，有著夢想家若有所思的眼睛。他用字遣詞相當精確，這個習慣也看出他為人的嚴謹。

「我近來才從西方考察回來。西方人對我發明的那些儀器很感興趣，它顯示所有生命都是不可分割的[1]。一般顯微鏡只放大到數千倍，就為生物科學帶來重大衝擊，但我發明的加強檢測儀（crescograph）可以把物體放大至數千萬倍[2]，可想而知，這種生長測量儀，對世界的影響不可限量。」

「先生，您用客觀科學做了許多事，加速東方與西方的結合。」

「我以前在劍橋讀書。西方人對所有的理論，都以嚴謹的實驗求證，非常值得學習！那些經驗與我傳承自東方內省的能力相輔相成，我才能打破長久以來，人類無法與自然界溝通的困境。即使是極端懷疑植物有靈敏神經系統或感情的人，都無法否認曲線圖上的證據。它顯示植物與動物是一樣的，也有愛、恨、歡喜、恐懼、滿足、痛苦、興奮、麻木等無數刺激反應。」

「在您的發明出現前，世界所有生命獨特的悸動，似乎都只是詩意的想像，教授！我知道有位聖人從來不摘花，他說：『我應該掠奪玫瑰自豪的美嗎？怎能因我的粗魯，侵犯玫瑰的尊嚴？』您證明了他這些話，不只有同情心，也有道理！」

「詩人直接親近真理，科學家則否。找一天到我的實驗室來，看加強檢測儀怎麼證明。」

我接受這個邀請，滿懷感激地離去。後來我聽說這位植物學家離開學校，預備在加爾各答成立研究中心。

博西研究院開幕時，我自願當義工幫忙。無數熱心的人在屋內來來往往。這座新式科學研究中心的藝術與靈性象徵令人著迷，我注意到，大門是一座百年神殿的文物。在蓮花[3]噴泉後，有一座女

加戈底斯・昌德拉・博西

印度偉大的物理學家、植物學家、發明家，
發明了加強檢測儀

（左）我六歲時的樣子。

性雕像，雕像手持火炬，是印度婦女為傳遞永恆不朽之光的象徵。花園的小廟，供奉超越物質現象界的本體（Noumenon）。沒有祭壇的擺設，使人聯想到神是無形的。

在這個盛大的場合，博西的致詞就像古代得到上帝啟示的先知般明智。

「今天，這個機構不僅是實驗室，同時也是一座廟宇。」他的莊嚴外表像隱形的外衣，覆蓋萬頭攢動的會場。「我在研究的過程中，不知不覺被引向生理學界。我發現，物理與生理學界的界線消弭了，生物界與無生物界竟然出現交集。一般人都認為無機物不會動，但在許多不同力量的作用下，它會顫動。

「一般來說，金屬、植物和動物似乎都有同樣的反應。疲勞、消沉時，都顯得有復甦或提振的跡象；死亡時，都顯得長期沒有反應。能得出這樣的通論，我很震驚，心懷敬畏。我非常希望對皇家協會宣布這項實驗成果。但現今的生理學家勸我繼續專心研究物理，不要侵犯他們的禁區，原來我無意中已踏入另一個不熟悉的領域，冒犯西方科學的行規。

「神學也有偏見，不自覺地把無知與信心混淆在一起。人常會忘了，上帝以萬物不斷演化的奧祕環繞著我們，同時也賦予我們懷疑及了解的渴望。經過多年的誤解，我才領悟，獻身科學的人，掙扎是難免的。他的生命是用來扮演熱誠的奉獻者，得失一體兩面，沒有分別。

「世界先進的科學團體，最後還是會接受我的理論和結果，了解印度對科學界的貢獻[4]。小小的成就能滿足印度人的心靈嗎？傳統及再生的活力，經歷無數轉變，調整這塊土地。印度人總是放棄眼前的榮耀，尋求實踐生命的最高理想，這種實踐不是消極放棄，而是積極奮鬥再起。不願面對衝突的弱者，什麼也得不到，也沒有什麼可以放棄的。只有努力不懈的人，才能讓世界更豐富，貢獻勝利的果實。

「博西研究院在物質的反應、植物生命現象上的發現，開啟物理、生理、醫學、農業、心理學領域的探索；以往認為不能解決的問題，現在都在實驗調查的範圍。

「沒有嚴謹的精密度，就無法成功。因此，今天，在大廳入口的陳列架上，展示我設計的超靈敏儀器和設備，長期監控實驗對象的反應。這些儀器，讓大家能看穿虛偽的表象，進入看不見的實相，發揮堅忍不拔的毅力和應變能力，克服人類的極限。每個有創造力的科學家都知道，心靈才是真正的實驗室，在那裡揭露為幻相所遮蔽的真理法則。

「今天演講的內容，不是二手知識，是在這裡首度公開，將來會宣布新的發現。本院定期發表研究成果，印度的貢獻會影響全世界。研究成果是共有的財產，我們永遠不會申請專利。本國文化精神要求我們，不能只為一己之私，利用知識、褻瀆知識。

「我更希望，沿襲本國兩千五百年前的傳統，盡可能讓本國的研究人員都能使用本院的設施；印度古代的那難陀（Nalanda）和塔席拉（Taxila）大學也歡迎世界各地學者前來參訪。

「雖然科學的普遍是國際性的，不專屬東方或西方，但印度有條件做出偉大的貢獻[5]。印度人的想像力豐富，可以從一堆看起來互相矛盾的事物中，找出新的秩序。專注的習慣，賦予心靈無限的耐心，堅持追求真理的力量。」

聽了這位科學家的結語，我忍不住熱淚盈眶，「耐心」不正也是印度的同義詞？不也混淆了時間和歷史學家？

研究院開幕後不久，我再度造訪這位偉大的植物學家，他沒忘記要帶我參觀安靜的實驗室。「我要把加強檢測儀接到蕨類植物上，倍率放到最大。如果蝸牛爬行的速度也用同樣比率放大，牠看起來就會像特快車！」

我滿懷期待地看著螢幕上映出蕨類植物放大的影子，清楚觀察到微小的生命活動；這株植物生長得非常緩慢，讓我著迷。科學家用一根小金屬棒碰觸蕨類植物的尖端，進行中的默劇突然靜止，拿走棒子後，植物又立刻恢復動人的生長韻律。

「你看，所有外界細小的干擾，也會傷害敏感組織，」博西說：「仔細看，我現在要加上哥羅芳麻藥，然後再施以解藥。」

哥羅芳使一切生長活動停頓；解藥使植物重新振作。銀幕上漸進的姿態，比電影情節更令人著迷。我扮演壞人的同伴，以尖銳工具刺進蕨類植物；植物像痙攣般，痛苦顫動。當他用剃刀穿過部分的莖時，影像也猛烈激動，最後劃上死亡的句點。

「最早我使用哥羅芳麻醉劑，成功地移植了一棵大樹。通常像這般生長在森林裡的大樹，移植後死得很快。」博西在說明他挽救生命的策略時，笑得很高興。「由精密儀器顯示的曲線圖可知，樹也有循環系統；樹汁的移動，相當於是動物體內的血液循環。樹汁向上移動的現象，無法用一般機械學原理（如毛細現象）解釋。加強檢測儀的解答是，這個現象是活細胞的活動。那是從一棵樹向下延伸的管狀器官，好像心臟發出的波動！當我們愈深入了解時，就會發現，似乎有一個完整的計畫，把自然界多樣的形體連結起來。」

這位偉大的科學家指著另一台博西儀器。

「我用一塊錫做實驗給你看。金屬的生命也會對刺激有反應，會抗拒或接受。墨水移動的痕跡，會記錄各種不同的反應。」

我全神貫注，盯著記錄原子結構特有的訊號波動。當教授在那塊錫上加哥羅芳後，訊號停止，待施以解毒劑，金屬又慢慢回覆正常狀態，開始顫動。教授再加了一種有毒的化學物質，結果那塊錫先是顫動個不停，最後，沾著墨水的筆尖，也戲劇性在畫出死亡的標記。

「博西儀器顯示，像製造剪刀和機器用的不鏽鋼金屬，也會產生疲勞現象，但只要定期休息，便可回復功效。若對金屬通電或施以高壓，金屬的生命力就會嚴重受損，甚至死亡。」

我環視著實驗室內無數的發明，眼前站的是一位孜孜不倦的天才。

「先生，可惜一般農業沒有好好應用您的發明。用這些儀器快速檢測各種肥料對植物生長的影響，不是簡單又方便嗎？」

「沒錯，未來的世代會大量使用博西儀器。其實很少科學家的研究發明，能在當代發揮影響力；只要能夠以創意服務社會，我就心滿意足了。」

我對這位孜孜不倦的聖人表達由衷的感激。我離開時想：「他那驚人豐富的天才會不會有枯竭的時候？」

這幾年下來，他的創造力有增無減。他發明了一種精密的共振心臟儀（Resonant Cardiography），研究無數的印度植物，發現許多的新藥。共振心臟儀繪出的圖形精確度可達百分之一秒。共振紀錄儀可測量植物、動物和人類構造中極為微小的震動。這位偉大的植物學家預測，將來他的共振心臟儀不只可以用在動物身上，也可用來做植物的活體解剖。

「把藥物用在植物及動物上，記錄兩者的反應，竟然極度相似，」他指出，「這意味著在植物上可預見人類身上的狀況。用植物做實驗，可以減輕人類的痛苦。」

幾年後，其他科學家證實博西在植物學的創見。《紐約時報》報導哥倫比亞大學在一九三八年所做的研究如下：

過去幾年的研究中，我們證實一件事：當神經在腦和身體部位間傳遞訊息時，會產生微小電流。這種電流可以用靈敏的檢測器測出，並用現代儀器放大至數百萬倍。現在還沒有令人滿意的方法，可以研究人體和活體動物體內沿著神經纖維移動的電流通道，因為速度太快了。

柯爾（K. S. Cole）和柯帝士（H. J. Curtis）兩位博士的報告顯示，在金魚缸中常見的淡水長形單細胞的水藻（nitella），其實跟那些單一的神經纖維很類似。他們還發現，當水藻纖維受刺激後，發出的電流與人類及動物神經纖維所發出的訊號類似，只是速度較慢。植物比動物的神經電流移動速度要慢許多，哥倫比亞大學的研究員根據這個發現，以縮時攝影拍下電流在植物神經內的移動。

這些水藻也許就像埃及的羅塞達石，承載著解釋心靈與物質之間的祕密。

詩人泰戈爾很支持這位印度理想主義科學家。這位孟加拉詩人還為他寫了首詩：

隱士啊！以古老的娑摩讚美詩
呼喚你；上升吧！覺醒吧！
教那些狂妄之徒
拋下愚蠢無益的爭論，
教那些愚蠢自誇之徒
超越大地的表象，
把這召喚送給所有學者；
一起圍繞奉獻之火
聚集起來。
願我們印度
再次堅定工作，
責任、奉獻，
虔誠冥思、入定；讓她再度處於
平靜、無欲、無爭、純潔，
重回往昔崇高地位
成為全世界的老師。[6]

1 愛默生說：「所有科學都是超越經驗的，不然就會消逝。植物學需要對的理論，宇宙的至上意識下凡，祂就是自然歷史的教材。」

2 增加（*crescere*）是拉丁字根，增強、增加之意。博西因發明加強檢測儀等貢獻，在一九一七年被冊封為爵士。

3 自古以來，蓮花在印度就是神聖的象徵；它展開的花瓣代表了靈魂的擴展；出汙泥而不染，代表信守靈性的承諾。

4 「目前，只有真正的災難才會使美國大學生想到印度。八所大學（哈佛、耶魯、哥倫比亞、普林斯頓、約翰霍普金斯、賓州大學、芝大、加大）有梵文課程，但如我們所見，印度在歷史、哲學、藝術、政治學、社會學等科系的研究，實際上都無法代表印度研究。我們相信特別是在人文科學上，除非是由在印度受過適當訓練的專家來開課，否則沒有一所主要的大學，能夠提供完整的課程。我們也相信，每一所想訓練畢業生從事知識性工作的大學，必須有一個了解印度文明的教師。」摘錄自賓州大學布朗教授（W.Norman Brown）刊登在一九三九年五月《美國學術協會公報》上的文章，該雜誌第二十八期中，有超過一百頁的印度研究基本的參考書目。

5 印度人很早就熟知物質的原子結構。印度哲學六大系統之一是勝論派（*Vaisesika*），就是由梵文字根*visesas*而來，意為「原子的個體」。勝論派的祖師是歐盧其亞（*Aulukya*），生於約二千八百年前，也被稱為卡那達（*Kanada*），意為「吃原子的人」。

一九三四年四月，在《東西方》雜誌上，有一篇文章摘錄了勝論派的科學知識：「雖然近代的『原子理論』一般都認為是科學上新的進展，其實卡那達早就講得很精彩了。梵文*anus*最適切的翻譯是「原子」；「原子」在希臘文的意思是「不可切割或不可分的」。勝論派在兩千多年前，還發表了以下的科學理論（1）磁鐵的移動；（2）植物體內水分的循環；（3）惰性沒有結構的乙太（*akash*）或醚是傳送細微力量的基礎；（4）太陽是所有一切能量的來源；（5）熱是使分子改變的因素；（6）地心引力的定律，是由地球內部的原子固有的吸引力，或向下的拉力所造成的；（7）所有的能量本質上都是動態的，因果通常根源於能量的發散或是運動的重新分配；（8）宇宙的解體乃是經由原子的瓦解；（9）光和熱的輻射，是無限小的粒子用難以想像的速度向所有的方向射出（近代「宇宙射線」的理論）；（10）時間和空間的相對性。

「勝論派認為世界始於原子，原子的基本特性是永久的。這些原子是不停地震動的……近代發現，原子就是一個小型的太陽系，這對古代勝論派學者來說不是新聞，他們也把時間歸納成極限的數學觀念，把一個原子穿過它自己單位空間的時間，當作時間最小的單位卡拉（*kala*）。」

6 曼摩哈．高士（Manmoham Ghosh）英譯自泰戈爾於維斯瓦－帕拉提大學所作的詩。

第9章 神母的祝福

我肅穆地進入房間，看見瑪哈賽大師神仙一般的相貌，不禁讚歎：他銀白滑順的鬍子和一雙明亮的眼睛，是純潔無瑕的化身。大師微微揚起下巴、雙手合十，顯然我的來訪打擾了他的禪定。

「小兄弟，請坐好。我在跟神母（Divine Mother）講話。」

瑪哈賽大師寥寥數語，對那時候的我衝擊很大。我以為母親的死就是最大的痛苦，現在意識到，在精神上與神母分離，那痛苦更是難以言喻，我跌在地上，痛苦呻吟。

「靜下來！」聖人同情地說。

我像跌落在汪洋中，緊抓住他的腳當作浮木。

「聖人啊！請代我禱告，問神母祂喜不喜歡我？」

代禱是神聖諾言，不容輕許，瑪哈賽大師默然無語。

我深信瑪哈賽大師正和宇宙之母親密溝通。我覺得羞愧，自己如此盲目，看不見祂，但是無瑕的聖者卻看得見。我厚顏無恥地抓著瑪哈賽大師的腳，聽不進他的拒絕，一次又一次請求幫助。

「我會替你祈求。」大師慈悲微笑，緩緩點頭。

這樣一句簡單的話，讓我釋懷。

「大師，別忘記幫我祈求，我很快會回來等待祂的訊息。」我的聲音充滿期待，都忘了剛剛自己哭得死去活來的。

離開時，走下長梯。這棟阿姆特街五十號的房子充滿我的回憶，那是我的舊家，現在讓瑪哈賽大師住。

在這裡，我的俗世之心曾為母親之死傷心欲絕；也是在這裡，因見不到神母，我的靈魂受苦。尊貴的牆啊！你們默默見證我的傷痕與療癒。

我急忙趕回古柏路的家，登上閣樓，禪定到十點。在印度溫暖的夜裡，突然出現奇妙光影。盛讚光輝的榮耀啊，神母站在我面前，美麗的臉龐露出甜蜜微笑。

「我永遠愛你，我會一直愛著你。」

靈異的聲音迴盪在空氣中，影像慢慢消失。

第二天，太陽升起，好不容易上升到適合打擾他人的高度時，我再度去瑪哈賽大師的家。

在這間充滿痛苦回憶的房子裡，我爬到四樓，房門關著，圓形門柄包著布，彷彿告訴我，聖人不願意受人打擾。我猶豫時，門開了，聖人伸出歡迎的手，我跪在他神聖的腳前。出於好玩，我戴上嚴謹的面具，藏起靈性的喜悅。

「大師，我一大早過來，是來等您的回覆。親愛的神母有沒有提到我？」

「奸詐的小鬼！」大師說完，就沒有再表示什麼，顯然我裝可憐沒用。

「幹嘛神祕兮兮的？難道聖人從不明講嗎？」我惱羞成怒。

「你真要試探我？」他露出慈悲的眼神，「我今天早上可以簡單說幾句，昨晚十點，你是不是得到美麗神母的保證？」

瑪哈賽大師控制我靈魂的閘道。我再次哭倒在他的腳下，但不是因為受不了痛苦而哭，而是因為受到祝福而流淚。

「你以為自己的誠心沒有打動神母『無限慈悲』的心嗎？你所崇拜的聖者形象裡，無論是人還是神，哪個沒有答應過你的請求？」

這個單純的聖人是誰？他認識美妙的上帝，在這世上，他謙卑擔任自己的角色，他是我所認識的人中最偉大的人。瑪哈賽大師[1]在阿姆特街的住處，開辦一所僅供男生就讀的中學。他從不責罵，弟子不需要用命令或戒尺，就遵守他的規矩。在這謙遜的教室裡，老師教的是靈性語言，還有教科書裡找不到的愛。他以靈性傳播他的智慧，不用晦澀難懂的語言。聖人全心全意愛著神母，他像孩子，不需要別人形式上的尊敬。

「我不是你的咕嚕，以後你會遇到他。」他告訴我：「他會教導你，把你對上天的愛和虔誠，轉變成無邊的智慧。」

每天傍晚我都會去阿姆特街，尋求瑪哈賽大師的智慧，他的智慧源源不絕地灌溉著我。我從來沒有這麼敬畏大師，現在我完全匍匐在他面前，只要他行腳過的地方，我都要跟隨。

「請大師掛上這束花環，這是我特別為您做的。」有天晚上我拿了一束花環來。但是他不好意思地躲開，一再拒絕這種榮耀。最後看到我的自尊受到傷害才收下。

「既然我倆都皈依神母，您可以把花環掛在此肉身的廟堂，奉獻給住於體內的祂。」大師偉大的品德，任何情形下，「我們」這種「自我」的觀念怎麼都無法在他心裡生根。

「明天我們去塔森斯瓦（Dakshineswar）的迦梨神廟。我的咕嚕要祭拜迦梨神母。」瑪哈賽大師是有如基督的聖羅摩克里虛那（Sri Ramakrishna Paramhansa）的弟子。

第二天早晨，我們乘船沿恆河行駛六公里，進到迦梨神廟，其上有九個圓頂，供奉著神母和濕婆神。上師與「神母」過著無限的「蜜月期」。當他唱頌祂的名，我心歡喜，如盛開的千葉蓮華。

我們在聖地閒逛，駐足於柳樹林前，樹散放的甘露蜜，就像賜給大師的聖餐。

他唱著聖詩，我盤坐在柳樹粉紅色的花叢下，暫時忘卻周遭，跳脫肉身徜徉宇宙之中。

我和大師之後常結伴到塔森斯瓦。從他那兒，我學到神母的慈悲。大師很天真，少有父性的一面；生性和藹，待人寬厚，不加論斷。

「他宛如天使下凡，值得人崇拜。」有一天他在禱告，我看著他喜不自勝地想。

他的一生全心全意過著靈性的生活，完全地接納這個世界，沒有任何批評。他的身、口、意與單純的靈魂極其和諧。

「如是我聞。」大師常以這句話作結。那是因為他沒有「我相」，他的身口意已經與羅摩克里虛那完全密合，瑪哈賽大師不再認為思想是自己的。

有天晚上，我挽著大師在學校散步。有一位偽君子拉著我們講個沒完，很掃興。

聖女德雷絲·紐曼的兄弟

在德國巴伐利亞科拿斯侯特合影，我站中間。

上師瑪哈賽

永遠醉心於幸福的宇宙

「我看得出來你不喜歡這個人。」這個自大狂沒有聽到大師對我的耳語，還講個不停。

「我跟神母說這件事，祂了解我們的困境。祂答應，我們走到遠方的那棟紅色房子時，就會提醒他，有很多事待辦。」

我的眼睛釘著那棟房子看，心想，到了那裡就會解脫。走到紅房子時，這位長舌公突然不告而別，頓時一片安靜，化解僵局。

又有一天，我走近郝拉火車站。廟旁有一群人敲鑼打鼓、瘋狂高歌，我看了很不以為然。

「他們只是無心地唱頌著上主名字。」我一邊自言自語，看到瑪哈賽大師飛快地朝我走來。

「大師，您怎麼會到這裡？」

大師沒有理會我的問題，卻回答了我的心思：「小兄弟，上帝的名字不論出於誰的口，無知的或聰明的，都很甜美。是不是？」他慈愛地搭著我的肩膀，那瞬間，我彷彿坐上他的魔毯，感受到神的慈悲。

有一天下午，瑪哈賽大師說：「你要不要看影片（bioscopes）？」我其實不懂其中深意，但我答應了；其實，他到哪裡，我都願意跟隨。附帶一提，後來印度人就用「影片」表示「電影」。

我們快步走到加爾各答大學，大師指著水池邊的凳子，說道：「我們坐一下。我的上師跟我說，不論何時，看到一潭池水，就坐下來禪定。平靜的池水使人憶起上天那無垠的寧謐。池水映照萬事萬物，映照出整個宇宙的活動。」

然後，我們走進一間大廳，當時正在舉行演講。雖然幻燈片偶爾轉變一兩次，但跟演講內容一樣無趣。

「這就是大師要我看的影片嗎？」我不耐煩了，但也不想辜負大師的好意，所以沒有表現出來。他靠過來，信誓旦旦說道：「小兄弟，我知道你不喜歡這種幻燈片。我向神母說了，祂很同情我們。祂跟我說現在電燈會熄掉，等我們走了以後，才會亮起來。」

瑪哈賽語畢，大廳陷入一片黑暗。台上高聲說話的教授安靜半晌，驚慌說道：「大廳的電器設備故障了。」這個時候，我跟大師早就走到門口。回頭一看，大廳的燈又亮了。

「小兄弟，你對這類影片[2]失望，但是我想你對另外一種會感興趣。」聖師和我站在行政大樓的走道。他輕拍我心臟的上方。

隨即，四周靜默，就像是音響壞了，成了無聲的電影。神聖的手用某種神奇力量消除了大地的噪音，行人、電車、汽車、牛車，還有鐵輪子的馬車都悄然無聲。我彷彿有一隻什麼都看得到的眼，不管是後面的、旁邊的景色，都一覽無遺。整個小小加爾各答市的活動景觀，無聲的從我前面過去。宛如一層薄薄的灰燼，閃著微弱的火花，柔美的冷光，五彩繽紛。

奇特的默劇讓我陶醉在無可言喻的喜悅中。我深深啜飲著喜悅之泉。瑪哈賽大師突然輕拍我的胸口，繁華喧囂頓時衝進我的耳朵。我像剛從夢中驚醒，有點站不穩。

「小兄弟，我看你喜歡第二種影片。」大師微笑著。我想跪下致意，但他阻止我道：「現在不能！你知道神也在你身體的廟堂裡！我不會讓神母經由你的雙手碰觸我的腳。」

於是，我們慢步在擁擠的人行道上，要是有人看到我跟不修邊幅的大師，一定以為我們喝醉酒了。我覺得低垂的夜幕，也跟上帝對飲而醉。

瑪哈賽大師的慈悲難以言喻，我覺得，他跟其他我遇到的聖人一定早就知道，我多年後會在美國，寫下他們一生虔誠修道的故事。聖人們能預見未來，我一點也不驚訝，也希望看到這裡的讀者諸君，感同身受。

1 大家都尊稱他為瑪哈賽大師（Master Mahasaya），上師名字是Mahendra Nath Cupta，簽字時他只簽個「M」字。

2 牛津英文字典將bioscope定義為「生活的狀況；對生活狀況的描述。」那麼上師瑪哈賽的用字遣詞十分精準。

第10章 遇見上師

「相信神，會發生諸多奇蹟；但沒有用功讀書，考試還是不會過。」我十分不以為然地闔上這本閒書。

「這本書的作者對上帝根本沒有信心。」我心想，「這可憐的傢伙一定常常熬夜苦讀。」

我答應父親要讀完高中，但是我不想假裝用功。我很少去學校，倒常去加爾各答河壇旁僻靜的地方。河壇附近有幾處火葬場，晚上的火葬場特別可怕，然而瑜伽行者卻特別喜歡在陰森的夜間來訪。了悟真理之人，不會被幾個骷髏頭驚嚇；站在千萬枯骨前，更顯出人的渺小。我和同學的差異，大概就是經常在墳墓附近閒晃，而非在家裡挑燈夜戰。

高中期末考在即；參加口試，像去陰森墳場夜遊，令人發毛。我很少靜心讀書，但我有許多自修得來的知識，是學校沒教的。我不怕鬼怪，但我沒有史瓦米．普拉邦納達的本事，不能分身兩處。不過每當我在學校遇到困難，都能夠化險為夷。這是我的解釋，很多人可能會覺得莫名其妙，但上帝每每幫助虔誠的皈依者，瞬間解決問題。

「嗨！慕空達！這些日子難得見到你！」一天下午在古柏路，巧遇一位同學。

「嗨！南度（Nantu）！」我因為不常到校，所以碰到同學有點尷尬，但他態度友善，讓我鬆了一口氣。

南度笑得很開心，但我的處境，讓我一點兒都笑不出來。

「你沒有準備期末考吧！」南度很用功，他提議道：「我想你需要我的幫忙。」

簡單的幾個字猶如天降甘霖，我趕快到同學家，他好心幫我提示大綱，說明老師會問哪些題目，怎麼回答。

「這些問題都是陷阱，很多老實的學生都會被騙。記住我教你的答案，就不會上當。」

我離開時已是深夜，腦子塞了很多消化不了的東西，我誠心禱告希望在這幾天的危急時期，這些東西都會留在腦子裡。南度幫我溫習很多科目，但是，由於時間緊迫，他忘了幫我溫習梵文，我又誠心提醒上帝。

第二天早上我走在路上，大搖大擺，腦子滿載著新知識。當我走近路，穿過轉角的野草時，看到幾張紙散落在地上，我撿起來一看，原來是幾句梵文。我找來一位經師修正我彆扭的翻譯，他豐富的詞藻表達出古文[1]無盡的文采之美。

「這些例句對你的梵文考試幫助不大。」經師不看好我的猜題。

但翌日卻考了這幾題，我才通過考試。所幸有南度幫我臨陣磨槍，其他科目也剛好及格。

父親很高興，我遵守諾言念完第二學期。我趕緊感謝上天——祂引我到南度家溫習功課，又湊巧經過平時不走的那條小路（因為那條路上垃圾很多）；這兩次跡象都顯示老天爺及時拯救了我。

我瞄了身旁那本書；前述那本勵志書的作者，認為考場的長廊下沒有上帝，我情不自禁默默地寫下評語：「如果我告訴他，在墳場禪定才是獲得高中文憑的捷徑，這傢伙一定不會相信吧！」

人長大就有更多的自由，現在可以公開我的離家計畫：我想跟一位朋友吉天陀（Jitendra Mazumdar）[2]加入貝拿勒斯的大曼達拉道場（Mahamandal hermitage），在那裡受戒。

我對興起離家的念頭有些難過。母親過世後，我特別照顧我兩個弟弟薩南達（Sanada）、畢修。我到閣樓去。我經常在這裡禪定，見證了我靈修過程的起起落落[3]。但是今天卻淚如泉湧，哭了兩小時才罷休，哭完像被淨化了，所有執念[4]煙消雲散；尋找上帝之心，堅逾金石。

「我提出最後一個請求！」我在父親面前提出離家的計畫，他哀傷地說：「不要遺棄我，不要遺棄你的兄弟姊妹，他們會很傷心。」

「敬愛的父親，我是多麼愛您，但我更愛天父，祂在人間給了我一個完美的父親。讓我去吧！希冀我回來時，對祂了解更多。」

我百般無奈，只能遵循父命，日後得返家。到了貝拿勒斯道場，吉天陀早在該處等候，帶頭的年輕師父迪南陀（Dyananda）熱切迎接。他長得高高瘦瘦，很善體人意的樣子，我一見到他，就很喜歡他，他白皙的面孔彷彿莊嚴的佛。

我的新家在閣樓，晨昏都在此禪定。道場的學生不知道要經常禪定，他們認為我應該幫忙道場裡大小事，所以下午我到辦公室幫忙，他們都一致讚賞。

「不要想那麼快就抓到真理！」有一天，我提早離開辦公室回閣樓，有個同學這麼調侃我。我去見迪南陀，他正從小房間眺望恆河。

「好師父[5]，不知道我在這裡有什麼用處，我希望直接了解神；光是加入僧團、守戒律、行善，是不夠的。」

穿橘色道袍的迪南陀慈祥地拍拍我，卻嚴肅地斥責身邊的弟子道：「不要煩慕空達，他有一天會懂的。」

我禮貌地表示懷疑。其他弟子聽話離開，但心裡並不服氣。迪南陀又說：「慕空達，我看你父親定期寄錢給你，首先請把錢退還給他，在這裡你用不到錢。第二點規定是關於食物，就算餓了，也不能講。」

「是不是我露出飢餓的眼神，我不知道。但我知道的是，我真的餓了。課表上第一餐飯在中午十二點。我們家習慣九點鐘吃早點，而且早餐很豐盛。」

每餐都要晚三個小時，時間彷彿過得很慢。回想在加爾各答的日子，早餐只要遲了十分鐘，我都會罵人。現在我試著控制食慾，做二十四小時斷食，培養耐性，等到第二天中午才復食。

有一天，吉天陀帶來可怕的消息：「迪南陀的火車延遲，等他回來，我們才開飯。」師父離開兩個星期，我們列隊歡迎他回來，準備很多好吃的菜，大家飢腸轆轆。昨天斷食，什麼都沒得吃，除了吃下成功斷食的得意，還能吃什麼呢？

「老天爺！請加快火車速度。」迪南陀說餓時不能吭聲，我想神不會阻止我默默地禱告吧！然而直到天都暗了，迪南陀才到。他回來時，我們都很高興。

「還要等迪南陀洗完澡、禪定完才能開飯。」吉天陀這個掃帚星又跑來跟我說。

我聽了差點崩潰，我的肚子咕嚕咕嚕抗議。我見過飢民鬼魅般的身影，此時在我腦海浮現。

「道場裡馬上會出現一具貝拿勒斯餓殍。」我想。餓死的命運在九點鐘改變，終於可以吃飯了。每每想起這一餐，記憶猶新，是我有生之年難得經歷過的快樂時光。

我全神貫注在食物上，但是迪南陀心不在焉，顯然他不覺得好吃。

「師父，您不餓嗎？」我滿嘴食物高興地問他，此時我單獨跟他在書房。

「啊，是的。」他說：「我這四天不吃不喝。因為車上盡是世俗的波動，我從未在火車上吃東西，嚴格地遵守經典（*shastric*）[6]上出家人的戒律。」

「我記掛著工作。晚餐隨便吃，有什麼好急的？明天我再好好復食。」他愉悅地笑著。

我覺得慚愧，食不下嚥。但昨日餓得難受，我不明白其中道理。

「師父，我有疑惑，不知如何遵照指示？如果我不去要吃的，也沒有人給我，豈不餓死？」

「那就死吧！」警惕之語破空而來，「慕空達！該死你就去死！別認為是食物使你活著，真正讓你活下去的是上帝的力量。老天創造各種美味，讓人有食慾，讓神的子民飽足；不要認為是稻米、金錢或誰讓你活下去，如果老天不許，這些人、事、物哪有用？這些都只是神的工具。你的胃可以消化，是因為你的緣故嗎？用慧劍斬斷鎖鏈，透視那些中介的物質，覺察單一的因緣（The Single Cause）。」

師父這一席話讓我刻骨銘心。多年來以為肉體勝於靈魂的遮障頓然消失。從今以後，我體會到精神全面發揮的效用，事後在不斷遊歷的歲月中，在多少個陌生的城市，多次驗證我在貝拿勒斯學到的真理！

我把從加爾各答帶來的銀製護身符——母親的遺物，小心翼翼地放在貝拿勒斯的閣樓。一天早上，我打開上鎖的小盒，信封外面貼的封條完好如初，但是護身符不見了。隱士不幸言中，護身符憑空消失。

我與迪南陀的弟子關係愈來愈惡劣，我一心求道，卻與他人格格不入。我離家來到這裡，棄絕世俗誘惑，努力專心禪定，竟遭致他人譏評。

一日清晨，我義憤填膺，進到閣樓，盤腿打坐，將胸中疑義，訴諸上帝。

「慈悲的宇宙之母，請在禪定中教導我，或派一位咕嚕來教我！」

我啜泣懇求兩個時辰，未得回應，突然覺得身體一陣輕飄飄的。聽聞神聖的女聲，似是來自四方，又似發自無處：「今日上師會來！」

一位小名哈布的小師父在樓下廚房叫我。「慕空達！禪定完了沒？來幫忙！」

要是以前，我一定會很不耐煩，現在只是擦乾眼淚，遵照吩咐。我跟哈布去市場，市場在貝拿勒斯孟加拉區。不到正午，市集裡都是家庭主婦、出家僧侶、衣著簡陋的寡婦、高貴的婆羅門、聖牛，我們只好一起人擠人。正當我跟哈布往前，我突然回過頭，望見一條窄小巷子。

一位身著橘袍的師父在巷口屹立不動。乍看似乎見過？隨之疑慮又起。

「你把這位遊方僧人認做某人了。」我想，「走罷！少做白日夢。」

我想離去，雙腿卻有如千斤重，這種狀況持續十分鐘。我好不容易向後轉，讓兩腳恢復原狀，但再次動彈不得。

「這位聖人像磁石般吸住我。」我把雜物推給哈布，心中如此想著。哈布好奇地觀察我的雙腳，忍不住笑。

「你怎麼啦？瘋啦？」

我也覺得奇怪，沒有回答他的話，自顧舉步前行。

我走向窄巷，步伐輕快，猶如長了翅膀。很快我看到那沉穩的身子，他也在看我，迅速往前幾步，我就在他跟前。

我驚呼道：「神聖的咕嚕！[7]」我在千百次禪定中看見一人，就是這神聖的面容：一雙慧眼嵌在獅子般的臉上，中間一撮鬍子。

「是你！你終於來了！」我的咕嚕用孟加拉語反覆說道，喜悅之情溢於言表，「我已經等你好多年了！」

我們沉浸在一片寧靜中，言語顯得多餘。上師流瀉無聲的頌歌，灌入弟子。我看到內在影像不斷變化，直覺到我的咕嚕認識上帝，他會帶我走向祂。前世記憶掃去今生的迷惑。真是奇妙的時刻！三世因果輪迴之中，我發現我們並非初識。

我們牽手走到他位於拉瑪哈區暫居之處。上師硬朗的身子、穩定的步伐，玉樹臨風，頗有仙風道骨之概。他當時年約五十五，但卻像年輕人般活力充沛。雙眼炯炯有神，透露無邊的智慧，微捲的頭髮，讓果斷的面容變得溫柔，有種剛柔並濟的氣質。

我們走向一處石廊，眺望恆河。他深情地說：「我會把道場和擁有的一切都給你。」

「我來是為求智慧和了悟上帝，這些才是我所要追求的珍寶。」

上師再度開口說話時，已是薄暮時分。他的眼神透露滿溢的愛。

「我無條件愛你。」

多珍貴的一句話。二十五年之後，我們師徒二人也這樣侃侃而談，咕嚕再次流露出他的真愛。

「你會同樣無條件愛我嗎？」上師純真的眼睛注視我。

「我愛您直到永遠，神聖的咕嚕！」

「一般的愛出於自私；這種愛偷偷根植於欲望和滿足。神聖的愛是無條件、永恆不變的。當人心接觸到神的愛，就不會改變。」他謙卑地補充道：「如果你看到我從了悟之境墜落，請答應我，讓我把頭倚在你的腿上，幫助我重投我們都禮拜的、那宇宙摯愛的懷抱。」

四周昏暗，他起身帶我進房。我們一起享用芒果和堅果甜點時，他三言兩語道出我的個性問題，我由衷折服他的智慧。

「不要為失去護身符難過。它的任務已經完成。」我的咕嚕就像一面鏡子，映照出我整個生命。

「上師，您的出現讓我快樂得難以形容。」

「道場讓你這麼不快樂，但是情況就要改變了。」

我並未提過自己的事，現在提也似乎多餘。他只是輕描淡寫點出我的過往。我知道他希望我對他的天眼神通不要大驚小怪。

「你應該回到加爾各答。為什麼不能把你對人類的愛，也拿來包容你的親人？」

上師的建議讓我很沮喪。家人常來信要我回家，我都沒有回信，但是他們認定我會回去。「讓年輕的鳥兒翱翔在形而上的天空罷！」哥哥阿南達說：「凝重的氣氛使他的雙翅疲乏，我們會看到他驟降地面，不再高談闊論，而且會安住在家中。」

「鳥兒」這個比喻突然在我腦海靈光一閃，但我絕不「驟降」加爾各答。

「上師，我不要回家。我要跟隨您，請給我您的大名和住址。」

「聖尤地斯瓦爾．吉利。我住在塞蘭坡的拉貢巷（Rai Ghat Lane）。這幾天，我待在這裡陪我母親。」

上帝真會跟祂的弟子開玩笑。塞蘭坡離加爾各答不到二十公里，我沒有在那裡遇過我的咕嚕，而是在卡西古城（即貝拿勒斯）碰面。這座古城不但釋迦牟尼佛走過，也有商羯羅（Shankaracharya）和許多其他偉大的瑜伽行者在此行聖蹟。

「再過四個星期，你才可以來我這裡。」聖尤地斯瓦爾口氣第一次那麼嚴肅，「我告訴過你，我永遠愛你，很高興碰到你，結果你現在不聽我的指示。下一次我們再見之時，你必須能改變我的心意。我訓練弟子非常嚴厲，要絕對服從，完全臣服，否則，我不收你為徒。」

我執拗不說話。我的咕嚕馬上看透我的困境。

「你以為你的家人會笑你啊？」

「我不要回去。」

「你三十天後會回去。」

「絕對不會。」我死鴨子嘴硬。最後我鞠躬道別，摸黑走回道場，不解為什麼奇蹟似的邂逅，最後竟不歡而散。幻相的全貌，總是福禍相倚，樂極生悲！我這塊璞玉，還未經咕嚕的巧手雕琢。

隔天早晨，我注意到道場其他人對我更不友善，用盡方法找我的碴。三個星期過去了，迪南陀離開修道院到孟買參加會議；那些人更肆無忌憚。

「慕空達是個食客，只知道吃喝、無所事事。」聽到有人這樣罵我，我好後悔把錢寄回去，只好去找我唯一的朋友吉天陀。

「我要走了！拜託你向迪南陀轉達我的歉意。」我說。

「我也要走了。我到這裡也是想多些時間禪定，怎知有違初衷。」吉天陀去意已決。

「我碰到一位聖人，我們到塞蘭坡找他去。」

我和吉天陀就像「鳥兒」般「驟降」加爾各答。

1 梵文意為洗練、完全。梵文是印歐語言古老的一支。梵文字母稱為*Davanagari*，神聖的居所之意；印度先賢哲學家巴裡尼贊譽梵文具有數學和心理學的完美，追究此語文的根源就能知天下事。

2 他不是亞廷達（尤丁．高士）；尤丁．高士是很怕老虎的那位。

3 修行（*sadhana*）是道路，通往上帝之路。

4 印度經典教導，家庭的執著是一種障礙，阻擾修煉者尋求恩賜一切的上帝，不只是給予生命，亦包括親人。《馬太福音》12：48中，耶穌也有類似的教誨：「誰是我的母親？誰是我的弟兄？」

5 好師父（Swamiji）中的ji是接在字尾的習慣用法；特別在晚輩對長輩直接稱呼時用，例如Swamiji、Guruji、Sri Yukteswarji。

6 *Shastric*是形容詞，意思是跟聖典相關的。聖典（*shastras*）分為四類：法典（*shruti*）、傳承（*smriti*）、往世書（*purana*）、密教經典（*tantra*）。章節內容涵蓋很廣，包括宗教的和社會的生活各個層面，律法、醫藥、建築、藝術等等；法典是「直接聽到」或「啟示」的經典，例如吠陀。傳承或「記憶」的傳說是從遠古流傳，最後寫下來成為世界上最長的史詩，像《大戰詩》和《羅摩記》。往世書意為古老的寓言；密教經典，是儀式、典禮之意；這些經典都有一套詳細的象徵系統，傳達精深的真理。

7 神聖的上師（*Gurudeva*）是對靈性導師的梵文稱呼；英文可簡單譯為上師或大師（Master）。

第11章

兩個身無分文的男孩

「慕空達！要是爸爸把你趕出家門，你也活該，誰會想要出家？」我大哥罵個不停。

我跟吉天陀在火車上休息了一下，下火車時精神奕奕（其實是風塵僕僕）來到阿南達的家。阿南達最近從加爾各答調到印度古城阿格拉（Agra），在鐵路公司的勞工部擔任會計顧問。

「阿南達，你知道我在做什麼！我尋找的是上帝給我的財產。」

「金錢重要，排第一，上帝等等再說。來日方長！未來的事誰知道？」

「上帝排第一，金錢是上帝的僕役。人生苦短！誰敢說？」

我說的是氣話，不是預言。但阿南達的確沒活多久，過幾年，他就到鈔票派不上用場的地方[1]。

「喔！這是道場的智慧！但是我看你離開那裡了！」阿南達得意地說，他還是希望我成家立業。

「我蹺家不是一無所獲，我在那裡發現我苦尋的東西！我確定不是那個經師或他的兒子。」

我們都笑了，他承認在貝拿勒斯設局抓我回家的方法，不是很高明。

「我逃家的弟弟，你想做什麼？」

「吉天陀邀請我到阿格拉去看泰姬瑪哈陵墓[2]的美景。」我說：「然後我們去看我最近找到的上師，他的道場在塞蘭坡。」

阿南達雖然照顧我們體貼入微，但晚上有好幾次，我發覺他老是盯著我，若有所思。

我心想：「我看過那種眼神。他一定在密謀什麼。」

隔天早餐時，真相大白。

「你覺得可以完全靠天父的財富。」阿南達故作輕鬆，又提起昨天的話題。

「我依靠上帝。」

「你說得容易。你已長這麼大；要是生活都有困難，哪能去找那雙『無形的手』，到頭來，你會在街上討飯。」

「絕對不會！我不會把希望放在路人身上，除了乞食的缽，神還有千百種方法照顧我。」

「我倒想問問你，如何把你的哲學應用在俗世裡？」

「可以！你以為上帝是人想出來的？」

「好，你就證明看看，是你對，還是我對。」阿南達故意頓了一下，嚴肅地說：「今天早上，我就把你和你師兄吉天陀送到附近的布達班（Brindaban），你身上不能帶錢、不能乞討、不能跟人訴苦，而你卻要有飯吃，而且不能留在布達班過夜。如果你能在今天午夜以前回到這裡，那我就服了你。」

「好，我接受挑戰。」我脫口而出，一點也不擔心。上帝的恩典一幕幕閃現腦海：在拿希里．瑪哈賽照片前，祈求醫治我的瘧疾；我在拉霍屋頂上嬉戲，兩個飄來的風箏變成我的禮物；在巴雷利氣餒的時候，我的護身符出現；在貝拿勒斯的經師家，神祕隱士給我捎來重要的訊息；神母出現在禪定中和祂的慈悲，藉上師拿希里．瑪哈賽的傳達，解除我的不安；祂在緊要關頭給我指引，使我拿到高中畢業證書；還有，最棒的禮物就是送我一個夢寐以求的上師。在這番逆境嚴峻的考驗中，我未曾打過誑語。

「一言既出，駟馬難追。我馬上送你到火車站。」阿南達說。

他轉向目瞪口呆的吉天陀說：「你也要去當證人，而且很可能淪為受害者。」

半個鐘頭後，吉天陀和我買了單程票。在車站一個隱蔽的角落，阿南達搜我們身，很滿意沒有看到錢，其實只穿單薄的一片半長裙[3]也沒辦法藏什麼東西。

此時，吉天陀對金錢的不安全感湧上心頭，他抗議說：「阿南達，保險一點，給我幾盧比，萬一行不通，我還可以打電報給你。」

「吉天陀！」我不客氣地說：「你要是拿一毛錢，我就不玩了！」

「有些東西比叮叮噹噹的錢幣更有保障。」吉天陀聽到我嚴厲的責備，就不說話了。

「慕空達，我不會那麼沒良心。」阿南達的聲音還有一點人性，可能是因為把兩個身無分文的小鬼丟到陌生城市，所以良心不安，也可能是出於對神的懷疑，「要是你通過布達班的考驗，我想請你收我為徒，教我禪定。」

這句話有點離譜，在印度，兄長很少在弟弟面前低頭，哥哥只遵從父親。但是火車要開了，我沒有時間多說什麼。

火車駛離了一陣子，吉天陀哭喪著臉，默不作聲，終於忍不住靠過來，冷不防掐我一把！

由左至右：吉天陀（跟我進行布達班「身無分文」之旅的夥伴）、我表哥、史瓦米·凱巴南達（人稱經典大師、我聖人般的梵文教授師）、高中時期的我

（左）歡喜之母；（右）喜瑪拉雅山朗尼開附近的鄧吉里山，巴巴吉曾經在那裡待一陣子。拿希里·瑪哈賽的孫子聖阿南達·拿希里（右二著白衣者）跟三位信徒造訪聖地。

「上帝沒有給我們飯吃的跡象。」

「不要吵！你只會懷疑。上帝跟我們同在。」

「你能不能叫上帝快一點？我看我們快要餓死了。我是去看泰姬陵寢，不是去送死。」

「吉天陀，你高興點！我們還沒有到布達班市看聖地[4]一眼呢！」我想在那裡就是上主克里虛那去過的地方，內心一陣喜悅。

我們車廂的門開了，兩個人走進來。火車快到最後一站。

「年輕人，你有朋友在布達班嗎？」坐在我對面的陌生人對我好奇。

「不關你的事！」我轉過臉，不想理他。

「你們可能受了親愛的上主[5]引誘，離家出走。我也是有心人，我想我有責任給你們食物，還有休息的地方，免得被這種大熱天曬昏了。」

「謝謝！你們人很好，但我們不是蹺家的孩子。」

我們沒有再聊下去。等火車一到站，我跟吉天陀走下月台，剛剛在那火車上遇到的兩位仁兄搭著我們的肩，叫來馬車。

我們在一間道場前下車，四周種滿了長青樹。我們的恩人顯然很常來這裡，有個小孩笑瞇瞇的，一句話也沒說，就帶著我們進大廳，一位頗具威嚴的老媽媽出來接待。

「高莉瑪（Gauri Ma），王子不來了。」其中一位先生跟道場的主持人說：「他們臨時改變計畫，很不好意思。但是我們帶了兩位嘉賓，我們一碰到他們，就像遇見克里虛那般，深受吸引。」

「年輕的朋友，再會！」兩位先生走到門口，「如果有緣，我們會再碰頭。」

「非常歡迎你們來。」高莉瑪笑得像是慈祥的母親，「你們來得正好。我已經預備好飯菜，贊助這個道場的客人沒來。做好的菜，沒人吃多可惜，如果不嫌棄，請二位賞光。」

這段對話給吉天陀很大的衝擊，他內心的轉折太大，一陣熱淚盈眶。沒想到他一路擔心害怕，結果竟受到這般高貴的禮遇。我們的女主人好奇地看著他，沒有說話，也許她見怪不怪吧！

一宣布開飯，高莉瑪就帶我們到餐廳，桌上的飯菜香味四溢，她消失在隔壁廚房。

就在此刻，我看準吉天陀剛才掐我的地方，照樣掐回去。

「你看你神經兮兮的，上帝動作很迅速吧！」

我們坐在太師椅上，女主人用長羽扇替我們搧風。道場弟子進進出出，端來三十道菜。不能說它是一餐飯，應該說是光榮的饗宴。我跟吉天陀從出世以來，還沒嚐過這麼豐盛的菜餚。

「真是只有王子才吃得到，尊貴的媽媽！我想不出來您的贊助人有什麼緊急事情不能來？真是夠我此生回味無窮。」

礙於和阿南達的約定，我們無法跟這位高貴的女士表達我們由衷的感激之情。她不僅祝福我們，還歡迎我們再度光臨。

外頭豔陽高掛，我跟我朋友躲在門口的菩提樹蔭下。吉天陀又出言不遜。

「真被你整慘！剛才的中餐只是巧合。我們兩個身上都沒有錢，怎麼參觀這個城市？你又怎麼帶我回阿南達家？」

「你那麼快就忘記上帝啦！現在你的肚子不是填飽了嗎？」雖然我的話不很刺耳，但卻讓他沒面子。人受了神的恩惠，竟然如此健忘！活在世上的眾人，有誰的禱告，上帝沒有回答呢？

「我不想忘掉我是跟瘋子出門！」

「給我閉嘴，吉天陀！把我們餵飽的上帝，也會帶我們參觀布達班、帶我們回到阿格拉。」

有一位瘦削的青年，笑容滿面地迎上前來，在菩提樹前駐足，向我鞠躬。

「親愛的朋友，你們對此處一定很陌生，容我做你們的嚮導。」

印度人很少有臉色蒼白的，但是吉天陀突然臉色不對，於是我婉拒了他的邀請。

「您不是要趕我走吧？」青年莫名其妙說了這句話。

「怎麼說？」

「因為您是我的上師。」他的眼神很誠摯，「我中午禪定時，見到上主克里虛那。上主讓我看到這棵樹下有兩個人的身形，其中一個人就是您，我的上師！我在禪定裡常常看到這個景象。請讓我服侍您，必定喜悅。」

「我也很高興看到你。上帝或人都不會遺棄我們。」雖然我沒有做什麼動作，只是對著這張著急的面孔微笑，我的內心早已匍匐在上帝腳下。

「親愛的朋友！我有榮幸邀二位到我家做客嗎？」

「你人很好，但這次恐怕不能成行。我們要去阿格拉做客。」

「那麼，讓我帶你們在布達班四處逛逛，留下美好的印象。」

我欣然同意，這位叫做布拉塔・恰特（Pratap Chatterji）的年輕人叫了一輛馬車。我們參觀瑪但摩漢廟（Madanamohana Temple），以及其他祭拜克里虛那的廟宇。我們觀賞完畢之前，夜幕已低垂。

「我去買些酥餅[6]。」布拉塔遁入火車站旁的小店。我和吉天陀在寬廣的街道散步，原本冷清的街道，現已擁擠不堪。不久，我們的朋友帶回好多甜點。

「請讓我做好事，積積善緣。」布拉塔高興地拿出一疊鈔票和兩張前往阿格拉的車票。

我謙卑地接受「無形之手」的安排；阿南達嘲笑的東西，上帝的恩典是否多過我們所需要的？

我們在火車站附近找到僻靜處。

「布拉塔，我要教你當代最偉大的瑜伽行者，拿希里・瑪哈賽所傳授的克利亞瑜伽，這個法門就是你的上師。」

我花了半個鐘頭把瑜伽傳給他。「克利亞瑜伽是你的寶石[7]，」我告訴這位新學生說：「這簡單的方法，能加快靈性進化的速度。印度經典說，輪迴的自我，要一萬年才獲解脫，而克利亞瑜伽把這一萬年縮短。像博西的實驗，加速植物生長，人類心靈的進化，也可以用科學方法加速。要有信心鍛鍊，你會遇到所有上師的上師。」

「我找了很久，很高興終於找到瑜伽之鑰。」布拉塔想了一想說：「它解開了我感官的束縛，到更高層次。今天在禪定中能夠看到克里虛那，真好。」

我們禪定了一會兒，然後慢慢步行到車站。當我踏上火車，內心充滿喜悅，但今天可是吉天陀流淚的日子。我說再見，布拉塔頓受感動，他和吉天陀兩人泣不成聲。歸途中，吉天陀又在哀嘆，只是這次不為怪別人，而是怪自己。

「我好沒信心。我的心應該要堅定，以後再也不懷疑上帝。」

午夜將近，我們這兩位身無分文，被送出去的「灰姑娘」，回到阿南達的床邊，阿南達滿臉驚訝，不可置信。「吉天陀！」阿南達用玩笑口氣說：「這位年輕人沒有持刀搶劫吧？」

但當他把故事說完，哥哥肅然起敬。

「微妙世界中的供需原則，真不可思議。」阿南達發出由衷的讚歎，「我現在才發現你心境跟一般俗人不同。」

雖然夜已深，哥哥仍堅持要學克利亞瑜伽[8]。慕空達「咕嚕」在一個晚上必須擔負起兩個自己找上門來的「弟子」的責任。

翌晨大家愉快用餐，這是從來沒有過的。

我笑著對吉天陀說：「你還沒看過泰姬瑪哈陵，回塞蘭坡（Serampore）前，我們去看。」

跟阿南達話別後，我跟我朋友很快就到阿格拉的泰姬瑪哈陵。白色大理石在陽光照射下閃耀，青青翠柏樹與綠油油的草坪，跟一潭池水相互輝映。陵墓內有價值不菲的石雕，作工精細；精美花環與經文，吊掛在棕色和紫色大理石上。國王沙加罕，還有他心愛的人穆妲瑪豪的石碑像，透過圓頂射下來的光芒，映照出來。

參觀夠了，我很想見我的咕嚕。於是，我跟吉天陀搭火車南下往孟加拉。

「慕空達，我有幾個月沒有回家了，我想改天再去塞蘭坡找你的咕嚕。」

我的朋友心情尚未穩定，我們就在加爾各答分手，我馬上搭火車往北，來到塞蘭坡。

我發現，自從在貝拿勒斯碰到我的咕嚕後，轉眼間就過了二十八天，一陣奇妙的悸動蔓延全身，「四個星期後，你再來。」上師言猶在耳，我真的回來了！我的心跳個不停，呆站於上師在拉貢巷的庭園。這是我第一次進到這座道場，往後，我在這裡與印度「智慧的化身」（*Jnanavatar*）一起渡過了十年的光景。

1 參見第二十五章。

2 世界著名的陵寢。

3 一塊半長裙（*dhoti*）的布，環繞腰際打個結，而且蓋到腳上。

4 布達班（Bridaban）是印度的耶路撒冷，這裡是上主克里虛那，為了人類的福祉展示祂的榮耀之處。

5 皈依上主克里虛那的弟子其暱稱上主為哈利（*Hari*）。

6 酥餅（*sandesh*），印度甜點。

7 意思是一顆神祕有力量、能實現任何願望的寶石（*chintamani*）。

8 靈性的啟蒙課（*diksha*），梵文字根是*dibsh*，奉獻自我之意。

第12章 我在道場的日子

聖尤地斯瓦爾在二樓有陽台的臥房，他坐在虎皮上，「你來了。」他的音調冷淡，無動於衷。

「是的，上師，我要追隨您。」我跪下來摸他的腳。

「怎麼會呢？你根本不聽我的話！」

「以後不會這樣了！我親愛的咕嚕，您的話我一定聽。」

「這樣還差不多！現在，我可以為你一生負責了。」

「我願放下重擔，上師。」

「那麼我的第一個要求是，你先回家，到加爾各答念大學，繼續受教育。」

「是！遵命。」我抑制住自己的迷惘。書本還要纏著我多久？先是父親，現在，連聖尤地斯瓦爾也這麼說！

「有一天你會去西方傳法。如果一位有大學程度的印度新老師來教導他們古印度的智慧，他們會比較容易接受。」

「您清楚一切，咕嚕。」我不擔憂了。西方讓我覺得新奇又遙遠；但是我要討好上師，於是馬上表示我的服從。

「你會在加爾各答附近，有空就過來。」

「我希望每天都來，上師！我願將生命中的一切交給您安排；但是有一個條件——」

「什麼條件？」

「請答應讓我看到上帝。」

我們口頭爭論了一個小時。上師的話是不會落空的，但也不輕易許下諾言。我的請求含有極大的奧祕。一個咕嚕能祈求上帝出現，他必定與造物主非常親密。我覺得聖尤地斯瓦爾已與上帝合一，我決心做他的弟子，並提出我的條件。

「你還真是獅子大開口。」上師慈悲地允諾，「我會成全你的！」

我此生的陰影消失，不用再跌跌撞撞尋找，因為我已在上師處找到庇護。

「來，我帶你參觀環境。」上師從虎皮毯起身。我四處張望，發現牆上有一張像，相框上掛著一個含苞茉莉花圈。

「是拿希里．瑪哈賽！」我驚訝地說。

「是的，他是我的靈性咕嚕。」聖尤地斯瓦爾的語調莊重，「我接觸過的老師中，他是真正的人、是瑜伽行者，他非常偉大。」

我默默向照片裡熟悉的面孔致敬，禮拜這位完璧無瑕的大師，我在嬰兒時蒙受他的祝福，如今又引領我的腳步，帶我找到上師。

咕嚕帶我走過房子和庭院。道場古老、寬敞，蓋得很堅固，庭院一圈石牆，牆上爬滿青苔；鴿子飛過灰色的屋頂，在這裡築巢。後花園種了茄子、芒果樹和香蕉樹。二樓有三面陽台，向著花園。樓下是大廳，一列柱子高高頂著天花板。上師說大廳主要是在每年多爾加祭典[1]時用。一條窄梯通到聖尤地斯瓦爾的臥房，房外有小陽台，望著對街。道場的佈置簡單、乾淨，無一長物，只有桌椅。

上師留我過夜。兩個在道場接受訓練的弟子，為我們準備咖哩素菜晚餐。

「咕嚕，請告訴我您的故事。」我蹲坐草蓆，靠近虎皮。陽台上，天空好近，彷彿伸手就可以摸到星星。

「我的俗名是普里亞・納德・卡拉（Priya Nath Karar）。我出生在塞蘭坡[2]。父親是有錢的商人。他留給我這棟古建築，現在成了道場。我沒有受過什麼正規教育，因為我覺得學校的教育太慢又淺薄。早年我沒有出家，生了一個女兒，現在女兒已經結婚；中年時，幸運得到拿希里・瑪哈賽的指引。妻子死後，我便出家，法名尤地斯瓦爾・吉利[3]。這是我簡單的經歷。」

上師看我聽得入神，不由得笑了。上師的描述就像一般傳記，講的都是表面的事實，但沒有內在的觀照。

「咕嚕，我想聽您講些童年故事。」

「我告訴你幾則小故事，每一則都有其教誨。」聖尤地斯瓦爾眨眨眼，要我注意聽：「有一次，我的母親想嚇我，說了一個在家中暗室發生的鬼故事，我馬上跑去那個房間，發現沒有鬼，十分失望，後來她再也不說鬼故事給我聽了。這個故事要教你一件事：看清恐懼，恐懼就不會讓你煩惱。

「我小時候，想要鄰居家養的一隻狗，那隻狗長得醜，但我不管，硬是要那隻狗，弄得全家雞犬不寧。他們要給我別隻漂亮的狗，我都不要。所以，執著是盲目的；欲望使人產生幻相。

「第三個故事是，年少不更事的心最容易受影響。我偶爾聽到母親說：『替人工作，就成了那個人的奴隸。』這話深植腦海，甚至我結婚後，還是拒絕上班。我靠祖產維持生計。這裡你要學的是：好的、積極的建議，應該讓小孩子敏感的耳朵聽進去。他們小時候所接受的概念，會永遠記在心裡。」

上師沉默好一陣子。約莫凌晨時分，我們就寢，他讓我睡一張窄床。在咕嚕的屋簷下，我頭一晚睡得好香甜。

翌日清晨，聖尤地斯瓦爾傳授我克利亞瑜伽的啟蒙課。我早已從拿希里・瑪哈賽的兩個弟子：父親和我的家教凱巴南達那裡學到方法。但是上師有加持力，他一接觸我，就有光射進我的身體，像無數顆太陽照耀著，祝福如湧泉般灌注我心。

第二天離開道場，已是傍晚。

「三十天後你會回來。」我一踏進加爾各答的家門，想起上師的預言成真，很怕有人會笑我怎麼出現了，還好親戚都沒有提起。

我爬到樓頂，深情地注視我的房間，彷彿這地方有生命，我對房間說：「你看著我禪定，在淚水、風暴中禪修，現在，我終於駛入靈性上師的避風港。」

「孩子，我為我倆高興。」在一個平靜的夜晚，我跟父親坐在一起，「你找到你的咕嚕，就像我找到我的咕嚕一樣奇蹟。拿希里·瑪哈賽的聖手護著我倆。你的上師證明，遠在喜瑪拉雅山上的聖人不是你的咕嚕，踏破鐵鞋無覓處，眼前現成就是一個。我的禱告有了回答：在你尋找上帝的時候，未曾離開過我的視線。」

父親很滿意我繼續升學。他安排我第二天到附近的蘇格蘭教會書院註冊報名。

歡樂時光總是過得特別快，諸位讀者早猜到，我大概很少出現在教室。塞蘭坡的道場讓我難以抗拒。上師看我隨時都在，對我蹺課並不予置評。為了讓我釋懷，也很少跟我談及課業。雖然我沒有學生的樣子，但考試都勉強過關。

道場的日常生活很固定。我的咕嚕黎明起床，有時候他會躺著或在床上結跏趺坐，禪定進入三昧[4]。要知道上師是不是醒了，很簡單：巨大的鼾聲[5]突然停了，表示上師醒了；然後他調息，或許動一動身體，進入胎息的無聲境界，享受甚深瑜伽禪定。

接著不是吃早餐，而是先到恆河邊散步。那段清晨跟咕嚕散步的日子，歷歷在目，記憶猶新。每次回想起，我總覺得上師常在身旁。早晨的陽光把河水烘得溫溫的，上師的話語中流動著真實的智慧。

洗過澡，吃午餐。上師每天指示弟子要小翼翼地料理飯菜。咕嚕吃素，不過在出家前，他吃蛋和魚。他勸學生吃單純的食物，因為單純的食物有益身心。

上師吃不多，大多是米飯拌咖哩或甜菜根汁，或加了一點奶油的菠菜，有時候吃扁豆濃湯、起司[6]咖哩配蔬菜。點心有米布丁佐芒果或橘子，或喝菠蘿蜜汁。

訪客在下午來。他們就像穩定的溪水，從世界各處流進安靜的道場。我的咕嚕以禮與慈悲待客。一個上師明白自己是無所不在的靈魂，不是肉身、不是自我，對一切眾生，平等視之。

聖人具根本智，不受幻相影響，不為一般人之好惡所左右。聖尤地斯瓦爾不會特別招待有錢有勢或功成名就之人，也不輕視聾人或文盲。他傾聽孩子的真心話，不理會假惺惺的經師。

晚餐在八點開飯，有時候有賓客一起用膳。我的咕嚕不單獨用餐，在道場裡，沒有人會挨餓或吃不飽。聖尤地斯瓦爾絕對不虧待任何貿然造訪的賓客，他會指示弟子，讓有限的菜色變成一桌宴席。上師不是很有錢，但是理財很有一套，一點點錢可以撐很久。「量力而為，」他常常說：「太浪費會讓自己難過。」道場有些娛樂，要蓋這、修那，或一般雜務，上師都表現出創造的精神。

靜夜，我的咕嚕常給我們開示，這是永恆的寶藏。上師說的每一句話都經過智慧的琢磨，肯定的語氣是他的表達方式，廣大精微，得未曾有。他開口前，早已縝密思考。他的言語是真理的精華，他的靈魂散發芬芳。我總覺得自己在人身上師面前，其神性使我不由自主地匍匐在他的腳下。

如果賓客發現聖尤地斯瓦爾專注於「無限」，上師會馬上跟他們說話。因為上師不願在別人面前收攝感官，入於禪定，表現出道行很高的樣子。上師總是與上主合一，不需要特別找時間與上主溝通。證悟的上師不再需要禪定，瓜熟蒂落。但聖人依然打坐參禪，只為了作弟子的模範。

近午夜時分，咕嚕像孩子般累了就睡。他常躺在一張窄的書桌上睡，不需要枕頭。這書桌就在他慣坐的虎皮座位後方。

我們經常整晚探討哲理，弟子個個感興趣。而我一點也不累，有上師的話就夠了。「喔！天亮了！我們到恆河散步。」我們受到上師一夜的薰陶，常以散步終結。

在我跟著聖尤地斯瓦爾的頭幾個月，上了一堂很實用的課——「如何驅趕蚊子」。我在家晚上多用蚊帳。在塞蘭坡的道場時，我發現大家都很節儉，不用蚊帳。蚊蟲把我從頭到腳咬得又紅又腫。我的咕嚕心生憐憫。

「給自己買一頂蚊帳，也給我買一頂。」他笑著說：「你只買一頂，蚊子就會集中攻擊我。」

我真是感激不盡。每當我留宿塞蘭坡，我的咕嚕總是叫我掛好蚊帳再睡。

有一晚，蚊子圍著我們猛烈攻擊，可是上師沒有指示要掛蚊帳，我聽著蚊子嗡嗡如雷，心裡開始緊張。上床前，我對蚊子的方向禱告一番，希望牠們不要來咬我。半小時後，我故意咳嗽，想引起咕嚕注意，我怕在蚊子把我的血吸乾前瘋掉。

可是上師動也不動，我只好躡手躡腳走近查看，沒想到上師在甚深的瑜伽禪定中沒有呼吸。我第一次那麼靠近觀察，有點嚇到。

「他的心臟不跳了。」我放一面鏡子在他的鼻孔下面，沒有氣息；我再次確定，用手指在他的鼻子嘴巴前擋起來幾分鐘，他的身子冷冰冰的，動也不動，我一陣昏眩，轉向門口求救。

「一個剛出道的實驗論者！我可憐的鼻子！」上師笑著說：「幹嘛不上床睡覺？整個世界會為你改變嗎？改變你自己，要自己心裡沒有蚊子的意識。」

我聽上師的話，回到床上。沒有一隻小蟲冒險靠近。我明白，先前咕嚕同意用蚊帳，只是為了我。他才不怕蚊子，因為他可以用瑜伽力量阻止蚊子咬他，或是逃到刀槍不入的內在。

「他示範給我看，」我想，「那是我必須努力達到的瑜伽境界。」不管這個塵世有多少令人分心的事，一位真正的瑜伽行者能夠深入、停留在超意識境界。不論是蟲子的嗡嗡聲、刺眼的日光，感官都必須阻斷這些經驗。之後，就會聽見比伊甸園裡還要美好的聲音，看見更美的風景[7]。

早期在道場，還有一件蚊子的事，又讓我得到教訓。同樣在黃昏，我的咕嚕正在講經，我坐在他的跟前，心靈甚是平靜，但有一隻粗魯的蚊子闖入我的天地，硬是要引我分心，當蚊子就要將有毒液的針注入我的大腿皮膚時，我自然地舉起復仇之手，正遲疑，突然想起帕坦伽利的不殺生戒。

「怎麼不打下去？」

「上師！您戒殺生嗎？」

「是的，但在你心裡，你已經殺生。」

「我不懂。」

「帕坦伽利的『戒殺生』是要人移去殺念。」

聖尤地斯瓦爾把我的所有念頭，看得一清二楚。「這個世界不適合練習戒殺生。人類可能被逼去消滅有害的生物，但是不能有嗔恚或憎惡之心。萬物生靈都有同等生存的權利。聖人揭開創造的奧祕，就與自然一切狀態和諧。人能克服破壞的情結，便了解這個真理。」

「咕嚕，一個人寧可犧牲自己，也不要殺野獸嗎？」

「不！人的身體異常珍貴，獨一無二的腦袋和脊椎中樞，已進化到最高層次；道行高的行者，能完全掌握這點，展現至高的神性。低等生物沒有這種結構。真的！如果一個人被迫去殺死動物或生物，會招致微小業障。但《吠陀經》裡教導，隨便地捨棄肉體，則嚴重違反了業力果報。」

我聽了鬆了一口氣；人類自然的本能要在經典上找到合適的根據，可並不容易。

我從來沒有看過上師接近豹或老虎。但有一次，有一條致命的眼鏡蛇面對著他，結果被我咕嚕的愛給征服。在印度，大家都很怕這種蛇，因為一年裡有五千多人被咬死。這個驚險的遭遇發生在聖尤地斯瓦爾身上，他在普里有另一座迷人的道場，座落在孟加拉灣旁。聖尤地斯瓦爾有一個年輕弟子普羅富拉（Prafulla），事情發生時，正在上師身邊。

「我們坐在道場外面。」普羅富拉告訴我：「眼鏡蛇在附近出現，一公尺長，非常可怕。怒氣沖天朝我們奔來，上師笑著歡迎牠，好像對待小孩子。我驚惶失措，看著上師雙手打著有韻律的拍子[8]，他在娛樂這索命的訪客；我安靜在旁急切禱告。眼鏡蛇原本非常靠近上師，現在卻一動也不動，彷彿被愛撫的動作融化，可怕的頭慢慢縮回去，從聖尤地斯瓦爾的腳間滑過，消失在叢林中。

「起先我不懂為什麼上師拍手？為什麼眼鏡蛇不咬人？」普羅富拉下結論，「後來我明白，我們的靈性咕嚕沒有害怕受傷害的恐懼。」

我早年在道場時，有個下午，聖尤地斯瓦爾兩眼直視著我說：「慕空達，你太瘦了。」

上師說到重點，我很不喜歡臉上的黑眼圈，以及羸弱外表。我從小就消化不良，我住在古柏路四號時，家裡藥罐堆滿整櫥，但一點用處都沒有。我偶爾會傷心自問，身體不好，活著有什麼意思？

「藥物有其限制，但創造萬物的力量卻沒有這種限制。你要相信自己會健康強壯。」

我的上師聖尤地斯瓦爾

拿希里．瑪哈賽的弟子

上師的話使我深信我會強壯。我試過許多要治我病的人，沒有人能喚起我如此深的信心。日復一日，我變得愈來愈健壯。有聖尤地斯瓦爾默默祝福，在兩個星期裡我長胖了，我過去連想都不敢想。我的胃病永遠消失。我有機會見證到咕嚕的神蹟，治癒不少患者，舉凡患糖尿病、癲癇症、肺結核、癱瘓的都有。

「幾年前，我也很想胖一點。」上師在治好我不久後，告訴我：「一場大病之後，病癒復原時，我到貝拿勒斯看拿希里・瑪哈賽。

「『大人，』我說：『我生了一場大病，身體瘦很多。』

「『我知道，尤地斯瓦爾，你沒有好好照顧自己，現在你知道你很瘦。』

「我不曉得上師會這樣回答我，不過我的咕嚕又鼓勵說：『我看看，我保證你明天就會好多了。』

「我知道他在暗示他會祕密地治好我的病。第二天早上，我去找他，高興地喊說：『大人！今天我覺得好多了。』

「『的確，今天你灌注豐沛的活力到身上。』

「『不，上師！』我抗議道：『是您在幫助我，幾個星期來，這是我第一次有點力氣。』

「『喔！是啊！你的病很重，你的身體仍然虛弱，誰能說明天會變成怎麼樣？』

「想到病還會回來，使我打了冷顫，翌晨，我幾乎沒有辦法把身體拖到拿希里・瑪哈賽家。『大人！我又病了。』

「我的咕嚕的眼神有惡作劇的味道：『啊！你又虐待自己。』

「我沒有耐性了。『咕嚕——』我說：『我現在才明白您天天都在諷刺我。我不知道您為什麼不相信我說的。』

「『那是因為你的念頭讓你覺得一下子弱、一下子強，這才是真的。』我的咕嚕慈祥地看著我：『你看到你的健康是照著自己潛意識的期望。思想是力量，就像電或引力。人類的心靈是上帝全能意識的火花。我能夠示範給你看：你的心靈無論相信什麼，很強烈的話，立刻會發生。』

「我知道拿希里．瑪哈賽不會說假話，我向他大禮拜，並感激地說：『上師，如果我認為我很好，而且會恢復以前的體重，這些事就會成真嗎？』

「『會，現在就成真。』我的咕嚕慎重地說，他注視著我的眼睛。

「我馬上覺得自己不僅有力氣，身體也變重了。拿希里．瑪哈賽靜默下來。在他跟前幾個鐘頭，我回到母親的家，我到貝拿勒斯，就住在那裡。

「『兒啊！怎麼啦？你的身體是不是浮腫了？』母親幾乎不相信她的眼睛。現在我的身體飽滿強健，像沒病之前一樣。

「有一天我秤體重發現重了二十幾公斤，而且一直維持。看過我骨瘦如柴的樣子的人，現在都訝異不已。許多人因而皈依拿希里．瑪哈賽，這就是奇蹟。

「我的咕嚕是證悟的人，知道這個世界只是造物主的夢。因為他全然與『神聖的做夢者』合為一體，拿希里．瑪哈賽能夠把能量化成物質、物質化成能量，或依照自己的意願改變現象界的原子排列[10]。」

「一切的創造有律法來管理。」聖尤地斯瓦爾下了結論，「宇宙運行的原則，照科學家們發現的，稱為自然律。但是在精神界和意識層面，有更精微的律法控制，經由瑜伽，我們能知道這些原理。了解物質的真相是悟道的大師而非物理學家。藉著這種知識，基督才能夠使僕人的耳朵復原，這位僕人的耳朵，原本是給一個門徒拿刀子削掉的[11]。」

我的咕嚕詮釋經典，功力沒有人比得上，我許多快樂的回憶都是上師的開示。但是他有如珍寶的思想，不會被疏忽或被愚昧掩蓋。我身體的躁動或瞬間的心不在焉，都足以讓上師暫停開示。

一天下午，就像平常，聖尤地斯瓦爾發現我注意力不集中，就突然說：「你分心了。」

「咕嚕——」我抗議道：「我沒有分心，我眼睛眨都沒眨，能把您剛才說過的話重複一遍。」

「不管怎麼樣，你沒有專心。就算你反駁也沒有用，我告訴你，你在心裡創造出三棟建築物：一個是在平原上，森林中的靜修場地；另一個是在山頂上；第三個是在海邊。」

的確，這些想法就是在當時模模糊糊，幾乎是無意識的狀態下形成的。我慚愧地看著他。

「我能怎麼辦？咕嚕可以看穿我亂七八糟的想法。」

「你讓我看到你的心。只要你沒有專心，就抓不住我深思熟慮過的微妙真理。除非必要，否則我不會侵犯別人的心思。人有權利徜徉在自己的思想中，未受邀請的上帝不會入內，我也不會侵入。」

「我邀請您，上師。」

「你的想法以後會實現；不過現在是讀書的時候。」

年輕的時候，我就看到三棟奇怪的建築物，分別出現在不同的地方。就如聖尤地斯瓦爾所講的，這些後來都成真了。第一棟在藍奇（Ranchi）的草原，我辦了一所男子瑜伽學校；美國總部設在洛杉磯的山上；最後一所道場在南加州，面對遼闊的太平洋。

我的上師絕對不會誇口預言。他反而會暗示說：「你不認為這件事情會發生嗎？」但是他簡單的話隱藏預言的力量，最後都會成真。

聖尤地斯瓦爾態度保留，實事求是。有些人對他抱著不切實際或愚蠢的想法；但是他腳踏實地，他的頭在天國的港灣；他讚美刻苦實幹的人：「成聖不是裝聾作啞；靈悟絕非使人無能。」他會說：「美好的德行是精練的智慧。」

在上師的生活裡，我徹底領悟到一件事：精神實際主義與隱晦神祕主義有很大的差異，儘管外表上像是一體兩面。我的咕嚕不喜歡談論超自然的事情。他「奇妙」的光環，就是他完美單純的表現。他說話時，不會語不驚人死不休；行動上，他隨心所欲、不逾矩。許多老師談奇蹟，但是顯現不出奇蹟；聖尤地斯瓦爾很少提到這類精微的律法，但是他能隨心所欲，祕密讓奇蹟出現。

「證悟者除非得到內在應允，否則不會示範任何奇蹟。」上師解釋道：「上帝不希望他創造的奧祕隨便顯示[12]。世界上所有個體有無法掠奪的自由意志，聖人不會侵犯那種獨立性。」沒有開悟的老師，整天忙於沒完沒了的「顯示」奧祕。印度經典裡有一句話說：「淺薄之人，一丁點兒想法，就會引起騷動；有深度者，就算靈思泉湧，亦不生漣漪。」這觀察真是鞭辟入裡，不失幽默。

我的咕嚕沒有驚天動地之舉，當時只有少數人知道他是超人，古人有言：「無法隱藏智慧的人是蠢材。」對我那位深沉謐靜的上師，這句話絕對用不上。雖然聖尤地斯瓦爾和其他凡人一樣會死亡，但是他認識時空的主宰。上師直入天人合一的境界，我了解到，靈性的發展本來就沒有障礙。

每當我觸摸聖尤地斯瓦爾神聖的腳，總是很震動。一個弟子受到上師靈性吸引，敬禮上師，兩者間發生微妙的流動：皈依弟子頭腦中的不良習氣因而焚毀，對俗世的執著也減弱；至少在觸摸上師的瞬間，揭開幻影的面紗，瞥見實相；當我用印度禮俗向我的咕嚕跪拜時，整個身體會生起一道解脫之光。

聖尤地斯瓦爾對我說：「拿希里．瑪哈賽就算靜默不語，或談信仰以外的話題，我發現他還是在傳給我難以言語表達的知識。」

而他也以同樣的方式影響我。如果我憂慮或是恍惚，進到道場時，我的態度會改變。只要看到我的咕嚕，心馬上平靜下來。每一天都有新的幸福、寧靜、智慧。我從未見過上師因為煩惱而改變態度。

新學生偶爾懷疑，認真學習瑜伽是否真有幫助。「無明的黑暗默默靠近，我們該快速走回心靈內部。」上師常用類似這些警語提醒弟子，要鍛練克利亞瑜伽。

「忘掉過去，」聖尤地斯瓦爾會安慰弟子，「人因諸多愧疚，使生命黯淡。人類的行為並不可靠，唯有交付神，努力修行，將來每件事情都會改變。」

上師的道場裡總是有年輕的侍者[13]，上師一生都投注在教育孩子的智力和靈性。在他離世前，還收了三個學生，兩個六歲的小孩和一個十六歲的青少年。弟子在他管理下受到妥善照顧和訓練；弟子（disciple）和紀律（discipline）的英語字根相同，體用一致。道場的學生敬愛他們的咕嚕：他手輕輕一拍，學生就歡天喜地到他身邊，當他沉默不語，沒有人敢說話；當他開懷歡笑，孩子也都快樂。

聖尤地斯瓦爾很少要人服侍，除非弟子樂意，否則他也不會要弟子幫忙。弟子忘了洗上師的衣服，上師自己會洗。上師通常穿傳統的橘色僧袍，室內他穿不必綁鞋帶的鞋子。照瑜伽行者的習慣，鞋子多用虎皮或鹿皮做成的。

聖尤地斯瓦爾能說流利的英語、法語、孟加拉語、印地語，梵文也很在行。他很有耐性地教導弟子，用獨創的捷徑，研讀英文和梵文。

上師不執著肉身，卻小心維護，他說身心健康，就是造物主的顯現。他不贊成極端的修行。有弟子要長期斷食，上師同意斷食是潔淨的良方，但那位弟子做過頭，上師知道了，只是笑著說：「怎麼不給他骨頭啃？」

聖尤地斯瓦爾非常健康，我沒有看過他不舒服[14]。他尊重世俗的習慣，學生有病，他會讓他們看醫師。「醫師要經過上帝的律法來執行治病的工作。」但是他贊成心理建設是最好的治病方法，並且常說：「智慧是最偉大的淨化者。」

「身體是靠不住的朋友，必須適當照顧，沒什麼好商量的。痛苦和愉悅都是暫時的；安然接受所有兩相對立的感覺，努力超越感覺的限制。想像力是疾病之門，亦是養生之道。生病時、不相信有病，疾病就會逃逸。」

上師的弟子中有很多醫師。他說：「研究過生理學，應更深入研究靈魂學，因為靈體結構隱於身體構造裡。」[15]

聖尤地斯瓦爾鼓勵學生要學習東西方的優點。他外在行為表現的習慣是西方式，內在精神為東方。他讚美西方的進步、靈活多變、衛生習慣；而宗教的理念，榮光要歸諸於東方。

我很熟悉紀律；在家，我父親管得很緊，阿南達也對我很嚴格；來到道場，聖尤地斯瓦爾更嚴格，上師要求完美，大小事都對弟子要求很高。

「假意的慇懃如同一具美麗的女屍，」他趁機教育弟子，「單刀直入缺乏誠意，宛如外科醫師的手術刀，有效用、但太銳利，讓人不舒服；謙卑坦率的話，對人有幫助，也比較好接受。」

上師顯然對我在靈修上的進步很滿意，因為他很少提到這件事；至於其他要注意的，就是我主要的缺點：上課不專心、情緒起伏大、不守規矩，做事偶爾沒有條理。

「看看你父親巴加巴帝！他做事情穩重又有計畫。」我的咕嚕強調。我第一次拜訪塞蘭坡道場不久，拿希里．瑪哈賽的兩個弟子相遇，我父親和上師彼此惺惺相惜。兩個人的內在生命都建立在靈性的磐石上，歷萬世而不衰。

我小時候從一位代課老師那裡學到一些錯誤的觀念，那老師說，弟子不需要努力執行世俗的義務，所以就算我沒有做完工作，也不會受懲罰，人類本性如此，這種觀念就很容易內化；不過，在上師無情棍的鞭策下，我馬上修正不負責任的不良行為。

「這世上，好東西是為了要讓其他的事物變得更好，」聖尤地斯瓦爾說道：「只要你呼吸地球上的自由空氣，你就對它有所虧欠。只有完全熟悉閉氣停息的三昧境界[16]，才不必聽命宇宙。當你到達究竟完美的境界時，我會讓你知道。」

加州好萊塢的世界信仰悟真堂

洛杉磯華盛頓山的主建築，1925年落成後，一直做為美國悟真會的總部。

誰都不能買通我的咕嚕，就算用愛也無法賄賂他。他對像我這樣自願成為他弟子的人，從不寬宥。不論我和上師身旁是否有其他弟子或陌生人，或只有單獨兩個人，他說話總是簡單扼要、命中要害。沒有定見或自相矛盾，免不了要挨他的罵。雖然這種直接粉碎自我的方式實在令人難以忍受，但我仍希望聖尤地斯瓦爾能鏟除我的偏執。他也努力幫我改頭換面，可是我多次在他的紀律重錘下，心生動搖。

「如果你不喜歡我教導的方式，隨時隨地你都可以離開。」上師向我保證道：「我不要你做什麼，只要你改進；你覺得受益，就留下來。」

我很感激他從旁打擊我的虛榮，暗中拔掉我的自負；有時若非以很不客氣的方式，實在很難去除自負的基石。除去自負，上帝就能無礙進入內心；若內心冷酷自私，神就無法進入。

聖尤地斯瓦爾對人性的觀察是直覺的，他常常回答弟子沒有表達出來的想法。人說話經常表裡不一。「安靜下來，」我的咕嚕說：「試著去聽隱藏於大家連篇廢話背後，真正要表達的事。」世人往往不相信內在靈視，淺薄的學生不認識上師，只有少數聰明人深深敬仰他。

如果上師的言語不那麼切中肯綮、直言不諱，我敢說，聖尤地斯瓦爾就會成為全印度人盡皆知的咕嚕了。

「我對來此受訓的學生很嚴厲，」他坦言道：「這是我的方式，要來就來，不要就走，我不會讓步。但是你對學生就親切多了，這是你的方式。我只用嚴厲的火，淨化人心，想通過試煉，要比一般人更有耐力。愛的教育同樣能改變人；婉轉、以退為進的方式，如果運用得當的話，同樣有效。」

他又說：「你要去國外傳法，那裡用這種打破自負的方法行不通；沒有耐心和容忍做本錢，在西方就不能傳揚印度的信息。」後來我到美國，不知道有多少次想起上師這番話。

雖然我的咕嚕因為有話直說，不知讓多少想要來學習的弟子打退堂鼓；但認真學習克利亞瑜伽的弟子愈來愈多，即便上師不在世上，他的精神永存。亞歷山大大帝在塵世間的帝國尋夢，而上師則更進一步，贏得人類靈魂的主權。

上師的教導，就是非常認真地指出弟子微不足道的缺點。有一天，父親到塞蘭坡拜會聖尤地斯瓦爾。父親以為會聽到一些讚美他兒子的話，卻聽到一大堆數落我的不是之處，便趕緊來看我。

「聽你的咕嚕說，他看你一無是處。」父親哭笑不得。

其實唯一引起上師不快的事情，就是上師已經暗示過我，但我卻還是執意要改變某人，引他走上靈性的道路。

我快步去找咕嚕。他的目光低垂，像在懺悔。這是我唯一一次看到神聖的巨獅，在我面前顯得馴服。當時令人覺得很好玩。

「上師，您為什麼在我父親面前如此無情地批判我？是否公平呢？」

「我不會再這樣了。」上師道歉，我瞬間解除武裝。

一個巨人承認錯誤時多麼乾脆！雖然，從此以往，他不再攪亂我父親平靜的心，但是他還是不厭其煩地剖析我的錯誤。

新來的弟子常學聖尤地斯瓦爾疲勞轟炸的方式批評別人。這些弟子還真聰明！只學到批評！只是要攻擊別人，就不要怕反過來被人攻擊，一旦上師當眾對這些揭人瘡疤的人，反過來對他們冷嘲熱諷，這些人就夾著尾巴溜掉。

「才一點小過失，稍加責難就不行了，宛如身上的患處，還沒有碰到就覺得痛。」聖尤地斯瓦爾如此揶揄那些輕浮小子。

許多弟子對咕嚕的形象有先入為主的觀念，常常抱怨不了解聖尤地斯瓦爾的做法。

「你了解上帝嗎？」有一次我反駁道：「如果你那麼清楚聖人的種種，你早就成聖了。」在有如恆河沙數的奧妙裡，每一秒，我們都呼吸著我們無法理解的空氣，又有誰敢貿然地說在瞬間你了解一位深不可測的上師呢？

學生來的來，去的去；那些想要互相取暖、獲得認同、繼續自我感覺良好的人，在道場找不到這些東西。上師庇護弟子、培育弟子，但許多弟子卻可憐兮兮地替「自尊」尋找慰藉。他們因為不願意謙卑，所以選擇離開，寧願一輩子受盡無數的羞辱。聖尤地斯瓦爾發出炙熱的光，他的智慧如太陽強力照射，多數靈性生病的人都承受不了。他們要找次級的老師，用奉承呵護他們，允許他們在無知中熟睡，不用醒來。

與上師相處的最初幾個月，我很怕挨罵。不久我明白，上師只罵那些要求上師指導自己的弟子。要是有弟子心生苦惱，為自己辯護，聖尤地斯瓦爾也不反駁。他不憤怒，但就事論事。

上師不會對訪客出其不意地指出他的問題所在，連很明顯的缺點也都不會說。但是要是弟子請益上師，聖尤地斯瓦爾會把這件事當成重責大任。咕嚕真的很勇敢，我們這些人剛愎自用，他把改變我們本性的責任承擔下來。聖人的勇氣來自慈悲心，憐憫這世上跌跌撞撞、看不見真相的人。

當我捨掉內在的憤慨，上師就鮮少責備我了；從一些小地方可以看出來，上師變得格外仁慈。人的天性通常由理性和潛意識的牆保護著[17]，等我移除這兩處壁壘，則能不費吹灰之力，跟上咕嚕的腳步。我發現他值得信賴；也體貼、默默愛著世人，不過他不張揚，也不把這種感覺說出口。

我自己的態度始終忠誠。剛開始我以為咕嚕很有智慧但不願奉獻[18]，只是一板一眼地表現自己的靈性。但是，當我更認識上師的本性後，我也變得更相信上帝。證悟的咕嚕能夠因材施教，讓弟子自然走向靈性道路。

我與聖尤地斯瓦爾的關係是不可說的，卻也說不完。我腦海裡常見到他「靜默」的印記，無須言語。在他身旁安靜禪定，我感受到他的恩惠和平注入我的身心。

大一暑假，上師展現無私的公義。我很高興能待在塞蘭坡幾個月，與咕嚕相處，不受干擾。「你可以管理道場。」我那麼渴望來到這裡，使聖尤地斯瓦爾很高興。「你負責招呼客人，並指導其他弟子工作。」

一位來自東孟加拉的年輕村民庫瑪，兩週後要來道場受訓。他很聰明，很快地贏得上師的喜愛。不知為了什麼諱莫如深的理由，聖尤地斯瓦爾從來沒有嚴厲責備過這位新來的弟子。「慕空達，讓庫瑪做你的工作。你去掃地做飯。」這位新生跟我們待了一個月後，上師如此指示。

庫瑪新官上任三把火，作威作福，其他弟子默默反抗，他們有事還是來找我商量。這種情形繼續了三週，後來我無意間聽到庫瑪和上師的談話。

「慕空達不可理喻。」庫瑪說：「您要我督導別人，別人都去找他講話、聽他的指示。」

「所以我才叫他到廚房幫忙，你到大廳工作。就是要讓你知道，做領導的人，要有心服務他人，而非主宰他人。」聖尤地斯瓦爾第一次呵責諷刺庫瑪：「你要慕空達的職務，卻又無能保住。現在，你回去做你原先的廚房助理！」

這件事情發生後，上師對庫瑪的態度又跟先前一樣，特別疼他。誰能解釋這個相投的祕密呢？在庫瑪身上，我們的咕嚕發現他美好的地方，但其他弟子卻沒有感受到。雖然聖尤地斯瓦爾喜歡這位新來的男孩，我並沒有沮喪。即使是上師，也有他們自己的個性，自己的生活方式。我不是個小器鬼，我不要聖尤地斯瓦爾的讚美，反而要從他那兒得到更大的益處。

一天，庫瑪無緣無故中傷我，我覺得非常難過。

「你太自以為是了。」我試著警告他，我有預感這會成真，「除非你改變態度，否則有一天，有人會請你離開。」

庫瑪諷刺地笑了笑，咕嚕才進到房間，他就上前打我的小報告，我料想會被罵臭頭，便退到角落等待發落。

「這次慕空達可能說對了！」上師冷漠回答。我則逃過一劫。

一年後，庫瑪回家探親，他不在乎聖尤地斯瓦爾的禁止暗示，但上師從不以權勢控制弟子的行為。幾個月後，男孩回到塞蘭坡，變得惹人討厭，他的臉龐不再真誠，站在我們面前的，只是一個不起眼的農夫，還學了許多壞習慣。

上師喚我去，傷心地說，這個孩子不適合道場的生活了。

「慕空達，請你通知庫瑪，請他明天離開道場，我不能做這件事。」聖尤地斯瓦爾眼含淚水，但是他很快地控制住，「這個小孩要是聽我的話，就不會陷得那麼深，去跟不三不四的朋友鬼混，他拒絕我的保護，殘酷無情的世界仍是他的咕嚕。」

庫瑪離開了，我卻高興不起來；我覺得傷心，不懂為什麼深得咕嚕喜愛的人，卻抵擋不住世俗廉價的誘惑。人的本性貪愛酒色，不知不覺，就去追求感官的享受。感官的詭計好比夾竹桃，姹紫嫣紅，芳香迷人，但是整株都有毒[19]。療癒的樂土要向內求，但眾人卻盲目地朝錯誤的方向去尋找。

有一次上師談到庫瑪的聰明伶俐：「聰明智慧是一把兩面刃，可以創造或毀滅一切；像鋒利的刀子，可以割除腫瘤，也可以斬斷自己的腦袋。只有明白一切難逃靈性法則，聰明智慧才能指引人生走上正確的方向。」

我的咕嚕男女弟子兼收，皆視如己出，平等對待每個人的靈魂，沒有分別或偏愛。

「睡覺時，你不知道自己是男是女。就如男生裝扮成女生，但是他不是女生。」

聖尤地斯瓦爾絕對不會贊成「女人使男人墮落」的說法。他強調女人也會面臨異性誘惑。我問上師，為什麼某位偉大的聖人稱呼女人是「地獄之門」。

「他年輕時一定有一個女生攪亂他一池春水。」我的咕嚕挖苦說道：「若他不去貶抑女性，就要貶抑自己，反省自己沒有定力的缺點。」

如果客人敢在道場講情色的事，上師會保持靜默。「不要讓嫌棄美貌的言論鞭打自己。」他告訴弟子，「感官的奴隸怎麼能享受這世界的美好？他們匍匐在原始的爛泥裡，憶不起高貴的品味。失去了品味判斷，消失在原始欲望的叢林中。」

學生從與聖尤地斯瓦爾的耐心與理解的對談中，逃離性的幻影。

「性衝動是一種生理的自然反應，像人會肚子餓，並非貪婪。有性衝動是宇宙的自然法則，目的是為了延續種族的生命，不是為了燃起不滿足的欲望。現在就毀掉欲望；否則靈體離開肉身後，欲望還會跟著你；甚至在肉體軟弱的時候，心靈還應繼續抵制。誘惑虛偽無情地挑撥你，要用理性的分析與不屈不撓的意志去戰勝它，以控制每一種本能的情欲。

「保存你的力量，使自己像無垠的大海，容納感官的眾流，每天有新的感官欲望榨取你內在的和平，像貯水池裂了個洞，把水浪費在物質的沙漠土壤中。錯誤的欲望讓人衝動，是人類幸福的最大敵人。要像自律的獅子馳騁在大自然的草原上，不要讓欲望的青蛙掌控，把你踢得抱頭亂竄。」

真正的信徒最終會離開所有衝動的本能，將人類的感情昇華到對上帝的熱愛，因為上帝無所不在，所以愛的唯一目標就是上帝。

聖尤地斯瓦爾的母親住在貝拿勒斯的納拉瑪哈區，就是我碰到咕嚕的地方。上師的母親是仁慈、有主見的婦人。有一天，我站在陽台上看著母子談話。上師用其安靜、理智的方式，想讓她同意某件事情，但顯然沒有成功，因為她用力搖頭說：「不！不！孩子，現在你走吧！你睿智的言語不適合我，我不是你的弟子。」

聖尤地斯瓦爾像挨罵的孩子，不再爭辯、走開了。我深受感動，雖然他的母親那麼不可理喻，上師還是很敬重她。她只把他當成自己的小孩，不是聖人。由這件小事，我看到上師內柔外剛的一面。

出家的戒規是，法師正式出家後不能跟俗世有關聯；不能參與一般家庭禮儀。創辦僧團的商羯羅，在母親死後也沒有遵照戒規，他舉起手噴出天火，火化了母親的遺體。

聖尤地斯瓦爾也漠視這個戒規，但不足掛齒。他母親過世時，他在貝拿勒斯恆河邊安排火葬儀式，遵照古制，設會供養僧眾。

經典的禁制，只是試圖幫助僧眾克服狹隘的物相認同。商羯羅和聖尤地斯瓦爾的修煉已至身心合一的解脫境界，無須戒規防禁。有時候上師也會有意忽視法規，為的是支持超越形相的原則。如此耶穌在安息日掐了麥穗，難免招致批評，他說：「安息日是為人而設，人卻不是為安息日而生[20]。」

除了經書，聖尤地斯瓦爾很少讀書，但他仍然熟悉近代科學的發現，還有其他先進知識。他很健談，喜歡跟訪客就各式主題交換意見。我的咕嚕機智幽默，每一次討論都生動活潑。他有煩惱，但不憂鬱。他說：「尋找上帝的人，沒必要臭臉。記住，找到上帝即埋葬憂愁。」

許多哲學家、教授、律師、科學家第一次來到道場，以為自己碰到一位八股宗師。偶爾看到新來訪客露出妄自尊大的笑容，或按捺不住、投以譏誚一瞥，他們暗自以為，聽到的不過是陳腔濫調。他們後來跟聖尤地斯瓦爾談過，發現他眼光準確，能看出訪客的專業領域，他們反倒信服，捨不得離開。

我的咕嚕一般對訪客都親切和藹，誠心歡迎；但是頑固、傲慢的人，偶會遭到痛快一擊。他們不是碰到上師冷漠不應，不然就是對上師的提問難以招架。他們不是碰壁、就是被擊潰。

有一次，一位著名的化學家與聖尤地斯瓦爾正面交鋒。訪客解釋，因為科學的方法沒有發現上帝，所以上帝不存在。

「你把『至上的能量』限制在你的實驗試管中，所以想不通為什麼失敗。」上師嚴厲地注視著他說：「我建議你再做一個實驗：二十四小時不斷地檢視你的千頭萬緒，那麼就不再奇怪為什麼上帝不存在。」

另一位著名的經師也遭到同樣打擊。第一次訪問道場，客人對《大戰詩》、奧義書[21]還有商羯羅的解經（*bhasyas*）[22]，朗朗上口。

「我正等著聽你說！」聖尤地斯瓦爾的口氣彷彿什麼都沒有聽到，所以有此一問，經師迷糊了。

「引經據典的材料多的是。」我坐在屋角，離訪客有段距離，上師的話令我捧腹。「但是你自己的評論是什麼，從你的生活當中，得到什麼特別的感受？你從經典中消化了多少成為你自己的東西？這些永恆的真理用什麼方式更新了你的本性？你願做一台空洞的錄音機，只會不斷重複別人說過的話嗎？」

「我投降！」經師很懊惱，令人想笑，「我尚未開悟。」

也許是第一次，他了解到，會斷章取義無助於靈性。

「這些無感的人，只會訓詁，整天死讀書。」這位受上師磨練的人離開後，咕嚕說：「他們以為哲學是用來鍛鍊智力的。他們崇高的思想小心翼翼地自我隔絕，以為哲學與外在遲鈍的行為或內在紀律的磨練都無關。」

上師也在別的場合強調，死讀書沒有用。他說：「學習太多辭彙反而把自己搞迷糊。典籍的章句一次讀一偈，慢慢消化吸收；要引起人了悟內在的欲望，才有益。否則，一直用腦袋理解，只是滿足虛榮心，其實一竅不通。」

聖尤地斯瓦爾講過他自己教導典籍的經驗。事情發生在東孟加拉，有一間道場，他觀察到著名的老師達布盧・巴拉（Dabru Ballav）的方法。他的方法在古代印度非常普遍，簡單又困難。

靜林裡，達布盧・巴拉聚攏弟子，打開《薄伽梵歌》。他們花半個小時逐字讀完一小段，然後閉眼，過了半小時，上師簡短地評論一番，他們再禪定一個小時，終於咕嚕開口了：「現在你們明白這一句嗎？」

「是的，大人！」有人大膽應聲。

「不！你沒有完全懂。找尋那些賦予文字力量的活力，就是這股力量，使印度亙古常新。」

又默默過了一個小時。達布盧・巴拉解散學生後，問聖尤地斯瓦爾：「你懂《薄伽梵歌》嗎？」

「不！大人。雖然我的眼和心已經閱覽多次，但還是不完全懂。」

「每個人的回答都不一樣。」這位偉大的聖人微笑祝福上師說：「人如果忙於展示自己多懂這些經典，那有時間靜下來，向內尋找無價的珍寶呢？」

聖尤地斯瓦爾用這種密集專一的方法，指導學生讀書。「智慧不供眼睛閱讀，智慧被最微小的粒子吸收。」如果有弟子認為掌握書本的知識才能悟道，上師就會潑他冷水：「信服真理，不是用腦筋去想，整個人都要接受，才能說你知道真理的意義。」

「聖人寫了發人深省的話，就讓世世代代的評論家忙個沒完。」他說：「文學上無止境的辯論，是為了讓無所事事的心靈有事可做。」有比「定義上帝」更單純的想法嗎？有，就是「專一於上帝」！

但是人不容易回到單純。知識份子很難專一於上帝，因為他還要學貫天人，才能自命不凡；只要能博覽群書，他就自我滿足，遑論其他。

有人以自己的財富或地位為傲，因此在上師面前，也把謙卑當做布施。有一次，當地官員要到普里海邊的道場參訪。這個人是出了名的無情，他有權力把我們趕走，讓道場關閉。我告訴咕嚕事情的嚴重性，但他還是坐著不讓步，也不起身向訪客致意。我有點緊張，只得靠近門邊盤坐。聖尤地斯瓦爾沒有要我拿張椅子給官員坐，官員將就坐於木箱上。這個人以為我們會因為他的身分地位，而熱情招呼他、歡迎他，結果卻不如他所料。

談話內容說到形上學。這位訪客誤解經典，錯得離譜，他也升起一把無明火。

「你知道我碩士考試得第一名嗎？」他失去理智，咆哮不已。

「先生，我們現在不是在你的法庭裡。」上師平心靜氣回答：「從你幼稚的言論看來，可以推測你在大學裡表現平平。只是，大學文憑與吠陀經典的了悟無關，聖人不是會計人員，每個學期都有固定畢業人數。」

訪客聽傻了，不得不笑出來，「這是我第一次碰到天堂的官員。」後來他正式請求，以他熟悉的法律流程，要求成為「見習」弟子。

聖尤地斯瓦爾像拿希里．瑪哈賽，不鼓勵因緣不成熟的學生加入僧團。還沒證悟的人，穿上橘色僧袍，容易誤導社會偏離正軌。兩位上師都說：「不要理會外在捨離的象徵，反而起傲慢心，最重要的是用克利亞瑜伽，每天有恆地鍛鍊，靈性才得以進步。」

衡量一個人的價值，聖人的標準是不變的，與世俗尺度相差很大。人類，各色各樣，聖人只把他們分成兩種：不尋找上帝的無知者，和尋找上帝的聰明人。

咕嚕親自管理財產。有些無恥之徒覬覦上師的祖產，試圖納為己有。聖尤地斯瓦爾狠下心，甚至鬧上法庭，最後勝訴。由於這些慘痛的經驗，讓他決心不做一個乞食的咕嚕，以免成為弟子的負擔。

上師經濟獨立，所以更可以不理會玩弄手段的人。不像有的老師要奉承贊助者，我的咕嚕不必理會有錢有勢的人，我從未聽過他要求或暗示需要用錢。在道場受訓的弟子都是不收費的。

有一天，法院代理人送傳票來。我跟一位名叫卡奈（Kanai）的弟子帶這個人去見上師。

這位官員對聖尤地斯瓦爾很不客氣。「離開你的道場到法庭去呼吸那裡真實的空氣，會對你有好處。」他輕蔑地說。

我不能自持。「再胡言亂語，你就會躺平。」我威脅道。

卡奈也怒罵這位代理人：「混帳東西！你敢褻瀆這神聖的道場。」

但是上師反倒護著他說：「不要無端發怒，這個人只是執行他的職責。」官員搞不懂為什麼有兩種不同的對待，於是道歉離開。

我很驚訝，上師有如此強大的願力，而內心如此平靜。他適合《吠陀經》對神人的定義：「談到仁慈，柔順勝過花朵；當原則瀕臨考驗，卻強過金剛。」

世界上總是有這麼一種人，用布郎寧（Browning）的話來說：「不現明處，隱身暗處。」外面偶有聽信片面之詞而苦惱的人，譴責聖尤地斯瓦爾。我的咕嚕洗耳恭聽，分析抨擊是否有理。這種情景深印心田。上師獨到的觀察：「有些人想砍掉別人的腦袋，顯得自己高人一等。」

聖人沉著鎮定，難以言喻。「不輕易發怒的人，強過勇士；制伏內心的人，強過攻城略地的將軍。」[23]

我常常想，我尊貴的上師如果把心思放在名利上，大可稱王，或成為威震天下的武士，然而他卻選擇打擊內在憤怒與自負的壁壘，擊潰我執，這讓上師更加高貴無比。

1 祭拜多爾加（Durga）是孟加拉年中主要的慶典之一，在九月底舉行九天。馬上接著十天達山哈拉（Dashahar）慶典（移走十個罪行：三身、三心、四語）。兩個都是祭拜多爾加，字面意義是「難以到達的」神母特性之一，沙克蒂（Shakti）為母性創造力的化身。

2 聖尤地斯瓦爾（Sri Yukteswar）在一八五五年五月十日出生。

3 尤地斯瓦爾（*Yukteswar*）的意思是「與上帝合一」。吉利（*Giri*）是僧團十個宗派中的一個派別。*Sri*是神聖之意，它不是名字而是個尊稱。

4 字面上的意思是「一起導向」。三摩地是至福的超意識境界，瑜伽行者悟入自性，個體靈魂與宇宙意識合一。

5 照心理學家的說法，打鼾是完全鬆弛的表示。

6 *Dhal*是濃湯，用扁豆或其他豆類做的。*Channa*是新鮮凝乳做的乳酪起司；常切成塊拌咖哩和馬鈴薯。

7 瑜伽行者分成億萬化身的神通，不用感覺器官能得色、聲、香、味、觸、法。在《鷓鴣氏森林書》（*Taittirity Aranyaka*）：「瞎子在珍珠上穿洞；沒有手指頭的人穿過一條線；沒有脖子的人戴上它；沒有舌頭的人讚美它。」

8 眼鏡蛇在其範圍裡攻擊任何移動的物體。大部分情況，安靜不動才有安全的希望。在印度的眼鏡蛇特別可怕，每年受害之人達五千人之多。

9 拿希里．瑪哈賽其實是叫上師的俗名普立亞（Priya）而非「尤地斯瓦爾」。但在本書都用「尤地斯瓦爾」替代，以免讀者混淆。

10 《馬可福音》11：24：「凡你們禱告祈求的，無論是什麼，只要信是得著的，就必得著。」。與上帝合一的大師能夠把他們的悟性移轉給資深的弟子，像拿希里．瑪哈賽在這裡祝福聖尤地斯瓦爾一樣。

11 《路加福音》22：50-51：「內中有一個人，把大祭司的僕人砍了一刀，削掉了他的右耳。耶穌說，到了這個地步，由他們罷。就摸那人的耳朵把他治好了。」

12 《馬太福音》7：6：「不要把聖物給狗，也不要把你們的珍珠丟在豬前，恐怕他踐踏了珍珠，轉過來咬你們。」

13 Disciples的梵文字根是「服侍」的意思。

14 有一次上師在喀什米爾示疾，那時我不在。參考第二十三章。

15 一位有勇氣的醫師查爾斯．羅勃．李奇特（Charles Robert Richet），得過諾貝爾生理學獎，他說：「形上學，一般不被承認是一門科學，但是將來會是……在愛丁堡，我在一百位生理學家面前證實我們五官的世界並非全部的知識，片斷的真理有時候用其他方式進入我們的頭腦……不常發生的事實，不能就說它不存在。因為研究的困難，就有理由不去了解它嗎？……說形上學是玄學的人，如同那些貶低化學的人，都應該羞愧；他們認為化學只是用在尋找不存在的寶石。拉瓦錫（Lavoisier）、克勞德．柏納（Claude Bernard）和巴斯德（Pasteur）三人不理會世俗的觀念，照著原則做，其實他們的方法到處可見，就是一直不斷地實驗的科學方法。向新科學致敬吧，它將會動搖人類思想的根基。」

16 三摩地：超意識的境界，個人的心靈與無限的精神完美的結合在一起。

17 「我們的意識和下意識都包容在超意識裡。」以色列的拉比里文森（H. Levinthal）在紐約一次演說中指出：「許多年前，英國心理學家邁爾（F. W. H. Myers）建議：『藏在我們深處的是垃圾堆和寶藏屋。』所有心理學的研究集中在人的下意識，超意識的新心理學集中注意在寶藏屋——這個區域可以解釋人的偉大的、無私的、英雄的行為。」

18 智慧（*jnana*）和奉獻（*bhakti*）是通往上帝主要的兩條路徑。

19 「人類在清醒的時候，盡一切努力經驗感官的快樂，五官疲倦了，他忘掉現前的逸樂，就去睡覺，為要在靈魂，他自己的本性裡享受安息。」偉大的吠陀學者商羯羅說：「超越感官的喜悅，非常易得，無比高尚；一般感官享受結束之後，總令人作嘔。」

20 《馬可福音》2：27。

21 奧義書或《吠陀哲學》（意為「吠陀經的結尾」），出現在吠陀經典中的某些部分，是基本的總結。奧義書包含了印度宗教教義的基礎。叔本華（Schopenhauer）稱頌道：「奧義書處處透露出吠陀神聖的精神！每個熟悉那本無可比擬的書的人，心靈深處是多麼激動！從每一個句子中升起了深切、原始、崇高的思想，整本書彌漫著高尚、神聖及誠摯的精神。……經由奧義書進入吠陀，在我的眼裡可說是本世紀最偉大的恩典。」

22 商羯羅解奧義書獨到，無人能出其右。

23 《箴言》16：32。

第13章 不眠的聖人

「請允許我上喜瑪拉雅山。我希望單獨跟神溝通。」

實際上，我曾經對上師講過這些沒良心的話。突如其來的迷惑會困住尋道者的心，我愈來愈不想做靈修中心的工作，也不想繼續學業。幸好我提出這種想法時，我只跟著聖尤地斯瓦爾學習六個月，還沒有完全了解他的偉大，所以情有可原。

「許多一輩子住在喜瑪拉雅山上的人，也沒有看過上帝，」我的咕嚕回答得很慢，但很簡單，「最好從證悟者身上尋找智慧，勝過靜止不動的山。」

當時我沒有領悟到，上師已經明示我的老師就是他，不是一座山。我再次祈請，但是聖尤地斯瓦爾沒有回答，我以為他默許；當然是我瞎猜，只為了自己便宜行事。

當晚我在加爾各答家中準備行裝。我把東西打包好，憶起幾年前，我也是把類似一包家當偷偷從閣樓的窗戶丟到外面，這讓我懷疑是不是自己又做錯了。我第一次那麼有靈性；今晚，良心譴責我有離開我的咕嚕的念頭。

翌晨，我去找畢哈利經師，他任教於蘇格蘭基督書院，是我的梵文老師：「您跟我提到過，您認識一位拿希里．瑪哈賽的弟子，請給我他的地址。」

「你是指羅姆．高帕．穆尊達（Ram Gopal Muzumdar）吧？我叫他『不眠的聖人』。他都是在意識喜悅的狀態，他家在蘭巴普（Ranbajpur），靠近塔拉瓦（Tarakeswar）。」

我謝過我的經師，即刻搭火車到塔拉瓦。我希望得到「不眠的聖人」的允許，讓我在喜瑪拉雅山獨居潛修。經師告訴我，羅姆．高帕在孟加拉一個僻靜山洞裡潛修克利亞瑜伽多年，已經證悟。

我到塔拉瓦，去參觀了一座非常著名的聖廟，印度人很重視這座廟，一如天主教徒景仰法國路和德（Lourdes）聖地。這裡發生過很多療癒的奇蹟，我們親戚中就有人經歷過。

「我在廟裡坐了一星期。」我的嬸嬸告訴我：「我做全斷食禱告，希望你的叔叔沙拉達的痼疾趕快好起來，第七天，我發現手中握著藥草。我把葉子拿來，煮給你叔叔喝，他的病馬上就好了，不再復發。」

我進到塔拉瓦聖殿，祭壇上只有一塊圓石。它的外形無始亦無終，象徵著無限。在印度，連卑賤的村夫都了解宇宙形上之學，有時西方人會批評這些人的生活，玄之又玄。

此刻我無心於此，無意拜倒石前。我認為上帝只有往靈魂裡尋找。

我沒有屈膝跪拜，就離開聖廟，輕快地往蘭巴普村去。我不確定是那條路，我問一個路人，他想了好久才說：

「走到十字路口，再向右轉，一直走。」最後他彷彿得到上帝指示似的告訴我。

照著指示的方向，我沿著渠道走，夜色降臨，螢火蟲閃爍，豺狼嚎叫，村子外緣的叢林活了起來。只是月色太暗，看不清路，摸黑走了兩個鐘頭，高興地聽到牛鈴聲。我叫了好幾聲，有個農夫回應。

「我在找羅姆·高帕老先生。」

「我們村子裡沒有這個人。」這個人說得斬釘截鐵，「你不要亂講話，你想打聽什麼。」

他看我探頭探腦的，不知道是不是政府派來的人，我誠懇解釋自己的困境，解除他的防備心，最後他帶我回家，還款待我一番。

「蘭巴普離這兒很遠。」他說：「在十字路口時，你就應該左轉，不是右轉。」

我傷心地回想，早先指路的人肯定不懷好意。所幸晚餐甚為豐盛。糙米、扁豆、菜汁和咖哩馬鈴薯，還有香蕉。吃完飯，我就在與大雜院毗連的小茅屋睡覺。遠處村民高聲讚頌天神，伴著手鼓[1]和鐃鈸。晚上睡不著，睡眠也不重要了，我祈求神引領我去見與世隔離的瑜伽行者羅姆·高帕。

天剛亮，當第一道曙光穿進我的茅屋，我就動身往蘭巴普。越過崎嶇的田野，沉重的步伐踏在荊棘殘枝上，繞過乾燥土堆。偶爾碰到的農人告訴我：「沒有錯，只剩三公里路了。」只是都走了六個鐘頭，太陽早從地平面升到頭頂，但是我總覺得，怎麼走，似乎離蘭巴普都還有三公里。

下午三時左右，我還是被田野包圍，熱氣從空而降，整個人幾近癱瘓。我看見一人悠哉悠哉，信步而來。我不敢開口問路，免得得到的回答又是「只剩下三公里」。

陌生人在我身旁停下腳步，身材瘦小，除了一雙可以看透人的眼睛，其他並不引人注目。

「我正要離開蘭巴普，但是你的出發點是好的，所以我願意等你。」他指著我吃驚的臉說：「你自以為聰明，不動聲色來找我，就能找到我嗎？畢哈利教授沒有權利告訴你地址。」

在大師面前，自我介紹似乎多餘，我啞口無言，受到這種待遇，實在有點受傷。他突然又問了一個問題。

「你說，你認為上帝在那裡？」

「祂在我心裡面，祂無所不在。」我深信不疑，這回答應該沒有錯吧？

「無所不在？」聖人竊笑道：「那麼為什麼，年輕人，昨天在塔拉瓦廟，你怎麼沒有對著象徵無限的石頭朝拜呢？[2]你因為驕傲受到處罰：一個左右不分的過客帶錯路，今天也是，讓你整個早上都不好受。」

我完全同意，真是奇妙。全能的神在我面前，藏在那不起眼的身體裡，治療的大能從瑜伽行者的身上發散，雖然身處一片炙熱的田野，但我馬上感到一陣清涼。

「皈依者認為自己的方式，是唯一解脫之路。」他說：「以瑜伽鍛鍊內在心性，無疑是最高明之路，這是拿希里．瑪哈賽告訴我們的。但是，一旦發現神在我們裡面，很快地我們也發現祂在外面，在塔拉瓦的聖殿，也在其他聖殿，都是靈性力量的中心，值得我們朝拜。」

聖人不再批評我，兩眼充滿慈祥，輕拍我的雙肩。

「年輕的瑜伽行者，我看到你逃離你的上師。他有你所需要的一切，你應該回到他那裡去。」

他又說：「群山不是你的咕嚕。」聖尤地斯瓦爾在兩天前才講過這句話。

「上師不受宇宙束縛，他們不一定都在山上。」我的這位朋友戲謔地看我一眼：「印度和西藏的喜瑪拉雅山不是聖人的地盤，一個人不往內在尋求，只顧四處漂泊，怎麼會發現真理。只要誠心，就算是世界的盡頭，他的咕嚕亦會出現。」

我默默同意，想起我在貝拿勒斯的禱告，馬上在一條巷子內就碰到聖尤地斯瓦爾。

「你有沒有可以關門獨處的小房間？」

「有。」我在想，這位聖人怎麼那麼快話題就轉到我身上。

「那小房間就是你的巖洞，就是你的聖山，你會在那裡找到神的國度。」我這一生不會忘記這位瑜伽行者的靈視，如此啟發人心。

他簡單的話語，道破長久以來，我對喜瑪拉雅山的執著。在炙熱的田野間，我赫然醒悟修行不必局限於群山和白雲間。

「年輕人，我聽得到你對上帝的渴望，我感覺到你的愛很強烈。」羅姆．高帕拉著我的手，帶我進到林間一個小房子。這間磚造的小屋上，覆蓋著椰子葉，充滿濃厚的鄉村氣息。

聖人讓我坐在他小屋外有竹蔭的平台上。他給我一杯甜檸檬汁和一塊餅乾，用過之後，我們進到內院，蓮花坐入定四個鐘頭。睜開雙眼，看到月色映照下的瑜伽行者仍寂然不動。當我嚴厲提醒我的肚子，要記住人不是單靠食物活著的時候，羅姆．高帕從座位起身。

「我看你餓壞了。」他說：「食物很快就預備好。」

他在內院的一只土鍋底下生火。米飯和扁豆濃湯很快就好了，盛在大芭蕉葉上供我享用。主人很有禮貌，婉拒我的幫忙。「客人是上帝。」自古以來，印度人就衷心遵守這句俗諺。後來我旅遊到世界各地，也看到很多國家住在鄉下地方的百姓，他們也是這樣對待訪客。城市人因為生面孔太多，這種熱情款待，便不常見了。

我蹲坐在叢林小屋裡，這裡與世隔絕。小屋散發著柔美的光。羅姆・高帕準備幾條舊毯子給我鋪床，他自己坐在草蓆上。他的靈性有一股磁力籠罩著我，我冒昧地請求：「大師，可以讓我進入三摩地嗎？」

「小兄弟，我很願意，但這不是由我來做。」聖人低頭看著我，「不久之後你的上師就會賜予你那種經驗。你的身體還沒有調整好。就像一顆小燈泡，無法承受過高的電壓；你的神經還沒準備好適應宇宙能量的流動。如果我現在就給予你永恆的喜悅，每個細胞都像是著火一般，你會被焚毀。」

「你從我這兒要求了悟。」瑜伽行者深思道，「我十分渺小，禪定經驗有限，如果我能讓上帝歡喜，我想也就是這些了；我死後不知在上帝的眼中，會有什麼評價呢？」

「大師，您不是專心尋求上帝很久了？」

「沒有那麼久。畢哈利必定告訴你些我的事情，我在一個祕密巖穴裡修煉了二十年，每天禪定十八個鐘頭；然後我又移居到與世隔絕的洞穴，一待就是二十五年，每天練習瑜伽二十個小時。因為我都是跟上帝在一起，我不需要睡眠，普通一般的下意識狀況不是完全的寧靜，而在超意識裡，我的身體得到完全的休息。」

「睡覺的時候肌肉是放鬆的，但是心臟、肺和循環系統仍在工作，沒有休息。在超意識的狀態下，內在的器官暫停活動，由宇宙的能量充電。因此，我長年不需要睡眠。」他又說：「時候到了，你也會捨棄睡眠。」

「天啊！您已經禪定那麼久，還不能確定上帝的恩寵。」我訝異地說：「何況我們這些可憐的凡夫俗子。」

「喔！我親愛的孩子，難道你不明白上帝就是永恆嗎？認為一個人打坐四十五年，就可以完全認識上帝，這是荒謬的期待。不過巴巴吉（Babaji）保證，只要多少禪定，就不會恐懼死亡或死後。不要把你靈性的理想固定在一座山上，如果你努力的話，你會找到的。」

我聽了非常期待，請瑜伽行者跟我說更多發人深省的話語。他告訴我第一次碰到拿希里・瑪哈賽的咕嚕巴巴吉[3]的奇妙故事。午夜時分，羅姆・高帕不說話了，我躺在毯子上。閉上眼睛看到閃電，無垠太空在我體內散發著榮光。我睜開眼睛，還是看到同樣炫目的亮光，我內在看見整個房間，成為無限穹蒼的一部分。

瑜伽行者說：「怎麼還不睡？」

「大師，不管我的眼睛是閉著或睜開的，我周圍都是耀眼的強光，怎麼入睡？」

「上帝賜福你有這樣的經驗，靈光的閃耀是不易見到的。」聖人慈愛地說了幾句。

黎明時分，羅姆・高帕給我幾塊糖餅，催我上路。我極不情願跟他說再會，淚流滿面。

「我不會讓你空手而回。」瑜伽行者溫柔地說：「我會幫你的。」

他微笑著，目不轉睛地看著我，我動彈不得，一股寧靜的洪流湧入眼簾。我的背有些老毛病，近年來偶爾發作，就在那當下背痛也痊癒了。

沐浴在神性喜悅的大洋裡，煥然一新的我不再流淚。觸摸羅姆．高帕的腳之後，我信步走進叢林裡。在這盤根錯節的熱帶叢林中走出一條路來，抵達塔拉瓦。

我回到塔拉瓦這間有名的聖廟，這次毫不猶豫地全身匍匐在神龕前。圓石在我內在，慢慢擴大到整個宇宙，一個圓包著一個圓，一圈又一圈無限延伸，都是神聖的恩賜。

一個小時之後，我高高興興地回到加爾各答。我終於抵達了旅程的終點，不是雄偉高貴的群山，而是回到我上師這座「喜瑪拉雅山」面前。

1 手鼓（*mridangas*）是伴奏聖樂專用的樂器。

2 在《群魔》（*The Possessed*）一書中，杜思妥也夫斯基寫道：「一個不低頭的人，也無法承受自己的重擔。」

3 參閱第三十三章。

第14章 體驗宇宙意識

「咕嚕，我在這裡。」我的羞愧之情溢於言表。

「我們到廚房弄些東西吃。」聖尤地斯瓦爾的態度稀鬆平常，好像我們只分開幾個小時而已。

「上師，我突然拋下這裡的工作，想必您對我感到憤怒與失望。」

「才不會呢！無法滿足的欲望才會產生憤怒。我對人別無所求，所以他們的行為，不會與我的希望相違背。我更不會利用你來達成自己的目的；你們真正的快樂，才是我的快樂。」

「神的愛，我似懂非懂；但這是我第一次親身體驗到您的慈悲。人世間為人父母的，也很難諒解自己的兒子一聲不響就離開，不顧家裡的事業，我留下許多沒做完的工作，引起諸多不便，但您一點也不動怒。」

我們四目相接，晶瑩的淚水在眼眶裡閃爍。喜悅的洪流朝我奔騰而來，我意識到神就在我的咕嚕的肉身，將我有限的熱情拓展至無邊的宇宙之愛。

我在上師安靜的臥房待了幾個早上。我想禪定，但是力不從心，我的思緒紛飛，猶如在獵人前鳥驚獸散的紛亂。

「慕空達！」聖尤地斯瓦爾的聲音從走道另一端傳來。

我不情願地想著：「上師總是要我禪定，」我自言自語，「他知道我的目的，為什麼還要叫我。」

上師又叫我一次；我故意不應。第三次的聲調有責備之意。

「我知道你在禪定。」我的咕嚕喊道：「你的心受到干擾，如暴風雨中的落葉亂飛！到我這裡來！」

我感到受挫又無法遮掩，只好傷心地走到他身旁。

「可憐的孩子！你在群山裡找不到答案，」上師安撫地說，他的眼神深不可測，「但是你的願望會實現的。」

聖尤地斯瓦爾很少打啞謎，但這次我聽得一頭霧水。他輕拍我心臟的上方。

我的身體像生了根，無法動彈，胸部的氣息像被巨大磁石吸出。我的心智和靈魂瞬間掙脫肉體的束縛，像溪水般從我的每個細胞滲出，肉身彷彿死亡，我強烈地感受到過去從未真的活過。我的感官不再囿於這個肉身，也能感受到周圍的原子。遠方的人在我的外緣輕輕地移動，花草樹木在泥土下的根也隱約可見，我能感受到莖葉內部汁液在流動。

突然間，整個世界在我眼前一覽無遺，平常的視野如今變成廣大球面的視界。我看到頭後方遠處在隆加巷閒逛的人，也注意到一頭白牛慢步走近，當牛走到道場前敞開的門，我看得一清二楚，連牠走到花園磚牆後面，仍然看得很清楚。

所見之景物如夢似幻地像快速轉動的影片，我的身體、上師、庭園、家具、地板、樹木和陽光偶爾會激烈的震動，直到一切溶入五顏六色的海洋，就像把結晶的糖丟入一杯水，攪動後溶解。至上意識的光孕育出萬物，在變化中顯現萬有的因果法則。

喜悅排山倒海而來，襲捲我靈魂平靜的海岸。我明白上帝的心靈是永不止息的幸福，祂的本體就是無數的光。我體內的光向外發射，籠罩了城鎮、大地、地球、太陽系、行星系、稀薄的星雲及飄浮的宇宙。整個宇宙散發柔和光芒，彷彿夜裡看著遠處的城市，在我無限的存在裡散發榮光。球體清晰的邊緣閃爍的光，慢慢在遠方黯淡，然後我看到一道柔美、始終不會熄滅的光。我所見的景象之微妙難以形容，有一大團光組成這片行星的景色。

四射的光芒從「永恆的源頭」傾瀉而出，匯聚成星河，幻化成難以言喻的靈光。我看到創造的光束一次又一次，濃縮成一群又一群的星星，然後分解成一面又一面透明的光海。百千萬億個世界逐漸變成了透明的火光，又變成了天空，如此週而復始，又生出世界。

我明白，太虛的中心就是我直覺感知的所在。燦爛光芒從我的核心散放到宇宙各處。永生不死的喜悅宛如玉液瓊漿，在我周身擴散開來。我聽到上帝創造的聲音「嗡」[1]，感受到宇宙的震動。

突然間，我恢復了呼吸，卻湧上一股難以忍受的失望，我知道我就要失去這剎那無邊無涯的境界，再次回到身體的牢籠，這副難以與精神調適的肉身。此時的我像浪蕩的孩子，逃離大宇宙的家，將自己禁錮於狹窄的小宇宙。

我的咕嚕紋風不動。我跪拜在他的腳下，感激他讓我進入我渴求多年、這個宇宙意識的境界。他沒有擺架子，只是扶我起身，然後靜靜地說：「你不能太沈醉其中。世上還有很多工作等你完成。我們先把走廊掃乾淨，然後到恆河邊散步。」

我拿了掃帚，開始打掃。我知道上師在教導我生活平衡的奧祕：肉身行其日常的職務時，靈魂要延伸到宇宙深處。稍後我跟聖尤地斯瓦爾到河邊散步時，我仍陶醉在難以言喻的喜悅裡。我看到我們的身體是兩個靈體，沿著河岸的小路前進，而靈體的本質就只是光。

「宇宙的每一種形體與力量，都倚靠著上帝的精神存在，而祂又超然於塵世，遠離震動的現象界，處於極樂的渾沌[2]。」上師解釋道：「在人世間了悟的聖人，都知道生活也有類似的兩種面向：在世上認真踏實地工作，同時又沉浸於內在的喜悅裡。上帝無限喜悅，創造人類，縱使人受肉身的桎梏，不過上帝仍希望，遵照祂的形像所創造的人，終將超越一切感官，與神合一。」

這次所見到的宇宙教導我許多事，我銘記在心。每天都讓起伏的思緒平靜下來，我克服妄想，深知這個肉身，只是物質機制而成的血肉之軀；我明白呼吸和不安定的心宛如暴風雨，拍打著光的海洋，形成地球、天空、人類、動物、花鳥、樹木等層層物質的波浪。要平息這些風浪，才能見到無限散發出來的「光」。我一旦平定了這兩種自然的騷動之後，常看到創造的重重波光融入光輝的海洋，如風雨褪去，波浪與海洋寧靜地合而為一。

當弟子練習禪定到某個境界，心靈更有力量、能夠承受浩瀚的景象時，上師就會賜弟子宇宙意識的神聖體驗，弟子光是以理智產生的意願或抱持著開放的心態，都是不足夠的；弟子必須練習瑜伽，保持心靈的虔敬，才能充分的擴張心智，準備接受「無所不在」的衝擊。誠摯的皈依者一定會獲得靈性的體驗，因為他強烈的渴望以不可抗拒的力量把自己拉向上帝；而上帝是宇宙的現象世界，被尋道者的熱切的渴求吸入意識之中。

幾年後，我寫了一首詩紀念三摩地的榮光：

光與影的面紗褪去，
悲傷消散無痕。
喜悅油然而生，
黯淡感覺消逝。
愛、憎、健康、疾病、生死
摧毀二元對立布幕上的虛假陰影。
笑聲的浪潮、嘲諷的礁岩、憂鬱的漩渦
溶化於喜樂之洋。
揮動直觀的法杖
讓幻境的風暴止息。
宇宙萬物、遺忘的夢想潛伏下意識裡，
準備侵入我新近喚醒的神聖記憶。
我生活中不再有宇宙陰影，
但於我無損，
就像海洋的存在平靜無波，

但波浪沒有海洋就不能呼吸。
夢中、清醒的時刻、熟睡間，
我不再有過去、現在、未來，
永遠存在、滿溢的我，我，無所不在。
行星、衛星、星辰、地球，
末日地殼劇變，
創造的熔爐啟動，
X光默照冰河，電子的巨流，
所有人類過去心、現在心、未來心，
草、我、人，
宇宙的每一粒塵埃，
憤怒、貪婪、善惡、救贖、欲念
我吞噬，轉換一切
進入自性的汪洋！
禪定帶來喜悅，
眼淚奪眶，
匯成不朽的幸福火燄，

燒乾淚水、形象、我的一切。
祢是我，我是祢，
知、知者、受知者合一；
靜謐、不斷的平靜、永生而常新的和平！
超乎期待的喜悅，三摩地的祝福！
不是無意識，
也不是心麻醉了不願回轉，
三摩地延伸意識的領域。
超越形體的限制，
以至遙不可及的邊緣。
在那裡，我、宇宙之洋，
看著小小的我執飄浮在真我的大海中。
麻雀，每粒沙，逃不過我的視線。
所有的空間宛如冰山漂浮在我心靈之海。
我是巨大無比的容器，容納一切。
由更深入、長久、渴求的，由咕嚕賜予的禪定
來到這天國的三摩地。

我聽見原子的喃喃，
黑色的泥土、群山、溪谷，瞧！溶化的液體！
流動海洋蒸騰了星雲！
「唵」在雲霧爆開，揭開神祕面紗，
大海出來了，耀人眼目的電子，
直到，宇宙傳來最後的鼓聲。
鈍光消失
變成無處不在、永恆的幸福光芒。
我由喜悅來，我為喜悅而活，我沉浸在神聖的喜悅裡，
心靈的海洋，我啜飲創造的波浪，
固體、液體、氣體、光的幃幕，直直升起。
我、一切事物，進入了「大我」之中。
人類記憶的暗影閃爍，如今永遠離我而去！
心靈的天空毫無瑕疵，在我的上下、四方
永恆與我化為一道光。
化作笑聲的小泡泡——我
成為喜悅之海。

聖尤地斯瓦爾教我如何隨心所欲達到三摩地，並教導我在他人的直覺通道發展成熟之後，把這種經驗傳給別人。

第一次在我進入天人合一的喜悅之後，幾個月來，日復一日，我漸漸了解為什麼《薄伽梵歌》說上帝是最令人愛慕的（*rasa*）。不過有一天早上，我問上師一個問題：「上師，我想知道什麼時候我才能找到上帝？」

「你已經找到祂了。」

「喔！我不認為。」

上師微笑道：「你該不會以為上帝是人，處在宇宙中某個無菌的地方，端坐在精雕細琢的大寶座上吧！你以為有神通的人，就可以發現上帝，但是並非如此！一個人可以獲得控制整個宇宙的能力，仍然無法捉摸到上帝。靈性的進步不是從外在的力量來判斷的，端看禪定中達到喜悅的深度。

「歷久彌新的喜悅就是神。祂永不枯竭；經年累月的靈修，會讓人得到無限的創造力。像你這種誠心尋找上帝的人，不會用祂換取別的快樂。祂是如此的迷人，勝過一切。

「世上的逸樂瞬間即逝，對物質的欲望永無止盡，人永遠不會滿足，讓我們逃離內在的樂園，只能不斷追逐一個又一個的目標；人真正要追尋的，是上帝，只有祂才能給予永遠的快樂。

「外在的追求將我們逐出伊甸園，帶來的是虛幻的快樂。經由禪定即可重回失樂園。上帝永恆常新，我們不會厭倦祂。我們會因永恆的喜悅，而覺得生命太過豐盛嗎？」

「現在我知道了，為什麼聖人說上帝深不可測，甚至永生都不足以估量。」

「沒錯，而祂又是最親近我們的。用克利亞瑜伽驅除感官的障礙，在禪定中看見上帝的兩個面向，一是祂的存在永遠都是喜悅，充滿我們每一個細胞；祂又指引我們，適切地回應我們的困難。」

「咕嚕，我明白了。您解決了我的問題。」我好感激上師，「現在我確信我尋找到上帝了，禪定中所得到的喜悅，也會在我行動時，不知不覺地充滿我，神在恰當的時刻降臨在所有事物上，甚至很小的地方也有上帝的存在，默默地引領我走正確的路。」

「在我們與上帝的意志溝通以前，我們的生活充滿憂愁煩惱，神的『正確的路』常與『我執』的智力競爭。上帝的勸導不會錯，除了祂，還會有誰來承擔宇宙的重擔？」

1 《創世紀》1：1：「太初有道，道與上帝同在，道就是上帝。」

2 《約翰福音》5：22：「父不審判什麼人，乃將審判的事全交與子。」《約翰福音》1：18：「從來沒有人看見神，只有在父懷裡的獨生子將祂表明出來。」約翰福章14：12：「我所作的事，信我的人也要作，並且要作比這更大的事，因為我往父那裡去。」《約翰福音》14：26：「但保惠師，就是父因我的名所要差來的聖靈，祂要將一切的事，指教你們，並且要叫你們想起我對你們所說的一切話。」

這些聖經的話提到了上帝聖父、聖子、聖靈三位一體的本質，也是印度經典中的薩（*Sat*）、塔（*Tat*）、唵（*Aum*）。上帝，聖父是絕對的，不顯現的，存在於震動的萬物之上。上帝，聖子是基督的意識，即「梵天」（Brahma）或「意識能量」（*Kutastha Chaitanya*），存在於震動的萬物內；基督意識，是永恆無限「唯一的兒子」或唯一的反射。它外在的表現或「見證」是「唵」或是聖靈，那天國的或創造的無形力量，經由震動建造了世間萬物。在入定時可聽到「唵」極樂的聖靈，向虔信者揭露至終的真理。

第15章 花椰菜大盜

「上師，我要把這禮物送給您。這六棵巨大的花椰菜是我親手栽種的，我天天看著它們長大，猶如母親無微不至的照顧。」我把花椰菜呈給上師。

「謝謝！」聖尤地斯瓦爾笑道：「請把花椰菜放在你房間，明天晚餐我會煮一道特別的料理。」我剛到普里[1]，跟我的咕嚕在他海邊的別墅過暑假。這棟兩層樓的別墅面對孟加拉灣，是上師和弟子一起搭建的。

隔天，我特別早起，鹹鹹的海風和舒適的環境，令人神清氣爽。我聽到咕嚕如歌般呼喚，我看一眼花椰菜，整整齊齊地放在我的床下。

「來，我們去海邊。」上師帶路，我和十幾個年輕弟子三五成群地跟著。我們的咕嚕微有慍意，出言斥責。

「西方人走路隊伍都排得很整齊。現在，大家請排成兩排，步伐一致。」上師聖尤地斯瓦爾看著我們，他唱道：「男孩向前走！」

我真敬佩上師步伐輕鬆，完全不輸年輕人。

「停！」我的咕嚕在找我，「你有把道場的後門鎖好嗎？」

「我想我鎖了吧？」

聖尤地斯瓦爾不說話，過了幾分鐘，他才抿嘴笑道：「沒有，你忘記了。」最後他說：「不能因為禪定而輕忽俗務；你忘了鎖門，該受點懲罰。」

上師說：「你的六棵花椰菜很快就只剩五棵了。」我以為他在說笑。

上師要我們往回走，走到快接近道場的地方。

「大家休息一下！慕空達，你看左邊廣場，有一個人會從另一頭走過來，那就是懲罰你的人。」

我聽得一頭霧水，故作鎮定。沒過多久，路上來了個農夫，手舞足蹈的，動作誇張，手臂不知道在揮什麼。眼前的奇景讓我看得發愣，等他消失在我們的視線前，聖尤地斯瓦爾才說：「就是現在，他回頭了。」

農夫突然改變方向，穿過小徑，走進道場的後門；正如咕嚕所說的，我忘了鎖後門。這個人不久又現身了，手裡還抱著一棵花椰菜，他因為拿到這花椰菜看起來很得意，昂首闊步走出道場。

這是一場鬧劇，看來我扮演受害人的角色，我想去捉賊，才走幾步，上師卻把我叫回去，我回頭一看，上師早就笑到不能自已。

「這個可憐人，一直想吃花椰菜。」他一邊壓住笑意，一邊解釋，「所以他只拿了你一棵菜，算是好心，誰教你沒有好好把門鎖上！」

我趕回房間一看，毯子上的金戒指、手錶、錢都還在原位，但我把花椰菜的籃子放在不好找的

我上師在普里的濱海道場

訪客源源不斷湧入這寧靜的道場。有些有學問的人來訪，希望遇見宗教人士。新來的人有時會想聽些老生常談，上師都一笑置之。但訪客來了就不想離開，因為他們發現上師對他們專精的領域有很深入的觀察。我的咕嚕身旁總是有年輕的信徒，他細心指導年輕人的思想、過有紀律的生活，弟子（disciple）這個字的字根跟紀律（discipline）一樣。

地方，他得爬到床底下才找得到，想必這位小偷一心一意要找花椰菜，不願空手而回。

當晚我請聖尤地斯瓦爾跟我解釋這次事件的因果，因為我還是不太理解。

我的咕嚕只是搖著頭，緩緩地說：「時候到了，你就會懂，科學很快就會發現這些隱藏在事物背後的法則。」

幾年之後，收音機問世，震撼人心，我想起上師當時說的話。收音機的發明鏟除了過去的時空觀念，如今，不論你身在何處，倫敦或加爾各答的聲音都能傳到你的耳裡。最笨的腦袋瓜都知道，人的聲音可以無孔不入，這一點毋庸置疑。

這齣「花椰菜的鬧劇」，可依照收音機原理來解釋。我的咕嚕就像一架完美的收音機。意念是虛空之中最細微的震動。就像我們收聽各地播放的音樂節目一樣，聖尤地斯瓦爾敏銳察覺其他人釋放出的種種念頭。因此，在我們去海灘的路上，上師從千千萬萬、來自四面八方的念頭中，接收到一個農夫單純的要求，於是成全他的心願。聖尤地斯瓦爾早就看到這個人，後來弟子才看到他在馬路上蹦蹦跳跳的。[2]聖尤地斯瓦爾用意志力當作訊息的發射台，他引導農夫的腳步，轉向道場的某個小房間，讓他拿了一棵花椰菜。

心靈瞬間的平靜自然就有直覺[3]，直覺是靈魂的標竿。幾乎每個人都有這樣的經驗，對某些事情有準確的「預感」，或把自己的意念正確無誤地傳達給別人。

人類的心靈在不受干擾的狀況下，就跟收音機一樣，可以發揮各種複雜的功能，例如接收或釋放意念，或過濾不想要的念頭。收音機的作用取決於可運用的電流強度，而「心靈收音機」乃取決於每個人意志力的強度。

所有的心思意念，永遠都在宇宙中震動。上師進入深沉禪定，就能感測所有（不論在世或已死的）人的念頭。意念根植在宇宙，不在個人；人不能創造真理，只能了悟真理。判斷上的缺陷產生錯誤的念頭。瑜伽的目的是安定心靈，只要心靈不受扭曲，就能映照出宇宙的聖境。

收音機、電視機把即時的聲音和影像，傳給遠方的千百萬人。這是科學發明第一次以隱晦的方式宣告：人是無所不在的靈魂。雖然「自我」用最粗暴的方法，企圖把身體禁錮在某個時間點上，但是人仍不受拘束，因為人非空有肉身，人是無所不在的靈魂。

諾貝爾生理學獎得主李奇特（Charles Robert Richet）曾說：「在上個世紀裡，非常奇怪、奧妙，不可能卻又發生的現象層出不窮，讓人吃驚不已，現在科學的發現更新奇，我們也見怪不怪了。我們能坦然地接受眼前的現象，是因為我們已經了解現象的原理；但是這種說法並不完全正確；我們不再感到驚奇，不是出於了解，是因為熟悉。不了解才會覺得驚奇，照理來說，我們應該要對每樣事情都覺得驚奇才對。像是把石頭往上拋，又會掉下來，或種子長成樹，水銀遇熱後膨脹，磁石吸鐵，磷摩擦會生火……今日，科學界不足為奇；科學未來將經歷的改革與創新，千百年後，科學發展會遠遠超出我們大腦的想像。人會發現，現在我們周圍的一切真理都讓人驚訝，感到不可思議；這些真理就擺在我們眼前，我們卻視而不見；但是光說視而不見，仍不足以解釋，應該是說，我們還不想看見。因為一旦出現不可預料或陌生的事物，我們就會想要用原有知識的框架去套用、加以解釋。」

發生花椰菜事件後幾天，又發生了一件好笑的事。我們一直找不到煤油燈。我因為最近見識上師無遠弗屆的法眼，以為他會稍微施展雕蟲小技，幫我們找出那盞燈。

上師看穿我的心思後，故作嚴厲地問道場的每一位住宿生，有一位年輕的弟子承認他到後院井邊時用過油燈。

上師嚴肅地說：「到井旁找一找。」

我趕緊跑到那裡，竟然沒有找到燈！我垂頭喪氣回到上師處，只見上師笑個不停，我則是難掩失望。

「我沒辦法幫你找到消失的油燈，我又不是算命先生。」他眨眨眼說：「我連福爾摩斯都不如。」

我這才明白上師決不會為了無聊的小事展示神通。

我們就這樣愉快度過了幾週。聖尤地斯瓦爾安排我們遊街，由我領著其他弟子走過鎮上、海邊。遊街的日子剛好在夏季最熱的那天。

「咕嚕，這批光腳的學生要怎麼走在滾燙的沙上？」我絕望地問。

「我告訴你一個祕密。」上師說：「上主會派一片雲來替你們遮蔭，你們會走得很舒服。」

於是，我高興地組成了隊伍，從道場出發，帶了一枝僧伽旗[4]，咕嚕還讓僧伽旗上畫了隻眼睛[5]，表示不受空間侷限，以直覺觀看這個世界。

我們離開道場沒多久後，好像有人施了法術，頓時天空烏雲密佈。大伙兒一見天氣轉陰，個個難忍興奮，開心上路，天空開始飄雨，讓街道跟發燙的海邊頓生清涼。細雨飄了整整兩個鐘頭，就在隊伍回到道場時，天空立刻放晴。

「你現在明白上帝多麼疼愛我們。」我向上師表達感激之意後，上師說：「上主回應每一個人，為每一個人工作。如同祂聽到我的祈求而賜雨，祂會讓每一位虔誠的皈依者如願以償。人不明白上帝傾聽每一個祈求，祂不是只聽某些人的，只要你懷著信心到祂面前祈求，祂都傾聽。祂的孩子應該永遠深信不疑，相信慈愛的父親無所不在[6]。」

聖尤地斯瓦爾在每年的春分、夏至、秋分、冬至都會主持慶典，屆時無論弟子身在何方，都會趕來出席。冬至慶典在塞蘭坡舉行，這是我第一次參加慶典，給我一份永恆的祝福。

慶典在早上開始，我們會赤足遊街，一百個學生高唱讚美詩歌，也有音樂家吹笛子，敲鑼打鼓。熱心的鎮民在街頭巷尾散滿花，虔誠讚美主的名。遊行的隊伍很長，最後一站是道場的庭院。我們環繞著咕嚕，在樓上陽台上的學生向我們撒著一朵又一朵的金盞菊。

許多賓客到樓上吃牛奶布丁和橘子。我繞過人群，幫忙今天負責在廚房工作的師兄們。因為要準備食物給會眾，我們在廚房外面用磚塊臨時搭爐，架了大鍋，木柴燃燒散發出嗆鼻的濃煙，但是我們工作愉快。在印度，我們不會把準備宗教慶典當做麻煩，每一個信徒都快樂地分擔工作，有錢的出錢，有力的出力，也有人提供稻米、蔬果等食材。

不久，上師也蒞臨，指示我們注意宴會中的細節；他忙裡忙外的，像是精力旺盛的年輕學生。

另外一群人正在二樓頌唱，有風琴和印度手鼓伴奏。聖尤地斯瓦爾在廚房忙，一邊欣賞著，他擁有絕對的音感。

「他們走音了！」上師離開廚房，上樓加入樂隊。半晌又傳來樂音，這一次曲調對了。

音樂、繪畫和戲劇在印度是神聖的藝術。「梵天、毗濕奴、濕婆」是永恆的三位一體，祂們是第一批音樂家。濕婆是神聖的舞者，在經典中，宇宙在永恆韻律中，經過成、住、壞三個過程而形成；形成的過程中，梵天和毗濕奴打拍子：梵天一邊搖著鐃鈸，毗濕奴一邊打鼓。克里虛那是毗濕奴的道成肉身，印度的繪畫裡，克里虛那吹著令人進入狂喜的笛子，讓人類的靈魂脫離幻境，憶起真正的家。娑羅室伐底是智慧女神，演奏絃樂器之母「維拉琴」作為象徵。《娑摩吠陀》（*The Sama Veda*）記載世界最早的音樂。

印度音樂的基石是拉格（*ragas*），即固定音階。基本的六音階變化成一二六種拉格尼（*raginis*，妻妾）和普查（*putras*，兒子）。每一音階最少有五種音：一個主音（vadi，國王）、一個次音（*samavadi*，總理）、數個輔助音（*anuvadi*，侍者）和一個不調和音（*vivadi*，敵人）。

這六個基本的六音階與年、月、日特定時辰相呼應，並且有一位主神，掌管特殊的力量。因此，只有在春季的黎明，才會聽到印多拉格（*Hindole Raga*），喚起博愛心；在夏夜彈奏的底帕卡拉格（*Deepaka Raga*）可以喚起慈悲心；雨季白晝所彈的旋律是梅哈拉格（*Magha Raga*），聽了讓人鼓起勇氣；八月、九月、十月早晨彈奏的拜羅維拉格（*Bhairava Raga*）使人平靜；斯利拉格（*Sri Raga*）則留到秋日的晨光中，彈奏出純潔的愛；冬季的午夜可以聽到瑪昆沙拉格（*Malkounsa Raga*），聽了讓人剛強，不懼艱難。

古聖先賢發現音律與自然和人類的聲音有共通性。因為「唵」就是宇宙最基本的聲音、震動，也代表自然界的聲音。人類利用咒音[7]可以控制自然現象。歷史文獻記載，十六世紀阿卡巴（Akbar）大帝的宮廷樂師米揚．騰深（Miyan Tan Sen）擁有這樣的超能力。國王命他在正午時分，唱一首晚上的拉格，騰深唱出咒音，整座皇宮隨即被黑暗所籠罩。

印度音樂把八度音階分成二十二個微音程（*srutis*），就是微分音。這些微分音符相較於西方音樂中的十二個半音音程，更能表達細微的音色變化。在印度神話中，八度音階的七個基本音，每一個音都有相對應的顏色和鳥獸的叫聲：Do是綠，孔雀；Re紅，雲雀；Mi金，山羊；Fa米白，蒼鷺；Sol黑，夜鶯；La黃，馬；Si是調和各種顏色所成之色相，指大象。

東方音樂只用三種音階：主調、小和弦、小調；而印度音樂有七十二撒他（*thatas*），即音階。音樂家在傳統固定的旋律或音階中，即興演奏、盡情揮灑，展現無盡的創造力。印度音樂家不讀譜，每一次演奏都在原有基本音階架構上轉換，常常巧妙地運用微音程或變奏來加強樂曲的表現。在西方作曲家中，巴哈最了解變奏曲的魔力，有一百多種表達方式，各有微妙的不同。

梵文描述一百二十種塔拉（*talas*），即節拍。據說印度傳統音樂之父巴那德（Bharata）從一隻雲雀的歌聲中，辨識出三十二種節拍。人體的動作產生出最早的韻律：走路是兩拍；睡覺時，吸氣是吐氣的兩倍長，呼吸是三拍。印度人很早就知道「人」是最完美的樂器。因此，印度音樂大多依照人聲劃分成三個八度音階，基於相同的理由，強調旋律（音符的排列）甚於合音（同步發聲音符的關係）。

聖賢創造音樂的最終目的，是聽到歌手與宇宙之歌相互交融，喚醒隱藏人類奧祕的脊髓中心。印度音樂很主觀，充滿靈性，也具個人特色，目的不在創造出如交響樂團般的華麗燦爛，而在創造

「個人」與「超我」的協調合一。梵文中「音樂家」(*bhagauathar*)的意思是「以詩歌讚美神的人」。吟誦唱和的桑科爾坦(*sankirtans*)就是一種瑜伽，或是心靈訓練的方式，需要全神貫注在思想和聲音的種子中。因為人類就是「創造之音」的化身，聲音的震動給人的影響既強烈又迅速，讓人憶起內在神性的根。

那天，從二樓聖尤地斯瓦爾的臥室傳來的頌唱，讓在廚房裡忙到冒煙的我們，也一起跟著跟數拍子，一起歡唱。

夕陽西下，我們已經煮好蔬菜咖哩和米布丁，供數百位賓客用膳。我們把棉布鋪在庭院，會眾很快靠過來，大家一起蹲坐在星空下，安靜聆聽聖尤地斯瓦爾的開示。上師強調克利亞瑜伽的重要性，自重的生活、平靜、決心、簡單的食物，以及規律地運動。

然後一組年輕弟子唱詩歌；聚會最後，大家一起吟唱讚美詩歌作結。十點到午夜，留宿的人幫忙清洗碗盤、打掃庭院。咕嚕叫我過去。

「上幾周都在做準備，今天你也很辛苦工作，我很高興。今晚你可以睡我的床。」

我從沒想過這麼幸運的事，竟然會落到我的頭上。我們在極度的靜謐裡默坐。

我們躺下約略十分鐘，上師起身換上衣服。

「上師，發生什麼事？」睡在咕嚕身旁的喜樂頓時消失得無影無蹤。

「有一些弟子沒有趕上火車，很快會回來。我們準備些食物吧！」

「咕嚕啊！沒有人會在半夜一點來的！」

「睡吧！你辛苦一天了，我去煮飯。」聖尤地斯瓦爾語氣很篤定，我跳下床，跟著他跑到隔壁的小廚房，很快煮好飯和扁豆湯。

我的咕嚕愉快地笑著：「今晚你克服疲倦和辛苦工作的恐懼，以後你再也不受這些干擾了。」咕嚕賜給我這種終身受用的祝福後，我聽見庭院傳來腳步聲，我跑下樓看，原來是幾個弟子回來了。

「師兄，」其中一個人語帶歉意，「我們實在不願意在這個時候打擾上師，我們看錯火車時刻表，所以延到明天才能搭車。覺得回去之前，應該再看看我們的咕嚕。」

「他正等著你們，現在在替你們準備吃的。」

廚房裡傳來聖尤地斯瓦爾的聲音，我帶著驚異的弟子到廚房，上師對我眨了眨眼。

「你們聊完了吧！現在你確定客人真的沒有趕上火車了。」半個小時之後我隨著他回到臥室，現在我完全明白，自己是睡在如上帝一般的咕嚕身旁。

1 普里在加爾各答南方四十五公里，是克里虛那信徒眼中的聖城。每年舉行兩次盛大的祭典，一次為斯納那亞特拉（*Snanayatra*），另一次為羅沙亞特拉（*Rathayatra*）。

2 一九三九年，無線電波頻譜儀問世。美聯社報導：「人類本身與其他物質相同，不斷散發光線，這個器具能夠偵測到射線。那些相信心電感應、千里眼及天眼通的人在這項報導中，首次科學地證實了肉眼看不見的射線，的確可由一個人身上傳到另外一個人。這個無線電的裝置，實際上是一台無線電頻率的質譜儀。它與光譜儀顯示組成星球不同種類的原子，同樣的方式用在冷的不發光的物體上……。許多年來，科學家已懷疑到這種源自人類和所有生物輻射線的存在。今天這是他們存在首次的實驗證明。這個發現顯示了：自然界中每一個原子和分子，都是一個連續性的無線廣播電臺……因此即使一個人死後，他所存留下來的物質，會繼續放射出微細的射線。這些射線波長的範圍，短的比任何現今廣播使用的波長還短，長的可一直到最長的無限電波長。這些波長的混亂，是難以想像的。他們數以百萬計。一個單獨的大分子，可同時放射出一百萬種不同的波長。這些波中，波長較長的與無線電波傳送的速度及容易的程度一樣……。我們熟知的射線，例如光波與這種新的無線電波有一項驚人的差異，那就是時間的持久性。從未受到干擾的物質，可以超過數千年之久，持續地放射出這些無線電波來。」

3 人會猶豫要不要用「直覺」這個字，因為希特勒的濫用幾乎毀了這個字。直覺的拉丁字根意為「內在的保護」。梵文字阿格瑪（*agama*）意為直接心靈感知所產生直覺性的知識；因此某些古代先知寫的文章就稱為「阿格瑪」。

4 僧伽旗幟（Sat-Sanga banner），*Sat*指存在，引申為本質、真實；*Sanga*是組織、團體，聖尤地斯瓦爾稱他的道場組織為*Sat-Sanga*，與真理為友之意。

5 《馬太福音》6：22：「眼睛就是身上的燈，你的眼睛若明亮，全身就光明。」在深沉禪定中，可見到眉心中間的單眼。經典上用各種稱呼常提到這無所不視的眼為第三眼、東方之星、內眼、從天降下的鴿子、希瓦之眼、直覺之眼等等。

6 《詩篇》94：9-10：「造耳朵的，難道自己不聽見麼。造眼睛的，難道自己不看見麼。」

7 所有民族的傳說都有用咒音控制自然的故事，像是美國印第安人舉行儀式，呼風喚雨。印度偉大的音樂家騰深能夠以歌聲的力量滅火。一九二六年，加州自然學家凱洛（Charles Kellogg）在紐約消防隊員面前示範了一次聲音對火的影響。「一隻加大的小提琴用的弓，從中快速擦過一隻鋁制音叉，產生如收音機受干擾的雜音，然後一隻玻璃管裡跳躍著六十公分高的黃色氣體火燄，減弱成十五公分高的藍色火燄。再用弓試一次，又傳出一陣嘈雜，火熄了。」

第16章 智取星相

「慕空達怎麼不戴星相臂環呢？」

「可是，上師！我不相信占星術。」

「這不是相信的問題。我們只要問，這是否為真。在牛頓之前，萬有引力早就存在了，他死後還在。如果萬有引力要人類相信後才運作，那麼宇宙就會一團亂了。

「江湖術士把這門學問搞得聲名狼藉。占星術包羅萬象，用數學的方法表達[1]，也有哲學的思考在內。只有深入了解占星術，才能確實掌握這門學問。有許多人不學無術，根本不懂星相；天象是一種書寫系統，不懂的人看到的只是一片鬼畫符。這個世界並不完美，會發生這種事情，可以理解。我們不要因為那些耍小聰明的人，而捨棄掉真正的智慧。

「整個宇宙互相關聯，彼此影響，相互制衡呈一恆定的韻律。」我的咕嚕繼續說：「就人性層面來說，人類要抗拒兩種力量：首先是他自己內在的衝擊，這個衝擊由地、水、火、風、空應運而生；第二是外在自然力解體的現象。只要人繼續地想擺脫死亡，就會受天地間無數變化的影響。

「占星術是研究人類對應行星所產生的反應。星星沒有愛憎的分別意識，只會散放或正或負的波動。星星無意助人或害人，只是形成一個有秩序的體系，供外在的因果循環對照，而業力果報乃人類過去行為的呈現。

「一個小孩會在某個時刻誕生，就是天光與個人業力相合的結果。星座引人深思，揭示無法改變的過去，與未來可能會發生的事。但是，要正確詮釋命盤，也只有擁有直觀智慧的人才做得到；只是有這種能力的人很少。

「天象在每個人出生時刻所下的斷言，並不強調命運中的善惡果報；但是可以喚醒人類，升起解脫之心。以前曾做過的，現在可以不做。自己正是現在生活狀態的始作俑者，不是別人。這一切都是行為所創造的結果，而人因為有靈性，所以可以不受制於行星。

「迷信占星術而生的恐懼，會讓人變成機器人，甘願受制，一個指令一個動作。有智慧的人把對萬物的情感，轉移到造物主上，因此能不受其星座影響（亦即不受業力的束縛）。他若能慢慢體認到自己與靈性合為一體，就愈不受物質的控制。靈魂一直是自由的，不生不滅，不受星座支配。

「人就是靈魂，有一副肉身。當人悟入自性，就不必受任何命定的限制。但只要人的靈魂陷入沉睡的狀態，就會知道自己脫離不了世間的法則，身處於微妙的束縛中。

「上帝就是和諧；敬天之人，順天而行，必不迷失。他的行止順應天象，並懇切祈禱和甚深禪定之後，天人合一，這種內在的保護力量無比強大。」

「那麼，親愛的上師！為什麼您要我戴星相臂環呢？」靜默後，我大膽提出問題。我盡力去了解聖尤地斯瓦爾高深的詮釋，但對我而言，這還是新觀念。

「旅人在抵達終點前，都還倚賴地圖指引。在旅程中，他會盡量抄捷徑。古代聖賢發現許多方法，可以縮短人類迷惘的時期。在業力果報中有些固定的特性，可以運用智慧，稍微調整。

「人類會生病是因為違反宇宙的法則。典籍記載，人必須順應天意，不要詆毀老天爺。人應該說：『老天爺啊！我相信祢。我知道祢能幫助我，但是我也會盡力彌補過去犯下的錯誤。』改變命運有很多方法：禱告、瑜伽的禪定力量、向聖者求救、藉星相臂環的力量，這些都可以讓過去犯錯的報應減輕，甚至消失。

「就彷彿房子用銅針避雷，肉身的廟堂也有保護的方法。幾世紀以前，瑜伽行者深入研究如何對抗宇宙星座的影響，他們發現純金屬所放射的靈光很強，可以中和行星的負面拉力。細微的電與磁在宇宙中循環放射；這些電、磁對人類有幫助，但人類卻渾然不知；等到電、磁分解了，人還是沒有感覺。人類其實對電或磁所知有限。

「我們的聖人也注意到，不只是不同金屬的組合對人類的身體有好的影響，混合金屬與某些植物也有幫助，其中最有效果的，莫過於兩克拉以上、完美無瑕的珠寶。除了印度之外，很少國家深入研究過星相的實際用途。還有一個鮮為人知的事實：除非重量足夠，而且將有療效的材質戴在皮膚上，否則珠寶、金屬或植物配方沒有絲毫用處。」

「上師，我會聽話戴星相臂環，我覺得用智慧逃脫星相束縛很有意思。」

「一般人可用金、銀、銅打造臂環。但是你的狀況特殊，我希望你用銀鉛合金。」聖尤地斯瓦爾如此叮囑。

「咕嚕啊！您所謂『特殊』是什麼意思？」

「慕空達，星星即將對你不太友善。但不必怕。在一個月內，你的肝會有毛病，原本你會被疾病纏身六個月，但是你戴上星相臂環，病程就會縮短成二十四天。」

隔天我到珠寶店，買了臂環來戴。我很健康，也就忘了上師的預言。上師離開塞蘭坡，去了貝拿勒斯。過了三十天，我突然感覺肝的部位劇痛，接下來幾週，痛楚難耐。我不想為此打擾我的咕嚕，該獨自勇敢度過這次的煎熬。

但是痛到了第二十三天，我的決心動搖了；於是，我搭火車到貝拿勒斯找聖尤地斯瓦爾，上師親切招呼我，但是卻不給我機會私下吐露病情。那天很多皈依弟子都來親見上師[2]，我坐在角落，沒有人理，又生著病。直到晚餐過後，訪客全走了，我的咕嚕把我叫到八角陽台。

「你一定是為了肝病來的。」聖尤地斯瓦爾把眼神避開我，來回地踱步，偶爾遮住月光，「我看，你病了二十四天，是嗎？」

「是的。」

「做一下我教你的腹部功法。」

「如果您知道我有多痛苦，就不會要我動。上師！」不過我還是微微做一下。

「你說你會痛，我說不會。怎麼會如此矛盾？」我的咕嚕詫異地看著我。

我茫然不解，而後豁然開朗。幾個星期痛得睡不著覺，現在不痛了。聖尤地斯瓦爾說完話，痛楚消失於無形，就像沒有發生過。

我感激地跪在他的腳下，但是他即刻阻止我。

「不要跟小孩子一樣。起來啦！享受一下恆河美麗的月色吧！」但是，當我默默地站在他的身旁，上師的眼睛眨呀眨的，很高興。我了解，他是要我知道，治好病的不是他，而是上帝。

甚至現在我還戴著銀鉛合金的臂環，紀念那很久以前那一天美好的回憶，我才發現我是跟一位超人生活在一起。後來有好幾次，我帶朋友去見聖尤地斯瓦爾，請求醫治，他分別建議佩戴珠寶或星相臂環，讚美占星術的智慧發揮效力。

我從小就看不起占星術，有部分的原因是多數人只是有樣學樣，另一部分的原因是，我家族的占星術士預言：「你會結婚三次，做兩次鰥夫。」每每想到這個事情時，覺得自己彷彿是一隻在「婚姻」祭壇前的羔羊，準備獻祭的牲品。

「你會認命的！」哥哥阿南達強調道：「星座命盤寫明在你小的時候，會逃家跑到喜瑪拉雅山上，但是被迫回轉。婚事的預言也會成真。」

某個晚上，突然有一個直覺，告訴我那些預言全是假的，我放一把火燒掉命盤，把灰燼放在一個紙袋裡，在上面我寫著：「過去業的種子，受上帝智慧的聖火炙烤，不再萌芽。」我把袋子放在顯眼的地方；阿南達看了，馬上明白我的挑釁。

「最好是把紙燒掉，就能改變事實啦！」哥哥諷刺地笑。

事實上，在我成年之前，家裡試圖為我安排三次訂婚。每一次都因為我對上帝的愛大過算命的說服力，而被我拒絕。[3]

「愈了解自我的人，他精細的靈性波動愈會影響宇宙。而且他自身受到物質現象界波流的影響更小。」我常憶起上師這些話，給我莫大鼓舞。

偶爾我會請占星師排命盤，告訴我何時會遇到難關。沒錯，在那段期間內，我真的遇到重重難關，但是我仍照計畫把事情完成。我深信：相信上帝的保護，正確使用上帝給予人類的意志，其力量大過來自諸天的影響力。

我慢慢了解，一個人的生辰八字不代表人就是木偶，受過去所擺佈。這不是自豪，而是提醒；上天要喚醒人的決心，掙脫侷限。上帝給每個人靈魂，賦予每個人不同的個性，所以人與宇宙的結構息息相關。但不論是暫時充當中流砥柱或扮演寄生蟲的角色，只要意志堅定，就可以獲得解脫；真正的勝利是內在的，不是表象上的。

聖尤地斯瓦爾發現一套數理；他以「圓」把我們現世等分，劃出二萬四千年[4]。這個圓分成上弦弧和下弦弧，每一個弧表示一萬二千年，四個世紀：迦梨（Kali）、德瓦帕拉（*Dwapara*）、特利塔（*Treta*）和煞它（*Satya*）落在這個弧上，如同希臘人的觀念：黃金、白銀、青銅和黑鐵四個時代。

我的咕嚕算出，在上弦弧上最後的迦梨時代（或謂黑鐵時代）始於公元五百年，為期一千二百年，是物質主義時期，止於公元一七〇〇年。接下來是德瓦帕拉時期，為期二千四百年，是一個電能、原子能發展期：利用通訊、收音機、飛機，以及其他跨越空間障礙的通訊設備。

三千六百年的特利塔時期將始於四一〇〇年，此一時期會出現心電感應的知識，以及其他跨越時間限制的通訊方式。四千八百年的煞它時期，是上弦弧最後一個時期，人類的智力發展到巔峰，人類會遵照上帝的計畫行動。

一萬二千年的下弦弧始於四千八百年的黃金時期，也就是公元一萬兩千五百年，人類逐漸墜落於無知。這些循環是幻象，二元對立的現象界所創造的無限迴圈[5]。人類，如果覺醒，了悟自己與造物主是不可分割的一體，那麼一個個都會逃離二元創造的桎梏。

上師不僅增加我對占星術的了解，也帶我認識世界各國的經典。把聖典放在他那毫無瑕疵的心靈之前，用直覺推論的手術刀，悉心研究剖析之後，他能分辨後世學者對先知所傳達的真理是否加以竄改或加油添醋。

「把注意力集中在鼻端。」這是對《薄伽梵歌》的誤解[6]。東方的經師與西方的譯者大都接受這種解釋，上師常會拿來開玩笑。

「瑜伽行者的道路很單純，」他說：「為什麼要他鬥雞眼？*Nasikagram*這個字原意是『鼻根』，不是『鼻尖』。鼻根始於眉心，即是靈眼的位置[7]。有一句數論派[8]的格言：*Iswar-ashidha*，意思是『創造的主宰是不能被推理的』或『上帝是不能被證明的』[9]，所以很多學者根據這句話斷言，這個學派是無神論的。」

「這句話不是無神論，」聖尤地斯瓦爾解釋說：「這句話是對沒有了悟的人說的，他們憑感官下結論，因為沒有方法證明神，就說神不存在。數論派真正的追隨者憑禪定，生出不可撼動的真知灼見，他們知道神是存在的，而且可以認識祂。」

上師深諳基督教的《聖經》。我的咕嚕是印度人，他的名字不在基督徒名單上，但是我從他那兒學習到《聖經》的真髓，也了解耶穌為什麼那麼激動地強調一句話，這句話就是：「天地要廢去，我的話卻不能廢去。」[10]

印度最偉大的上師們，他們和耶穌一樣，遵循神的原則而活，同為一家人：「凡遵行我天父旨意的人，就是我的兄弟姊妹和母親了。」[11]耶穌對信他的猶太人說：「你們若常常遵守我的道，就真是我的門徒。你們必曉得真理，真理必叫你們得以自由。」[12]所有的自由人，自己的主宰，行願的印度瑜伽行者，同屬永恆的家庭，個個都達到大智慧的解脫境地。

有一天，我認真研讀亞當和夏娃的故事，但實在想不透不懂其中的寓意，「我不懂，上帝處罰他們兩人就算了，為什麼還要連帶處罰他們的子孫？」

上師笑了；很高興我那麼有求知慾。「《創世紀》有其深意，不能就字面意思解釋。」上師解釋道：「『生命樹』是人的身體。脊椎骨像一棵倒立的樹，頭髮是根，傳導神經和運動神經是樹枝。樹上的『神經系統』結了各色各樣可口的果子，如色、聲、香、味、觸。這些人類都可以享受，但『性』是禁止的，而『蘋果』在身體的中央。[13]

「『蛇』代表曲蜷向上的能量，會刺激性神經。『亞當』是理智，『夏娃』是感情。每個人都有性衝動，一旦性衝動壓過感情，又稱為夏娃意識，他的理智，或謂亞當意識，就得屈從。[14]

「上帝用祂的意志力量創造出男性與女性的身體，造出人類。祂賦予人類類似『無穢』或『上帝的方式』來創造後代[15]。因為人類的個體靈魂只顯現了動物的習氣，受本能制約，缺乏完美的智慧。於是上帝把最初的兩個人體，象徵性地稱為亞當和夏娃。為了有利繁衍，祂把他們變成有靈魂或所謂神性的動物[16]。在亞當，就是男人，理解力較強；在夏娃，就是女人，感情較豐富。這個物質現象界就是這樣表現其二元性（即兩極性）。只要人類心靈不受『蛇』的動物習性左右，理智和感情總能合作無間。

「因此人類不僅是野獸演化的結果，還是上帝特別創造而產生的。動物的身體太粗糙，沒有辦法完全顯現神性；而人類獨有強大的心智能力，位於腦部的『千瓣蓮花』與位於脊椎中樞上覺醒的能量，則能顯現神性。

「這首先被創造出來的兩個人，上帝或所謂神性意識告誡他們：可以享受感官的覺受，但不可著重在性[17]的享受。上帝告誡，人類的種族繁衍不能用動物繁殖的方法。他們可以做原初完美的人，自然享受天堂的喜悅；但是，警告無效，亞當和夏娃忘掉上帝的話，放縱情欲，最後從天堂墜落。

「『善與惡』的知識是指宇宙二元對立所造成的必然，誤用理智和感情，誤用所謂的亞當意識和夏娃意識，人就會懸宕在幻相的鐘擺之間，人類喪失權利，無法進入神性萬有自足的天堂[18]花園。每一個人的責任就是要與他的『雙親』，或謂『二元性』，恢復和諧（即重回伊甸園）。」

聖尤地斯瓦爾結束講解，我也改以嶄新的眼光，帶著敬佩之意來看《創世紀》了。

「親愛的上師，」我說：「我第一次覺得，人應該孝順亞當和夏娃。」

1 在印度古代文學裡，學者從占星術的文獻上可以看到作者標示的日期。古聖先賢在科學上的知識是非常偉大的。在《高希塔曲梵書》（*Kaushitaki Brahmana*），我們發現準確的星相文獻指示出在西元前三一〇〇年，印度在天文學上有高度的發展。他們會選吉時來祭天。

一九三四年《東西方》二月號雜誌一篇文章上提到周諦士（*Jyotish*）（《吠陀經》中有關天文學的文獻）：「這部分包括科學上的專門知識，相較其他文明古國，印度仍保有最尖端的科技，是知識追求者的發祥地。《婆羅門笈多》（*Brahmagupta*）是一部天文學的文獻，書中描述一些現象，諸如：在我們這個太陽系以太陽為中心、衛星環繞在側、黃道交叉、地球是圓的、月球的光是反射的、地球自轉，現今銀河上可見的星座、萬有引力定律等等，還有其他科學證實之事實，西方世界要到哥白尼和牛頓才發現。」

所謂「阿拉伯數字」在第九世紀從印度經過波斯，傳到歐洲，使西方的數學有發展之價值；而印度在古老的時代已經在用了。要進一步了解印度龐大的科學遺產，可參考羅伊（P. C. Roy）博士所著的《印度化學史》（*History of Hindu Chemistry*）、西爾（B. N. Seal）博士所著的《古印度真正的科學》（*Postive Science of the Ancient Hindu*）。

2 觀謁（*darshan*）到聖人就會受到祝福。

3 家人為我選的三位新娘中，有一位後來嫁給我的堂兄普拉哈斯・昌卓爾・高士（Prabhas Chandra Ghose）。

4 聖尤地斯瓦爾有關週期（*Yuga*）的理論及歷史上的確認，有一系列十三篇文章刊登於一九三二年九月到一九三三年九月《東西方》雜誌上。

5 印度許多部經典都把宇宙周期（Universal Cycle）中迦梨期（*Kali Yuga*）劃分較久，所以現在的時代屬於迦梨時期；而聖尤地斯瓦爾很簡單地把宇宙圓均分為二，每一半弧都是兩萬四千年。經典上從創造之日始到結束止，算出宇宙圓有4,300,560,000年。龐大的數字是根據太陽年的長度和圓週率的計算方式。

照古代聖賢的看法，整個宇宙的生命期有314,159,000,000,000太陽年，就是所謂「一梵天紀」（One Age of Brahma）。

科學家根據岩石中的鉛所遺留的放射線做研究，估計地球現在的年紀大約是二十億年。印度經典宣稱，我們的這個地球在兩個原因下會消失；所有的地球人都變好或都變壞；這世界的心會產生一種力量，分解地球的核心。

有關「世界末日」即將到來的悲慘宣言，偶爾會出現在報章雜誌上。最近巴莎迪那市（Pasadena）的隆（Rev. Chas. G. Long）預言世界末日，定公元一九四五年九月廿一日為「最後的審判日」。《聯合新聞》（United Press）的記者詢問我的意見；我解釋世界的週期是依照上帝的計畫有秩序地進行著。沒有地球會消失的跡象；我們的星球在現存的狀況下還儲存有二十億年在平分著上升及下降的週期當中。先知所留下來世界壽命各種不同的數字值得西方仔細的研究；《時代雜誌》（一九四五年十二月十七日第六頁）稱他們為「可靠的統計」。

6 第六章十三節。

7《路加福音》11：34-35：「你的眼睛就是身上的燈，你的眼睛若明亮，全身就光明；眼睛若昏花，全身就黑暗。所以你要省察，恐怕你裡頭的光，或者黑暗了。」

8 印度六十哲派之一。勝論派宣說由二十五原則，始於自然（*prakriti*），終於靈魂（*pwrusha*），可達最終解脫。

9 勝論派的《箴言》1：92。

10《馬太福音》24：35。

11《馬太福音》12：50。

12《約翰福音》8：31-32。《約翰福音》1：12記載，聖約翰作證詞說：「凡接待祂的，就是信祂名的人（就是建立信心於無所不在的基督意識的人），祂就賜他們權柄，作神的兒女。」

13《創世紀》3：2-3：「女人對蛇說，園中樹上的果子我們可以吃。惟有園當中那棵樹上的果子，神曾說，你們不可吃，也不可摸，免得你們死。」

14《創世紀》13：12-13：「那人說，你所賜給我，與我同居的女人，她把那樹上的果子給我，我就吃了。耶和華神對女人說，你作的是什麼事呢？女人說，那蛇引誘我，我就吃了。」

15《創世紀》1：27-28：「神就照著自己的形像造人，乃是照著祂的形像造男造女。神就賜福給他們。又對他們說，要生養眾多，遍滿地面，治理這地。也要管理海裡的魚，空中的鳥，和地上各樣行動的活物。」

16《創世紀》2：7：「耶和華神用地上的塵土造人，將生氣吹在他鼻孔裡，他就成了有靈的活人。」

17《創世紀》3：1：「耶和華神所造的，惟有蛇比田野一切的活物更狡猾。蛇對女人說，神豈是真說，不許你們吃園中所有樹上的果子嗎？」

18《創世紀》2：8：「耶和華神在東方的伊甸立了一個園子，把所造的人安置在那裡。」《創世紀》3：23：「耶和華神便打發他出伊甸園去，耕種他所自出之土。」神人開始之初受造於神，有其神識位於眉心之間，無所不能的第三眼上。他那全部集中在那一點上的創造意志力，在他開 始「耕種低劣本性的地土」之時喪失了。如此，他把自身置於物理的定律下，承受生死的循環。

第17章

忘恩負義的薩西

「因為你和我兒子如此抬舉高僧尤地斯瓦爾，我倒想見見他。」洛依醫師（Dr. Narayan Chunder Roy）半開玩笑地表示，我只好練習猶太教徒忍辱的美德。

我這位朋友是獸醫，也是忠實的不可知論者。他的小兒子山多士（Santosh）請求我幫幫他的父親，到目前為止，我並沒有幫出什麼名堂。

第二天，洛依醫師陪我到塞蘭坡道場。上師答應給他個幾分鐘，結果見面時，兩個人彷彿斯多噶學派的學者，默然對坐，大部分時間不發一語，然後訪客突兀地離去。「幹嘛帶個死人到道場來？」聖尤地斯瓦爾在這位加爾各答懷疑論者一離去，就看著我，這麼問道。

「上師！這位醫師明明活得好好的！」

「但是沒多久，他就會死。」

我聽了嚇一跳。「上師，那對他的兒子可是個很大的打擊。山多士還希望我慢慢改變他父親保守的態度。上師！我希望你幫一幫他。」

「好！看在你的份上，我幫他。」咕嚕表情淡漠地說：「這位驕傲的『馬』醫師有糖尿病，雖然他不知情，但在十五天內，他就會臥病在床，連其他醫師也束手無策。從今天起，他在世上的日子還有六個星期。不過因為你的請求，在那天他就會病癒。但是有一個條件：你要讓他戴上星相臂環。他會像他們家的馬不想動手術一樣，蠻橫地拒絕哩！」上師輕笑。

我們靜默了一陣子，在我想要怎麼跟山多士騙醫師戴上星相臂環時，聖尤地斯瓦爾做了以下結論：「這個人病好之後，要告訴他不能吃肉；不過他不會聽的，然而在他覺得身體好得很的時候，他會突然病發而死。」我的咕嚕還說：「給他六個月的生命，是因為你的請求。」

翌日，我建議山多士在銀樓打造星相臂環。七天後就打好了，但是洛依醫師拒絕佩戴。「我身體好得很，你們不要給我搞這種星象迷信。」醫師看著我，準備好跟我論戰一番。

我想到上師把他比喻成不聽使喚的烈馬，就覺得好笑。七天又過去了，醫師突然生病，這次他屈服了，同意戴上星相臂環。兩個星期之後，治療洛依醫師的醫師告訴我，病人已經病入膏肓，糖尿病讓他變得很虛弱。

我搖搖頭說：「我的咕嚕說過，病發一個月後，洛依醫師會好轉。」

醫師懷疑地瞪著我。但是兩個星期之後，他來向我道歉。

「洛依醫師完全好了。」他說：「真不可思議！我沒有見過垂死之人會好轉得那麼快。你的咕嚕一定是療癒疾病的先知。」

我跟洛依醫師見過一次面，我跟他說聖尤地斯瓦爾警告他不能再吃肉。在這之後六個月，我沒有再見過他。有一天晚上，我坐在古柏路家的陽台上，他跑來找我聊天。

「告訴你的老師，我吃肉才能恢復體力。他那套不科學的食物觀影響不到我。」真的，當時洛依醫師看起來很健康。

但是翌日，山多士從他家跑來找我。我們兩家就隔一條街。「早上，父親突然死了！」

這是我跟上師在一起所發生最奇特的事：雖然這位獸醫一直不信神，但上師還是治好了他的病，回應我的祈求，讓他多活半年。聖尤地斯瓦爾總是慈悲地答應信徒懇切的祈求。

我最驕傲的，就是我能帶我的同學去見我的咕嚕。許多同學去了都是去看看而已！他們都是宗教的懷疑論者。

其中有一位同學叫薩西。連續好幾個禮拜，每逢週末他都來塞蘭坡。上師很喜歡這個孩子，可惜他的私生活靡爛。

「薩西，除非你改過自新，否則一年以後，你會病危！」聖尤地斯瓦爾擔心地看著我的朋友說：「慕空達可以作證，以後不要說我沒有警告過你！」

薩西笑著說：「上師！我全交給您了，希望上帝垂憐我。我的靈魂願意，但是我的意志力薄弱。我不相信任何人，您是我在世上唯一的救星。」

「至少你應該帶個兩克拉的藍寶石，對你有幫助。」

「我買不起。不過，親愛的咕嚕！麻煩來的時候，我相信您一定會幫助我。」

「一年以後，你會帶三塊藍寶石來。」聖尤地斯瓦爾答道：「只是那時候，已經太遲了。」

類似的對話發生好幾次。「我改不過來！」薩西會裝著沮喪的音調說：「上師，我對您的信心更珍貴，比石頭來得有價值。」

一年過去了。有一天，我到加爾各答去看我的咕嚕。他在弟子那南・巴布（Naren Babu）的家。聖尤地斯瓦爾和我坐在二樓陽台上時，我聽到前門開門聲，上師坐直起來。

「薩西來了！」上師傷心地說：「一年屆滿，他的兩個肺已經腐爛了。我的話他不聽嘛！告訴他，我不要見他。」

聖尤地斯瓦爾說得斬釘截鐵，把我嚇得半死，我快步下樓，薩西正迎面走來。

「啊！慕空達！我希望上師在這裡。我有預感他在這兒。」

「是的！但他不希望被打擾。」

薩西哭出來，從我身旁一衝而上，他全身拜倒在聖尤地斯瓦爾腳前，放了三塊很美麗的藍寶石。

「全能的咕嚕，醫師說我患了肺結核，只有三個月可活了！我懇求您幫忙，我知道您可以治好我的病。」

「現在才急自己的小命不保，是不是太晚了？把寶石拿走吧！現在沒有用了。」上師坐著，像一尊人面獅身像，面無表情，不發一語，一旁夾雜著小男孩陣陣哀求的哭聲。

我突然閃過一個念頭，我想聖尤地斯瓦爾只是在試探薩西對神聖的療癒力量有多少信心。度過緊張的一小時，上師滿懷慈悲地看著我那位拜伏在地的朋友說：「你起來吧！看你在別人的家裡胡鬧那麼久。把寶石還給珠寶商吧，現在不必花這些錢。你去打一只星相臂環戴著，不要怕，幾個星期之後，你就會完全好了。」

薩西哭腫的面孔一掃陰霾，展現笑容，「敬愛的咕嚕，我要不要吃醫師開給我的藥呢？」

「自己作主吧，要吃就吃，不吃就倒掉，都沒有關係。除非太陽打西邊出來，你才會死於肺結核。」上師突然又說：「快去吧！免得我改變心意！」

我朋友興奮鞠躬，匆匆離去。然後我每天都跑去看他，嚇死我了，他的情況愈來愈糟糕。

「薩西拖不過今晚。」薩西的醫師說。我的朋友本來很壯，現在剩下一把骨頭。我趕緊跑到塞蘭坡找咕嚕，咕嚕淡漠地聽我含淚訴說薩西的病情。

「你都聽到我保證薩西會痊癒的，還來打擾我？」

我向咕嚕致敬之後，退到門口。聖尤地斯瓦爾沒有說話，但是陷入一片寂靜，半瞇著眼睛未眨一下，視線飛到另外一個世界。

我即刻回到加爾各答，直奔薩西的家。沒想到我的朋友竟然坐起身在喝牛奶。

「啊！慕空達！真是奇蹟啊？四個小時之前我覺得上師就在房間裡，我的病症消失，我覺得是他的恩典，讓我痊癒。」

幾個星期之後，薩西的身子硬朗，健康的狀況比以前還好[1]。但是他真忘恩負義：他沒有再來看聖尤地斯瓦爾。我其他的朋友告訴我說他深悔過去行為放蕩，羞見上師。

我的結論是，薩西生病這件事情對他沒有正面的影響，身體好了，反而更亂來。

我在蘇格蘭教會書院頭兩年的課程快結束。我上課的出席狀況總是斷斷續續的。為了不讓家裡說三道四，我多少讀一點書。我有兩位家教固定到我家，但我都不在——這是我大學生涯裡唯一持之以恆的事。

印度的學制是，讀兩年書院可以拿到文學院畢業文憑，再進修兩年，就可以獲得學士學位。期末考的影子出現，像惡魔般吞噬我。我逃到普里，因為我的咕嚕要在那裡待幾週。我告訴他，我都沒有準備，心裡是希望他能說，我不必去參加考試了。

聖尤地斯瓦爾笑著安慰我說：「你全心全意追求你靈性的成長，當然會忽略學校的功課。以後幾個星期內好好溫書，好好努力，就會及格。」

我回到加爾各答，抑制偶爾浮現的疑念。望著案頭堆積如山的課本，覺得自己就像是在荒野中迷失的旅人。

長期的禪定給我偷懶的靈感，我把每本書凌亂擺在桌上，只讀打開的那幾頁。

我利用此法死讀一陣，每天八個小時，持續一個星期，我自認是填鴨式用功專家。一連幾天，我在考場大樓考試，以實現我的目標。我的考試全都勉強及格。雖然親友都來道賀，他們私底下還覺得奇怪哩！

聖尤地斯瓦爾從普里歸途上給了我一個驚喜：「如今你在加爾各答的學業結束了。」他說：「我會在塞蘭坡看著你讀完兩年大學的課程。」

我心裡覺得奇怪，問道：「上師，這裡沒有文學院。塞蘭坡書院只有文學系預科兩年課程。」

上師調皮地笑一笑說：「我太老了，不然可以捐個文學院給你念。我要找別的辦法。」

兩個月之後，塞蘭坡書院院長豪威爾教授宣布，他募到足夠的資金，開辦文學院；而塞蘭坡書院變成加爾各答大學的分部。我是塞蘭坡文學院第一屆的學生。

「咕嚕！您人真好！我早就想離開加爾各答到塞蘭坡，好讓我每天都能跟您在一起。豪威爾教授做夢也想不到，原來是您在默默地幫助他。」

聖尤地斯瓦爾裝著一本正經，說道：「現在你不必花那麼多時間在火車上，你有更多的時間讀書。也許就不必臨陣磨鎗，做個好學生。」但是他只不過說說而已，一點也不當真。

1 一九三六年，我從友人處打聽到，薩西的身子還是很硬朗。

第18章 神奇的回教術士

我進入塞蘭坡書院之後，就在學校附近宿舍租了房間住，宿舍是一棟面臨恆河舊式磚砌的大廈稱為「龐隄」。聖尤地斯瓦爾第一次到我新搬來的地方，就跟我說：「好幾年前，就在你現在住的這個房間，有一位回教術士對我示現了四個奇蹟。」

「上師，真巧！這面舊牆這麼有歷史？」我四下張望，房內擺設簡單，我覺得很奇妙。

「這故事說來話長。」我的咕嚕笑說：「這位回教術士[1]名叫阿查・坎恩（Afzal Khan），他巧遇一位印度瑜伽行者，得到此稀世本領。

「阿查還小時，住在東孟加拉的一個小村。某天，一個滿身塵土的出家人向阿查說：『孩子！我渴了，給我些水喝。』

「『先生！我是穆斯林，你信奉印度教，可以喝我給你的東西嗎？』

「『我很高興你這麼真誠，孩子。我不會遵守不是神訂的教條。去吧！快拿水來！』

「阿查聽話照辦。瑜伽行者滿懷感激：『你前世行了諸多善事。』他嚴肅地看著阿查說：『我要教你一個瑜伽法門，使你能夠控制某些無形事物。你要用這神力做善事，不能為一己之私。只是我也看到你過去世有墮落的傾向，你得自律自重，不能讓邪惡種子萌芽。你前世的業力糾結不清，這一輩子你要行瑜伽之道，全然服務犧牲，才能化解過去的業力。』

「阿查聽了很訝異，這位瑜伽行者教他某些複雜方法，之後就消失不見了。

「二十年來，阿查努力不懈地鍛鍊這種瑜伽法門。他不可思議的神技吸引眾人目光，彷彿有個叫做『哈拉特』的精靈永遠跟在他的身旁，而精靈會完成他許下的願望。

「阿查忽視上師的告誡，開始濫用力量。無論他碰到什麼，東西就消失得無影無蹤。發生這類事件讓人不安，他變得愈來愈不受歡迎。

「他不時造訪加爾各答各大珠寶店，對店家表示自己可能會買珠寶，但是只要被他摸過的寶石，在他離開商店後不久，就憑空消失。

「經常有好幾百人跟著阿查，想學他的本事。這位回教術士偶爾會帶他的弟子出遊。到火車站時，他就故意去摸一疊車票，然後跟站員說：『我改變主意，不買車票了。』但是等他跟他的弟子上車後，阿查卻亮出一疊車票。[2]

「這些事件引起極大的騷動。孟加拉的珠寶商和票務員差點沒崩潰。想逮捕阿查的警察也沒輒，因為他只要說：『哈拉特，拿走。』證據就不見了。」

聖尤地斯瓦爾起身往面對恆河的陽台走去，我跟著他，想多聽聽這位穆斯林大盜的故事。

「這棟龐隄大廈是我朋友的。他認識阿查，於是邀請阿查來這裡，還邀了二十位鄰居，包括我。那時候我很年輕，對這位聲名狼藉的回教術士很好奇。」上師笑著說：「我很小心，身上沒帶值錢的東西。阿查看著我，然後說：『你的力氣大。下樓到花園去，拿一塊光滑的石頭，把名字寫在上面，然後丟進恆河裡，丟得愈遠愈好。』

「於是我照他的話去做。石頭一消失在遠處的水波裡，這位回教術士又跟我說：『到這間屋子前面的恆河裝一壺水。』

「我帶一壺水回來之後，回教術士就叫道：『哈拉特，把石頭放到壺裡。』

「石頭立刻出現。我把石頭從壺裡拿出來，上面有我的名字，字跡如同我寫上之時一般清晰。

「我的朋友巴布[3]也在房裡，他戴了古董金錶和金項鍊。這位回教術士貪婪地看著手錶跟鏈子，一下子，這些東西就不見了。

「『阿查！拜託，把我的傳家寶還給我。』巴布幾乎要哭了。

「回教術士靜默了一會兒，然後說：『在你家鐵做的保險箱裡面，你放了五百盧比，拿來給我，我就告訴你到那裡找你的手錶。』

「心煩意亂的巴布快步回家，又馬上回來把錢給了阿查。

「『到你家附近的一座橋下。』回教術士指示道：『叫哈拉特把手錶和鍊子給你。』

「巴布跑開。回來時，笑得一派輕鬆，這次身上就沒有帶飾品了。

「『我一叫哈拉特，』他解釋道：『我的手錶從憑空出現，掉進我的右手！我回來這裡之前，我就先把東西鎖進保險櫃裡了。』

「巴布的朋友都看到這場鬧劇，個個異常憤慨，怒視著阿查。他為了平息眾怒，便說：『想喝什麼飲料請說，哈拉特就給你們。』

「有的要牛奶，有的要果汁，至於氣餒的巴布要喝威士忌，我也不太驚訝。他一聲令下，聽命的哈拉特帶著密封的瓶子憑空而降，砰的一聲掉到地上。每個人都有得喝。

「當天第四個特技表演令我們的主人非常滿意：就是快速準備一頓午餐。

「『我們點昂貴的菜。』巴布沮喪地提議，『我要一席值五百盧比的大餐，每樣菜都用金盤子裝。』

「每個人點好菜之後，這位回教術士就命令哈拉特辦事。一陣鏗鏗鏘鏘之後，金色盤子上有咖哩、熱麵包，還有許多不是當季的水果，不知從何處來到我們面前。每道菜都非常可口。吃了一個多鐘頭之後，我們準備打道回府。一聲巨響，彷彿碟子堆起來的聲音，我們轉頭望去，所有的碗盤、剩菜都消失了。」

「咕嚕！」我打岔問道：「如果阿查可以輕而易舉把像金盤子這些東西弄來，為什麼還會覬覦別人的財產？」

「這位術士在靈性上並沒有發展。」聖尤地斯瓦爾解釋，「他精於瑜伽某種法門，使他到靈界某個層次，在那裡可以立刻實現任何欲望。經由精靈哈拉特的幫助，用意念控制乙太能量中物質的原子。但是這種靈界的產物不能在物質世界停留過久，會慢慢消失。阿查還是貪圖世上的財富，雖然不好賺，但是卻耐久些。」

我笑著說：「有時候，神不知鬼不覺，財就漏光了。」

「阿查尚未了悟。」上師又說：「只有真正的聖人才能變出真的戲法，永久保存，而且有益於人。

聖人是跟全能的造物者打交道。阿查只是個常人，懂得超能力，能進入相對微妙的境界，一般人是死了以後才會去那個地方。」

「現在我懂了，咕嚕！看來死後的世界也有特異之處。」

上師點頭：「自此我沒有再見過阿查。但是幾年之後，巴布到我家拿了一份剪報給我看，有一則報導說到這位回教術士在眾人面前認罪悔改。我才知道阿查早年跟一位印度咕嚕學習的事情。」

剪報後半部的要旨，根據聖尤地斯瓦爾的記憶是如此：「在下，阿查．坎恩誠心悔過，並且警惕想擁有神通法力之人。多年來我誤用從上帝的恩慈和我的上師那兒得到的能力，變得自大，覺得自己超越自然律法。我受報應之日終於來到。

「最近我在加爾各答碰到一位老年人。他沿路跛行，帶了閃閃發亮的金器，我起了貪念，於是叫住他。『我是偉大的術士阿查．坎恩。你拿著的是什麼？』

「『這個金器是我唯一的財富，術士不會對它有興趣的。先生啊！我懇求你把我的跛足醫好。』

「我摸了金器一把，沒有回答，就走開了。老人步履蹣跚地追著我，一下子他就叫道：『我的金器不見了。』

「我一不注意，他突然大聲說話，完全不像身體虛弱的人可以發出來的聲音：『你不認得我嗎？』

「我發現這位驚愕的老頭竟是好久、好久以前，教我瑜伽的那位聖人，但是為時已晚。他一站直，馬上變得又壯又年輕。

「『原來如此！』我的咕嚕目光如炬，『我親眼看到你亂用你的力量，不是幫助不幸的人，而是像小偷一樣偷竊、掠奪。我收回你的神力，哈拉特不再聽你使喚。你再也不能在孟加拉為所欲為了！』

「我痛苦呼喚哈拉特。第一次他不再出現在我的靈視裡，一道黑幕突然升起，我清楚見到我過著褻瀆上帝的人生。

「『我的咕嚕，謝謝您來，驅逐走我的蔽障。』我在他的腳下哭訴：『我願意拋棄世俗的野心，退隱到山谷中冥想上帝，為過去的惡行贖罪。』

「我的上師默默地接受了我。『我知道你的誠意，』他終於說話了，『因為早期你能信守約定，又因為你現在的悔改，我將給你個恩賜；如今你沒有其他的力量，但缺乏食物和衣物時，你還是可以召喚哈拉特，叫他供給你。在罕見人跡的深山，全心全意去了解上帝吧！』

「然後我的咕嚕消失了。留下了我的淚和懺悔。再見了！世界！我要請宇宙大能的神原諒我。」

1 術士（*fakir*）是指信奉伊斯蘭教的瑜伽行者；字根源阿拉伯文*faqir*，意思是窮苦的人；當初的穆斯林托缽僧要立誓窮困一生。

2 後來父親告訴我他們孟加拉—納加普鐵路公司亦是阿查犯案的受害公司之一。

3 我記不得聖尤地斯瓦爾朋友的名字，只得簡單地稱呼他「巴布」，先生之意。

第19章 分身兩地的上師

「我身邊有不少無神論者。有些時候，我也有同樣的疑惑，諸如：未為人知的靈魂是否存在？人如果沒有探索生命，就不知道生命存在的目的嗎？」

這些話是狄杰（Djien）先生說的。他是我在龐隄大廈的室友。我邀請他去見我的咕嚕。

「聖尤地斯瓦爾會傳授克利亞瑜伽。」我回答：「練習瑜伽能確認內在的神性，安住真我，平息二元對立觀所引發的騷動。」

當天晚上我帶狄杰到道場。由於上師的接引，狄杰的心靈立刻得到平靜。日後他成為道場的常客。諸多雜事占據我們的日常生活，但卻無法滿足內心深處的需求。人尋求智慧，出於本能。聖尤地斯瓦爾的話語激勵狄杰，雖然探求真我的過程一開始很痛苦，但是一旦跳脫迷惘煩惱的自我中心，靈魂就能輕鬆的解脫。

我和狄杰同在塞蘭坡書院念書的時候，我們習慣一下課，就一起晃到道場。我們常常看到聖尤地斯瓦爾站在二樓的陽台上微笑歡迎我們。

某個下午，年輕的弟子卡奈在門口告訴我跟狄杰一個失望的消息。

「上師不在這裡，有人送張字條給他，要他趕去加爾各答演講。」

翌日，我收到我的咕嚕寄來的明信片。「星期三早上我會去加爾各答，」他寫道：「早上九點，你和狄杰在塞蘭坡車站接我。」

星期三早上大概八點半，突然感應到聖尤地斯瓦爾傳來的消息說：「我會遲到；九點的火車不必來接我。」

我趕快把最新訊息告訴狄杰，他早就整裝待發。

「直覺！」狄杰不屑的說道：「我寧願相信上師的白紙黑字。」

我聳聳肩，靜靜地坐下來，表示我不出門。狄杰看了火冒三丈，口中唸唸有詞，「砰」的一聲，甩門出去。

房間很黑，我坐在窗口俯視街道。微弱的光突然大放光明，窗戶上的鐵欄杆都消失了，刺眼的強光下，我清清楚楚地看到聖尤地斯瓦爾。

我震驚而不知所措，從椅子上跳起來，跪在他腳前。我以傳統方式致敬，碰一碰他的鞋子，這是我很熟悉的橘色帆布鞋，鞋底是草繩編的。我清清楚楚感覺到他的僧袍飄過我身上，鞋面上還有沙石、凸出來的腳趾印。我驚訝到說不出話，站起來，滿腹懷疑地注視著他。

「我很高興，你收到我的心電感應。」上師的聲音平穩正常，「現在我在加爾各答的事情做完了，要坐十點的火車到塞蘭坡。」

我默不作聲地看著他，聖尤地斯瓦爾繼續道：「這不是幻影虛像，我有血有肉。上帝要我給你有這種鮮為人知的經驗。你和狄杰到車站接我，你會看到我走過來，穿的衣服就是這個樣子，身旁還跟了一位小朋友，抱著一個銀甕。」

我的咕嚕將雙手放在我的頭上，喃喃說了些祝福的話。結尾說：「塔巴阿西（*Taba Asi*）。」[1]我聽到一陣隆隆聲響[2]，他的身體在一道光中漸漸消逝。先是腳和腿開始消失，然後是軀幹和頭，就像把一幅畫捲起卷軸，到最後，我覺得他的手還放在我的頭上，直到光不見，只剩窗櫺上的陽光。

我迷迷糊糊的，不知道發生了什麼事。很快狄杰就垂頭喪氣地回來了。

「九點的火車見不到上師，九點半的也沒有。」我的朋友彷彿在道歉。

「走，我知道他會在十點到。」我抓著狄杰的手，不管他反抗，強迫他跟我走。十分鐘左右，我們到了車站，火車早就到達，等著我們。

「整列車廂充滿上師的靈氣。他必定在這兒！」我高興地叫出來。

「你夢到的啊？」狄杰訕笑道。

「我們等一等。」我將咕嚕出現的細節跟朋友講了一遍，剛講完，就看到聖尤地斯瓦爾慢慢走來，穿著跟早先我看過的衣服一樣，後面跟著抱銀甕的小弟。

我頓時全身一陣清涼，這是很難以言喻的經驗。我覺得這個物質至上的二十世紀從我眼前流逝，好像回到耶穌從海上出現於彼得面前的那刻。

聖尤地斯瓦爾這位現代的瑜伽行者，如基督般行神蹟，他走近我們站的地方。我們都沒有說話，上師笑著對我的朋友說：「我也傳送訊息給你，但是你無法接收。」

狄杰沒有說話，對我投以懷疑的眼神。我們送咕嚕到道場之後，我跟我朋友就回到塞蘭坡書院。狄杰在路邊，怒氣衝天地質問我。

「上師也給我傳話，你把它藏起來了，你給我好好地解釋。」

「你的心靈電路板如此不淨，收不到咕嚕指示，如何能怪我？」我反駁。

狄杰不生氣了。「我懂你的意思了。」他可憐兮兮地說：「但是你怎麼認得那個抱甕的小孩呢？」

我把上師出現在宿舍的事講完之後，我們也到學校了。

「我聽完你講咕嚕大展法力的事情後，」狄杰說：「我覺得世界上的所有大學只是幼稚園。」

1 孟加拉語：意為「別了」，又矛盾的希望「再見」。

2 身體的原子物化的聲音。

第20章 未竟之旅

「爸！暑假期間我要請上師和四個朋友與我同行，一起到喜瑪拉雅山腳下。可以給我六張到喀什米爾的車票，還有旅費嗎？」

正如我所願，父親開心地笑著說：「這是第三次你又給我搞這種事情。上次暑假你不是也要過！還有上上次！到了最後一分鐘，聖尤地斯瓦爾都沒有答應。」

「是啊！爸！我不知道咕嚕為什麼不答應我去喀什米爾[1]。但是如果我告訴他，你票都準備好了，我想這一次他會同意的。」

父親沒有馬上答應，但他捉弄我一番後，隔天還是給我六張車票，還有一張十元盧比的鈔票。父親說：「我想你這趟夢幻之旅，不需要這種真鈔票吧？但是……拿去，給你！」

當天下午我把戰利品拿給聖尤地斯瓦爾。雖然他高興看到我快樂的樣子，但是他的話還是不肯定：「我很想去，但要看情形。」我問他能不能帶道場的小師兄卡奈，他沒有說話。

我還邀了三位朋友：拉珍陀・拿德・米特拉（Rajendra Nath Mitra）、尤丁・奧迪（Jotin Auddy），還有一個男孩。啟程之日排在下星期一。

星期日和星期六，我都留在加爾各答，一位堂兄在我家舉行結婚典禮。星期一清早，我就提了行李到塞蘭坡。拉珍陀在道場門口跟我碰面。

「上師出去了，去散步。他不要去。」

我既失望又執拗，說：「我不會讓父親再有糗我的機會。上師不去，我們去。」

拉珍陀同意。但是到喀什米爾需要一個傭人隨行。我知道上師不去，卡奈就不會去。但是總要有人照顧行李。我想到畢哈利，他曾在我家做過傭人，現在在一位校長家幫佣。我精神奕奕沿街走去，在靠近塞蘭坡法院一座基督教堂前碰到我的咕嚕。

「你要去那裡？」聖尤地斯瓦爾臉上沒有笑容。

「上師，我們計畫的旅行，聽說您和卡奈都不去了。我正在找畢哈利。您記得，去年他好想去喀什米爾，可以沿途幫忙照料，不支薪都願意。」

「記得。不過，我不認為畢哈利要去。」

我氣急敗壞地說：「他才不會放過這個難得的機會呢！」

我的咕嚕不吭一聲離開。我很快到了校長家。畢哈利在花園裡，親切地跟我打招呼，待我一提到喀什米爾，他竟然喃喃告退，進到房裡。我等了半個鐘頭，心裡緊張；畢哈利搞了這麼久，想必是在整理行裝吧！終於按捺不住，我敲了敲門。

「畢哈利在半小時前，就從後面樓梯走了。」一個人告訴我，嘴角還掛著笑意。

我黯然離開，心裡覺得奇怪，又沒有強迫他去，幹嘛逃走，難道是受了上師的影響？經過基督教堂，我再次看到咕嚕慢慢地向我走來。沒有等我開口，他就說：「所以畢哈利不去！現在你打算怎麼辦？」

我像個倔強頑童，決定冒犯師尊。「上師，我會去問叔叔，借用他的傭人賴達利。」

「你要的話就去見你叔叔。」聖尤地斯瓦爾笑嘻嘻地說：「但是我想，你不會稱心如意的。」

我懂，但是拗彆的我離開咕嚕，進到塞蘭坡法院。在法院任公職的叔叔夏拉德・高士很歡迎我。

「今天我要跟幾位朋友到喀什米爾。」我告訴他：「幾年來，我盼望著有這麼一天，可以到喜瑪拉雅山一遊。」

「慕空達，我為你高興。有什麼事我可以幫忙，讓你旅途更舒服快意？」

這些話讓我鼓足勇氣。「親愛的叔叔，」我說：「可不可以借用你的傭人賴達利？」

怎麼知道簡單的請求釀成地震。叔叔猛然一跳，椅子懸空打轉，桌上紙張四處飛揚，還有他那枝椰殼尾做成的長水煙袋，喀吧落地。

「自私的年輕人，」他咆哮道：「真是太沒禮貌了！你把我的傭人帶走，那誰來照顧我？」

事有蹊蹺。親切的叔叔態度瞬間大變，今天奇事又添一樁。我趕緊退出法院。

回到道場，朋友靠過來等我的消息。我想到上師的態度，可能有難以理解的動機吧，突然很後悔自己橫加阻止咕嚕的心願呢！

「慕空達！你不願意多跟我在一起嗎？」聖尤地斯瓦爾要求說：「拉珍陀和其他人可以先走，在加爾各答等你。從加爾各答到喀什米爾最晚的一班火車，離現在還有一大段時間，可以趕得上。」

「上師，我不在乎你去不去。」我傷心地說。

我的朋友沒有注意我的回話。他們喚了一輛馬車，所有行李都帶走。卡奈和我安靜地坐在咕嚕的腳前。靜默了半個鐘頭之久，上師起身，走向二樓飯廳的天井。

「卡奈，請預備好慕空達的食物。他的火車快要開了。」

我從毛毯座上站起來，胃突然如針刺般，我痛得在地上打滾。我看不清楚，踉蹌走向咕嚕，我在他面前崩潰。原來我感染了足以致人於死地的霍亂。聖尤地斯瓦爾和卡奈扶我到臥房。

我痛苦地叫著：「上師，我把生命交給你了。」我覺得體能極速衰退。

上師把我的頭放在他的腿上，溫柔地撫摸著我的額頭。

「你想想看，如果現在你跟朋友在火車站，會變成什麼樣子，」他說：「我必須用這種奇怪的方式照顧你，因為你在這特別的時刻挑戰我的判斷。」

最後我了解。偉大的上師不會公開展示法力。白天的事情，常人以為自然。咕嚕的干擾太精細，一般人發覺不出，他的意志力運用在畢哈利、我的叔叔、拉珍陀和其他人身上。除了我，其他人都以為這些事情的發生，在實際情況下是合乎邏輯的。

聖尤地斯瓦爾做事一向合理，按部就班，一般該怎麼做的，他就會遵照著做。他要卡奈請醫師來，並且通知我的叔叔。

「上師！」我抗議說：「只有你能醫好我，找醫師太遲了。」

「孩子！你受上帝的恩澤庇蔭。不要擔心醫師，他找不出什麼名堂。你早就給醫好了。」

有咕嚕這番話，折磨人的痛楚沒有了。我軟弱無力地坐起來，不久醫師替我診斷。

「危險期已過，」他說：「我要取些樣本回實驗室測試。」翌晨我精神奕奕，端身正坐時，醫師匆忙趕到。

「好！好！像你這樣有說有笑，彷彿沒事兒一般，」他輕拍我的手說：「我以為你要死了，我取過樣本，結果發現是霍亂。年輕人，你真幸運，有一個有神力治病的咕嚕。我服了。」

他所說的話我欣然同意。在醫師準備離去之時，拉珍陀和奧迪出現在門口。他們看到醫師，還有氣色蒼白的我，馬上收斂怒容，變成同情。

「我們很生氣你並沒有準時到加爾各答。你病啦？」

「是啊！」當朋友把行李放到昨天放置行李的同一個角落，我忍不住笑了。我想起一句話：「有一艘船要到西班牙；還沒有到，又折返。」

上師走進房來。我趁機撒嬌，抓住他的手。

「咕嚕啊！」我說：「十二個年頭了，我幾次要去喜瑪拉雅山，都沒去成；我看沒有您的祝福，女神帕娃提不會接待我的。」[2]

1 雖然上師沒有解釋，然而上個暑假上師也沒有去，可見得是因為他在那兒生病的時機尚未成熟。參閱第二十三章。

2 字面之意是「屬於山的」。帕娃提（Parvati）代表喜瑪雅（Himavat）或聖山的女兒，是給沙克蒂（Shakti）、濕婆神配偶的名字。

第21章

喀什米爾之旅

「現在你身體康復，可以出外旅行了。我跟你們去喀什米爾。」我感染霍亂，奇蹟般恢復之後的兩天，上師對我這麼說。

當天晚上，我們一行六人搭火車北行，我們優閒地到達第一站辛拉（Simla），這是一座高雅的山城，坐落在喜瑪拉雅山腳下。我們在陡峭的街上散步，欣賞壯麗的景色。

「英國草莓！英國草莓！」有一位老嫗蹲坐在如畫的市場上叫賣。

上師對這種小粒的紅果子蠻好奇的，他買了一大籃，卡奈和我正好在附近，就給我們兩人吃。我嘗了一粒就吐出來：「上師！好酸！我不喜歡草莓。」

我的咕嚕笑著說：「喔！你會喜歡的。等你到了美國，在某一次晚餐時，女主人會招待草莓，上面灑了糖和鮮奶油。她會用叉子壓碎草莓給你吃，你嚐一嚐會說：『這草莓真鮮美！』那麼你就會想起在辛拉的今天。」

我早就忘掉當時聖尤地斯瓦爾的預言；但是許多年之後再記起，是在我到達美國之後不久，我在艾莉絲．T．海斯（尤加瑪特姊妹）的家中用晚餐的時候。她的家在麻州西沙摩維拉（West

Somerville)。當晚，草莓甜點送上桌時，女主人真的拿起叉子搗爛我的草莓，加上鮮奶油和糖。「草莓很酸，我想你會喜歡這種吃法。」她說。

我吃了一口，叫道：「這草莓真鮮美！」我的咕嚕在辛拉說過的話，此時從記憶的幽谷浮現。我頓時心生敬畏，終於了解到聖尤地斯瓦爾早就與神的心靈相通，能在乙太遊蕩的業力因果中，測知未來。

我們一行人很快離開辛拉，跳上火車到拉瓦平第（Rawalpindi）。到了當地，我們租了有頂篷的四輪馬車，展開我們的斯利那加（Srinagar）七日遊。第二天往北走，一路飽覽喜瑪拉亞山遼闊的美景。馬車的鐵輪輾過炙熱的石子路，壯麗的群山，美得令人出神。

「大人！」奧迪跟上師說：「有您的陪伴，享受如此勝景，我真的很開心。」

奧迪的感激使我高興了一下，我彷彿是這趟旅行的主辦人。聖尤地斯瓦爾看出我的想法，轉過來跟我耳語：「不要自以為是。奧迪的興致沒有那麼大，他巴不得離開我們，去抽根菸。」[1]

我嚇了一跳。「上師！」我小聲說：「不要說一些不愉快的話，打破了諧和的氣氛。我不覺得奧迪想抽菸。」我憂慮地看著我一向無法說服的咕嚕。

「好啊！我不跟奧迪說。」上師偷笑說，「但是你很快會看到，等馬車停住，他就逮到機會，就會去抽菸。」

馬車到了一家小旅社，車夫牽馬喝水，奧迪要求說：「大人！你介意我跟車夫一起騎馬走走？我想呼吸新鮮空氣。」

聖尤地斯瓦爾答應了，但是跟我說：「他要的是新鮮的菸，不是新鮮的空氣。」

馬車又走在揚塵的路上。上師眨眨眼，他叫我說：「伸長脖子到車門外，你就看到奥迪在呼吸新鮮空氣。」

於是我照辦，看到奥迪在吞雲吐霧，我一臉驚訝，只好滿懷歉意地看著咕嚕。

「上師，您是對的，永遠都對！奥迪喜歡沿著風景吹氣呢！」我猜奥迪從馬車夫那裡要了一根菸來抽；因為我知道他沒從加爾各答帶菸來。

我們繼續走在蜿蜒的路上，欣賞著河流、村莊、危巖、重山峻嶺。每個晚上我們投宿鄉間旅店，自己煮飯。聖尤地斯瓦爾特別注意我的飲食，堅持要我餐餐喝檸檬汁。我身體還是很虛弱，但是每天有好轉。搖搖晃晃的馬車，真令人不舒服！

我們滿懷期盼地進入喀什米爾中部，看到仙境般的蓮花湖、水上花園、船屋、上面有許多橋的哲倫河（Jhelum River），還有滿山的奇花異草，這些美景都被雄偉的喜瑪拉雅山所環抱。我們穿過一條林蔭大道，抵達斯利那加。我們向一間旅館訂房，旅館有兩層樓，可以眺望高貴的遠山。房間沒有提供自來水，所以必須到附近的井。這裡夏天舒適；白天溫暖，晚上比較冷。

我們前往供奉商羯羅（Swami Shankara）的斯利那加古廟參拜。我凝視山邊的道場，天空讓道場看起來更為醒目，我進入出神的狀態：我看到遙遠的山上有一棟大廈，斯利那加高貴的商羯羅廟變成一棟大樓，多年之後，在美國，就在那棟大樓，我設立了「悟真會」（Self-Realization Fellowship）的總部。當我第一次來到洛杉磯，在華盛頓山頂上看到一棟大廈，馬上就認出那是我在喀什米爾，還有在別的禪定中見到的大樓。

我們在斯利那加停留了幾天，又去一千八百公尺高的古爾瑪（有「花之路」的美名）。在那裡，我第一次騎高大的馬。拉珍陀騎一匹小馬，這匹馬很喜歡快跑，我們跑上陡峭的奇郎瑪（Khilanmarg），這條路通往濃密的森林，樹上長滿了香菇，一路上霧氣瀰漫，路況不明，但是拉珍陀的小馬卻不讓我那匹大馬喘息，在危險的彎道上還是疾速前進。跑啊跑著，拉珍陀的馬毫無倦意，我們無視危險，只想比賽看誰的馬快，樂此不疲。

我們激烈的比賽，最後的獎品是令人嘆為觀止的奇景。這是我有生以來第一次被積雪的喜瑪拉雅山環抱，重重山嶺的剪影，側看像是超大的北極熊，綿延的冰山襯托著蔚藍的晴空，讓人大飽眼福。

我跟年輕的同伴都穿著大衣在白皚皚的雪地上打滾。下山時，遠處一大片黃色小花，為草木不生的山坡增添生氣。

下一站到賈汗吉（Jehangir）親王著名的「皇家樂園」：夏里瑪（Shalimar）和尼夏特花園（Nishat Bagh）。尼夏特的古老宮殿直接蓋在天然的瀑布上，瀑布從山上直灌下來，水流經過靈巧設計的五顏六色的高台之上，直直灌入花叢中的水池。水流也通過宮殿幾處廂房，最後匯聚在底下的湖中。偌大的花園種滿了五顏六色的花，有玫瑰花、金魚藻、薰衣草、三色堇和罌粟花。整齊成排的懸鈴木（*chinars*）[2]、絲柏、櫻桃木構成翠綠輪廓線；背後聳立的是莊嚴的喜瑪拉雅山。

在加爾各答，大家把喀什米爾來的葡萄當成稀有的美味。拉珍陀一直希望在喀什米爾可以大啖葡萄，結果發現那裡沒有大片的葡萄園，令他大失所望，我偶爾還會糗他說：

「啊，我的肚子塞滿好多葡萄，再也走不動了！無形的葡萄在我體內發酵！」後來我聽說甜美的葡萄，主要產地是在喀什米爾西部的喀布爾（Kabul）。我們只好吃一種牛奶提煉成的冰淇淋，加上滿滿的開心果，自我安慰一下。

我們搭船塢玩了好幾個地方，小船有紅色刺繡的船蓬，在錯綜複雜、像蜘蛛網一樣的戴爾湖（Dal Lake）渠道划行。這裡有許多水上菜園，用木條和泥巴草草搭成的。我第一眼看到蔬菜和瓜類生長在水上，很不習慣，也很訝異。偶爾會看到不屑種地的農夫，用繩子把他的水上菜園拉到湖面上的新據點。

在這層層溪谷中，可以看到地球美麗的縮影。喀什米爾像是一個貴婦，以山嶺為皇冠，湖泊為花環，花朵為鞋子。我後來到許多遙遠的國家，才知道喀什米爾為什麼被稱為世界上最美的地方。它集瑞士阿爾卑斯山的雪景、蘇格蘭羅夢湖（Loch Lomond）的迷人，與英格蘭的湖泊之美於一身。美國遊客在喀什米爾，會憶起壯闊的阿拉斯加，和丹佛附近的派克峰（Pike Peak）。

如果要頒獎給最美的世界名勝，第一獎我會頒給位在墨西哥壯觀的宙綺蜜口（Xochimilco），此處天空、山水、白楊樹相互呼應，無數河渠裡有魚游來游去；或頒獎給喀什米爾，那裡的湖水像美麗的姑娘，由巍峨的喜瑪拉雅山守護。在我的印象中，這兩處是世界上最可愛的地方。

黃石公園、科羅拉多州的大峽谷、阿拉斯加的景色非常優美，令人心生敬畏。也許黃石公園是唯一可以看到許多噴泉準時往高空上噴射的地方，在這個火山區，大自然留下了混沌之初的形態：地熱溫泉、五顏六色的水池、猛烈射出的噴泉，還有咆哮的熊、狼、野牛等野獸。坐車沿著懷俄明州的公路到「魔王的水彩罐」看冒泡的熱泥漿、滾滾流動的泉水、氤氳的噴泉、四射的間歇泉。我可以這麼說，「黃石公園」獲頒特別獎，當之無愧。

加州的優勝美地（Yosemite）有壯麗的紅杉林，高聳入雲，彷彿上帝蓋的參天綠色大教堂。雖然東方有美妙的瀑布，但是沒有一個地方比得上紐約州靠近加拿大邊境的尼加拉瓜大瀑布。肯塔基州的長毛象窟（Mammoth Caves）和新墨西哥州卡斯巴洞窟（Carlsbad Caverns）都是人間仙境，五顏六色像冰錐一樣的鐘乳石從窟頂懸掛而下，映照在地下水面，看了令人嘖嘖稱奇。

多數喀什米爾的印度人，身材和骨架像歐洲的白人，金髮碧眼，穿上西服，像極了美國人，他們的美貌舉世聞名。喜瑪拉雅山的冷，消解了陽光的熱氣，讓那裡的人膚色比較淺；越往南行，到印度熱帶地方，人的皮膚就愈來愈黑。

在喀什米爾過了幾個愉快的星期，塞蘭坡大學秋季班開學了，我只得返回孟加拉。聖尤地斯瓦爾、卡奈、奧迪又多留在斯利那加一陣子。我離開前不久，上師預感他在喀什米爾會身體不適，但我很不以為然：「可是，上師，您看起來很健康啊。」

「我可能會離開這個世界。」

「咕嚕啊！」我跪下來求他說：「請答應我，現在不要離開，我還沒有準備好，沒有您的帶領，我怎麼能夠活下去。」

聖尤地斯瓦爾沉默不語，慈悲地微笑著，又讓我覺得放心。我只好心不甘、情不願地離開。

「上師病危。」我離開回到塞蘭坡不久，奧迪的電報就來了。

「上師。」我趕快打了個電話給我的咕嚕說：「求你答應我，不要離開我，請留住肉身，否則，我也要死。」

「如你所願。」這是上師在喀什米爾的回答。

幾天之後，奧迪捎來一封信告訴我，上師康復了。再過了兩個星期，咕嚕回到塞蘭坡，令人傷心的是，上師比平時瘦了一圈。

做弟子的很慶幸，聖尤地斯瓦爾利用在喀什米爾生的重病，燃燒掉弟子們犯的許多罪。高深的瑜伽行者知道用精神力轉移肉體的疾病；強壯的人可以替體弱的人分擔沈重的包袱，靈性高超的人擔負他人部分業力，來減輕弟子身心的困擾，正如富人花錢替放蕩的兒子還債，拯救他因愚昧所造成的苦果，所以一個上師願意犧牲肉體的健康，減輕弟子的不幸。[3]

聖人用瑜伽的密法，聯結自身與病患的心和靈，病痛就部分或全部轉到瑜伽行者的肉體上。一個悟得真理的大師，已不擔心自己的肉身，雖然為了減輕他人病痛而生病，但是心靈並不受染著，反而很榮幸能這樣幫助別人。

如果能在神裡面找到最後的救贖，肉體也完成了任務，人就可以依照自己的意思使用身體，他在世上的任務，是為了減輕人類的憂傷痛苦，可以運用靈性的方法，與頭腦對談、意志力或轉移肉體的疾病。不論何時，有需要的話，他可以逃進超意識裡，忽視自身肉體上的疾病，有時候，為了給弟子榜樣，他會苦行。一位瑜伽行者能承受他人的疾病，就能為了滿足那個因果業報的法則。這個法則自然運作，證悟的人可以操縱這個法則。

靈性的法則並不會讓上師在治癒別人時，也要生病。聖人通常知道各種不同的治療方式，可以讓人馬上痊癒，而且不會傷害到自己。但在極少數的情況下，有的上師自願在自己身上消除弟子種種的業障，希望加快弟子靈性的進展。

耶穌示現人間，替許多人贖罪。如果不是他願意與微妙的宇宙因果業報法則合作，以他的神力[4]，他不必被釘在十字架上死亡。但他用這種方法承擔別人的業力，尤其是門徒的業障。耶穌用這種方法大大淨化了自己的門徒，也使得無所不在的宇宙意識，後來能降臨到他們身上。

只有證悟的上師能夠給予生命能量，或移轉他人的疾病到自己身上。普通人無法運用瑜伽方法治病，也不應該這麼做。而身體不好，會阻礙進入深禪定。印度經典教導人最重要的，就是維持身體健康，否則心靈就無法虔誠專注。

堅強的心靈，可以超越肉體的軟弱，了悟上帝。許多聖人無視病痛，尋找到上帝，像阿西西的聖方濟（St. Francis of Assisi）也是疾病纏身，但他能幫他人治病，甚至將死人救活。

以前我認識一位印度聖人，他全身上下經常酸痛，還罹患嚴重的糖尿病，沒有辦法好好禪定超過十五分鐘，但是非常嚮往靈性世界。「主啊！」他禱告，「祢願意進入我這間破爛的廟堂嗎？」這位聖人很有意志力，漸漸能夠雙盤，每天禪定十八個小時不間斷，定於極樂的境界。他告訴我說：「三年後，我看到光波在我殘破的身體裡閃耀，雀躍地散發無限的光芒，讓我忘記身體的存在。後來我才明白，神的慈悲讓我康復了。」

歷史上記載著在印度建立蒙兀兒帝國的巴布爾國王（Baber, 1483-1530）治病的故事。他的兒子胡默元（Humayun）病危。身為父親的巴布爾國王很痛苦，於是祈禱願意承受他兒子的病痛，好讓兒子康復。雖然所有的醫生都覺得王子不可能活下來，但王子竟然痊癒了，只是國王馬上病逝，生的就是他兒子之前的病。

許多人認為，一位偉大的上師應該像運動員山度（Sandow, 1867-1925）一樣，身體健康、力大無窮，這是錯誤想法。咕嚕身體有病並不表示沒有神聖的力量，一生不得病，並不表示證悟。換句話說，肉體的狀況不能正確檢驗一位上師；分辨上師的資格，不在肉體，而在靈性。

西方很多人都誤以為能夠談論形上學，口若懸河的演講家或下筆如神的作家，必是一位上師。事實證明，要有能力隨其意志力進入有餘三摩地，擴大到無餘三摩地[5]的行者才能成為上師。唯有達到如此成就，才能「掌握」宇宙二元性所創造的幻相。他的了悟入是：「存在的只有一體（*Ekam Sat*）。」

偉大的一元論者商羯羅寫道：「吠陀經典記載，那些喜好細細分辨個體靈魂與無上真我有差異的人，讓自己身陷危機。因為無知，才衍生二元對立，看一切事物都與真我分離。但若能視事物為真我，那麼連一粒原子就是全世界。一旦獲得真知，就發現身體並不真實，沒有過去行為的業果要去經歷，如大夢初醒。」

只有偉大的咕嚕，才能承擔弟子的業報。聖尤地斯瓦爾內在的靈魂必定得到應允，讓他用這種奇特的方法幫助弟子，否則他不會在喀什米爾生病。很少聖人能像我的上師一樣，具有敏銳的智慧與上帝溝通，去執行上帝的命令。

我擔心他的健康，所以說了一些沒大沒小的話，我的咕嚕卻快樂地說：「生病也是有好處的。我現在穿得下很緊的內衣，都好幾年沒穿啦。」

聽到上師說笑，我憶起聖方濟各沙雷氏（St. Francis de Sales）說過的話：「聖人悲傷，就成了可悲的聖人。」

1 在印度，在長者或上司面前抽菸乃大不敬。

2 東方的懸鈴木。

3 許多基督教聖人包括德雷絲．紐曼（見第三十九章）都熟悉疾病轉移法。

4 耶穌基督在被釘十字架之前說：「你想我不能求我父，現在為我差遣十二營多天使來麼。若是這樣，經上所說，事情必須如此的話，怎麼應驗呢？」《馬太福音》26：53-54。

5 參看第二十六章注11。

第22章

聖像顯靈

「我是傳統的印度太太，不想抱怨自己的先生，但還是希望他不要以物質觀點看待一切。我禪定時他以嘲笑房裡的聖像為樂。我親愛的弟弟，我相信你能夠改變他，可以請你幫這個忙嗎？」

大姊蘿瑪滿心期待地看著我。她住在加爾各答市麥利威德那拉巷（Girish Vidyaratna），我去看她時。她請我幫忙，小時候媽媽過世後，她就像母親一樣照顧我，對我童年的靈性影響甚鉅。

「親愛的姊姊，我一定盡力去做。」我笑著，希望她能一掃愁容，變回平時恬靜快樂的模樣。

蘿瑪和我安靜地坐了一陣子，一起禱告，祈求神的引領。早在一年前，姊姊就要我教她克利亞瑜伽，她學後有長足的進步。

眼前突然一道靈光閃過。「明天，」我說：「我要到塔森斯瓦的迦梨神廟。請跟我去，也請姊夫一起。我覺得在那個聖地的氣氛裡，神母會打動他的心。但是我們事前不要跟他講這些。」

姊姊欣然同意。隔天一大清早，我很高興看到姊姊和姊夫準備上路了。我們的馬車沿著上環路駛向塔森斯瓦，我的姊夫沙悌．勤德拉．包斯（Satish Chandra Bose）嘲弄所有過去、現在、未來的靈性上師。我發現蘿瑪在偷偷地流眼淚。

「姊！高興點，」我耳語道：「不要讓你先生認為我們在意他的風涼話。」

「慕空達！你怎麼會崇拜這些沒用的騙子呢？」姊夫說：「隱士的外表讓人倒胃口，不是瘦得像排骨；就是胖得像大象。」

我聽了大笑，這個平和的反應讓姊夫不開心，他後來就悶著不講話了。車子進到塔森斯瓦的廟堂前，他又齜牙裂嘴地笑道：「你們是不是想用這次旅遊改造我啊？」

我轉身沒有搭腔，他拉住我的手臂說：「這位小師父——不要忘了跟寺廟那邊打好交道，幫我們準備午餐。」

「現在我要禪定了。不要煩惱你的午餐。」我直接說：「神母會照料一切的。」

「我不相信神母會為我做事，但是我指望你負責我的食物。」姊夫語帶威脅。

我單獨走到迦梨（神母化身）大廟前的長廊，找到一根柱子，在陰影處坐下來盤坐。雖然只是七點，但是早上的陽光不久就會開始刺眼。

我靜下心，外界的雜訊消失，我專心觀想迦梨女神。塔森斯瓦廟裡的女神像特別不同，是由瑜伽行者羅摩克里虛那供奉的。石像常常顯靈和他講話，回答他迫切的疑惑。

「靜默的女神，」我禱告著：「每當祢親愛的弟子羅摩克里虛那祈求時，祢就充滿生命；祢是否也能聽聽我這個弟子渴望的呼喊呢？」

我寧靜的心充滿熱望，五個小時過了，我心深處觀想的女神還沒有回答，覺得有些失望。有時候上帝會用延遲回答禱告的方式來測驗人。但是只要堅持到底，必能得到回應。一位虔誠的基督徒得見耶穌，一位印度教徒看到克里虛那或迦梨女神，不崇拜化身的，可以見到神性的光芒。

我不情願地張開眼睛，正午時刻，僧人依照規矩把廟門關上。我起身步入園中，陽光把石板地曬得發燙，赤腳實在很痛。

我心底埋怨道：「神母！祢不現身，現在又躲起來。今天我特別要代替我的姊夫祈求。」

我內心的請求馬上得到回應。首先，一道清涼落在我的肩膀，穿過身體，然後從腳下流過，把所有的不適一掃而空。然後，我嚇一跳，整座廟變得好雄偉，大門慢慢敞開，出現迦梨女神石像，石像慢慢活過來了，笑著對我點頭，我全身充滿難以言喻的喜悅，彷彿有股神祕力量讓我倒抽一口氣，我無法動彈，但並不僵硬。

我的意識隨之慢慢擴張，我可以清楚看見在左邊好幾公里外的恆河，神廟後面的整個市區。每棟房子都透明發亮，我看到人們在遠處走來走去。

雖然我已經停止呼吸，雖然我的身體在一種奇妙卻平靜的狀態，但我的手腳能移動自如。有好幾分鐘的時間，不論我張眼閉眼，都看得到市區的全景。

我靈視的力量就像X光，能夠穿透所有物質；上帝的眼睛，無所不在。我站在灑滿陽光的庭院中，領悟到一件事：如果人不再做上帝的浪子，覺悟世間的一切如夢幻泡影，人就能再度承繼永恆的國度。只是人往往被自己褊狹的性格所束縛，想要逃避真相，可是，他如何逃避無所不在的神？

我在塔森斯瓦神聖的經驗裡，只有廟宇和女神像放得特別大，其他物體的大小都沒有改變，但每一樣東西外面都有一圈淡淡的白光與藍光，還有柔和的彩虹光。我的身體好像是用空氣做的，隨時都可以飄浮升空。我很清楚周遭的環境，我四下張望，然後走了幾步，靈視並沒有中斷。

我看到姊夫坐在廟後面，一棵多刺的木橘神木下。我輕易讀出他的思路。在聖地，他內在提升了一點，但是對我還是不大友善。我馬上轉向慈悲的神像。

「聖母！」我祈求著，「祢不願意改變姊夫靈性方面的態度嗎？」

美麗的女神始終靜默，最後還是開口說：「如你所願。」

我開心地看著姊夫。他馬上意識到某種靈性的力量在運作，於是生氣地站起來。我看到他怒氣沖沖，從廟的後面朝我跑來。四面八方的影像消失。我看不到榮耀的女神，高聳的廟宇不再透明，恢復了原狀。我的身體又感受到太陽的燠熱，馬上跳到走廊上陰涼的地方，姊夫火大地尾隨著我。我看看手錶，一點鐘，女神顯靈持續了一個鐘頭。

姊夫想都沒想就說：「你這個笨小子！你又鬥雞眼、又盤腿，坐了好幾個小時，我來來回回觀察你。我的飯呢？現在廟門關了。你沒有要廟裡的人準備我們的午餐，現在都沒得吃了。」

「剛才女神出現，讓我體驗到無上的喜悅，直到現在，我還能感覺到女神就在身旁。」我回答說：「神母會給我們飯吃的。」

「我就相信你最後一次，」姊夫壓抑著怒氣說：「我倒想看看你的神母怎麼給我們飯吃。」

話才說完，廟裡的出家人便穿過庭院，朝我們走來。

「孩子啊！」出家人跟我說：「我發現你禪定了幾小時，我看到你的臉上閃爍著神的光芒。早上我看到你們一行人來，就想到要替你們準備午餐。雖然你們沒有事先要求，擅自替你們準備就違反廟裡的規矩，但是，我還是準備好你們的午餐了。」

我謝過師父，看著姊夫，姊夫低頭不語，面有愧色。我們吃了一頓大餐，還有非當季的芒果。我注意到姊夫的胃口不怎麼好，對剛發生的事，他百思不得其解。回加爾各答的路上，姊夫的表情變溫和，偶爾看看我，似乎有話想說。從出家人出現後，他一句話都沒說；我們受邀用餐，彷彿直接回應了姊夫的挑戰。

隔天下午，我到姊姊家拜訪。她很高興地問候我。

「親愛的弟弟，」她叫道：「奇蹟發生了！昨晚我先生在我面前哭了！」

姊夫對她說：「我摯愛的女神[1]，我的快樂難以形容。你弟弟改變我的計謀成功了，我完全改觀。以前我對你所做的種種錯事，今後不會再犯。從今天晚上開始，我們的大臥房要拿來做禪定用，而你的小禪房改成我們的臥房。我真不該諷刺你弟弟。我的行為很可恥，我要處罰自己不能再跟慕空達講話，等我的靈性有進步再說。從現在開始，我要從內心深處尋求神母，總有一天我會找到祂。」

好幾年後，我到德里探望姊夫。我很高興看到他在靈性上有很大的進步，而且很有福氣，還在禪定中看到神母。我停留的幾個晚上，雖然他病得很重，而且白天還要工作，但他晚上大部分時間都在深沉地禪定。

我有個念頭：姊夫的命不長了。蘿瑪一定看穿我的想法。

「我親愛的弟弟，」她說：「我的身體好，但先生卻生病。不管怎麼說，我要你知道，身為傳統的印度妻子，我會先死[2]。我的死期不遠了。」

加州聖地牙哥世界信仰悟真堂

我的妹妹烏瑪小時候

我跟姊姊蘿瑪（左）、納莉妮（Nalini）

回想姊姊所說不祥的話，現在我知道怎麼一回事！姊姊死的時候，我在美國，就在她預說死期日之後大概十八個月。事後弟弟畢修告訴我詳情。

「蘿瑪死的時候，我和姊夫都在加爾各答。」畢修告訴我說：「那天早上，她穿著婚禮時的華服。

「『怎麼打扮得這麼隆重？』姊夫問。

「『今天是我在世上服侍你的最後一日。』姊姊回答。說完不久她就心臟病發。兒子趕出去找醫師時，她說：『孩子啊！不要離開我。沒有用的。醫師來之前我就走了。』十分鐘後，蘿瑪握著先生的雙腳以示尊敬，然後，在快樂、沒有痛楚的自覺中離開了肉身。

「『姊姊死後，姊夫變得非常孤僻，』畢修繼續說：『有一天他跟我看著一張蘿瑪微笑的大照片。』

「『你為什麼笑呢？』姊夫突然說話，就彷彿妻子在場。『你自以為聰明，安排先我一步離開。我要證明你沒有辦法離開我的，很快我就要跟你走了。』

「雖然這個時候姊夫已完全康復，身體好得很。但就在他說了這些莫名其妙的話不久，就無緣無故過世了。」

姊夫在達森斯瓦蛻變，從凡夫俗子，變成靜默寡言的聖人。我親愛的摯愛的大姐與她的先生，都在預知自己死期的情形下離開人世，福德圓滿。

1 *Devi*為女神之意，字義是閃耀的，乃從梵文動詞字根*Div*演變而來的。

2 印度妻子認為先丈夫而死是一種靈性進步的象徵，可做為她對他忠實或「忠於職守」的證明。

第23章 奇蹟畢業

「你都不做哲學課本上的習題。難怪你想偷懶，用『直覺』通過考試。但是，你要是不多用功，我看你考試不會過。」

塞蘭坡學院戈夏教授（D. C. Ghoshal）嚴厲地訓了我一頓。如果我的期末考不及格，就不能參加畢業考。這是加爾各答大學全體教授的決定，而塞蘭坡學院是加爾各答大學裡的一個學院。印度大學規定，學生在學士學位期末考中有一科不及格，下學期就得全部重修。

同學都叫我「瘋和尚」；塞蘭坡學院的老師對我都很好，沒有嘲弄我的意思。「慕空達對宗教似乎太著迷。」他們上課都不會點我回答問題，避免尷尬場面；他們相信期末考的筆試，會把我從文學士畢業考的名單上除名。

我要了一點小聰明，讓戈夏教授不能當掉我的哲學。期末考試成績公佈在即，我請一位同學陪我到教授的辦公室。

「跟我來，我需要見證人。」我跟同學說：「要是沒讓老師服輸，我會很失望。」

我問戈夏教授給我幾分，教授猛搖頭。

「你不在及格名單裡，」他肯定地說。他翻了桌上的一大堆考卷。「你的考卷不在這裡，反正你不及格，因為你根本沒有參加考試。」

我偷笑：「老師，我有參加考試。讓我找一找，可以嗎？」

教授楞了一下。我很快就找到考卷，考卷上我只寫座號，沒有寫名字。在不知道我的名字情形下，老師給我很高分，我引用課本上的話[1]加油添醋地答得很好。

他看出我的詭計後咆哮道：「你只是運氣好！」然後還一廂情願地說：「你的文學士考試一定不會通過。」

我其他科目的考試都有人協助補習，特別是沙納達叔叔的兒子，我堂哥帕巴斯．錢德拉．高士（Prabhas Chandra Ghose）[2]，使我每科考試都低空飛過。

現在，四年的學院生涯，使我夠資格坐在文學士的考場，雖然如此，我卻不期盼有什麼好處。塞蘭坡學院的期末考比起加爾各答大學文學士的考試簡直是小巫見大巫。平時我天天跑去看聖尤地斯瓦爾，課堂上很少出現，我如果去上課，大家反而覺得奇怪呢！

幾乎每天早上九點半，我騎腳踏車出發看咕嚕。還在宿舍的花園摘花，當作送咕嚕的禮物。只要上師招待我吃午飯，我毫不遲疑，即刻答應，很高興今天又不必上學。跟聖尤地斯瓦爾在一起好幾個鐘頭，聽他無上的智慧之音或幫忙道場的工作，再心不甘情不願地回到宿舍。偶爾，我整晚陪著我的咕嚕，快樂地專心聽他的談話，直到東方發白。

有一天，接近半夜；我正穿鞋子[3]準備騎腳踏車回宿舍，上師憂愁地問我：「你的文學士考試什麼時候開始？」

「報告上師，再五天就要考試！」

「我希望你有準備。」

我聽傻了，一隻鞋子還懸在半空中，還來不及穿上。「上師！」我抗議道：「您知道我整天跟您在一起，沒去上課，那麼難的考試，去只是鬧笑話而已！」

聖尤地斯瓦爾眼神很嚴厲：「你必須應考！」他命令我說：「我們不該讓你父親和親戚找藉口埋怨道場生活。答應我去赴考，盡你所能答卷。」

我兩行眼淚控制不住，覺得上師的命令不近情理，而且他的關心也來得太晚了吧。

我邊哭邊說：「如果您堅持的話，我會去考試，但我沒有時間準備。」我喃喃地說：「我要把整張考卷都填滿你教過的東西。」

翌日，我和往常一樣到道場，獻花給聖尤地斯瓦爾。他笑我煩惱的樣子。

「慕空達，上主令你失望過嗎？在考試時或者其他時候？」

「沒有，上師！」我溫和回答。想到這些我真的很感激，於是振奮了起來。

「不是怪你懶，是你太愛神，才沒有用功讀書。」我的咕嚕慈悲地說。沉默了一會兒，他引用《聖經》的話：「你們要先求祂的國和祂的義，這些東西都要加給你們了。」4

無數次，我覺得在上師面前，我的負擔消失於無形。我們吃完午餐，他建議我回宿舍。

「你的朋友羅邁斯．錢德拉．達特（Romesh Chandra Dutt）還跟你同住一間宿舍嗎？」

「是的，上師。」

「跟他聯絡，上主會讓他來幫你準備考試。」

「好的，上師；只是羅邁斯一向都很忙，他是班上的好學生，比別的同學多修了好多課。」

上師用手勢打斷我的反對意見：「羅邁斯會挪時間給你的，去吧！」

我騎腳踏車回宿舍。在住宿前廣場上第一個碰到的人，就是用功的羅邁斯，他的日子彷彿過得悠閒，他親切地答應我心虛的請求。

「當然！我會幫你的。」當天下午他花了好幾個小時，後來幾天也都在幫我溫習其他科功課。

「我相信『英國文學』很多題都會考柴爾德．哈洛（Childe Harold）所走過的路線，」他告訴我，「我們馬上找一本地圖來。」

我趕到沙納達叔叔家借了一本地圖。羅邁斯在歐洲地圖上把浪漫主義作家拜倫（Byron）旅遊過的地方作記號。

有幾個學生靠過來，其中一個在一個段落後告訴我說：「羅邁斯跟你說錯了，通常一半是考作者生平；一半是作品賞析。」

當我進入英國文學考場，坐下來第一眼就看試題，感激得涕淚縱橫，考卷都濕了。監考人員還跑來桌旁關心，問我怎麼了。

「我偉大的咕嚕預先說過羅邁斯會幫我忙。」我解釋道：「結果，看！羅邁斯告訴我會考的試題就在這裡，」我又說：「我真的運氣好，今年考英國作家生平的問題很少，他們的生活史我是一竅不通。」

我回到宿舍時，現場一片騷動，那些糗我對羅邁斯那麼有信心的同學，現在都跑來恭喜我。整個星期的考試都找羅邁斯幫忙，他幫我猜題，每一天應試，羅邁斯猜的題目都出現在考卷上，連用的字幾乎都和試題一樣。

消息傳開，整個學校都知道愛翹課的「瘋和尚」通過考試，真是奇蹟。我沒有隱瞞實情，學院的教授沒有辦法修改試題，因為是加爾各答大學的教授出的題目。

英國文學的考試，我卻犯了一個嚴重錯誤；某題組分成兩部分，可以選答甲或乙兩個問題中的其中一題，再答丙或丁的其中一題。結果我答了甲與乙，丙、丁完全沒答。就算都答對，最高的得分也只有三十三分，考試要三十六分才及格。

我趕緊跑去見上師，把問題全盤告訴他。

「上師，我犯了一項不可饒恕的大錯，我受羅邁斯幫助得到上帝的恩典，但我實在不值得。」

「慕空達，高興一點！」聖尤地斯瓦爾語調輕鬆，一副無所謂的樣子。他指著天空說：「如果你得不到文憑，太陽就打西邊出來了。」

離開道場時，我的心平靜多了，但很難想像自己能及格，我抬頭望了望天空，太陽公公仍好端端地在原來的軌跡上。

我回到宿舍後，無意中聽到一位同學說：「我剛剛聽說『英國文學』及格的分數降低了，這可是史無前例。」

我衝進去，把這同學嚇了一跳，我急著想問個明白。

「長髮和尚，」他笑著說：「怎麼突然對畢業的事情感興趣啦？為什麼最後關頭了才呱呱大叫？但是及格的標準降到三十三分，這是真的。」

我高興地連跑帶跳，回到自己的房間，跪下讚美我的天父的完美無缺。

每天我沈浸在聖靈充滿的喜悅中，清楚祂經由羅邁斯來指引我。我在考「孟加拉文」時，就發生一件重要的事。一天早上，羅邁斯把我叫回去，他沒有幫我補這科，當時我正離開宿舍，前往考場。

「羅邁斯叫你，」一位同學不耐煩地告訴我，「不過你不要回去，時間來不及了。」

但是我不理他，我跑回房間。

「通常『孟加拉文』考試，是難不倒你們這些孟加拉人的，」羅邁斯說：「但是我有預感，今年教授計畫好要問些參考書上的題目來『當掉』你們。」然後他簡短告訴我兩則威迪薩格（Vidyasagar）的故事，他是十九世紀孟加拉一位著名的慈善家。

我謝過羅邁斯，趕緊騎腳踏車赴考場。我發現「孟加拉文」的試題分成兩部分；第一題是：「試舉二個例子有關威迪薩格做過的善事。」我把羅邁斯告訴我的寫在試卷上，輕聲細語感謝他最後一分鐘的叮嚀。如果我不知道威迪薩格的善行（我也蒙其庇佑），我的孟加拉文就不及格了。

第二題是：「用孟加拉文寫一篇文章有關影響你至深的人。」讀者大眾，我無須告訴各位我會寫誰。當我一頁接著一頁寫下對咕嚕的讚美，才意會到我喃喃的預言竟然成為事實：「我要把整張考卷都填滿您教過的東西。」

我的「哲學」不必依靠羅邁斯了。相信在聖尤地斯瓦爾長期訓練下，我可以丟開課文上的解釋。我的「哲學」一科分數最高，其他科都剛好及格。

我無私的友人羅邁斯，以優等成績獲得學位。

父親笑容可掬地參加我的畢業典禮。「我不敢想像你的考試會通過，慕空達，」他坦白說：「你花太多的時間跟你的咕嚕在一起。」上師早就料到我父親會這麼說。

幾年來，我不確定能順利畢業，後來我需要出示文憑的時候，總是很感謝這份為了某種原因賜給我的禮物。因為我以前不用功，所以偶爾聽到「大學時填鴨式的學習，畢業後早就忘得一乾二淨了」的話，也稍微減輕我的愧疚。

從加爾各答大學獲得學位的那天，我跪在咕嚕跟前，感謝他把他生命裡的祝福都給了我。「慕空達，起來吧。」上師和藹地說：「上帝只是覺得，讓你順利畢業比讓太陽從西邊升起簡單得多。」

1 我必須承認戈夏教授是公正的，造成我倆之間緊張的關係是因為我缺課，對課業不用心，不是他的錯。戈夏教授有豐富的哲學知識，他是傑出的演說家。後來我們相互了解至深。

2 雖然堂兄和我有著同樣的姓氏Ghosh，普拉哈斯習慣將他的姓在英文中翻譯為Ghose；所以在此沿用他自己的拼法。

3 在印度的道場，弟子都要脫鞋。

4 《馬太福音》6：33。

第25章 出家為僧

「上師，我父親一直很希望我到孟加拉－納加普鐵路公司上班，做行政的工作，但是我推辭了。」我滿懷希望地說：「這樣您還是不讓我出家嗎？」我對我的咕嚕投以懇求的眼神。過去這些年來，為了讓我想清楚出家的事，上師總是拒絕。然而，今天上師慈愛地笑著。

「好啊！明天舉行出家儀式。」上師靜靜地說：「我很高興你一直都想要出家為僧。拿希里．瑪哈賽常說：『人生盛年時，不邀請神來做客；人生凋零時，神也不會來。』」

「敬愛的上師，我想效法您加入僧團。」我對上師笑，這份對上師的愛，難以度量。

哥林多前書說：「沒有娶妻的人，是為主的事憂慮，想怎樣叫主喜悅；娶了妻的，是為了世事憂慮，想怎樣叫妻子喜悅。」[1]我有好幾個朋友，在靈性戒律磨練之後結婚，我觀察過他們，因為俗事纏身，早忘了如何凝神禪定。

我不懂，怎麼會有人把神擺在生命中的次要地位。上天是宇宙唯一的主宰，默默把恩賜給予生生世世的我們。然而有一件事，神並不去控制，就是人可以選擇愛或不愛。造物主費盡千辛萬苦，將自己隱藏在宇宙萬物的每一個原子裡，唯有一個動機，一個體貼的願望：希望人尋求祂，是出於個人的自由意志。神雖然無所不能，卻也很謙卑。

這段對話的隔天，是我一生中最值得紀念的日子。我記得那是一九一四年七月，就在大學畢業幾個星期後的一個星期四，當日天氣晴朗，在塞蘭坡道場，上師把一匹白絲綢染成橘色；橘色，是傳統僧袍的顏色。等到這塊絲綢布乾了，我的咕嚕將布披到我身上，象徵我穿上了僧袍。

「有一天你會到西方，那裡的人喜歡絲綢。」他說：「我挑選絲綢代替傳統用的棉布，作為這事情的象徵。」

在印度，出家人都維持清貧，因此絲綢僧袍不常見；不過瑜伽行者多著絲綢布衣，因為絲綢比棉布更能保存身體精微的波流。

「我不喜歡儀式。」聖尤地斯瓦爾強調說：「所以用簡單而隆重（*bidwat*）的方式進行。」

出家之禮很繁複，一般儀式中會舉行火祭和象徵性的葬禮，代表弟子肉身在智慧之火的燃燒下，焚毀、死亡；然後對新人頌唱詩句，如「真我即是梵天」[2]或「你是那個」或「我是祂」。不過，聖尤地斯瓦爾喜歡單純，不要那些繁複儀式，只要我選一個法名。

「我讓你自己挑選法名。」他笑著說。

「尤迦南達。」我想了半天說。這個名字是以神聖的合一（*yoga*）獲得無上幸福（*ananda*）的意思。

「好！你捨棄掉俗名慕空達．拉爾．高士；從現在開始，你叫尤迦南達，屬於僧伽派吉利宗。」

我跪在聖尤地斯瓦爾面前，第一次聽到上師說出我的法名，讓我滿心歡喜，感激不已。他充滿愛心、不辭勞苦，使男孩慕空達成為和尚尤迦南達。我開心地唱了幾句商羯羅的梵文頌歌：

非心、非我、非覺；
非天、非地、非物。
我是祂，我是祂，幸福之靈！我是祂！
我無生，無死，無階級。
無父無母，一無所有。
我是祂，我是祂，幸福之靈！我是祂！
超越幻想的飛翔，我無形，
浸潤生命之翼：
我無懼束縛；我自由，自由恆常，
我是祂，我是祂，幸福之靈！我是祂！

幾世紀以來，出家為僧的傳統自商羯羅以下[3]，無有間斷。出家有正式的規定，出家師父一脈相傳，積極領導，服務世人。沒有人可以自稱師父，只有師父才能讓俗人出家；因此，追本溯源，所有的師父都有同一個上師——商羯羅。僧團謹守清貧、禁慾、服從靈性的導師，許多天主教、基督教修士也遵守同樣的誓言。

法名之後要加入宗派之名，以辨示其所屬宗門。此十宗分別是：吉利（*Giri*，山），也就是聖尤地斯瓦爾．吉利的宗派，我也屬於這個宗派；其他如薩迦（*Sagar*，海）、帕拉提（*Bharati*，土地）、阿蘭若（*Aranya*，森林）、蒲利（*Puri*，道路）、悌達（*Tirtha*，臨水的聖地）、娑羅室伐底（*Saraswati*，自然的智慧）。

受出家戒得到法名，有雙重的意義，一是藉由神聖的品質，如愛、智慧、明辨、虔敬、服務或瑜伽，獲得無上喜樂（*ananda*）；二是天人合一，在寬闊的山、海、天中，與神調和。

無私服務全人類、捨棄人之執著和野心，這種理念讓每一位師父積極參與回饋社會的工作與教育事業；這不單發生在印度，在其他國家，也時有所聞。師父具備博愛的觀念，拋棄階級、教條、種族、膚色、性別等偏見，目的是為了與神合一。他清醒時和沉睡時的意識，都充滿「我是祂」的意念，因此即便和光同塵，卻不同流合汙。只有從行為才能說明是不是出家（swami）師父就是「與真我（*swa*）合一」之人。不用說，不是每個正式出家的師父都能證悟。

聖尤地斯瓦爾是「師父」，也是「瑜伽行者」。師父，是古代制度中的出家人，但不一定是瑜伽行者。人只要修煉與神連結的功法，他就是瑜伽行者，可以結婚成家，或出家獨身；可以入世，也可以出世。師父，要遵照戒律，照著教條行事，棄絕世俗；瑜伽行者是按著功法，一步步修煉身心，使靈魂得以解脫。瑜伽行者要經由各種磨練，才能參透玄機，其功法乃先聖先賢所傳，並不是單就山盟海誓，或憑藉信心可得。印度世世代代，皆有人借瑜伽之助，獲得真正的自由。

瑜伽不分氣候帶與時間，人人都可以學。某些無知之人作書闡說瑜伽不適合長手長腳的西方人練習，這是一派胡言，誤人子弟。瑜伽乃抑制思緒擾動的功法；無論你來自何方，思緒的波動都會阻撓人一窺靈魂真正的本質。瑜伽如同日光之遍照，其治療之能，不分東西，世人皆可受益。只要人的頭腦停不下來，一定有很多人需要瑜伽這種能控制思緒的科學。

古代先哲帕坦伽利定義「瑜伽」為「控制意念的波動」。[4] 其簡短的經典之作《瑜伽經》（Yoga Sutras）躋身印度六大哲派[5]。這六大哲派體系不光有理論而已，還把理論付諸實踐，這就是與西方哲學不同之處。除了解決實際問題，這六個哲學體系還制定了六套明確的戒律，目的是希望人永遠離苦得樂。

貫穿這六個體系的思想是——人類若不知道最終的真理，就沒有真正的自由可言。後來的奧義書擁護《瑜伽經》，主張在六大哲派中，它包含了悟真理最有效的法門。經過瑜伽的鍛鍊，人可以將無用的猜測與認知拋諸腦後，經驗到各種真實義。

帕坦伽利的瑜伽體系最為人所熟知的就是八步功法[6]。首先是（一）持戒（*yama*）與（二）精進（*niyama*）：遵行十種消極與積極的方法操練。持戒包括戒殺生、戒誑語、戒偷盜、戒淫、戒貪。精進包括淨化身心、在任何環境下都能知足、自制、學習、虔敬。

下一階段是（三）體位法（*asana*）：正確動作：脊椎骨要挺直，身體穩定坐著，放鬆進入禪定。（四）呼吸控制（*pranayama*）：控制生命之能（*prana*），也就是控制精微的生命脈動。（五）感官收攝（*pratyahara*）：收回對外在物體的感覺。

最後的步驟是（六）集中（*dharana*）：集中於一念。（七）打坐（*dhyana*）：禪定。（八）三摩地（*samadhi*）：超意識體驗。瑜伽八步功法導向最後的目標，一個「絕對」（*Kaivalya*）的狀態，用比較容易懂的話來說，就是了悟用頭腦也不能明白的真理。

有人會問：「師父跟瑜伽行者，誰殊勝？」只要與神合一，殊途同歸，沒有分別。不過，《薄伽梵歌》強調瑜伽的方法是全面性的，其功法不是為某些人嚮往出家的人而存在的；在家、出家皆可修煉，沒有特別規定，因為瑜伽的科學觀符合宇宙的需要，自然有其普遍性。

真正的瑜伽行者可以入世工作，猶如浮在水上的奶油，不受戒律約束的俗人，就像牛奶容易被稀釋，能夠完成人世間的責任義務，已經功德圓滿，而一個真正的瑜伽行者，能保持心靈不受欲望染著，同時稱職地作上帝的工具。

今日除印度本土之外，在歐美有許多偉人，雖然他們不知道什麼是「瑜伽行者」或「師父」，但是他們的所作所為，堪稱典範。他們無私的服務，博愛和對思想的駕馭，一心一意愛上帝，並凝神禱告，在身心方面來說，他們就是一位瑜伽行者，他們達到瑜伽的目標——自我控制。這些人如果學習了瑜伽修煉之法，成就會更高，更能正確引導自己的生命和心靈。

某些西方作家誤解瑜伽，但是真正修煉瑜伽的人，卻沒有批評過瑜伽。瑜伽之益處良多，瑞士名心理學家榮格博士（Dr. C. G. Jung）說過瑜伽的幾點好處。

「只要宗教修煉方式有『科學』背書，西方大眾較易接受。」榮格寫道[7]：「瑜伽合乎這點，不止新奇，也很有魅力；練習可收實效，又合乎科學講求的『事實』。除此之外，瑜伽的歷史悠久，其法門照顧了生命的每一個層面，可使每個人獲得夢想不到之效能。

「每種宗教或哲學的鍛鍊，都代表心理上的紀律，也就是所謂淨化心靈的方法。五花八門的瑜伽[8]動作也意味著身體的淨化，勝於一般體操與呼吸練習，瑜伽不僅是物理性的、科學的，也是哲學

濕婆神

米特拉（B. K. Mitra in "Kalyana-Kalpatur"）作

濕婆跟克里虛那一樣，不是歷史人物。神有創造、保護、毀滅三重性質，濕婆是毀滅之神的名字。濕婆摧毀一切虛妄，在經典中象徵瑜伽行者之主、出家人的王。在印度教藝術中，祂髮上有新月，圍花環、蛇繞身，是古代克服邪惡與完美智慧的象徵。前額的單眼則是無所不知的眼。

的。鍛鍊瑜伽時，身體各部運轉與精神聯合成一體，例如在呼吸控制練習裡，生命能量（*Prana*）不僅是呼吸，也是宇宙普遍的動能……

「當個體所做的事也是宇宙的事件時，身體所體驗到的作用（神經感應）與精神上的情感（宇宙意識）結合起來，由此所發展出來生動的統一性，是用任何科學方式都無法產生的。實在難以想像，瑜伽的修煉沒有瑜伽哲理作為基礎，這樣也難以產生效用。結合身體和精神的練習，才是完整的方法。

「在東方，瑜伽的哲學與功法，經過幾千年歷史不斷的發展，建立了靈性的基石。我相信身心融合最完美、最適合的方式就是瑜伽，這是無庸置疑的。藉由身心合一，才能超越意識，進入直觀。」

當發現自我控制的內在科學，與外在征服自然同樣重要之時，西方人的力量就更強大了。在這個新的原子時代，科學證實了「物質是濃縮的能量」，此一不容置疑的真理，讓人類心靈更為提升與清醒。人類心靈的精微力量可以釋放出比石頭或金屬更大的能量；然而物質原子無心所釋放出來的能量，則足以毀滅世界[9]。

1 《哥林多前書》7：32-33。

2 「這個靈魂就是聖靈。」至高無上的聖靈，是永存的，完全絕對的——非此（*neti*）非彼（*neti*）；不是這個，也不是那個。不過在吠陀哲學中經常是指薩特—屈特—阿南達（*Sat-Chit-Ananda*），意即存在—智慧—至喜。

3 有時稱為商羯羅阿闍黎（*Shankaracharya*）。阿闍黎（*Acharya*）意為「宗教上的導師」。商羯羅所處的年代常有爭議。有些記載指出，這位無與倫比的一元論者，存在於西元前五百一十年至西元前四百七十八年；西方的歷史學家認為他是公元八世紀晚期的人。讀者若對商羯羅對於《梵天經》（*Brahma Sutras*）著名的闡述有興趣的話，可以在杜森（Paul Deussen）博士精心翻譯的英文《吠陀哲學系列》（*System of the Vedanta*, Chicago: Open Court Publisning Company,1912）中找到。商羯羅作品的短篇摘錄可以在《商羯羅阿闍黎選》（*Selected Works of Sri Shankaracharya*, Natesan & Co., Madras）中找到。

4 「瑜伽是學習控制頭腦意識的波動」（*Chitta vritti nirodha*）《瑜伽經》1：2。帕坦伽利是什麼時代的人，沒有人知道，有些學者認為他是公元二世紀的人。聖人們的作品，廣度與深度超越時空，以至於後世無法推測出作品的年代。因為聖人們寫出的作品沒有個人的特性，也不標注日期，所以無跡可循。他們知道自己短暫的一生，對偉大永恆的生命來說，只是一閃即逝；真理超越時空，沒有記號，而且聖人不占有真理。

5 六個正統的教派（*saddarsana*）是數論派、瑜伽派、吠陀派、彌曼沙派（*Mimamsa*）、尼夜派（*Nyaya*）、勝論派（*Vaisesika*）。讀者若有學術上的興趣，會對達斯古波塔（Surendranath DasGupta）教授 在《印度哲學史》（*History of Indian Philosophy*, Cambridge University Press, 1922）第一冊中，對這些古代系統精細廣泛的英文概述樂在其中。

6 不要與佛教作為生活行為準則的八正道（正見、正思惟、正語、正業、正命、正精進、正念、正定）混淆。

7 榮格博士參加了一九三七年的印度科學會議，並接受了加爾各答大學的榮譽學位。

8 榮格博士在此指哈達瑜伽；哈達瑜伽能使身體健康、延年益壽，好處多多，但為求解脫的瑜伽行者很少做此種鍛鍊。

9 在柏拉圖（Plato）《亞特蘭提斯時代的故事》（*Timaeus story of Atlantis*）中，他講述了當時居民先進的科學知識。這塊消失的陸地咸信是在西元前九千五百年左右，在自然界一次劇烈的變動中消失的；不過某些形而上學的作者宣稱，亞特蘭提斯人是由於濫用原子能的力量而被毀滅的。有兩位法國的作家最近編輯了一份《亞特蘭提斯書目》（*Bibliography Of Atlantis*），列了超過一千七百種歷史及其他方面的參考資料。

第25章 哥哥辭世

有一天早晨，在我深禪定之時，我內在突然出現一句冷酷無情的話：「阿南達活不成了；他的壽命將盡。」

當時我加入僧團不久，就回到哥拉普，暫住大哥阿南達家。大哥突然倒病在床，於是由我照顧。我帶著悲傷，在心裡宣布這嚴重的消息，但我實在不忍心留下來，眼睜睜看著大哥在我眼前離世。雖然親戚對我很不諒解，但我還是搭了第一班船離開印度。航線沿著緬甸、穿過中國海，抵達日本，我在神戶上岸，停留幾天，只是我的心太沉重了，沒有興致觀光。

回航時，船停泊在上海。船上的駐診醫師密斯拉醫師（Dr. Misra）帶我逛古董店，我還買了禮物，給聖尤地斯瓦爾跟我的親朋好友。我買一個大竹雕給阿南達，等中國店員把這個紀念品交給我時，竹雕掉到地上，我喊道：「這是買給我死掉的哥哥！」

我非常確定他的靈魂已經徜徉於無限的懷抱。紀念品掉下來裂開，這是不祥之兆，我一邊啜泣，一邊在竹片上寫道：「我親愛的大哥，現已離開。」

同行的醫師看到我這個樣子，他笑道：「省省你的眼淚吧，等你確定之後再流淚還不遲啊！」

船在加爾各答靠岸時，醫師還陪在我身旁。小弟畢修在碼頭接我。

畢修還沒開口，我就對畢修說：「我知道阿南達死了，請告訴我們，大哥是什麼時候死的。」

畢修說了日子，正是我在上海買紀念品的那一天。

「哇！」密斯拉醫師大叫道，「不要把這件事跟別人說。這樣教授們又得多一年時間研究心電感應的醫療運用，他們已經在這上面浪費太多時間了。」

當我進到哥拉普的家門，父親抱抱我。「你回來了。」他溫柔地說，臉龐滑落兩顆豆大的淚珠。父親從未在我們面前流露情緒；他父兼母職，處理家務。他雖然外表嚴肅，內心卻有母親般的慈愛。

大哥才逝世沒幾天，神癒的奇蹟卻把小妹從死亡邊緣帶回來。在講這段故事以前，我先講幾段童年的往事。

我從小跟納莉妮相處並不融洽。我們體型很像，我很瘦，妹妹更瘦，心理學家會說這是出於潛意識作祟，彼此有某種「情結」，我常常嘲笑她的長相，她也不留情面地回擊我，兩人常吵得不可開交。偶爾母親會管我們，母親會輕輕打我的臉，叫我們不要跟妹妹吵了。

妹妹畢業後，她許配給潘佳藍・包斯（Panchanon Bose）醫師。他是加爾各答一位年輕有名望的內科醫師。他從父親那裡獲得豐富的嫁妝，我跟妹妹說，大概是要補償準新郎與瘦竹竿結婚的委屈。

他們在黃道吉日舉行隆重的婚禮。當晚我跟一大群賀喜的親人在加爾各答的家中鬧洞房。新郎倚靠在鑲有金邊的大枕頭上，納莉妮坐在他身旁，天啊！漂亮的紫色絲綢的沙麗[1]竟遮不住她的骨瘦如柴。我躲在枕頭後面，對著妹夫咧嘴笑。畢竟婚禮之前，他都沒有見過納莉妮，婚禮當天才知道他中了什麼大獎。

包斯醫師知道我意有所指，他偷偷指著妹妹，耳語問：「說，這是什麼？」

「哎呦？醫生啊！」我回答：「這是給你實驗用的骷髏。」妹夫跟我笑到不行，差點沒在親戚朋友面前鬧笑話。

光陰荏苒，年復一年，包斯醫師跟我們家很親近，一有人生病，就會找他看診拿藥，我們很快成為莫逆之交，常一起開納莉妮玩笑。

「這是醫學上的怪事，」有一天妹夫跟我提到，「我在你妹妹身上試過很多種方法：魚肝油、奶油、麥芽、蜂蜜、魚、肉、蛋、補藥等等，她都胖不起來。」

幾天之後，我又到妹夫家，幾分鐘就把要辦的事處理完了。我以為納莉妮不知道我要離開，在我跨出大門時聽到她叫我，聲音溫柔而果決。

「哥哥！你來。這一次不准溜，我有事情要跟你談。」我上樓到她房間，很詫異看到她流著淚。

「親愛的哥哥，」她說：「我們不要再吵架了。看到你剛踏上靈性之路，我也要在各方面向你學習。」她又期盼地說：「現在看你外表健壯，你幫我變胖好嗎？我非常地愛我先生，但他不跟我親近；我主要是希望在靈性上有所長進，就是再瘦[2]、再沒有吸引力，也沒有關係。」

她的請求使我深受感動，之後我們兄妹的情誼穩定發展。有一天，她要求我收她做弟子。

「看你怎麼訓練我都行，我相信上帝，不想再依靠藥物了。」她把手上全部的藥都倒到排水管裡。我要她不要再吃魚、蛋、肉，看她的信念有多強。

幾個月之後，我去看她。這段時間納莉妮嚴格遵守規定，歷經很多困難，才完全素食。

「老妹，你已經走在靈修的道路上，就要有回報了。」我頑皮地笑道：「妳要多胖？要跟阿姨一樣胖到看不到自己的腳嗎？」

「不要！像你這樣就好。」

我嚴肅地說：「妹妹，我一向實話實說，現在我說的也是實話[3]；上帝會賜福給妳，妳的身體從今天起會真的改變，一個月之後，妳的體重就會跟我一樣了。」

這些話語果然實現。三十天之後，納莉妮的體重與我相同。身材變得豐腴，人變漂亮，丈夫也更愛她了。他們的婚姻一開始似乎不順，如今卻變得幸福快樂。

我從日本回來之後，才得知她得了傷寒，我趕去她家時，她已經病得骨瘦如柴，陷入昏迷。妹夫告訴我：「她給疾病攪亂心情以前，常說：『如果慕空達在，我就不會變成這個樣子。』」他又淚流滿面地說：「我跟其他醫師都覺得她沒救了。她跟傷寒長期交戰，又得了出血性痢疾。」

我一心一意地祈禱，希望能撼動天地。我們請了一個英國護士全力照料她；我在妹妹身上使用各種不同瑜伽方法治療，最後出血性痢疾消失了。

但是妹夫傷心地說：「她只是沒有血可以再流了。」

「她會恢復的。」我堅定地回答：「七天內就會退燒。」

一個星期之後，我驚喜地看到她張開雙眼，深情地望著我。那天之後，她恢復地極快。雖然她恢復到往昔的體重，但是她卻留下了不可磨滅的創傷：她的雙腳癱瘓了。印度和英國的專家宣布，她已經不良於行，沒有藥可以醫了。

不停地為妹妹禱告，讓我筋疲力竭，我決定到塞蘭坡，請求聖尤地斯瓦爾的幫助。我向上師訴說著納莉妮的不幸，上師流露出憐憫的眼神。

「一個月後，你妹妹的腳就會痊癒。」他又說：「在她身上戴上兩克拉的珍珠，珍珠不要穿孔，用鉤子扣住就好，這會讓她復原！」

我聽了如釋重負，高興地跪在上師跟前說：

「上師，您真的是大師。她的復原只要有您的話就夠了。但若您堅持要她戴上珍珠，我就馬上給她戴上兩克拉的珍珠。」

咕嚕點點頭：「對，照這樣做。」接著上師描述納莉妮的外貌和個性，絲毫不差。但他從來沒有見過納莉妮。

「上師，」我問道：「您是不是看星相來分析的呢？不過您不知道她的生辰八字啊。」

聖尤地斯瓦爾笑著說：「星相還有其更深奧之處，不囿於時辰與曆法。每個人都是上天的一部分，在地球上有肉體，在天上也有靈體。肉眼能見肉體，但內在卻能看得更深，可以看到宇宙中，每個人都是宇宙的整體也是個體。」

我回到加爾各答買了一顆珍珠給納莉妮。一個月之後。她癱瘓的腳完全好了。

妹妹要我代為感謝我的咕嚕，上師只是聽我說，不發一語；在我離去之前，他意味深長地說：

「很多醫師都說你妹妹不能生小孩。我保證在幾年之內，她會生下兩個女兒。」

納莉妮聽了很高興，幾年之後她就生了一個女兒，又幾年之後，再生一個女兒。

「哥哥的上師賜福了我們家、我們整個的家族，」妹妹說道。「因為有這樣的人存在，印度因而聖潔。親愛的哥哥，請告訴聖尤地斯瓦爾，經由你，我謙卑皈依在克利亞瑜伽的門下。」

1 印度婦女用以包覆身體的長形絲綢。此裝能使婦女婀娜多姿，更嫵媚動人。

2 因為大多數印度人都很瘦，大家都希望長胖一點。

3 印度經典指出，習慣說實話的人，能使其所說之言語實現；照他們心中發出的命令去執行。

第26章 克利亞瑜伽

在本書中經常提及的克利亞瑜伽，在我師公拿希里·瑪哈賽的推動之下，在印度現代已廣為人知。克利亞梵文字根「克利」(*kri*)是做、行動和反應的意思；與「因果自然律」(*karma*)的字根一樣。所以，克利亞瑜伽就是「在某種動作或儀式中，與無限合而為一（瑜伽）」。瑜伽行者若能信心不退，持續鍛鍊下去，就可以逐漸脫離業障，或是宇宙因果的循環。

因為自古以來的瑜伽戒律，我無法在書中向一般大眾介紹克利亞瑜伽的全貌。如果有心學習，應該向克里雅瑜伽師請教正確的方法。現在就簡介一下什麼是克利亞瑜伽。

克利亞瑜伽是一種把物質導向精神的方便法門，人體的血液藉此除去碳，而與氧化合，額外的氧原子轉變成生命流，活化頭腦與脊柱中心，阻止血液毒素的積聚[1]；因此，瑜伽行者能夠減緩或阻止器官的退化，高深的瑜伽行者能夠使細胞轉變成能量。以利亞、耶穌、卡比爾（Kabir）都是以前的上師，他們都練習克利亞瑜伽或以類似的鍛鍊，使身體能隨意消失。

克利亞瑜伽是非常古老的學問，拿希里·瑪哈賽是從其咕嚕巴巴吉（Babaji）學到這種瑜伽。後來在黑暗時代失傳許久，巴巴吉把這門科學又帶回人間，簡單命名為克利亞瑜伽。

「在這個十九世紀，我將克利亞瑜伽經由你傳給這個世界，」巴巴吉告訴拿希里．瑪哈賽說：「這就是幾千年前，克里虛那教導阿周那的法門，就是克利亞瑜伽，後來又有帕坦伽利、基督、聖約翰、聖保羅等門徒。」

印度最偉大的先知上主克里虛那在《薄伽梵歌》中兩次提到克利亞瑜伽，其中一節如此敘述：「深深把所吸之氣吐出，再把吐息吸入，瑜伽行者調和呼吸，從心臟釋放生命能量，並加以控制。」[2]意思是「瑜伽行者增加生命力，阻斷身體機能衰退，消除能量波動（apan），阻止身體生長變異。如此新陳代謝，安定心肺運作，學習控制生命能量。」

克里虛那也說過[3]，他曾轉世，把此屹立不搖的瑜伽傳給遠古的太陽神毗婆藪（Vivasvat），然後毗婆藪又傳給偉大的立法家摩奴[4]，摩奴再傳給印度拜日的戰士王朝的建立者伊斯瓦庫（Ikshwaku）；如此一脈相傳，由聖賢守護著高貴的瑜伽，直到物質文明時期來臨。[5]由於克里亞雅瑜伽只能秘傳，人也愈來愈無心學習，這個神聖的知識逐漸失傳。

帕坦伽利是克利亞瑜伽主要的代表人物，在其著作《瑜伽經》裡提過兩次，他寫道：「克利亞瑜伽包括身體的紀律，心靈的控制，禪定時觀想『唵』。」[6]帕坦伽利說過，神就是在禪定時聽到宇宙震動的「唵」[7]。「唵」是創造[8]，是「震動馬達」的旋轉聲，就算是剛開始練習瑜伽的人，也會聽到奇妙的「唵」。接受到這種靈性祝福的鼓勵，修行者確信自己真的與神性的領域連上線了。

帕坦伽利第二次提到克利亞法門，這個生命能量之控制的方法時，說道：「呼吸控制法，是斷開一呼一吸的過程，鍛鍊這個方法可以獲得解脫。」[9]

聖保羅懂克利亞瑜伽或類似技巧，使他能夠控制生命流動到感官的開關。因此他能夠說：「我在我主耶穌基督裡，指著你們所誇的口，極力的說，我是天天冒死。」[10]他每天收回身體的生命能量，以瑜伽的方式將生命能量融入耶穌意識永恆的喜樂裡。在那種快樂的狀態下，他清楚地知道，死亡是感官世界的幻相。

「有餘三摩地」是最初與神連結的境界，禪定者的意識融入宇宙心靈，把生命能量收攝起來，外在看起來僵直不動，就像死了一樣；瑜伽行者完全了解身體這種「假死」的狀況。不過，當他進步到「無餘三摩地」這個更高的靈性境界，身體不必固定一處，即便在意識清醒的狀態，甚至在做俗世的工作，也能與神交流。[11]

「克利亞瑜伽是加速人類進化的工具。」聖尤地斯瓦爾跟學生解釋道：「古代瑜伽行者發現宇宙意識的奧祕，與呼吸的控制息息相關。對世界知識的寶庫來說，這是印度奇妙不朽的貢獻。一般生命能量都是用來維持心臟的跳動，若要做更高層次的活動，就得用一個方法調息或止息。」

克利亞瑜伽以意念導引生命能量在六個脊椎中心周圍旋轉，或向上、向下移動。六個脊椎中心分別是延髓、頸椎、背脊、腰部、薦骨、尾椎神經叢，相當於星相上的十二宮，也是人類屬於宇宙的象徵。能量在人類敏感的脊髓周圍循環半分鐘，就可以產生微妙的進展；這半分鐘的克利亞瑜伽，等同一般靈性一年的發展。

人類靈體的系統有六個內在的星座，若包括正反極性的差異，就是十二個，圍繞在全知第三眼的太陽，與自然界的太陽及黃道十二宮息息相關。因此，所有的人都受到內在及外在宇宙的影響。古代的先知發現人類在地球上和天文上的環境，以十二年為一個週期，推動人類自然的進化。經典上言明，人類在正常沒有疾病的狀況下，需要一百萬年的時間，才能使頭腦進化完美到足以表現宇宙的意識。

瑜伽行者在一天練習八個小時、一千次的克利亞瑜伽，等於自然進化的一千年；若天天練習的話，一年等於進化了三十六萬五千年。因此，一位克利亞瑜伽行者在三年內努力練功，可以達到相當於在自然界中一百萬年才能產生的進化。當然，這條捷徑是道行高深的瑜伽行者才能走的，並且在咕嚕的指引下，小心翼翼地準備身體和大腦去承受密集鍛練所產生的力量。

克利亞瑜伽的初學者一天只能練習兩次，每次十四到二十八下。一些瑜伽行者可在六年、十二年、二十四年或四十八年後達到解脫。瑜伽行者若還未了悟就過世的話，會帶著過去練習克利亞瑜伽成果的善業，在新的生命中，繼續和諧地向「無限」的目標推進。

一般人的身體像一支五十瓦的燈泡，無法容納練習克利亞瑜伽所產生十億瓦的能量。克利亞瑜伽簡單又安全，緩慢有規律地鍛鍊，人體會逐漸發展出靈體，最後，就能表現出宇宙能量的無限潛能；這種宇宙能量，就是創造宇宙之初的動能。

克利亞瑜伽與一般的呼吸練習不同，很多被誤導的熱心人士強迫閉氣、停息，這不僅不自然，而且會造成身體不適。另一方面，一開始練習時，脊柱內也會產生的更新的效果，練習克里亞瑜伽，會舒緩這種感覺，也會感到平靜。

古代的瑜伽功法是將呼吸轉變為心的鍛鍊。靈性愈是進步，就愈明白呼吸是腦意識的動作，是虛幻的。

許多實證可以看到呼吸速度與各種意識的關係。一個人全神貫注的時候，呼吸自然緩慢，像在思考周詳的辯論，或執行精細困難的技藝。專心時，呼吸必須減慢，呼吸快速或不穩定，會引發負面情緒，像是恐懼、色欲、生氣。蹦蹦跳跳的猴子每分鐘三十二息，反觀人類平均十八息。如象、蛇、龜等長壽動物，呼吸率少於人類，比方說有的烏龜壽命達三百年[12]，每分鐘四息。

睡眠之所以可以讓人恢復疲勞，是由於人類暫時忘卻身體和呼吸。睡夢中的人，就是瑜伽行者；每天晚上，放鬆自己、忘卻身體，不自覺地做瑜伽，在腦部中樞以及脊柱上六個附屬發電中樞，所產生的治療的流與生命力融合，在不知不覺中充飽維持整個生命的宇宙能量。

不同之處在於：瑜伽行者是有意識地以簡單、自然的步驟練習瑜伽，而睡眠中的人是無意識的練習瑜伽。克利亞瑜伽用不滅之光，餵飽整個身體的細胞，並且保持在磁化的狀態，很科學的讓人體不做那麼多無謂的呼吸，在鍛鍊瑜伽時，不會進入下意識狀態的睡眠，或陷入無意識的狀態。

人在自然法則之下，生命能量會流向外在世界。藉由鍛鍊瑜伽，可以轉變生命能量的流向，生命能量不會被感官浪費、濫用，會與脊柱量能重新聯合，加強生命能量，這種靈丹妙藥會讓瑜伽行者的身體和腦細胞活力充沛，達到一般人要不斷攝取適當的食物、曬陽光、平靜的頭腦，才能自然地進化，一百萬年才可悟得。正常健康地生活十二年後，腦部結構才稍有改良，卻需要一百萬年，腦部才能顯現宇宙意識。不過，克利亞瑜伽用靈性的科學方法，脫離自然法則。

呼吸把靈魂和肉體綁住，克利亞瑜伽可以打開這個結，延長壽命，擴展意識與無限融合。感官受制於物質，這個瑜伽方法可以終止心靈與的感官間的爭戰，使鍛鍊瑜伽之人，再繼承永恆的國度。瑜伽行者知道自己的真實本質不是個臭皮囊，也不受呼吸的束縛；一般人是呼吸的奴隸，是五大元素的奴隸。

生命能量把頭腦和感覺繫在一起，企圖以內省或是「安靜地坐著」的方法強行分開頭腦與感覺，這種做法很不科學；冥想的心靈要回到上帝去，又被生命能量不時地拉回感官。克利亞用生命能量直接控制住頭腦，是接近神最簡單、有效而且科學的康莊大道。對比於那些緩慢、不確定的「牛步化」的神學方法，克利亞瑜伽可稱為是直飛上帝國度的捷徑。

瑜伽是基於所有專注形式和打坐練習的經驗考量。瑜伽行者能夠隨心所欲控制色、聲、香、味、觸五種感官生命能量的流動。達到這種阻斷感官的能力，瑜伽行者發現他可以很容易地隨意把心靈與神聖的領域，或是物質的世界連結起來。世俗上騷動的感官世界、停不下來的思維，一個瑜伽行者就算被生命能量拉回世俗，也不會不情不願的，因為他是自己的身體和心靈的主人，最終戰勝了最後的敵人：死亡。

以人的死亡為食：

死亡一旦逝去，就不再為死神傷。13

道行高深的克利亞瑜伽行者的生命由靈魂引領，不受前世業果支配，他們不順著「自我」去做愚昧的行為，不隨著一般人生活的起伏不定起舞，過著高貴的靈性生活。

鍛鍊無上密法的瑜伽行者得以自在過著靈性生活，從「我執」的牢籠釋放出來，呼吸著神的無所不在。相反地，自然生活有諸多束縛，只有順應自然的進化，沒有方法加速。縱使沒有違反任何心靈的法則，也需要一百萬年的輪迴才達到解脫。

瑜伽行者透過內觀看見自身，不去認同身心，知道自己是靈魂個體，他們不要花上千百萬年才得解脫，這個數字是給普通人用的，有的人還違反自然，不照顧自己的靈魂，把生活過得不自然又複雜，在思想上和身體上違背了自然。這些人可能要兩倍的時間才得解脫吧！

遲鈍的人不知道「身體」是國家，「靈魂」是國王，坐在頭骨的寶座，攝政者分佈在六個脊柱中樞，或稱六個意識界；在這個國家裡，平均而言，一個壽命六十歲的人，有二十七兆個細胞（執行整個新陳代謝的過程）與五千萬個基本的念頭、情緒，和在不同狀況下衍生的變化形態。人的身心產生任何違反「靈魂」國王的暴亂，就會出現疾病或憂鬱，這都是由於人在過去或現在，誤用了自由意志。

人認為自己就是那個「膚淺的自我」，以為是「他」在想、在要、在感覺、消化食物、活著，沒有一點點自省，不承認在普通一般人的生活中間，他什麼都不是，只是過去行為（業力）與自然（也就是環境）影響下的傀儡。每個人的智性反應，感覺、情緒、習慣，只是今世或前世業力所致，但真正主宰的靈魂，完全不受影響。屏棄隨著日常變化的知識與行動，克利亞瑜伽行者超越一切幻相，活出自由自在的生命。經典都說，人不是會腐朽的肉體，而是活生生的靈魂；人可以鍛鍊克利亞瑜伽，親自印證經典上的話。

「外在的祭儀不能毀掉無知；因為他們的本質都一樣。」商羯羅其著名的《世紀箴言》（*Century of*

Verses）中寫道：「只有了悟真理才能摧毀無知。別無他法，唯有探問，才能獲得真知。我們這裡指的探問，是這類的問題：我是誰？宇宙如何而來？是誰創造的？成因為何？」然而我們的大腦無法回答這些問題，因此，聖人用瑜伽處理靈性的問題。

《薄伽梵歌》經常讚美克利亞瑜伽是真正的「火祭」。瑜伽的淨化之火永恆照耀著，跟一般宗教火祭儀式差異很大，那類的火祭徒有形式，伴隨著焚香、唱頌，燒掉對真理的洞察力！

道行高的瑜伽行者能控制念頭、意志，不會錯誤的認同身體的欲望，把心與在脊柱這個聖地中的超意識能量結合，依照神的旨意在人間生活；他不受因過去業報所產生的的衝動所驅使，他不會因為現世的不智之舉而迷惑。這樣一個瑜伽行者，完成神的至上意志，安息在喜悅之靈最後的祥和之地。

瑜伽行者把扭曲的欲望丟進大火，獻身唯一真神。這才是真正瑜伽的火祭，用聖潔的愛燒掉所有過去、現在的欲望；神的火燄接受人類瘋狂的犧牲，燒掉人類的渣滓，得以淨化；剝去慾望的肉體剩下一根根骨頭，他業力的骨架被智慧的太陽殺菌漂白過，最後在人與造物主面前，他不存業力，完全潔淨。

至於瑜伽的功效，上主克里虛那用下面的話稱讚勤練功法的瑜伽行者：「瑜伽行者比苦行僧還偉大，比那些追求知識瑜伽和行動瑜伽的弟子偉大；啊！弟子阿周那，做一個瑜伽行者吧！」14

1 克里夫蘭（Cleveland）著名的科學家喬治．克賴爾博士（George W. Crile），在美國科學促進協會（American Association for the Advancement of Science）一九四〇年的會議中解說了他的實驗，證實了所有身體的組織都帶著負電，只有腦部和神經系統的組織，因為更快速地汲取恢復活力的氧氣而帶著正電。

2《薄伽梵歌》4：29。

3《薄伽梵歌》4：1-2。

4《摩奴法典》（*Manava Dharma Shastras*）的作者。這些神聖普通律法的規則仍沿用在今日的印度。法國的學者路易士．賈克里歐（Louis Jacolliot）寫到，摩奴的時代「在印度史前的黑暗時期遺失了；沒有學者敢否認他是世界上最古老的立法者的頭銜。」在《印度之書》（*La Bible dans l'Inde*）第33-37頁中，賈克里歐提出對比的原文證明，拜占庭帝國的《查士丁尼法典》（*Roman Code of Justinian*）非常接近於摩奴的律法。

5 照印度經典計算物質化的時代始於西元前三一〇二年；這一年是節氣變化圈最後下半圈的德瓦帕拉時期的開始；也是宇宙循環圈的迦梨時期的開始（請參考第十六章注5）。近代大部分的學者相信，一萬年前人類生活在蠻荒的石器時代，但是在印度、中國、埃及和其他許多地方，卻都有非常古老的文明。

6《瑜伽經》2：1。帕坦伽利在用到「克利亞瑜伽」這個字的時候，他有提到此方法，此法後來由巴巴吉教導出來；或者類似同樣的方法。在《瑜伽經》2：49，帕坦伽利提示一明確的方法控制生命能。

7《瑜伽經》1：27。

8《約翰福音》1：1-3：「太初有道，道與神同在，道就是神。這道太初與神同在。萬物是藉著他造的，凡被造的，沒有一樣不是藉著祂造的。」。吠陀的「唵」（*Aum*或*Om*）變成了西藏語的*Hum*，穆斯林的*Amin*；埃及、希臘、羅馬、猶太以及基督徒的*Amen*。希伯來文*Aum*的意思是「肯定、忠實」。《啟示錄》3：14：「那為阿門的，為誠信真實見證的，在神創造萬物之上為元首的。」

9《瑜伽經》2：49。

10《哥林多前書》15：31。正確的翻譯是「我們的喜悅」，而非通常所翻譯的「你們的喜悅」。聖保羅在此指的是耶穌無所不在的意識。

11「卡帕」（*kalpa*）意思是時間或永世。有餘（*savikalpa*）是「有分別」（會受到時間或變動的影響，還存在著與言語或事件的連繫）的三摩地的境界；無餘（*nirvikalpa*）是「沒有分別」，不受時間影響的、不變的、與神合一，這是三摩地的最高境界。

12 根據林肯圖書館（Lincoln library）的《基本資料》（*Essential Information*）第1030頁，大烏龜可存活兩三百年。

13 莎士比亞十四行詩第一百四十六首。

14《薄伽梵歌》6：46。

第27章 創辦瑜伽學校

「你為什麼討厭做團體的工作？」

上師的問題嚇我一跳。當時我確實覺得做團體的工作像捅馬蜂窩。

「上師，這種工作吃力不討好。」我答道：「帶頭的人，動輒得咎。」

「你要獨享整杯神聖的酸乳嗎？」我的咕嚕嚴厲地看我一眼，反駁我說：「如果一脈相承的上師沒有大慈悲心，把瑜伽的知識傳播下來，那麼誰能夠碰觸到上帝呢？」上師又說：「上帝是蜂蜜，團體是蜂巢，兩個都需要，當然啦，如果缺乏靈性，任何形式都是無用，那麼你怎麼不一開始就讓忙碌的蜂巢充滿靈性花蜜呢？」

上師的勸導深深打動我的心。雖然我表面上沒有回答，但是我升起一股決心：我要與朋友分享我潛藏的力量，共享我從咕嚕這邊學到的解脫之道。「神啊！」我祈禱：「願祢的愛永遠照耀著我奉獻的聖殿，讓我能夠喚醒更多人心中的愛。」

在我還沒出家前，有一次，聖尤地斯瓦爾突然問了我一個問題。

「你長大怎麼沒有結婚？」他說：「在家人成家立業，養兒育女，在上帝的眼中也是很重要，你不同意這種說法嗎？」

「上師！」我大聲抗議，「您知道我這一生唯一的願望，就是全心全意侍奉摯愛的上帝。」

上師笑得很開心，我知道他的話是在試探我。

「記住！」他緩緩地說：「拒絕世俗家累的人，任重道遠，要照顧一個更大的家庭。」

我一直想要全方位地教育年輕人。我清楚知道一般教育枯燥無味，僅止於發展體能、提高智力，不培養道德和精神的價值，只是這樣，人活著是不會快樂的，而學校卻不教這些事。於是，我決定創辦一所能夠發展健全人格的學校，第一步從教育西孟加拉邦鄉下小地方迪西卡（Dihika）的七個孩子開始。

一年後，一九一八年，感謝卡辛巴剎（Kasimbazar）郡王南第（Manindra Chandra Nundy）慷慨解囊，我得以將快速成長的團體遷往位在比哈邦，離加爾各答大約三百多公里的藍奇，那裡是全印度氣候最好的地方。在藍奇的卡辛巴剎堂變成新學校的總部，我根據先知們的教育理想，把學校命名為梵行．維地拉亞（Brahmacharya Vidyalaya）[1]。古代許多印度青少年在森林中的道場，學習世俗的知識、鍛鍊靈性。

我安排初中及高中兩種教學課程，包括農、工、商，和一般學校科目。這裡的學生都學瑜伽禪定，還有一套使身心健全的特別訓練課程，是我在一九一六年發現的「尤高達」（Yogoda）原理。

我發現，人體像電池，可用意志力充電。人若沒有意志力，任何行動都罔然，人類可以不用麻煩的設備或機械性的運動，只要利用基本的動力「意志」更新身體的組織。所以我教導藍奇的學生練習簡單的尤高達技巧，馬上從無盡的宇宙能量中汲取生命能量（人的生命能量儲存於延髓中樞）。

藍奇的學生對尤高達訓練反應很好，能夠發展超凡的能力，讓生命能量在身體內部移動，許多困難的瑜伽體位[2]都能做得很好。他們展現的力量和耐力，連許多有力氣的成人都做不到。我的小弟畢修也在藍奇上學，後來成為孟加拉體育界的翹楚。他跟他的學生到歐美示範體能和肌肉控制，紐約的哥倫比亞大學以及歐美各大學的專家，對於他示範的力量和技巧非常訝異。

創辦藍奇一年之後，申請入學的學生近二千人。那個時候，學校規定學生要住校，只有一百個床位，後來又接受通勤生就讀。

在學校裡，我在小孩子面前，必須扮演父親和母親的角色，應付許多行政工作的問題；我常想起耶穌的話：「我實在告訴你們，人為我和福音撇下房屋，或是弟兄、姊妹、父母、兒女、田地，沒有不在今世得百倍的，即便沒有房屋、弟兄、姊妹、母親、兒女、田地，並且今世要受逼迫，在來世必得永生。」[3]聖尤地斯瓦爾曾經解釋這段話：「皈依的弟子走在一般婚姻與家庭生活的經驗之前，比一般人承擔更多社會責任。工作常因世人誤解，受到迫害，但內在神聖的幸福，也隨之而來。」

有一天，父親到藍奇看我，因為我這做兒子的，之前拒絕他幫忙找工作，傷了感情，所以很久沒有關心我了。

「孩子啊！」父親說：「現在我尊重你的生命的抉擇，看到你高興，我也高興；你屬於這裡，不屬於鐵路公司那種乏味、只與時間和數字為伍的生活。」他向一群小孩子招招手，孩子們害羞、都躲在我身後呢！「雖然我只有八個小孩，」他瞇了瞇眼，評論道：「不過我可以了解你的感受！」

我們可以使用三千坪肥沃的土地及一個大果園，我跟老師、學生都在這裡快樂的勞動，享受戶外時光。我們養了許多寵物，其中有一隻小鹿備受孩子寵愛，我也很喜愛牠，允許牠睡在我的房間。天剛亮，這個小傢伙就會搖搖晃晃地走到床邊，要我給牠一個早晨的擁抱。

有一天，因為我在藍奇鎮上有事，所以比平常早一點餵牠吃東西。我告訴孩子們，在我回來以前不要再餵牠，但一個小鬼不聽話，給小鹿喝了太多奶，當我晚上回來時，就聽到不幸的消息：「小鹿吃太撐，快要死了。」

我流著淚，把小乖乖放在大腿上，我誠心地向上帝禱告，幾個鐘頭之後，小寵物睜開眼睛、站起來，軟弱無力地走。全校都歡呼起來。

但是，當晚我卻學到深刻的一堂課，我絕對不會忘記，晚上到半夜兩點我跟小鹿都還沒有睡覺。好不容易睡著了，小鹿出現在我的夢中跟我說：

「您把我捉了回去，請放我走吧！放我走吧！」

「好。」我在夢裡回答。

我馬上醒來，叫道：「孩子們，小鹿要死了！」孩子們趕到我身旁。

我跑到安放小鹿的角落，牠在最後掙扎中起身，搖搖擺擺走向我，然後跌在我腳下死了。

業力法則決定動物的命運，這頭鹿的生命已經到了盡頭，準備進化到更高的形式，但是我不太捨得牠走。後來我知道自己太自私，我禱告使得鹿的靈魂不得離開，仍困在動物的形體裡，所以鹿的靈魂出現在夢中求我，如果沒有我出於愛的應允，牠還是走不掉，我一答應，牠就脫身了。

比哈邦藍奇梵行・維地拉亞的尤高達真理團大樓。這所學校實踐拿希里・瑪哈賽的理念。

「尤高達精舍」位在恆河邊，成立於1938年，作為東西方學生的瑜伽靜修處。

我不再傷心。我重新體會到，上帝要祂的孩子愛這一切，而不會誤以為死亡就是結束。愚昧的人只看到他的親友已離去，覺得與親友隔了一重不可跨越的死亡之牆，永遠地離開自己了；但不受情感束縛的人，知道這是上帝的顯現，心愛的人回到神的懷抱，享受喜悅的時刻。

一開始藍奇學校的規模小，比較單純，現在整座學校已經享譽印度。很多人很高興藍奇能夠保存先知的教育理想，所以自願贊助學校成立許多學系。總校叫做尤高達真理團[4]，並在密那坡(Midnapore)、拉斯曼埔(Lakshmanpur)及普里設立了分校。

藍奇的校總部有醫務部門，醫師為當地窮苦的居民作義診與送免費藥物。每年診治超過一萬八千人。藍奇的學生在印度競賽性的運動及學術上也享有盛名，許多校友在大學生涯中都有傑出表現。

藍奇學校在過去二十八年間，曾經有許多東西方的著名人士來參觀過[5]。史瓦米．普拉邦納達(就是貝拿勒斯的分身聖人)曾在一九一八年來藍奇造訪數日。看到孩子在風景如畫的林間上課，晚上孩子端身正坐，用瑜伽禪定數小時的情形，這位偉大的上師深受感動。

「喜悅自心起，」他說：「看到拿希里．瑪哈賽的理念在這所學校實踐，我的咕嚕也必然祝福這裡。」

有一個年輕人大膽地問偉大的瑜伽行者：「大人，」他說：「我會出家嗎？我的生命會完全奉獻給神嗎？」

史瓦米．普拉邦納達溫柔地笑著，他的眼睛已預見未來。

「孩子啊！」他回答：「你長大之後，有一位美麗的新娘等著你。」這個孩子準備了許多年打算要出家，結果卻真的結婚了。

史瓦米．普拉邦納達拜訪藍奇後，我跟著父親回到加爾各答，這位瑜伽行者也在加爾各答稍作停留；許多年前史瓦米．普拉邦納達的預言閃現腦海：「我以後會再跟你和你父親會面。」

記得當年，父親進到普拉邦納達的房間，這位偉大的瑜伽行者起身擁抱父親。

「巴加巴帝——」他說：「你還懷疑什麼？你沒有看到你的兒子衝向神的懷抱嗎？」在父親面前聽到他人讚美自己，我頓感羞愧。普拉邦納達又說：「你還記得我們的咕嚕時常說：『巴納，巴納，班加』[6]；所以不斷地練克利亞瑜伽，就能快點進入真理之門。」

我第一次在貝拿勒斯拜訪史瓦米．普拉邦納達時，他的身體很硬朗，現在當然歲數大了，但仍健壯如昔。

「親愛的師父，」我直視他的眼睛，問道：「請告訴我，您不覺得自己老化了嗎？身體漸漸衰弱，會不會愈來愈感受不到上帝？」

他慈悲地笑著說：「現在上帝跟我在一起的時間只有更多。」他的信念感動了我的心和靈，繼續說：「我還在享受兩份退休金——一份從巴加巴帝這裡；一份從老天爺給的。」他的手指向天，聖人一時融進喜悅裡，臉上閃現神光。有這個回答就足夠了。

注意到普拉邦納達的房間有許多植物和一包包的種子，我問有什麼目的。

「我離開了貝拿勒斯，不再回去。」他說：「我現在要去喜瑪拉雅山。我要在那裡開一間道場，種些菠菜和其他蔬菜。弟子要生活簡單，勤於修道，其他都不需要。」

父親問他的師兄什麼時候回來加爾各答。

「不回來了，」聖人答道：「拿希里・瑪哈賽告訴我，今年是我永離貝拿勒斯到喜瑪拉雅山，脫殼而去之年。」

聽到他的話，我的眼睛充滿淚水，但是尊者只是平靜地微笑。他使我想起天堂小孩，安穩坐在聖母腿上。充滿至上神能的偉大瑜伽行者，年歲的增加對他不生任何壞的影響。他的身體照其意志力更新；但有時他不想去阻止老化，反而讓他的業力在肉體的層面上自行運作著，將他老化的身體做為節省時間的工具，排除來世還要洗去業力的必要性。

幾個月後，我碰到老朋友薩南登（Sanandan），他是普拉邦納達的入室弟子。

「我敬愛的咕嚕過世了，」薩南登哭著告訴我，「他在瑞詩凱詩設道場訓練我們；在他的照顧下，我們的靈性進步得很快，有一天他接待從瑞詩凱詩來的一大群人，我還問他為什麼要一次供養那麼多人？」

「這是我最後一次行祭儀，」他說。我當時不完全明白上師的意思。

「普拉邦納達準備了很多食物，供養了兩千人。吃完飯，他坐到一個高高的平台上開示。結束時，在眾目睽睽下，他轉向我；當時我坐在他旁邊的台上；他用不尋常的語氣說話。

「『薩南登，準備好，我要踢掉臭皮囊了。[7]』

「頓時我目瞪口呆，大哭說：『上師，不要！請，請不要走！』會眾保持著肅靜，他們只覺得奇怪，聽不懂我們的對話。普拉邦納達對著我笑，但是他的眼睛老早盯著永恆。

「『不要自私！』他說：『也不必為我悲傷。我常年歡喜地侍奉你們，現在你們開心一點！祝我一路順風，我要去見上帝啦。』普拉邦納達又悄悄地對我說：『我會再重生，在享受過永恆的喜悅一段短時間後，我會重回到世上加入巴巴吉[8]的行列。很快你會知道我的靈魂在什麼時候、什麼地方，住進一個新的身體。』

「他又叫：『薩南登，現在我用克利亞瑜伽第二課的方法[9]踢掉我的臭皮囊。』

「他望著台下許許多多的臉龐，給予加持，眼神轉向內在，他就不動了。會眾還以為他入了禪定的喜悅之境，但他早已離開肉身的廟堂，跳進宇宙的汪洋。弟子們摸著他盤坐的肉身，不再有溫暖，只是僵硬的軀殼，靈體早已到了不生不滅的彼岸。」

我問到普拉邦納達在哪裡重生。

「這是上師託付予我的祕密，」薩南登答道：「我不應該告訴任何人。也許你可以從別的管道得知。」

幾年之後，我從史瓦米．凱希巴南達（Swami Keshabananda）[10]那裡得知，普拉邦納達轉世後沒有幾年，就去了喜瑪拉雅山的巴尊納拉揚（Badrinarayan），加入偉大的巴巴吉的聖者群。

1 維地拉亞，學校之意。吠陀對人生的計畫有四個階段：（一）梵行期：獨身的學生；（二）家住期：有世俗責任的在家人；（三）隱居期：隱士；（四）苦行期：居住在叢林裡或居無定所的頭陀，不關心世事。在現代印度，已經很少人廣泛地遵行這種生活方式，但仍舊有許多虔誠的擁護者。整個人生就照著一個咕嚕的指示，誠心地經歷此四個階段。

2 一些美國學生包括洛杉磯悟真會的教理講師伯納．柯爾也精通各種不同的瑜伽姿勢。

3 《馬可福音》10：29-30。

4 尤高達（Yogoda）的字根瑜伽（*yoga*）乃聯合、和諧、平衡之意；達（*da*）是傳授。真理團（*Sat-Sanga*）：字根*sat*指真理；*sanga*是團體之意。在西方不用梵文，尤高達真理團就改稱為悟真會。

5 藍奇的活動在第四十章有更完整的描述。拉克斯曼浦爾分校是由能幹的迪先生掌管（G. C. Dey, B.A.）。醫療部門是由帕爾醫生（S. N. Pal）及薩西．布森．穆立克（Sasi Bhusan Mullick）管理，成績出色。

6 拿希里．瑪哈賽最喜歡說這句話來鼓勵學生禪定。意思是：「做吧！做吧！某天會做到。」大意是：「努力，努力，有一天會看到靈性的目標。」

7 亦即拋棄肉體。

8 拿希里．瑪哈賽的咕嚕，仍然活在人間。參閱第三十三章。

9 拿希里．瑪哈賽教導的克利亞第二課，熟悉此法的皈依者，能隨時離開或回到肉身。資深的瑜伽行者在死亡之時，用第二課的方法離開肉身。他們知道死亡的時刻。

10 第四十二章敘述到我與凱希巴南達相遇的情形。

第28章 凱思的死亡與重生

我告訴藍奇的學生：「不要下水，我們用桶子汲水來洗澡就好了。」

我和學生一起到附近山裡遠足。步行十二公里後，眼前出現一個池塘，彷彿在歡迎我們，但我卻生出一股厭惡之情。大部分的人用桶子汲水，卻有一些調皮的孩子受不了涼水的誘惑跳到水裡，誰知道大水蛇馬上繞著他們轉；他們尖叫著亂打水，趕快離開池塘，場面真的很滑稽！

我們到了目的地之後，享受一頓午餐。我的孩子圍著我坐在樹下。我當時充滿靈感，於是讓學生盡量發問。

「大人，請告訴我，」一個年輕人問：「我會不會一直跟著你，走在離世出家的路上？」

「喔！不！」我回答：「你會被迫返家，以後你會結婚。」

他不相信還生氣地說：「我死了才會給抬回家去！」但是幾個月之後，他的雙親來帶他回去，他哭著不要。幾年之後，他就結婚了。

我回答了許多問題之後，一個小頑皮叫凱思（Kashi）提問，他十二歲左右，很聰明，大家也喜歡他。

「大人，」他問：「我的命怎麼樣？」

彷彿有一股不可抗拒的力量，我說：「你很快就要死了。」

這句斷語把我嚇到，也讓大家都很難過。我暗暗自責，怎麼就這麼說出口，於是我不再回答問題。回到學校，凱思來到我的房間。

「如果我死了，我重生時，請您來找我，帶我走回靈修之路，好嗎？」他哭著說。我不得不拒絕這個重大的責任。

但是，之後幾個星期，凱思還是一直請求，看他煩惱到崩潰，最後我只好答應他。

「好的，」我答道：「如果老天爺幫忙，我會想辦法找你。」

暑假我要去旅行。我很擔心凱思，因為不能帶他同行，所以出發前，我叫他到我房間來，小心地指示他：千萬不要離開這個有靈氣的學校一步。我直覺，只要他不回家的話，他就能避掉迫在眉睫的大難。

我一走，凱思的父親就來到藍奇。十五天來，他一直試著強迫他兒子回家四天，探望他媽媽，再回學校。凱思堅持不要。父親最後說如果孩子不回去，他就找警察幫忙。

這樣做威脅到了凱思，他不願意為學校惹麻煩，只好無奈地走了。

幾天之後我回到藍奇。我一聽到凱思離開，馬上坐火車到加爾各答，到了以後便租了一輛馬車。令人驚訝的是，在過了恆河上的郝拉橋，第一個看到的就是凱思的父親，還有其他穿著喪服的親戚。我叫車夫趕緊停住，跳下車，瞪著傷心的父親。

「你這個凶手！」我失去理智地叫道：「你殺了我的孩子！」

此時，凱思的父親早就明白，強迫凱思回到加爾各答是錯的。這幾天孩子待在家中，吃了不乾淨潔的食物，染上霍亂死了。

我對凱思的愛，以及他死後要找到他的承諾，讓我朝思暮想；不論到那裡，他的臉總是朦朧地出現在面前。我開始到處找他，就像很久以前，我找尋失去的母親一樣。

我覺得上帝給了我理解的能力，我必須利用它，並且積聚最大的能量，去發現精微的法則，使我得知小孩靈體的下落。他是一個還有著沒有完成願望的靈魂。在靈界裡我看到浮游的一束光，在那麼多靈魂顫動的光裡，我怎麼跟他聯繫呢？

我用瑜伽密法，用靈眼，也就是眉心[1]上的「麥克風」，播放我的愛給凱思的靈魂。我直覺凱思會很快地回到世上，只要我不停地呼喚他，他的靈魂會回答的。我知道凱思真的回應了，在我的手指、手臂、脊柱上的神經都有微微的感應。

我常常轉身，舉起雙手當天線轉啊轉，試著找到某個方向，我相信他老早降世成為胎兒。我希望集中收聽內在的「廣播」，收到他的回答。

凱思死後六個多月來，我熱忱未減，一直在練著瑜伽秘法。一天早上在加爾各答，我跟九個朋友走在擁擠的保巴沙區，我照樣舉起雙手感應，第一次有了回音。我激動地循著手指和手掌感覺的脈動，這些波流在我意識深處轉譯成強力的念頭：「我是凱思，我是凱思，來我這裡！」

我專心收聽心中的「收音機」，這個念頭發射聲音，那是凱思[2]特有的嘶啞，我聽到他呼喚又呼

失而復得的凱思

我的小弟畢修、聖尤地斯瓦爾的弟子塞蘭坡的慕開吉（Motilal Mukherji）、我父親、萊特先生、本人、博斯（Tulsi Narayan Bose）、藍奇的史瓦米・薩提阿南達

1920年美國波士頓舉行的國際自由宗教大會，那是我第一次在美國演講。由左至右為：麥考雷（Clay MacCauley）、威廉斯（T. Rhondda Williams）、內ケ崎（S. Ushigasaki）、蘇德蘭（Rev. Jabez T. Sunderland）、我、溫德（Rev. Chas. W. Wendte）、艾略特（Rev. Samuel A. Eliot）、馬丁（Rev. Basil Martin）、史崔特（Rev. Christopher J. Street）、克瑟斯（Rev. Samuel M. Crothers）。

喚，我緊緊捉住友人羅卡希・達斯（Prokash Das）[3]的手臂，高興地說：「我好像找到凱思了！」

我左顧右盼，一下往東、一下往西，朋友和路過的群眾都被我的動作逗得發笑。只要指著某一條巷子，我的手指頭就一陣麻痹，轉到別的方向時，這股脈動就會消失。

「啊！」我叫道：「凱思一定住在某個婦人的子宮裡，而這個婦人就住在這條巷子。」

朋友和我走近蛇巷，我的手感到波動愈來愈強烈，聲音也愈來愈清楚，彷彿給磁石吸住一樣，我靠著巷子右邊走，到了某戶人家的門口，驚奇地發現自己動不了，我興奮地敲門，屏住呼吸，覺得期待已久的事終於有眉目了。

僕人來開門，告訴我主人在家。主人從二樓下來笑著問我有何貴幹。我有點難以啟齒，不知道怎麼樣才能切入重點。

「先生！請問尊夫人是否懷胎六月？」

「是啊！」看到我穿出家傳統橘色的僧袍，他禮貌地說：「請問您怎麼知道的？」當他聽到我和凱思承諾的故事，十分驚訝，這位先生相信了我所說的故事。

「你們會有個皮膚白皙的男寶寶，」我告訴他：「臉型寬闊，瀏海捲捲的，很有靈性的樣子。」我直覺將要誕生的孩子確實有這些特徵。

後來我去看望那個孩子，他的雙親沿用舊名叫他凱思。雖然還是小嬰兒，但外表已經酷似我喜愛的這位學生。孩子看到我馬上就喜歡我，不但喚醒過去的情誼，而且更為濃厚。

十幾年之後，這位年輕小伙子寫信到美國給我。他說十分嚮往出家的生活，我指示他到喜瑪拉雅山找一位上師，這位上師收了這位重生的凱思作為弟子。

1 意志是思想的廣播器，由眉心間投射出去。當人平靜時，感覺或情緒的能量會集中於心，使心有「收音機」的功能，可以接收或近或遠的訊息。心電感應視在人心的精細的思想波動，經過粗鈍的地界乙太生出電流，轉到別人的心裡變成思想的波。

2 每一個靈魂在其純淨的狀態時，是無所不在的。凱思的靈魂記得男孩凱思的特徵，因此模仿他嘶啞的聲音，好讓我認出他來。

3 達斯是當時孟加拉塔森斯瓦「尤高達道場」的院長。

第29章 泰戈爾的勇氣

藍奇有個聰明的學生柏拉．納斯（Bhola Nath），他十四歲。有一天早上，我讚美他唱的旋律很動聽，於是他告訴我說：「是泰戈爾教我們學小鳥唱歌，抒發內心的情感。」不管有沒有聽眾，柏拉都唱出優美的曲調。他之前讀過泰戈爾所創辦的學校，那所學校很有名，在波布爾（Bolpur）的聖提尼各坦（Santiniketan），意思是和平的天堂。

「我從小就會唱泰戈爾的歌，」我告訴旁人，「在孟加拉，就連目不識丁的鄉下人都喜歡他高雅的歌詞。」

我和柏拉一起唱了幾首泰戈爾的歌，泰戈爾給無數印度詩譜曲，其中有一些是他自己的作品，有的是古詩。

「泰戈爾得了諾貝爾文學獎不久，我就遇到他，」唱完歌之後，我微笑道：「我很欽佩他面對批評的勇氣，很想見他一面。」

柏拉好奇地問是怎麼一回事。

「泰戈爾創造一種新形式的孟加拉詩，遭受學者猛烈的抨擊，」我解釋給他聽，「他混合口語與文言，不管那些人奉為圭臬的種種約束。他的詩歌意境深遠，引人入勝，又沒有固定的形式。」

「有一位很有影響力的批評家不懷好意地說，泰戈爾是鴿子詩人，把自己的咕咕聲印在紙上賣錢。但不久後，泰戈爾就反將一軍——他把《吉檀迦利》（意思是「獻給神的讚歌」）翻譯成英文，令西方的文學界為之傾倒。結果一大堆專家學者，包括以前批評他的人，都跑來祝賀。泰戈爾故意讓前來道賀的賓客等了老半天，靜靜地聽完各方讚美。最後，他以其人之道還治其人之身。

「他說：『各位先生，你們在這裡所給予我的榮耀的芳香，與過去你們給我輕蔑的臭氣混合在一起，味道不甚調和。我不認為我得了諾貝爾獎跟你們突如其來的讚美有任何關聯。我，還是一樣惹人厭，還是當初那個謙卑地在孟加拉文學的祭壇上獻上鮮花的詩人。』

「報紙刊登了泰戈爾這則故事。我欽佩這位不受人奉承，敢做敢當的人，」我繼續說道：「在加爾各答，他的秘書、一位只穿著孟加拉式圍裙的英國作家安德魯斯先生[1]，為我引見了他的咕嚕泰戈爾。

「泰戈爾人很客氣。他很有魅力，舉止溫文有禮，散發一種舒服的特質。他回答我有關他文學背景的問題。他說，他主要受宗教史詩和一位十四世紀的詩人威第柏悌（Bidyapati）的影響。」

說到這裡，我想起泰戈爾的一首孟加拉語的古曲〈點燃愛燈〉。我和柏拉漫步在校園，開心地一起唱著這首歌。

藍奇中學創辦兩年之後，泰戈爾邀請我到聖提尼各坦，商談教育理想。我高高興興地去了。當我進門時，泰戈爾坐在書房裡。我回憶起第一次見面時他的樣子，他是所有畫家心中詩人的典型：五官分明，散發著貴族的氣質，長長的頭髮和飄逸的鬍鬚；大而深邃的眼睛，天使般的笑容，迷人的聲調像悅耳的笛音，身材結實高大，面容莊重，融合女性的溫柔和孩子般的天真。在這位溫柔的歌唱家身上，可以看到詩人的典型。

我跟泰戈爾深入比較，我們這兩間學校都不是走傳統的教學路線。我們還發現許多相似之處，像是校外教學、崇尚質樸、啟發兒童創造的精神等等。不過，泰戈爾的學校稍微強調詩文的學習，還有從音樂和詩歌來抒發自我，就像先前我提到柏拉的例子。聖提尼各坦的孩童每天禁語一段時間，但是沒有做瑜伽訓練。

詩人仔細聽我講藍奇的學生都做的「尤高達」練習，和用瑜伽集中精神的技巧。

泰戈爾告訴我他童年受教育所經歷的掙扎。他笑著說：「五年級，我就輟學了。」我一聽就知道，他天生像詩人一樣的敏感纖細，一定被課堂上的單調與懲罰傷得很深。

他指著一小群在美麗的花園裡讀書的孩童說：「因此，我在藍天、大樹下，創辦這所學校，讓孩子在鳥語花香的環境裡學習，這樣更容易表現出天生的稟賦。真正的教育，不是用外來的資源塞進孩子的腦袋，而是把內在的源源不斷的智慧引導出來。」[2]

我同意他的觀點，我說：「一般學校把年輕人嚮往理想、崇拜英雄的本能，都毀在算數學和背年代上。」

詩人談到他的父親迪溫德納（Devendranath Tagore），當初是他鼓勵詩人辦學。

「我父親捐出這片肥沃的土地，讓我蓋了客房和寺廟，」泰戈爾告訴我，「我從一九〇一年開始，在十個學生身上實驗不同的教育方式，把諾貝爾獎的獎金八千鎊都投入學校的營運裡。」

他的父親是遠近馳名的大聖人，看他的自傳，就知道他是非常了不起的人。他長大成人之初，就到喜瑪拉雅山閉關兩年。還有祖父瓦卡納斯（Dwarkanath），是全孟加拉慷慨出名的公益慈善家。這個輝煌的世系出了一個天才家族，不僅有詩人泰戈爾，其他親戚都以富有創意的表現著稱。他的姪子戈高南陀（Gogonendra）和阿賓寧陀（Abanindra）是印度重要的藝術家[3]；哥哥杜真陀（Dwijendra）是一個很有深度的哲學家，在他輕柔召喚下，林中的飛禽走獸都靠近他。

泰戈爾邀我留宿。晚上看到詩人和大家坐在內院，實在是迷人的場面。時光倒流，在我面前的，好像是古代道場的景象：快樂的演唱家身旁圍繞著忠實的聽眾，所有人都在天國之愛的籠罩下。泰戈爾用和諧的絲線把每個人都繫在一起，他猶如一塊無法抗拒的磁鐵，不用誇飾就能擄獲人心。珍貴的詩文是盛開在上帝花園裡的花朵，綻放著自然誘人的芬芳！

泰戈爾用悅耳的聲音朗讀他的近作。他的歌曲和戲劇大都為學生而作，這些都是在聖提尼各坦完成的。對我來說，他字裡行間所流露出的美，在於他論及上帝的藝術：他幾乎每一行詩裡都談到上帝，但很少提到祂的聖名。「陶醉在歌詠的喜悅中，」他寫道：「渾然忘我，稱祢為朋友，我的上主！」

隔天用過午餐之後，我依依不捨地向詩人道別。我很高興這所學校已經發展成為國際性大學「維斯瓦－帕拉提」(Viswa-Bharati)，世界各地的學者都認為這是理想的學習環境。

這裡，心沒有恐懼，走路抬頭挺胸；

這裡，知識自由；

這裡，世界不被狹隘的家牆隔碎；
這裡，言語出於真理；
這裡，努力張開臂膀伸向完美；
這裡，理智的清泉不會在陳腐的沙漠中迷途；
這裡，祢引領心靈前行，思想和行動，前所未有的大氣；
進入自由天堂，我的父，讓我們的國家醒來吧！[4]

——羅賓德納．泰戈爾

1 安德魯先生是美國作家、出版商、甘地的好朋友，對印度貢獻很大。

2 愛默生：「靈魂經歷多次再生，照印度人的話來說：『歷經千百次的誕生，走在生存的道上。』……她獲得全部的知識，無怪乎她能夠記得自己以前所知道的。……任何學習與研究都是回憶。」

3 泰戈爾也在六十歲開始畫畫，他的畫很未來派；幾年之後，他還在歐洲幾個國家的首都以及紐約開畫展。

4 若要深入研究詩人，請參閱著名的學者拉達克里斯南（Sir S. Radhakrishnan）所著的《泰戈爾的哲學》（*The Philosophy of Rabindranath Tagore*, 1918）。另外一本評註的是羅伊（B. K. Roy）的《泰戈爾其人其詩》（*The Man and His Poetry*, New York: Dodd, Mead, 1915）。《佛陀和佛教的教義》（*Buddha and the Gospel of Buddhism*, 1916），由著名的東方藝術專家庫瑪拉斯瓦尼（Ananda K. Coomaraswamy）所著，內有一些阿賓寧陀所繪製的彩圖。本詩收錄於《吉壇迦利》。

第30章 奇蹟的法則

偉大的小說家托爾斯泰寫了一則很有意思的故事「三隱士」。他的朋友瑞里希（Nicholas Roerich）[1]是個藝術家和哲學家，長年住在印度喜瑪拉雅山區一帶。瑞里希扼要地轉述了故事：「有個島上住了三位老隱士，人很單純，他們的禱詞也很簡單：『我們是三人，祢是三位一體，願主大慈大悲。』這麼天真的禱告，卻發生了偉大的奇蹟。

「當地主教[2]聽說這三隱士的故事，決定登門拜訪，教他們正確禱告的方式。主教到了島上，說隱士們的禱詞不夠莊嚴，並教導他們禱告的慣例，然後就坐船離開。上船後，主教看到一道光緊追在後，發現是三位隱士，他們手牽著手，踏著海浪奔跑，奮力地追趕他的船。

「『我們忘記您教導的禱詞了，』他們一見到主教，便叫道：『可否請您再覆誦一遍？』主教見狀心生敬畏，便搖頭說道：

「『啊，那些都不重要，』接著主教謙卑地答道：『請三位先生繼續沿用原有的禱詞吧！』」

三個聖人怎麼能在水上行走呢？

耶穌肉身如何從十字架上復活呢？

拿希里．瑪哈賽與聖尤地斯瓦爾怎麼行奇蹟呢？

近代的科學還沒有答案，雖然已經出現了原子彈，也發明了雷達，心靈看待世界的範疇更加擴大，科學界用到「不可能」這三個字的機會愈來愈少。

古代吠陀經典說明了物質世界基於「幻相」的法則運轉，「幻相」的法則就是「相對」與「二元」的原理。上帝「唯一的生命」是「絕對的本體」，祂無法分割示現，只有人透過虛妄的帷幕揣摩上帝的形貌，才會以為祂與我們分離又變化多端。宇宙創造的錯覺，就是幻相。近代許多偉大的科學發現，都證實了古聖先賢這個純粹的看法。

牛頓的運動定律是幻相的法則：「每一作用力必有一相等的反作用力；任何兩物體相互的作用力，必定相等且方向相反。」由此可知，作用力和反作用力恰好相等。「力量不可能單獨存在，必須永遠成對存在，而且力量相等、方向相反。」

自然界的基本行為皆與「幻相」背道而馳。例如，電是斥力加上引力的現象；電子和質子的電性相反。又如，原子或是構成物質最小單位的粒子，也跟地球一樣，有正負兩極的磁石。整個現象界懸宕在兩極之間無情地擺動，在物理、化學或任何科學，都沒有出現違反這個原則的特例。

物理學的原理也不可能自外於「幻相」創造出的理路與結構。自然界的本質就是「幻相」；所以，自然科學一定要處理與其本質相關的問題。在自然界的範疇裡，自然是永恆、不會枯竭的；未來的科學家只好無止境地驗證自然界各種面向。因此，科學家永遠都有事做，沒有完成發現的一天，他們適合去發現宇宙運作的功能，但是絕對無法探測到背後「構成法則」或「操縱」的力量。發現「萬有引力」與電流，是眾所皆知的成就，但是「萬有引力」和電的本質，凡人是不會知道的。3

千百年來，先知給予人類的功課就是去克服幻相。人類最後的目的，就是超越創造的二元性，認識造物者的一體性。執著於宇宙幻相的人，必須接受二元對立的法則，如起落、升降、日夜、苦樂、善惡、生死等等。人類經過百千萬回的生生死死，明白輪迴是如此痛苦、乏味，開始期望能擺脫幻相的控制。

褪去幻相的面紗，就能發現創造的奧祕。剝除層層宇宙幻相的瑜伽行者，才是真正的一神論者；其他都是崇拜偶像、不信上帝的人。只要人繼續受制在自然界的二元幻相中，幻相就是他的雙面女神，他無法認識唯一真神的面目。

世上的種種錯覺引發「無明」（*avidya*），無明的意思是「非真知」，就是煩惱、妄想。光用頭腦的信念或分析無法摧毀無明，只有達到「無餘三摩地」的內在境界，才能摧毀無明。《舊約》中所有的國家、不同時代的先知、預言家，都是在這種境界下，說出他們預知的事。以西結說（43：1-2）：「以後，祂帶我到一座門，就是朝東的門。以色列神的榮光從東而來，祂的聲音如同多水的聲音，地就因祂的榮耀發光。」瑜伽行者的意識經過額頭（東方）的聖眼航入無所不在，傾聽「唵」，這是大水的聲音，是神聖的震動，是創造萬有的唯一真理。

宇宙奧祕多如恆河之沙，最神奇的就是光。聲波需要空氣或透過介質傳遞，但是光波則否，光能穿過星際太空中的真空，毫無阻礙。波動的理論中，假設乙太是傳遞光的介質，然而根據愛因斯坦的說法，若從空間的幾何性質來看，這個乙太的理論並不成立。無論是愛因斯坦的理論或是波動理論，光永遠最精微、不倚賴物質的存在，比自然界中的任何物質都要精細。

愛因斯坦提出「相對論」這個重要概念，其主軸是光速每秒約三十萬公里的數據。這是他用數學證明，在不斷流動的宇宙洪流中，當前人類有限的心智能力想到的唯一常數。人類對時空認知的標準，完全取決於光速。時間與空間是相對的、有限的因素，不是我們一直以來認知的永恆不變的。「相對論」把時間結合空間成為次元，人類拋開由來已久的認知，發現時間的面貌本來就是曖昧不明的！愛因斯坦寫下幾個方程式，只有光固定，把其餘人類以為宇宙中不變的事實都推翻。

後來，愛因斯坦又發展出「統一場論」，這位偉大的物理學家用數學方程式，表示萬有引力與電磁力的關係；用單一的原理顯示宇宙結構變化。愛因斯坦的發現[4]，呼應歷來古聖先賢所說的，創造這世界的唯一理路，就是幻相無常。

相對論的影響是劃時代的，人類有能力探索到最小的粒子。偉大的科學家大膽假設，與其說原子是物質，不如說是能量，而且原子的能量基本上是頭腦創造的東西（mind-stuff）。

英國天文物理學家史丁頓（Sir Arthur Stanley Eddington）在《物質世界的性質》一書中說道：「物理學發現世界為幻影的說法，是很有意義的進步。在物理學的世界，我們觀的是幻影戲，跟生活很像。我手肘的幻影靠在桌子的幻影上，墨水的幻影灑在紙張的幻影上；都是象徵性，物理學家把這些當作是記號。換用煉金術士的腦袋來想，這些記號轉變成饒富意味的象徵。大致說來，這世界就是由頭腦所構成的。物理學中，之前提到實際的物質和力場的理論，全都說不通了，變成用理論除去自己頭腦內的幻影。因此，外部世界也成了幻影所投射的世界。當我們除去錯覺，也把物質移除

上師與弟子

米特拉（B. K. Mitra in "Kalyana-Kalpatur"）作

森林中的道場是印度古代年輕人學習出世、入世事物的地方。畫中一位威嚴的上師正在教導弟子。

了，我們發現，原來物質是我們有過最大的幻想。」

最近發明的電子顯微鏡，證實原子有光的性質，以及自然的二元性。在美國科學協進會（AAAS）舉行會議之前，《紐約時報》針對一九三七年電子顯微鏡有以下報導：「過去只用X光間接了解鎢的結晶體，現在可以在螢幕上清楚看到九個原子正確的排列，角落的原子以管子與中間的原子相連。鎢結晶體中的原子，在螢光幕上像是幾何圖形的光點。其中可見空氣分子衝擊在結晶體，發出的光就像太陽映照在水面的波光。

「一九二七年，紐約貝爾實驗室的大衛森博士（Dr. Clinton J. Davison）與吉爾莫博士（Dr. Lester H. Germer）首次發現電子顯微鏡的原理。他們發現電子有兩種特性，電子是粒子、也是波，電子流即光波，他們就開始設計『集中』電子流的工具，就像用鏡子聚光一樣。大衛森博士發現電子就像變身怪醫一樣，有雙重本質，也證實諾貝爾獎得主法國物理學家德布洛伊（De Broglie）在一九二四年所做的預測，顯示整個自然界的本質是二元性，這讓大衛森博士獲得諾貝爾物理獎。」

詹恩（Sir James Jeans）在《神祕宇宙》一書中寫道：「知識的潮流正朝向非機械的事實發展，宇宙不像一部大機器，反而愈看愈像一個偉大的思想。」聽起來，二十世紀的科學發展，很像古老《吠陀經》上的記載。

如果有必要的話，人類會從科學中學到哲理，明白這個宇宙並非物質的世界；幻相交織成宇宙。透過分析，物質的幻相瓦解，物質世界的支柱一根接著一根倒下，人類隱隱約約發現自己過去盲目的崇拜違反了神聖的誡命：「除了我以外，你不可有別的神。」（《出埃及記》20：3）

愛因斯坦在他著名的「質能互變」方程式中，證明物質分子的能量等於質量乘以光速的平方。物質分子的消滅，釋放出原子能。物質的「死亡」讓原子時代「誕生」。

光速被當作一個數學上的標準或常數，不是因為每秒三十萬公里的絕對值，而是就算物體的質量隨速率增加而加大，還是不能達到光速。換言之，物體唯有其質量無限大，才可能等於光速。

基於這個觀念，讓我們談談「奇蹟運作的法則」。

大師能行「質能互變」，以光速移動，利用光身外分身、顯形，都因為符合愛因斯坦設下的條件：他們形體的質量是無限大。

道行很高的瑜伽行者，不受限於身軀，追求意識與宇宙的結構合一。不論是牛頓的「力」或愛因斯坦的「慣性現象」，萬有引力都無法迫使大師顯現出「重量」。會有「重量」，是萬有引力對物質所產生的影響。一旦知道自己是無所不在的「精神」，就不再受限於時空中的「肉體」。「我們與神分離」的意識，都因為「我是祂」而無法作用。

聖經《創世紀》（1：3）寫著：「要有光，就有了光。」上帝創造宇宙的第一道命令，就是帶來唯一的實相：「光」。在所有神的顯化之中，都可以看到這種非物質的介質。每個世代都有虔誠的信徒見證上帝以光或火燄的形象出現。提摩太前書說：「萬王之王、萬主之主，就是那獨一不死、住在人不能靠近的光裡，是人未曾看見、也是不能看見的，要將他顯明出來。」5

瑜伽行者透過深入的禪定，把意識與造物主融合為一，領悟原來宇宙的本質就是光；瑜伽行者不會分別光所組成的水，或光所組成的土；因為脫離物質的意識，跳脫三度空間與時間的第四度空間，大師就能在光束所組成的地、水、火、風中轉變其光體，穿梭其中。瑜伽行者長期鍛鍊靈視之眼，能摧毀物質世界的一切幻相與引力的重量。他看宇宙的本質，是一團沒有分化的光。

哈佛大學的特蘭（L. T. Troland）博士告訴我們：「光學影像建立在與『網版』圖形相同的原則下；也就是說，圓形是由許多小點或線所構成的，但是點、線太細小，我們看不到……視網膜很敏銳，只要適量光線的量子，就會有視覺。」大師可以應用對光波的了悟，即刻投映成為看得見的，由無所不在的光原子變成的形相。瑜伽行者可以決定把光投映成一棵樹、一架機器、一個人體，端看其意志力和觀想力。

晚上人進入夢的意識，逃離白天假我的束縛。睡覺時人常用到無所不能的心靈，看見離開人世很久的朋友，或到很遠的地方，重溫兒時情景。每個人都能在某些夢中徜徉，上師就是永遠處於這種與上帝溝通的境界。瑜伽行者不帶個人的意志，運用上帝賜給他的創造力，重新排列宇宙中的光原子，滿足弟子的虔誠禱告。神造人和萬物，就是為了要讓他超越幻相，知道自己是宇宙的主宰。

創世紀裡寫道：「神說，我們要照著我們的形象，按著我們的樣式造人，使他們管理海裡的魚、空中的鳥、地上的牲畜，和全地，並地上所爬的一切昆蟲。」[6]

在一九一五年加入僧團不久後，我在禪定中看見強大的反差，我從中了解人類意識的相對性，清楚看到二元對立的幻相折磨人的背後，其實隱藏著永恆之光的本體。那一天早上，我在父親古柏路家中的閣樓禪定。第一次世界大戰已經持續好幾個月了，我為不計其數的生靈死傷感到沉痛不已。

當我閉目進入禪定，意識突然轉到某個艦長身上。在戰艦上，他發號施令，隆隆砲聲劃過天際。海岸的砲兵與戰艦上的大砲交相射擊，一顆砲彈掉進彈藥庫，轟地一聲，把整艘戰艦炸得支離破碎，我急忙跳到海裡，身邊還有幾個生還的水手。

我好不容易爬到岸上，但是，老天！一顆流彈射入我的胸膛，我倒在地上呻吟，整個身體癱瘓了，但我還能感覺到這個身體，就像腿發麻一樣，動彈不得。

「死神終於來找我了。」我想。我嘆了一口氣，慢慢沉入無意識，竟發現自己又盤坐在古柏路的房裡。

我高興地拍打胸膛，看看有沒有子彈，又掐掐別的地方，看看痛不痛，激動的眼淚不禁奪眶而出；我搖晃身體，吸氣吐氣，確定自己還活著；只是在暗自慶幸的同時，我的意識又回到艦長的屍體上，躺在海岸的血泊中，我完全不明所以。

「老天爺！」我禱告說：「我是死是活？」

整個海平面充滿耀眼的光，柔和震顫的波動形成聲音說：「是生、是死，與光何干？我在光中造了你。生死的對立是宇宙的大夢，注意無夢的本質！醒來吧！我的孩子，醒來吧！」

踏上覺醒之路時，大師會在適當的時間和地點，激勵科學家去發現神所創造的奧祕。近代有許多的發現，幫助人們更了解宇宙是一種力量，是「光」所展現的不同樣貌，全由神的智慧來引導。電影、收音機、電視機、雷達、電子細胞照像機全透視的「電眼」、原子能，全都以光的電磁現象為基礎。

電影可以描繪奇蹟，從視覺印象的觀點來看，電影特效可以瞞騙視覺。可以讓一個人看起來像透明體冉冉升起，在水面上行走，讓死人復活，反轉自然的發展，讓時空陷入混亂。電影可以組合影像，達到視覺效果，這些類似一位真正的上師用真的光束製造出來的奇蹟。

電影栩栩如生，闡明許多造化的真理。「宇宙的導演」撰寫自己的劇本，召集龐大的演員陣容，盛大演出好幾個世紀。祂從永恆的放映室中，投射出造化的光，穿透世世代代的底片，將影片投影在太空的銀幕上。電影畫面很真實，但終究是光和影的組合而已；就算宇宙變化萬千，也是表象。行星上形形色色的生命，不過是宇宙電影的畫面，當神把造化的光束投影在人類意識的銀幕上時，五官會產生短暫的真實感。

在電影院，觀眾看到一道沒有形像的光束，映出許多人事物的畫面；宇宙上演繽紛的戲碼，也都源於宇宙的源頭射出的一道白光，上帝用祂超乎常人想像的才能，為了娛樂祂的子民，以行星當舞台，讓祂的子民在祂的星際劇院擔當一角，又當觀眾。

有一天我到戲院看報導歐戰的新聞片。當時正值第一次世界大戰，西方烽火連天，影片盡是屠殺的鏡頭，非常真實，後來我出了戲院，心裡還是很不舒服。

「神啊！」我禱告道：「祢為什麼應允這種痛苦呢？」

我大吃一驚，因為馬上得到回答。我內在看見真正的戰場，眼前死屍遍野，掙扎的恐怖比新聞片中的畫面還真實。有一個溫柔的聲音，對著我的意識說道：「仔細地看，你現在看到的是正在法國進行的戰爭，只是配合燈光明暗的一齣戲，宇宙電影亦真亦假，就像你在電影院看到的戲中戲。」

我心裡還是難過，上帝的聲音繼續說道：「創造是光和影的結合，否則影像就不會存在。幻相中的善與惡，必須交替出現。如果世界一直充滿快樂，人類還會尋求什麼嗎？沒有痛苦，人類不會憶起他們所遺棄的永恆的家。痛苦會刺激人回憶，想要逃離痛苦，唯有借助智慧。死亡的悲劇不是真實的，害怕死亡的人，就像舞台上假戲真做的演員，有人用空包彈射他，他還嚇得以為自己死了。我的孩子是光的孩子，他們不會永遠沉睡在幻相中沉睡不醒。」

雖然我在經典上讀過「幻相」的解釋，但卻一直不明白；唯有體驗過，親耳聽到安慰的話語，才明白「幻相」為何物。人要相信一切造化只是一部盛大的電影，明白自己不是戲中人，才會痛改前非。

我寫完這一章後，在床上盤坐。房內有兩盞罩燈，光線昏暗。我抬頭，發現天花板上好多道細細的黃光搖曳著，無數筆直的光線猶如雨絲，合成透明的光束，默默地照在我身上。

頓時我的身體失去重量，成為靈體，飄飄然的漂浮在床鋪上方，我左右移動了一下沒有重量的身體，環顧四周，屋內的家具和牆壁如常，但是光線愈來愈多，多到看不見天花板，我覺得很奇怪。「這是宇宙電影放映機。」從光裡傳出一個聲音說道：「光照在床鋪的白色被單上，映出你身體的影像，仔細看，你的形象只是光！」

我看著自己的手臂前後擺動，但感覺不到手臂的重量。一股喜悅貫穿全身，宇宙的光束四射，映照出我的身體，彷彿在戲院裡，光束從放映機投射到銀幕上，顯出影片。

我覺得身體在影片裡，臥房是昏暗的電影院，就這樣過了一段時間。雖然我有過許多淨觀，但這次的體驗最奇特，我感覺沉甸甸的身體漂浮起來，同時也深深體會，所有物體的本質就是光。我仰頭看著悸動的生命量子，禱告說：「上帝的光，請祢收攝這個幻影身體，回到祢那裡，如同以利亞乘著火焰升天。」

光輝消失，禱告的結果讓我很訝異。我的身體恢復原本的重量，沉到床上。天花板閃爍的光芒漸漸消失，顯然現在還不是我離開這個世界的時候。

我心想：「再說，先知以利亞可能會不高興，我哪有資格提出這種要求！」

1 這位著名的俄國藝術家、哲學家曾在印度靠近喜瑪拉雅山的地方住過很多年。他寫道：「啟示從山峰降臨，先知們住在洞穴和峰頂上。在喜瑪拉雅雪白的山頂上，明亮地照耀的光輝，比星星及驚人的閃電都要光亮。」

2 這個故事也許有史實上的根據，讀者來信說，這位主教是從天使長（Archangel）到斯洛維斯比（Slovetsby）道場的航程中，在杜威拿（Dvina）河口遇到那三位隱士的。

3 偉大的發明家馬可尼（Marconi）在最後做了以下的敘述，承認科學的也有無法解決的難題：「科學無法解決生命的問題，這點無庸置疑。如果我們沒有信仰的話，我們會被這個事實嚇死。生命的奧祕絕對是人類思考最久的課題。」

4 愛因斯坦是偉大哲學家史賓諾莎（Spinoza）的終身信徒，史賓諾莎啟發了他。史賓諾莎最有名的著作是《在幾何秩序中發現的倫理》（*Ethics Demonstrated in Geometrical Order*）。

5 《提摩太前書》6：15-16。

6 《創世紀》1：26。

第31章 咕嚕之妻，眾生之母

我途經貝拿勒斯，拜訪拿希里．瑪哈賽的終生伴侶希瑪蒂．卡西莫尼（Srimati Kashi Moni）。我終於一償夙願，見到這位可敬的女士。我對她說：「敬愛的師母，我還在襁褓時，您身為先知的丈夫為我加持。我的父母親和我的咕嚕聖尤地斯瓦爾都是他的弟子。是不是能請您說些您的故事給我聽？」

她住在格魯瓦．蒙烏拉區，拿希里家族的老房子裡，我登門造訪，接受她慇懃的款待。她雖然上了年紀，但仍像一朵盛開的蓮花，靜靜地散放靈性芬芳；她的身材中等，皮膚白皙，脖子纖細，慈祥的臉龐上還有一雙明亮的大眼。「孩子！非常歡迎你，上來吧！」

卡西莫尼帶我到她的臥房，她跟丈夫在此住了一段時間。我很榮幸能夠見到無與倫比的人身上師，過著婚姻生活。這位溫柔的女士指了指她身旁的小墊子，示意我坐下。

「我好幾年才知道，我丈夫不是一般人。」她開口說道：「有一天晚上，就在這個房間，我夢見光明的天使飄浮在上，景象十分莊嚴又真實，我馬上醒來，發現奇異的光輝籠罩了整個房間。」

「我看到我的丈夫結跏趺坐，飄浮在房間的中央，眾天人環繞著他，個個合十，向他祈求跪拜。」

「我十分訝異，以為自己在做夢。」

「拿希里．瑪哈賽對我說道：『你不是在做夢。永遠不要再睡了。』話說完，他慢慢降到地板上，我拜伏在他的腳下。

「我哭喊著說：『上師，我一次又一次禮拜您。我以為您只是我的丈夫，請原諒我的無知。我身邊是悟道之人，而我竟渾然不知，真是慚愧萬分。從今晚起，您不再是我的丈夫，請做我的咕嚕，收我為徒！』[1]

「上師溫柔地摸著我說：『神聖的靈魂，起來吧！你已經被接受了。』他指向天人說：『請向這裡的每一位天人頂禮。』

「我頂禮完畢之後，眾天人齊聲合唱，宛如經典上記載的法界妙音：『神人的配偶，你是有福的。我們敬拜你。』他們跪伏在我的腳下，突然間，他們發光的形體消失，房間頓時暗了下來。

「我的咕嚕要我接受克利亞瑜伽的啟蒙課。

「我答道：『要是能早點學到就好了。』

「『當時時機尚未成熟，』拿希里．瑪哈賽微笑著安慰我說：『不過我已暗中助你燃燒許多業力。現在你準備好了，願意上路了。』

「他摸我的額頭。一團眩光出現，光芒逐漸形成一隻粉藍色的靈眼，圍繞著金色的光環，圈內有一六角形的星星。

「『讓意識穿過星星，進入到無限王國。』我的咕嚕聲調跟以前不一樣，像遠處傳來的柔和樂音。

「我見到一幕又一幕的景象，像浪潮一波波衝擊我靈魂的海岸。五光十色的奇景融入喜悅之海，而我依舊沉醉在無上喜悅中。幾個小時後，等我回過神來，上師替我上了第一堂克利亞瑜伽課。

「從那晚起，拿希里．瑪哈賽再也沒有到我的房間。他未曾闔眼睡覺。他一直待在樓下的房間，日夜都有弟子伴隨。」

這位了不起的女士陷入沉默，我明白她跟這位無上的瑜伽行者有如此特殊的關係，我希望她告訴我更多往事。

「孩子，你真是求知若渴。我再告訴你一個故事吧！」她有點不好意思地笑道：「我要認罪，因為我頂撞我的咕嚕；我學了瑜伽之後幾個月，我有種被忽視、拋棄的感覺。有一天早上，拿希里．瑪哈賽到房裡拿一篇文章，我忍不住上前挖苦他說：『你有時間給弟子，那你對妻子和孩子的責任呢？你應該要拿錢回家。』

「上師看了我一眼，然後走開了。我心生敬畏，聽到四面傳來聲音說：『一切都是空的，難道你不明白？我是空的，又怎麼為你帶來財富呢？』

「我喊道：『咕嚕啊！求求您原諒我，請您再次出現身形吧！』

「『我在這裡。』上面傳來聲音。我抬頭，看到上師在空中現身，頭頂著天花板。他的目光如炬。他慢慢降到地板上時，我好害怕，趴在他跟前啜泣。

「他說：『要尋求靈性的財富，不要追求塵世間華而不實的東西。有了內在的財富之後，你會發現外在的需求永遠不會缺乏。』他又說：『我會派一個靈性弟子給你家庭所需。』

「我咕嚕的話當然會實現；有一名弟子留下一筆錢供我們家用。」

我謝謝卡西莫尼分享她的奇妙經驗[2]。隔天我又到她家，跟廷庫利（Tincouri）和杜庫利（Ducouri Lahiri）談論好幾個小時的哲學。兩位是這位神聖瑜伽行者的兒子，都走上靈性的道路。他們的身材高壯、皮膚白皙、鬍子濃密、聲音柔和，態度溫文儒雅。

拿希里．瑪哈賽除了妻子，還有好幾百名女弟子，我的母親也是他的弟子。有一次，有一個女弟子向咕嚕祈請法照，上師給她一張，說道：「如果你認為它有保護作用，那麼它就有；否則這就只是一張照片而已。」

過幾天，這名弟子與拿希里．瑪哈賽的媳婦恰好在研讀《薄伽梵歌》，書桌旁懸掛著咕嚕的照片。忽然天空出現一道閃電，打了一聲巨雷。

「拿希里．瑪哈賽，請保護我們！」他們向照片禮拜，閃電擊中桌上的書本，但兩人毫髮無傷。

「我覺得好像有一層冰環繞著，使我們不受高溫灼傷。」事後這位弟子回憶道。

拿希里．瑪哈賽對女弟子阿爾雅（Abhoya）也行了兩次奇蹟。有一天，她跟做律師的先生到貝拿勒斯拜訪咕嚕。因為路上交通阻塞，他們到了郝拉車站時，聽到火車離站鳴笛的聲音。

阿爾雅靜靜地站在售票員身旁。她默禱：「拿希里．瑪哈賽，請您阻止這班列車開走。我不想等到明天才見到您。」

火車的輪子原地空轉。火車司機和乘客都下車，到月台上看這個奇怪現象。英國籍的鐵路工人走向阿爾雅和她的丈夫，主動說道：「先生，把車錢給我，我幫你們買車票，你們先上車。」

他們兩人拿到車票，才一上車，火車就慢慢前進，司機和乘客嚇了一跳，但又不知為什麼火車停了又走。

阿爾雅到了拿希里・瑪哈賽在貝拿勒斯的家，默默地朝上師行大禮拜，想要摸上師的腳。「乖一點，阿爾雅。」上師說：「你真喜歡找我的麻煩！搭下一班火車也行啊。」

又有一次，阿爾雅拜訪拿希里・瑪哈賽，只是這一次不是讓火車慢下來，而是要上師送個孩子給她。阿爾雅說：「我生了八個孩子，他們一出生就夭折。求您祝福我的第九個孩子，讓他活下來！」

上師慈悲地笑道：「你即將誕生的孩子會活得很好。不過請小心地照我的指示去做。這是個女嬰，會在晚上生。注意天亮之前，都不要讓油燈熄了，也不要打瞌睡。」

阿爾雅在夜裡產下一名女嬰，正如無所不知的咕嚕所預見的一樣。阿爾雅的母親指示褓姆把燈油添滿，兩個女士雖然想保持警醒，但是還是睡著了。燈油燃燒殆盡，火光幾乎熄滅，臥房門突然被吹開，女士們嚇醒，她們看到拿希里・瑪哈賽的形象。

上師指著油燈說：「阿爾雅，注意！燈快滅了。」褓姆聽了趕緊添油，待燈一亮，上師便消失得無影無蹤。門又關上，只是並沒有人去關門，但門閂卻扣好了。

阿爾雅的第九個孩子平安長大了。一九三五年時，我聽說她還活著。

拿希里・瑪哈賽的弟子迦梨・庫瑪・羅依（Kali Kumar Roy）道行很高，他跟我說過他跟上師之間的故事。羅伊說：「有一段期間，我常往上師的家跑，某個深夜，我看到一群拄著拐杖的僧人[3]坐在咕嚕跟前。他們一同討論禪修和哲學的觀點，天一亮，這些客人就離開。我發現拿希里・瑪哈賽沒有一次躺下來睡覺。」

「早期，我還在上班，經常不滿意老闆的作為，我把這件事跟上師說，」羅伊繼續說：「我老闆只愛錢。我的老闆會說：『我底下的職員不能有宗教狂熱分子。』然後不屑地說道：『要是我碰到你那位吹牛的咕嚕，我一定會讓他知道誰厲害。』

「他語不驚人死不休，但我每晚還是照例到咕嚕那裡。有一天晚上，老闆跟著我到上師處，不由分說地進到大廳裡，決心搞破壞。在座大約有十二名弟子，拿希里．瑪哈賽問：『你們喜歡看電影嗎？』我們都點頭，他要我們把房間弄暗。『排成一個圓圈坐著，』上師說：『一個跟著一個，用手把前面人的眼睛蒙起來。』

「我那個老闆十分不甘願，但也照著上師的話去做了。過了幾分鐘，拿希里．瑪哈賽問我們看到了什麼。

「『上師！』我答道：『我看到一個美麗女郎，身穿滾紅色花邊的沙麗，站在秋海棠旁邊。』其他弟子也附和。上師轉向我的老闆問道：『你認得那個女人嗎？』

「『我認得，』他的情緒突然激動地說：『我真笨，怎麼會把錢花在她的身上呢？我太太很好。我來這裡的動機不好，我真的很慚愧，請您原諒我，收我做您的弟子好嗎？』

「『如果六個月之內，你的生活行為符合道德標準，我會收你為徒。』上師說：『否則，我不會教你禪定。』

「三個月後，我的老闆故態復萌，又跟那女人糾纏不清，再兩個月之後，人就死了。我才了解我的咕嚕先前所說的話，話中早已暗示，要收這個人做弟子是不可能的。」

拿希里．瑪哈賽有一個非常有名的朋友史瓦米．崔朗加（Swami Trailanga），大家都知道他已年過三百，這兩位瑜伽行者常在一起禪定。崔朗加展現過許多奇蹟，在印度家喻戶曉；二十年前，崔朗加在貝拿勒斯的街道上，展示神通法力，讓眾人敬佩不已；他所引起的騷動，宛如神子重返人間，走在紐約街頭。

在許多不同的場合裡，有人看到師父喝下致命毒藥卻毫髮無傷。無數人看過崔朗加漂浮在恆河上，有的人至今仍健在，可以求證。尊者會坐在水面上好幾天，或者藏在水波下很長一段時間。在恆河邊，經常可見師父如如不動，坐在熱得會灼傷人的石板上，整個人暴露在印度無情的日光下。崔朗加示現種種神通，告訴世人：瑜伽行者活著不是倚賴氧氣，或因為一般的生活條件具足、不用擔心意外或野獸攻擊，不論崔朗加在水上還是水中有沒有受日晒雨淋，他都因上帝而活著，死神對他莫可奈何。

這位瑜伽行者不僅道行很高，身體也很好。他的體重超過三百磅，老一歲長一磅。他吃得很少，但是體重愈來愈重，不可思議的事愈來愈多；不過，大師很容易忽略一般保健，如果他為了某種原因想增加體重，真實的原因只有他自己知道。那些從宇宙夢境中覺醒的聖人，可以對自己的身體隨心所欲，因為他知道，身體是能量的濃縮或結晶。雖然物理學家現在知道物質只是能量的聚集，真正了悟的上師早已從理論走到實踐，擺脫物質的限制。

崔朗加總是一絲不掛，讓貝拿勒斯的警察很頭痛，當他是問題兒童。但這是師父的天性使然，他就像伊甸園裡還沒偷吃禁果的亞當，不知赤身露體的尷尬。但是，警察知道這種尷尬，他們依照流程就把他關進監獄，只是崔朗加龐大的身軀又出現在監獄的屋頂；他的牢房仍舊鎖得好好的，看不出他是怎麼脫逃的。

執法的警察很氣餒，又派了一名守衛看守師父的牢房。這次「大能」又在法律之前脫身，警察馬上又發現大師在屋頂上散步。正義女神的眼睛被蒙蔽，對崔朗加的案子，被耍的警察決定眼不見為淨。

這位偉大的瑜伽行者鮮少開口說話[4]，雖然很少進食，但臉還是很圓、肚子也很大。他斷食幾週之後，會吃優格復食，一吃就是好幾罐，都是弟子供養的。有一次，有人懷疑崔朗加根本就是個騙子，於是他拿了一大罐粉刷牆壁的石灰水，放到師父面前。

這位只看重物質的人，假裝尊敬地說道：「大師，我給您帶了優格，請用。」

崔朗加毫不遲疑、把這些冒泡的石灰水一飲而盡，幾分鐘之後，這個壞人卻痛苦倒地呻吟：「救命，師父，救命啊！我著火啦！原諒我啊！」

這位偉大的瑜伽行者終於開口說：「作弄我的人，你不懂我跟你的生命是合一的嗎？其實你給我吃有毒的東西時，你也吃下這毒藥。但是我知道上帝在我的胃裡，也在祂創造的每個原子裡，否則石灰水早就要了我的命，現在你明白後果了吧，自作自受，以後不准再對別人玩這種把戲。」

崔朗加的一番話，也療癒了這個罪人，他拖著虛弱的身體落荒而逃。

在這個紛紛擾擾的人間主持正義，這種報應經常會出其不意地發生，就像發生在崔朗加跟剛剛這個差點成為凶手的人身上的故事一樣。「主說：伸冤在我；我必報應。」[5]果報不爽，人類還需要伸張什麼？只有愚蠢的人才會批評神沒有公義、沒有愛，懷疑神的無所不在與永恆。說出「經典只是空談！」這種話的人很麻木，不懂得敬畏眼前的奇蹟，生命會用一連串的事件使人覺醒。

耶穌凱旋進入耶路撒冷城時，顯示靈性的律法是無所不能的；門徒與群眾見狀，都樂不可支，大聲讚美道：「在天上有和平，在至高之處有榮光。」有幾個法利賽人認為場面不夠莊嚴，便對耶穌說：「夫子，責備你的門徒罷！」耶穌答道：「我告訴你們，若是他們閉口不說，這些石頭必要呼叫起來。」[6]

基督指責法利賽人，也告訴他們，上帝的公義不是做做樣子，而一個和平的人，要是把他的舌頭拔掉，也會發現他的答辯就在造化的基石，仍在宇宙的秩序裡。

「你想想看，」耶穌說：「要和平的人不說話？就像你想掐住上帝的喉嚨，但石頭卻要歌頌祂的榮光和祂的遍在。你要眾人不要頌揚和平的光榮？你要群眾只為戰爭聚在戰場上嗎？法利賽人啊！那就準備好去推倒世界的基石吧，因為不只溫柔的人，還有地、水、火、風，都要與你為敵，為一切創造的和諧作見證。」

像基督般的瑜伽行者崔朗加，有一次賜福給我的叔叔。有一天早晨，叔叔在貝拿勒斯河壇，看到有一群弟子圍繞著上師，他靠過去，摸崔朗加的腳，之後驚訝地發現，他的痼疾竟然消失了[7]。

這位偉大的上師唯一尚存的女弟子是桑卡利．梅珠（Shankari Mai Jiew），她是崔朗加一位弟子的女兒，從小就皈依尊者，獨自一人在喜瑪拉雅靠近巴德納（Badrinath）、凱德納（Kedarnath）、阿瑪納（Amarnath）和巴蘇巴第納（Pasupatinath）一帶山裡的洞穴閉關，有四十多年了。這位女性的苦行僧，生於一八二六年，現在超過一百歲，外表不見老化，頭髮烏溜溜的，齒如編貝，體力驚人。每隔幾年，她都會出關，參加定期的法會。

這位女聖人經常去找拿希里．瑪哈賽。她說，某日在靠近加爾各答的巴拉普（Barackpur），她坐在拿希里．瑪哈賽身旁，偉大的咕嚕巴巴吉靜靜地進到房來，跟他們談話。

有一天，她的上師崔朗加突然打破沉默，要在眾人面前向拿希里．瑪哈賽致敬，崔朗加的弟子聽了就反對地說：「大人！出家人怎麼能向在家人表示敬意呢？」

崔朗加回答道：「拿希里．瑪哈賽是聖嬰，不管宇宙之母要把他放在那裡，他就在那裡。他不只是盡到世俗的責任，還證悟了；這個完美的境界，我得要捨棄一切，丟掉我的獅皮披肩，才追求得到的呢。」

1 這裡讓人想到彌爾頓的詩：「他只為上帝，只為他內在的上帝。」

2 一九三〇年，可敬的師母在貝拿勒斯逝世。

3 枴杖（*danda*），象徵著脊髓，有一派僧侶的儀軌就是要帶拐杖。

4 他是一個牟尼（*muni*），遵守慕那（*mauna*）（精神上的寂靜）的和尚。梵文字根「牟尼」近似希臘文的「單體」（monos），是獨自、單獨的之意，英文字彙中的和尚（monk）、一元論（monism）等字也是從這個字而來的。

5 《羅馬書》12：19。

6 《路加福音》19：37-40。

7 崔朗加和其他偉大的上師們的生活，讓人憶起耶穌的話：「信的人，必有神蹟隨著他們，就是奉我的名趕鬼、說新方言、手能拿蛇；若喝了甚麼毒物，也必不受害；手按病人，病人就必好了。」語出《馬可福音》16：17-18。

第32章

死而復生的羅摩

清晨陽光普照，在塞蘭坡道場的陽台上，聖尤地斯瓦爾正講解基督教的《聖經》。除了幾個上師的弟子，我和幾個藍奇的學生也在場。

「有一個患病的人，名叫拉撒路……耶穌聽見，就說：『這病不至於死，乃是為神的榮耀，叫神的兒子因此得榮耀。』」1

「在這章節裡，耶穌稱自己是神子。雖然他已與神合一，但他此處所說的話，有更深層的意義，」我的咕嚕解釋說：「神子就是人內在基督或神性的意識。沒有人能榮耀上帝，人唯有尋求祂，才能榮耀造物主，人不能夠榮耀連自己都不知道的抽象物。聖人頭上的一輪光圈，象徵他們向上帝致敬的能力。」

聖尤地斯瓦爾繼續讀這則拉撒路復活的故事。讀完以後，上師久久不語，《聖經》還攤開，放在膝上。

我的咕嚕終於說話了，他用尊敬而感激的口吻說道：「我也有幸目睹類似的奇蹟。拿希里．瑪哈賽讓我的朋友死而復生。」

我旁邊的年輕小鬼聽得入迷，我也童心未泯，不只是欣賞其中的哲理，只要是聖尤地斯瓦爾和他上師奇妙的故事，我都愛聽。

「我跟羅摩形影不離，」上師說道：「因為他害羞又孤僻，他去看咕嚕拿希里・瑪哈賽時，都挑在子夜和清晨，避開白天聚集的弟子。我們兩個人很親近，他會跟我分享許多靈性上的體悟，是我修行上的好伙伴。」我的咕嚕憶起往事，臉上的表情都溫柔起來。

「只是，羅摩突然遭遇嚴格考驗，」聖尤地斯瓦爾繼續道：「他感染霍亂。上師從未反對我們生重病時去找醫師，所以我們就請了兩個大夫，在醫師應診時，我誠心向拿希里・瑪哈賽禱告。我跑到上師家，一邊哭，一邊把情形說了一遍。

「『醫師在照顧羅摩，他不會有事的。』我的咕嚕笑道。

「我鬆了一口氣，回到羅摩身邊，只見他已奄奄一息。

「『他可能活不過一兩個小時了。』其中一個醫師失望地告訴我。我又趕緊跑到上師處。

「『醫師是有良心的，我確信羅摩會好轉。』上師叫我放心回去。只是我回到羅摩那裡，醫生都走光了，只留下一張字條，上面寫道：『我們盡力了，他的病沒救了。』

「我的好朋友真的快死了，我不了解上師的話怎麼沒有應驗，看著羅摩生命力一點一滴地消失，我不斷喃喃自語：『現在完蛋了。』我一下相信、一下懷疑，一方面天人交戰，一方面也盡力照顧羅摩，他醒來哭著對我說：『尤地斯瓦爾，快去跟上師說我走了，請他給我臨終的祝福。』羅摩說完這些話，重重地嘆了口氣，人就死了。[2]

「我在他身旁哭了一小時；他向來喜歡平靜，現在又安靜地去了。有個師兄進來，我叫他待在房裡等我；我半信半疑地，拖著沉重的腳步回到上師處。

「『羅摩現在怎麼了？』拿希里．瑪哈賽還是笑笑地問道。

「『上師，您很快就知道。』我壓抑不住悲傷，說道：『再過幾個小時，等他的身體移到火葬場的時候，您就會看到他。』我說完就崩潰了，嚎啕大哭。

「拿希里．瑪哈賽說：『尤地斯瓦爾，克制一點，靜下來禪定。』語畢，我的咕嚕便遁入三摩地。整個下午、晚上就在靜默之中度過，我努力安定心神。

「黎明時，拿希里．瑪哈賽安慰我說：『我看你心情還沒平復。昨天你為何不解釋說你想跟我要一些有形的藥物給羅摩呢？』於是上師指著一盞盛著天然蓖麻油的杯形燈，他說：『從燈油裡取出一小瓶油，放七滴到羅摩口中。』

「我不服氣地說：『上師，他昨天中午就死了，現在用油有什麼用？』

「『你放心，照我的話做就對了。』我不明白咕嚕為什麼表情愉悅，我還沉浸在喪友之痛中。但我還是倒了一小瓶油，往羅摩家去。

「我到了以後，看著朋友僵硬的身體，決定死馬當活馬醫：我用右手食指扳開他的嘴巴，左手拿了軟木塞撐住嘴形，把油滴進他咬緊的牙關，當第七滴油滴到他冰冷的嘴唇上時，羅摩突然猛烈地抖動起來，從頭到腳的肌肉都在震動，他醒來，一臉迷迷糊糊的樣子。

「『我看到拿希里．瑪哈賽在一道閃光中出現，』羅摩哭著說道：『他就像一顆太陽，閃閃發光。』

上師命令：『起來，不要睡了。跟尤地斯瓦爾來看我。』

「當羅摩跟我說話時，我真不相信自己的眼睛，他才剛生完重病，現在卻自己穿好衣服，走去咕嚕的家，涕淚縱橫地跪伏在拿希里・瑪哈賽面前，獻上感激。

「上師看了也很高興，調皮地向我眨一眨眼。

「上師說道：『尤地斯瓦爾，今後把裝油的瓶子帶著。只要看到死屍，就給幾滴油。七滴燈油一定可以擋掉閻羅王[3]的力量。』

「『咕嚕，您在糗我，我不明白，請指出我錯在那裡。』

「『我已經告訴過你兩次羅摩會好轉，但你都不相信，』拿希里・瑪哈賽解釋道，『我的意思不是說醫師會治好他的病，我只是說他們還在場照顧他而已。這兩件事沒有因果關係；我不想干擾醫師，他們也要工作。』

「我的咕嚕又高興地說道：『永遠記得，至上的靈魂[4]永遠不會枯竭，能治癒每一個人。』

「『我錯了，』我自責地說道：『現在我明白了，您簡單的一句話，就鎖住了整個宇宙。』」

聖尤地斯瓦爾講完這個好聽的故事後，有一個聽得入迷的藍奇學生，大膽地提了問題，畢竟小孩子很難理解。他問道：「您的咕嚕為什麼要用蓖麻油？」

「孩子，用不用油其實沒有意義，只因為我希望要用一些看得到的東西救人，拿希里・瑪哈賽就隨意選了油作象徵，喚起我的信心。因為我一直半信半疑，上師就讓羅摩死，但是神聖的咕嚕知道，由於他說過弟子會好轉，病必會治好，雖然病到最後死了，他還是把羅摩救了回來。」

聖尤地斯瓦爾讓學生退下去，叫我坐在他身旁的毯子上。

上師異常沉重地說：「尤迦南達，你從出生的時候，就被拿希里・瑪哈賽的弟子包圍，這位偉大的上師半隱居式地過著高貴的生活，不准任何人建立教派，但他預言過：『我過世後五十年，我生活的故事要記載下來，因為西方會對瑜伽很感興趣，瑜伽的訊息會散布到全世界，幫助人類建立四海之內皆兄弟的連結，明白天下一家的道理。』」

「我的孩子，尤迦南達啊，」聖尤地斯瓦爾說道：「你要盡力弘揚瑜伽，寫下聖人的生活。」

拿希里・瑪哈賽在一八九五年逝世，五十年後就是一九四五年，正是本書完成的年份。一九四五年也是讓我感觸良多的一年，這年是新紀元的開始，改變世界的原子能時代來臨。有理想的人從沒這麼急著想謀求和平，推廣博愛的觀念，只怕人類繼續不當使用物質能量，製造更多問題。

雖然隨著時光流逝，物換星移，或用原子彈一炸，人類建立的文明便蕩然無存，但是太陽不會脫軌，星星還是謹守崗位，宇宙的定律不會改變或中止，人要盡全力跟上宇宙的腳步。如果宇宙反其道而行，太陽不準時升空，不跟行星對抗，讓星星撒野，那我們的武力有什麼用？這會帶來和平嗎？事實上，支持宇宙原動力是善意，不是殘酷。和平相處的人類將會明白：還有無數智慧的結晶，比在染血大地上結出的果實還要甜美。

運作良好的國際組織，應該是一個自然、無名的聯盟，結合眾人之心。這個世界需要博愛與關懷，才能療癒人類仇視的心。然而大家都用頭腦斟酌，眾說紛紜，是無法療傷的，人類要了解自己與神合一的親密關係，才能泯去恩仇。希望與神合一的瑜伽，能傳遍世界每個角落，實踐世界大同的最終理想。

印度擁有最古老的文明，但沒有歷史學家注意到，這個文明的存在並非偶然，是有其理由的，在印度，每個世代都有優秀的人把自己奉獻給永恆的真理。如此純粹的存在，在人類有史以來就存在，那些老學究真的能告訴我們有多少優秀的人存在嗎？印度告訴人類如何戰勝時間的答案。

《聖經》中有個故事[5]，亞伯拉罕請求上主：如果所多瑪城中有十個義人，就饒恕那地方；上帝答道：「為這十個的緣故，我也不毀滅那城。」從這個故事裡，我們明白，印度歷盡劫難，仍屹立不搖的緣故；與印度同時代的強權，如埃及、巴比倫、希臘、羅馬，都一一滅亡了。上主的回答顯示，一個國家的存亡，不在於物質成就，而在於人的精神。

二十世紀才過了一半，已經發生兩次世界大戰。請再次聽清楚神說的話：在上帝的眼中，國家如果沒有十個義人，就會毀滅。幾千年來，印度不是迷迷糊糊地勝過狡詐的時間，每個世代都有證悟的上師為這塊土地奉獻，現代有像耶穌一樣奉獻的聖人，如拿希里．瑪哈賽和他的弟子聖尤地斯瓦爾，宣揚瑜伽的知識；瑜伽這種徹悟真理的科學，才是國家永續發展與人類幸福的要素，不盡然是倚賴物質的進步。

有關拿希里．瑪哈賽生平的資料非常少，他教導的哲理也沒有出版成書。我發現近三十年來，正如上師所預言的，在印度、歐美各地，有許多人想知道更多拿希里．瑪哈賽所教導的瑜伽，也對大師的生平生活非常感興趣，但是東西方卻對現代偉大的瑜伽行者們所知甚少。

只有兩本英文小冊子寫到咕嚕的生平。有一本孟加拉文的傳記《聖聖夏瑪．夏藍．拿希里．瑪哈賽》（*Sri Sri*[6]*Shyama Charan Lahiri Mahasaya*）在一九四一年出版，是由我的弟子，多年在藍奇指導學生修行的史瓦米・薩提阿南達（Swami Satyananda）所寫的。以下文摘是我從書中節譯的，獻給拿希里・瑪哈賽。

拿希里・瑪哈賽在一八二八年九月三十日出生於一個婆羅門世家，誕生的地點是靠近那迪亞縣（Nadia）克里虛那佳（Krishnagar）的戈尼村（Ghurni）。他是穆塔卡西（Muktakashi）最小的兒子，穆塔卡西是高爾・摩罕・拿希里（Gaur Mohan Lahiri）的第二任妻子（第一任妻子生了三個孩子，在朝聖途中，因病逝世）。他的母親在他小時候就去世了，我們所知不多，只知道她虔誠信奉「瑜伽行者之王」濕婆神[7]。

拿希里的俗名是塞瑪・夏藍（Shyama Charan），在那迪亞的老家度過兒時歲月。三、四歲時，鄰居就常看到他在沙堆中，只露個頭出來在禪定。

一八三三年的冬天，因為伽南濟河（Jalangi）改變河道，拿希里家族的房子，還有家族蓋的濕婆神廟都被沖毀。有信徒從洪水中救出濕婆神的石像，供奉在新蓋好的廟，就是在現在很出名的濕婆戈尼鎮（Ghurni Shiva Site）。

拿希里全家遷居貝拿勒斯之後，父親馬上蓋了一間濕婆神廟。他依照吠陀經典的教導持家，按時遵照儀軌拜神、行善、讀經。他公正不阿，心胸寬大，也欣賞近代思想。

拿希里小時候在貝拿勒斯學習印地語和烏都語。他在喬益・納拉揚・高夏（Joy Narayan Ghosal）辦的學校讀書，學習梵文、孟加拉文、法文、英文。這位小小瑜伽士也熟讀吠陀經典，認真聆聽有學識的婆羅門討論經書，還在經師那格巴特（Nag-Bhatta）座下學習。

拿希里長大成為一個溫文儒雅又勇敢的青年，朋友都很喜歡他；他體格強健，很會游泳，是個體育健將。

一八四六年，塞瑪・夏藍・拿希里跟戴博納拉揚・參雅的女兒希瑪蒂・卡西莫尼結婚。卡西莫尼是印度主婦的楷模，她歡喜持家，也負起傳統印度主婦招待客人與施捨窮人的責任；她也蒙福生下兩個聖人般的兒子廷庫利和杜庫利。一八五一年，拿希里・瑪哈賽二十三歲，在英國政府的軍械處擔任會計。他升遷很快；在神的眼中不僅是一個上師，在社會上還是個成功的人。

拿希里・瑪哈賽在陸軍部任職時，多次遷調。父親死後，他便擔負起家計，在貝拿勒斯附近的格魯瓦・蒙烏拉區（Garudeswar Mohulla）一個僻靜處買房子。

拿希里・瑪哈賽三十三歲時，完成此生轉世要做的工作。這藏在灰燼下的火苗，長時間悶燒，終於找到機會燃起火焰。神聖的律令在人類看不見的地方神祕運作，等待時機成熟，一切都會化作外在的顯現。拿希里・瑪哈賽在喜瑪拉雅山的朗尼開（Ranikhet）附近，碰到偉大的咕嚕巴巴吉，巴巴吉帶領他走入克利亞瑜伽的世界。

幸運的不只是拿希里・瑪哈賽而已，全世界的人都很幸運，很多人有幸學習克利亞瑜伽，使靈魂覺醒的法門。這失傳已久的高級瑜伽功法，終於重現光明。許多渴望靈性滋潤的男男女女，最終都發現了克利亞瑜伽帶來的清涼。就像印度神話中，恆河之母從天而降，滋潤她乾渴的弟子巴吉瑞斯（Bhagirath）；如今，秘藏在喜瑪拉雅山，神聖的克利亞瑜伽之水，流進人間，洗滌世人塵封已久的心靈。

1《約翰福音》11：1-4。

2 霍亂病患從發病起到死亡為止，神智都很清醒。

3 印度稱死神為閻王（Yama）。

4 Paramatman字義是至上的靈魂（Supreme soul）。

5《創世紀》18：23-32。

6 字首「神聖」（Sri）之意，冠在偉大的印度老師名字之前，通常重覆兩三次。

7 神性三位一體梵天、毗濕奴、濕婆；工作分別是創造、運作和毀滅。濕婆（Shiva有時拼成Siva）在神話中代表「棄絕人世之主」，常常以蓬頭垢面苦行僧者摩訶迪瓦（Mahadeva）與「宇宙的舞者」納塔拉佳（Nataraja）的形象出現在弟子的觀想中。

第33章 不死的肉身——巴巴吉

巴巴吉是拿希里．瑪哈賽的咕嚕，他至今還在喜瑪拉雅山北部靠近巴尊納拉揚一帶的峭壁活動，此處蒙受祝福。這位大師與世隔絕，幾個世紀以來，保持肉身形態，也許已經幾千年。不死的巴巴吉是一個阿凡達（*avatara*），梵文的意思是降生；字根的「阿凡」是下、「達」是通過；印度聖典裡，這個字是道成肉身的意思。

「人的頭腦不可能理解巴巴吉的境界。」聖尤地斯瓦爾解釋道：「人類有限的視野看不到他這顆超凡的星星，更不可想像阿凡達的成就，那個境界根本無法想像。」

奧義書細分出靈性各種不同的境界，一個完美的存在，是從活著解脫，進化到最終的解脫，也就是有能力戰勝死亡，這是完全脫離幻境、超越生死輪迴的境界，因此很少會回到肉身，若再回到人間，他就是阿凡達，成為神與人的中間人。

阿凡達不受幻境的束縛，他純淨的肉體，只是光的形象，不屬於這個世界，受限於因果法則的肉眼，可能會看不出阿凡達的形象有什麼特別的，但阿凡達沒有影子，走路也不會留下腳印，這象徵阿凡達的內在不受黑暗和物質的束縛，只有這樣的神人才知道超越生死的真理；波斯詩人、科學家奧瑪．海亞（Omar Khayyam）在《儒拜亞》（Rubaiyat）不朽的詩篇唱頌這種解脫之人：「啊！我所愛的月亮的愛沒有圓缺，今晚夜空的月亮再度高掛；而今而後，每當月亮升起，到這同樣的庭園中尋找我，只會是惘然！」

不過，很多人誤會其中的意思。「我所愛的月亮」就是上帝，永恆的北極星。「今晚夜空的月亮」是外在的宇宙，受業力束縛，這位波斯的先知證悟後，溶解業力；狂亂的宇宙找不到他，必定抱憾而歸，最後「只會是惘然」！

馬太福音裡，基督用另一種方式描寫這種全然的解脫：「有一個文士來，對他說夫子，你無論往哪裡去，我要跟從你。耶穌說：『狐狸有洞，天空的飛鳥有窩，人子卻沒有枕頭的地方。』」[1]

耶穌無所不在，除了飢渴慕道的心，你能亦步亦趨嗎？

克里虛那、羅摩、佛陀、帕坦伽利都是印度古代的阿凡達。南印度有一位阿凡達，在阿格斯提亞（Agastya）一帶長大，據說他用坦米爾語（Tamil）創作了很多詩歌文學。他在基督降生前前後後的幾個世紀，行了許多奇蹟，據說他的肉身還在人間。

巴巴吉在印度的任務是幫助眾先知實踐天命。他的特質符合經典上分類的摩訶阿凡達，意思就是「偉大的阿凡達」。他說過，他把瑜伽傳授給創立印度僧團的商羯羅和中世紀的聖人卡比爾；他在十九世紀的大弟子，就是拿希里．瑪哈賽，我們已經知道，他復興了克利亞瑜伽。

摩訶阿凡達與基督的關係很密切，他們都在傳播靈性的福音，並為這個時代提出靈魂解脫的方法。這兩位全然證悟的大師殊途同歸，一位有肉身，一位沒有，但都在幫各民族避免戰爭，消除種族仇恨與宗派之爭，減少物質文明的副作用；巴巴吉很了解近代的潮流，特別是西方文明製造的紛擾和影響，因此體悟到東西方都需要瑜伽之道，助人解脫。

歷史文獻中，沒有巴巴吉的相關記載。因為他沒有公開出現過，就像造物主，是無聲獨一的力量；巴巴吉只是謙卑地默默工作。

偉大的先知像耶穌和克里虛那，都是為了特別目的才來到世上，工作一旦完成，他們就離開。其他的阿凡達像巴巴吉，不單為某一事件而來，他的工作與人類漫長歷史的進化有關。這類上師總是隱藏自己，不為世人所知，並能隨意隱形消失。上述緣由，再加上他指示弟子不可張揚，所以世界對這幾位偉大的人物一無所知。我接下來描寫的，只是巴巴吉生活中的點滴；而且巴巴吉認為這些故事可以給人啟發，才答應公諸於世。

巴巴吉的出生地或家庭沒有任何確實記載，他通常用印地語講話，但是他可以輕鬆地用任何語言交談，他選用簡單的名字巴巴（意思是「父親大人」）；拿希里．瑪哈賽給予巴巴吉其他尊敬的頭銜，像摩訶穆尼．巴巴吉．摩訶拉（意思是「極樂聖人」）、摩訶瑜伽行者（意思是「偉大的瑜伽行者」）、川巴．巴巴或濕婆．巴巴（用來稱呼「濕婆的化身」）。面對這麼一個超越塵世束縛的上師，知不知道他的家譜，很重要嗎？

拿希里．瑪哈賽說：「只要恭敬頌持巴巴吉之名，善男信女即蒙受祝福。」

在這位不死的咕嚕身上看不到歲月的痕跡，外表看起來不超過二十五歲。他的皮膚白皙，中等身材，強健的身體散發光彩，一對平靜而溫柔的黑眼睛，還有一頭亮麗的褐色長髮。奇怪的是，有時巴巴吉酷似拿希里．瑪哈賽，而拿希里．瑪哈賽晚年時，看起來就像巴巴吉的父親。

我的梵文教授師史瓦米．凱巴南達跟巴巴吉在喜瑪拉雅山上度過一段時間。

這位無與倫比的大師和他的組員在山裡移動，史瓦米．凱巴南達告訴我說：「他的組員中有兩個靈性很高的美國人，巴巴吉在一個地方待了一陣子之後，他說：『帳篷和組員，起飛！』他象徵性地帶著一根竹杖，他的指令才是真的讓全員瞬間移動到某處的訊號。但他並不是每次都這樣飛，有時也會徒步翻山越嶺。」

「只有在巴巴吉願意時，他才會讓人看見或認出來。每次他出現在皈依者面前，外觀上都有些微的不同，有時候留鬍子，有時候沒有。他的身體不會衰敗，也不需要食物，因此很少進食。拜訪弟子時，偶爾禮貌上吃些水果或燉飯和酥油。」

「關於巴巴吉的故事，我知道兩個。」凱巴南達繼續說道：「有一天晚上，他的弟子環繞著火堆，舉行吠陀祭典，上師突然抓起一塊還在燒的木材，輕輕往一個弟子裸露的肩膀劃去。」

「『上師！太殘酷了！』拿希里．瑪哈賽當時也在場，他不服氣地說：『照他過去的業報，你寧願眼睜睜地讓他活活地燒死嗎？』

「拿希里．瑪哈賽才說完，巴巴吉就把他療癒的手放在弟子變形的肩膀上，他說：『今晚，我讓你免除死亡的痛苦。你輕微的灼傷已消除了業報。』

「還有一次，有人騷擾巴巴吉神聖的團體；巴巴吉以驚人的技巧攀登危巖峭壁，到達無人可抵達的營地。

摩訶阿凡達巴巴吉
拿希里·瑪哈賽的咕嚕

我請畫家照我的描述，畫出這位偉大的瑜伽聖人。

「『上師！您必是偉大的巴巴吉！』這個人一臉尊敬地說：『我在群山中找您好幾個月了，求您收我為徒吧！』

「只是偉大的咕嚕還沒回答，這個人就指著懸崖的裂縫說：『若您拒絕我，我就跳下去。如果沒有您的指引，生命還有什麼意義呢？』

「『那麼就跳吧！』巴巴吉不帶感情地說：『你現在這個程度，我不能接受你。』

「這個人聽了便一躍而下，巴巴吉指示一旁驚嚇不已的弟子把這名陌生人的屍體撿回來。他們把破碎的身體帶回來後，上師把手放在屍體上，陌生人睜開雙眼，趴下來向全能的咕嚕行大禮拜。

「『現在你可以做我的弟子了，』巴巴吉高興地對這位再生的弟子說：『你勇敢地通過一項非常困難的試練，死亡不會再接近你了，現在你是這群不死的一員。』然後他說：『帳篷和組員，起飛！』整組人馬又消失在群山萬壑之中。」

一位阿凡達以精神永遠存在，在他眼中，沒有距離的問題。只有一個理由，才會讓巴巴吉千百年後還保留肉身：希望他的存在能做為人類具體的模範，人類受限於肉身，看不見內在的神性時，就無法超越死亡，永遠受困於幻境。

耶穌從一開始就知道自己生命的結局，他經歷的所有事不是為了自己，也不是因果報應，而是為了提升人類的精神層面：四位弟子馬太、馬可、路加、約翰，為了造福後人，把他們不可思議的經歷記載下來。

對於巴巴吉而言，他也不在過去、現在、未來的相對關係中，他從一開始就知道自己生命每個階段的任務，他為了讓人有限的心智了解，所以行了許多奇蹟；有時在個人面前，有時在很多人面前。有一次，巴巴吉認為宣布「人可以長生不老」的時機成熟了，當時拿希里・瑪哈賽的弟子羅姆・高帕・穆尊達（Ram Gopal Muzumdar）也在場，巴巴吉承諾，聽聞此事的人，一定會升起求道之心。偉大的人物參與歷史的進程，常常只是為了造就人，才說某些話。耶穌也說過：「父啊！我感謝祢，因為祢已經聽我。我也知道祢常聽我，但我說這話，是為周圍站著的眾人，叫他們信，是祢差了我來。」[2]

當時我到蘭巴普參訪不眠的聖者羅姆・高帕[3]，聖人告訴我他跟巴巴吉相遇的故事。

羅姆・高帕對我說：「我偶爾會離開我閉關的巖洞，到貝拿勒斯，坐在拿希里・瑪哈賽的跟前，有天深夜，我跟他的弟子一起禪定時，上師要我做一件事，有點奇怪。」

「我聽見巴巴吉說：『羅姆・高帕，馬上到達薩斯瓦梅朵河壇（Dasasamedh）來。』

「於是我飛快來到這隱蔽的地方，當晚月色皎潔，群星閃爍，於是我靜靜地坐下來等候，過不久，我發現旁邊有一片大石板慢慢升起，露出一個洞，石板不知為什麼不動了，有一個身穿寬鬆衣服、氣質超凡的女子出現了，她周身散發柔和的光暈，從石洞中冉冉上升，又慢慢下降到我面前，她動也不動，沉醉在喜悅的禪定之中。後來，她出定，輕柔地說道：『我是巴巴吉的妹妹瑪塔吉[4]，今晚我請他，還有拿希里・瑪哈賽，到我這裡來討論重要的事。』

「一道朦朧的光快速地在恆河上方移動，黑色的水面映出奇怪的光，愈來愈靠近，然後突然一閃，來到瑪塔吉的身邊，縮成人形，那是拿希里・瑪哈賽，他謙卑地跪拜在瑪塔吉的跟前。

「我還沒回過神來，又看到更神奇的事情，有一團神祕的光劃過夜空，急速下降成漩渦，滾到我們面前，化身成一位年輕人，我馬上認出是巴巴吉。巴巴吉長相酷似拿希里．瑪哈賽，但是卻比他年輕得多，而且還有一頭亮麗的長髮。

「我、拿希里．瑪哈賽，還有瑪塔吉，跪拜在偉大的咕嚕跟前，當我碰到他時，我全身的細胞都幸福地震動。巴巴吉說：『有福報的妹妹！我想拋棄這軀殼，投入神的無盡之洋。』

「這位散發著光輝的女子懇切地看著巴巴吉說：『我敬愛的上師，我早就知道您的計畫！我今晚就是要跟您討論這件事，您為什麼要離開呢？』

「巴巴吉說：『在心靈的海洋上，有形或無形的波浪有差異嗎？』

「瑪塔吉機智地答道：『不死的咕嚕，如果沒有不同，就請不要離開！』[5]

「巴巴吉嚴肅地說道：『如你所願，我不會離開肉身，這世上只有少數幾個人得見我的肉體。上帝藉你說出祂的願望。』

「我敬畏地聆聽這兩個至高的靈魂談話。偉大的咕嚕轉向我，親切地說：『羅姆．高帕，不要害怕！你很有福報，親自見證我許下這個不朽的承諾。』

「然後，巴巴吉美妙的聲音漸漸消逝，他和拿希里．瑪哈賽的身形慢慢升起，後退到恆河，消失在暗夜長空，他們身上都繞著光環，瑪塔吉的身體又飄回洞裡，彷彿有隻無形的手推著大石板，把洞口蓋起來。

「我一路上激動不已，就這樣回到拿希里．瑪哈賽的家。清晨時，我跪拜在咕嚕跟前，他對我會心一笑。他說：『真好，羅姆．高帕，你常跟我說想看巴巴吉和瑪塔吉，你的願望終於實現了，真奇妙。』

「後來，師兄告訴我，拿希里．瑪哈賽一直沒離開過。

「有一位侍者告訴我：『你去河壇時，上師開示了不朽這個主題。』這是第一次我明白，證悟的大師可以分身，幻化成兩個或億萬個身體，同時分身各處。」

羅姆．高帕最後說道：「後來拿希里．瑪哈賽跟我解釋了許多形上學的論點，神對這世界的計畫就隱藏在其中。神揀選了巴巴吉，要他在這因果輪迴中留著身體，時代不斷變化，他依然是不死的咕嚕[6]，看著世世代代在這個地球上演的戲。」

1 《馬太福音》8：19-20。

2 《約翰福音》11：41-42。

3 這位無所不在的瑜伽行者，他注意到我在塔森斯瓦神殿前沒有行禮跪拜（第十三章）。

4 「神聖的母親」瑪塔吉也活了好幾個世紀；她的靈性幾乎進化到與她的哥哥一樣高的境界。她在達薩沙美河邊石階附近一個隱蔽的地穴裡，靜定在三摩地中。

5 這件事使人想起，偉大的希臘哲學家泰利斯（Thales）主張，生死是沒有分別的。有人批評道：「那你為何不去死？」泰利斯答道：「因為根本沒有分別。」

6 《約翰福音》8：51：「我實實在在的告訴你們，人若遵守我的道（一直在基督的意識裡），就永遠不見死。」

第34章

山裡的宮殿

史瓦米・凱巴南達說：「巴巴吉跟拿希里・瑪哈賽第一次碰面的故事很有趣，很少人知道詳情。」

我第一次聽到的時候，覺得很不可思議，後來有好幾次，我又拜託我這位溫柔的梵文老師重說一次給我聽，後來我的咕嚕聖尤地斯瓦爾也告訴我同樣的故事；他們兩個都是拿希里・瑪哈賽的弟子，而且都是直接從他們的咕嚕口中聽到這個故事。

拿希里・瑪哈賽說：「第一次碰到巴巴吉是在我三十三歲的時候，那是一八六一年秋天，我在陸軍工務部擔任會計，當時駐紮在丹拿普（Danapur）。有一天早上，我的老闆跟我說：『拿希里，總部拍電報來，要把你調到朗尼開的新據點[1]。』

「我帶著一名僕人上路，路程共八百公里，除了騎馬，還要換車，三十天後才抵達喜瑪拉雅山腳下的朗尼開[2]。

「我的工作很輕鬆，有很多時間可以在美麗的山間遊蕩，據說很多偉大的聖人祝福過這裡，我很希望能見到他們。某天中午，聽到遠處有人叫我的名字，心裡覺得奇怪，便起身尋找聲音的來源，好不容易爬上鄧吉里山（Drongiri），一想到天黑前回不去，可能要在森林裡過夜，頓時有點緊張。

「最後我來到一處平地，旁邊有幾個石洞，有一位年輕人站在石洞邊，還面帶微笑地伸手歡迎我，我很驚訝，因為他除了頭髮是褐色的，其他都跟我長得一模一樣。

「『拿希里，你來了！』這位聖人用印地語親切地說：『在這裡休息一下吧，是我叫你來的。』

「我走進洞穴，洞內狹窄但是很乾淨，裡面有幾張毛毯和托缽用的碗。

「『拿希里，還記得那個座位嗎？』這個瑜伽行者指著放置鋪好毛毯的角落。

「我就是覺得奇怪，於是我說：『不記得。天黑前我要回去，明天一大早還有工作要做。』

「聖人用英語回答：『工作為你而生，你不是為了工作而來。』

「我聽了很訝異，因為這位住在森林裡的苦行僧，不光會說英語，還會引用耶穌的話[3]。

「聖人說：『我的電報生效了。』我不明白這位瑜伽行者所說的話，我問那是什麼意思。

「『我發電報要你來到這裡，這是我默默地暗示你的上司，要他調你到朗尼開；當一個人覺得與神合一之時，每個人的心靈都變成轉播站，就可以照他的意願而行。』然後，他溫柔地說：『拿希里，你覺得這裡似曾相識嗎？』

「正當我不知所措時，聖人靠近我，碰一下我的顏面，就這麼被他一觸，有一股奇妙的脈動直通大腦，讓我看到前世的記憶。

「『我想起來了，』我高興得泣不成聲，『您是我的咕嚕巴巴吉，永永遠遠的咕嚕！前世記憶一幕幕出現，上輩子我在這個洞穴中度過好幾年。』過去的回憶排山倒海而來，我抱著咕嚕的雙腳痛哭。

「『三十多年了！我一直等著你回來。』巴巴吉的話語流露深沉的愛。

「『但是你溜走了，消失在中陰動盪的洪流之中，業力的魔棒碰到你，你迷失了！雖然你看不到我，但是我一直看著你，在靈性大洋上跟著你，榮耀的天使在海上航行。我跟著你度過陰霾、暴風、動亂和光明，宛如母鳥照顧幼鳥。你活在母親的子宮裡，然後出生、長大，我的視線未曾離開過你，小時候在那迪亞的沙土上，你盤腿坐著，我在暗處耐心守望著你，直到今天，你在我身旁了！這裡是你的巖洞，我還是保持得乾乾淨淨的，等你來。這一條是你拿來練習體位瑜伽的毯子。你可以每天坐在上面，與神交流。看！這是你的碗，你常用來啜飲我替你預備的甘露。看看這只銀杯，我每天擦得閃閃發亮，等你用它，你是我骨中的骨，肉中的肉，現在明白了嗎？』

「『我的咕嚕，我還能說什麼呢？』我抽抽噎噎地說：『有誰聽過如此不朽的愛？』我目不轉睛地看著我永恆的寶藏，不論我是生是死，都一直是我的咕嚕。

「『拿希里，你需要淨身，把這碗裡的油喝掉，躺在河岸邊。』巴巴吉的話總是很實在，我馬上會心一笑。

「我照著他的話去做，雖然喜瑪拉雅山冰冷的夜晚就要來了，但有一股暖流進入我的身體，我覺得很奇妙，不知道是不是因為那個油注入了宇宙的能量？

「黑暗之中，冷峻的山風打在身上，鋒利如刀刃，葛高夏河（Gogash River）冰冷的水流一波波襲來，越過我的體內沖到岸邊。老虎在附近徘徊，但是我一無所懼，因為我體內散發新的能量，形成嚴密的保護力量。幾個小時過去了，我前世模糊的記憶一一甦醒，現在終於與神聖咕嚕相聚了。

「有個腳步聲打破這片寧靜，黑暗中，有個人扶我起來，遞給我幾件乾淨的衣服。

「『師兄，請跟我來！』我的同伴說：『上師在等你。』他帶領我穿過森林，來到一條彎路上，突然遠方有個形體在發光。

「『太陽升起了嗎？』我問道：『天要亮了？』

「『現在是深夜，』帶路的人微笑道：『遠處一座黃金宮殿閃閃發光，是無與倫比的巴巴吉變出來的。你說過你想要享受宮殿的華麗，現在上師實現你的願望，幫你脫離業力的束縛。』[4]他又說：『今晚的豪華宮殿是你學習克利亞瑜伽的地方，我們歡迎你，慶祝你結束漫長的流亡生涯，等等你就知道了！』

「矗立在我面前的是一座金色大皇宮，外牆裝飾著數不清的寶石，中間有一座美麗的花園，宮內盡是鑽石、瑪瑙、翡翠，天使站在大門的兩側，天使的臉龐在門上華麗的紅寶石輝映之下，一片通紅。

「我跟著同伴進到一個寬廣大廳，空氣中充滿檀香和玫瑰的清香，幾個虔敬的弟子唱著歌或冥想，洋溢平和、喜悅的氣氛。

「『好好享受吧！這是因你的榮耀而生的。』

「『這位師兄！』我說：『這宮殿實在華麗，超乎常人的想像，有什麼神祕的淵源呢？』

「同伴的黑眼珠閃耀著智慧的光芒，他解釋道：『整個宇宙是造物者思想的投影，這些都是神在夢境中造出的萬事萬物，如同人在夢境中，意識讓物質產生出並實體化。』

「『神先創造土的概念，然後用能量加速產生物質，組合土的原子形成固體，藉著神的旨意集中所有分子，當他收回意念，所有的土原子就會轉變回能量，能量轉為意識，土的概念就消失了。』

「『做夢的人在不知不覺中，把思想變成物質，這是夢的本質。一旦醒來，凝聚的思想就撤回，夢和夢境就消失了；一個人閉起眼睛做夢，醒來之後，夢境很容易就消失了。這跟神創造的模式一樣，同理，當人從宇宙意識中醒來，一個宇宙大夢的幻境就消失於無形。』

「『巴巴吉與神的意志合一，這個意志無所不能，可以使基本的原子組合成任何形狀，這座黃金宮殿便在頃刻間形成，這是真實的；同理，這個地球也是真實的。巴巴吉在心中創造出華麗的樓臺，以意志把原子集合在一起，就像神創造世界，讓世界運轉。當完成目的之後，大殿就會化為無形。』

「我聽完，整個人頓感肅穆，他指指這座宮殿，又說道：『這座閃閃發亮的宮殿，不是人類努力的結果，黃金和珠寶也不是從礦坑費力挖出來的，一座宮殿就這麼出現了，完全挑戰人類的認知。人只要發現自己原來是神的孩子，就能用內在潛藏的力量完成任何目標，就像巴巴吉一樣。一顆普通的石頭隱藏著巨大的原子能[6]，神性的力量就藏在萬物之中。』

「這位智者拿起手邊的雅致花瓶，瓶身鑲滿了珠寶，繼續說：『偉大的咕嚕用無量無邊的宇宙之光化成這座宮殿。摸摸這個花瓶和珠寶，你一定能感受到它們的存在。』

「我仔細看了花瓶，手指滑過身旁金光閃閃的牆壁，牆上的每一顆珠寶都值得國王收藏。我心滿意足，那個潛藏在意識深處的欲望沒有了，欲望滿足後就消失了。

「我的同伴帶我穿過華麗的拱門和長廊，旁邊是一排富麗堂皇的廂房，都是照國王宮殿的裝潢佈置的。我們進到一座寬敞的大廳，中間有一個金色的寶座，上面鑲著五顏六色的珠寶，至上的巴巴吉在上結跏趺坐，我見狀便跪在閃閃發亮的地板上。

「『拿希里，你還夢想著黃金大宮殿嗎？』咕嚕的雙眼像藍寶石一樣發光，他說：『醒來吧！你所有俗世的欲望就要消失了。』他喃喃念著神祕的咒語，給我加持，『我的孩子，起來接受傳法，你要經由克利亞瑜伽進入神的國度。』

「巴巴吉伸出一隻手，手掌生出獻祭的火，周圍供奉著鮮花水果，我在燃燒的聖壇前領受了無上瑜伽的大法，學習解脫之道。

「整個儀式在黎明的時候結束。我一直處在狂喜的狀態，完全睡不著，便在宮殿四處閒晃，參觀每個房間裡的珠寶和巧奪天工的作品，然後又走到花園，發現昨天在附近看到的洞穴和峭壁，卻看不出宮殿或花園的痕跡。

「在喜瑪拉雅的陽光下，冰冷的空氣中，有一座富麗堂皇的宮殿。我去找上師，他還是坐在寶座上，許多弟子靜靜地坐在他身旁。

「『拿希里，你餓了吧，』巴巴吉說：『閉上眼睛。』

「當我眼睛睜開，巨大的宮殿和花園消失了。我的身體，還有巴巴吉和其他的弟子全都坐在草地上，原本宮殿所在的地方，靠近洞口。我想起那位嚮導說過，宮殿會化為烏有，回歸至上意識，但我仍然驚訝不已。我信服地看著我的咕嚕，心想一天內遇到這麼多奇蹟，不知道接下來會遇到什麼。

「『建造宮殿的目的已達成，』巴巴吉解釋道。他從地上拿起一個泥碗說：『把手伸進去，想吃什麼就拿什麼。』

「我把手伸進空空如也的碗，拿出熱騰騰的奶油烤餅、咖哩，還有珍貴的甜點。我吃得不亦樂乎，碗裡的食物總是盛得滿滿的。吃完飯，我想喝水，我的咕嚕指指碗，我才發現食物不見了，碗裡盛滿水。

「『很少人知道，在神的國度裡，也能滿足世俗的欲望，』巴巴吉說：『天國延展到塵世，但是世俗是幻相，所以缺乏真實的本質。』

「『親愛的咕嚕，您昨晚讓我見識到連結天與地的美！』我想起消失的宮殿，就覺得好笑，應該沒有瑜伽行者是在這種奢華的環境下被傳法的；我平靜地看著跟先前天差地遠的景象：一方蒼穹下，幾根雜草，遮風避雨的洞穴，這簡陋的場景，彷彿為我和周圍道行高深的修行者而設。

「那天下午，我坐在毯子上憶起前世的種種，神聖的咕嚕摸摸我的頭頂，我進入無餘三摩地，七天後才從至喜中出定。我越過重重的自覺，超越死亡的界限，所有幻相消失，我的靈魂安住在宇宙永恆精神的祭壇上。第八天，我跪在咕嚕的跟前，懇求永遠隨伺在側。

「『我的孩子！』巴巴吉抱著我說道：『今天你化身為人，必須走入人世間指導眾生，和俗人在一起。』

「『你要結婚生子、工作後才會遇到我，這是有原因的。現在把你在山上這個神祕的體驗放一邊，回去做在家修行者的榜樣，完成之後我們會再相聚。』

「『神聽見世俗男女的祈求，』他繼續說道：『神要你去宣揚克利亞瑜伽，把精神的慰藉帶給虔誠的尋道者；無數人承受著家庭、社會的重擔，他們會學習你的榜樣，再度鼓起勇氣，在家修行，你要讓他們知道，家庭不會阻礙人學習瑜伽的解脫之道。塵世間的瑜伽行者沒有私心或執著，願意承擔世俗的責任，這樣才是走在證悟的道路上。』

「『不必強迫自己脫離社會，躲到山裡修行，因為你的內在早就不受業力束縛；雖然你不屬於這裡，但仍然要留下來盡家庭、社會、靈性的職責，把天國清新、甜美的希望注入乾枯的靈魂，讓他們從你均衡的生活中學習到：解脫生死，不必向外求。』

「在喜瑪拉雅山上聆聽咕嚕的教誨時，我的家庭、工作、整個世界都離我很遙遠，但咕嚕的話有堅定的真理，我願意暫時離開這個寧靜的福地。巴巴吉傳法給我，這個密法只能由咕嚕傳給弟子。

「『只能把克利亞瑜伽的密法教給合適的弟子，』巴巴吉說：『要發願犧牲，才能由禪定悟得生命的奧祕。』

「『神聖的咕嚕，您重啟失傳已久的法門，能不能放寬弟子求法的資格，利益更多眾生？』我懇求咕嚕說：『請您讓我把瑜伽教給所有真心的尋道者，包括那些一開始並不能做到全然不執著的人。世間男男女女大多是身心靈受創，才會起身尋道[7]，特別需要鼓勵這些人，如果不傳給這些人，他們可能永遠都不會知道這解脫之道。』

「巴巴吉說：『神透過你的口說出這個希望，就如你所願吧！』就這麼一句話，慈悲的咕嚕放寬傳法的規定，讓這失傳多年的瑜伽可以傳之於世；『將克利亞瑜伽傳給謙卑的求法者吧！』

「一陣默然後，巴巴吉說道：『反覆叮嚀你的弟子記住《薄伽梵歌》裡的許諾——只要修習此法，便能讓人不驚不怖，離苦得樂。』[8]

「隔天早上，我跪在咕嚕的跟前祈求加持，他知道我不願意離開他。

「『我的愛子，我們不會分離。』他慈愛地摸著我的肩膀：『不論何時何地，只要呼喚我的名，我便與你同在。』

「上師的奇妙的承諾讓我寬心，我帶著神的智慧下山回到辦公室，同事歡喜地迎接我，過去十天以來，他們以為我在喜瑪拉雅山的森林裡失蹤了。不久，又收到總部寄來的信。

「信上寫著：拿希里要調回丹拿普，轉調到朗尼開是錯的，會另外派人去接手。[9]

「我笑著回想整件事，原來就是為這樣，才把我送到那麼遙遠的地方。

「回去丹拿普前，我到莫拉達巴（Moradabad），在一個孟加拉人家裡住十多天，我也交了六個朋友。我聊到靈性這個話題，主人難過地說：『唉！印度現在沒有聖人啦！』

「『先生，』我溫和地抗議道：『這個國度還是有偉大的上師！』於是我興沖沖地把喜瑪拉雅山上的奇遇說出來；他們雖然沒有明說，但還是不相信我的話。

「其中一人找台階讓我下，他說：『你一個人在山裡迷路，可能太緊張了，也許那只是一場夢。』

「我急著讓他們相信真理，便脫口說：『如果我呼喊我的咕嚕，他就會出現。』

「他們眼睛瞪得大大的，很感興趣，也想看看聖人現身。我不甘願地請他們給我一間安靜的房間和兩條毛毯。

「『上師會憑空出現，』我說道：『請在門外靜候，我很快就會叫你。』

「我結跏趺坐，謙卑地呼喊我的咕嚕，黑暗的房間瞬間亮如白晝，巴巴吉發光的身體出現了。」

「『拿希里，為了這樣的瑣事就呼喚我啊？』上師的表情很嚴肅，『真理是為了誠心的尋道者所準備的，不是滿足無謂的好奇心。一般人當然是眼見為憑，沒什麼好說的。能夠克服懷疑的人，才會發現感官所不能解的真理。』他傷心地說：『我走了！』

「我跪下來祈求：『神聖的咕嚕，我知道自己錯得多離譜，求您原諒我的愚昧。我想要讓這些心靈受到蒙蔽的瞎子生出信心，所以才呼喚您，而您也很慈悲地出現在這裡，希望您祝福我的朋友再走，他們或許仍不相信，但是至少證實我的體驗是真的。』

「『好吧！留一下子，不讓你在朋友面前食言。』巴巴吉的表情柔和了一點，然後又慈祥地說道：『孩子！從今以後，你真的需要我的時候，我會出現，但不是每次呼叫我，我就會來。』[10]

「我打開房門，我的朋友都很緊張，不敢相信眼前的一切，一直盯著坐在地毯上發光的身體。

「『這是集體催眠！』其中一人放膽笑道：『要是真的有人進到屋內，我們怎麼可能不知道？』

「巴巴吉笑而不語，做手勢要他們摸摸這副血肉之軀，他們一摸，疑心就消失了，一個個趴在地板上做大禮拜，祈求原諒。

「『準備哈盧亞[11]！』我知道巴巴吉要再證明一次。粥一邊在滾，神聖的咕嚕一邊和藹地跟我們聊天。每個朋友都變得虔敬無比！我們吃過粥後，巴巴吉一個個給予加持後，眼前閃過一道光，巴巴吉的身體化成一道透明的光，解除了虛空中的原子結構；瞬間他的身體變成萬道光點，慢慢消失在無垠的宇宙中。

「其中的一個朋友麥塔（Maitra）[12]臉上散發著喜悅的光芒，肅穆地說道：『我見過征服死神的人，至上的咕嚕玩弄時空，就像小孩子吹泡泡一樣簡單。我看到祂手上握著天堂與人間的鑰匙。』

最後，拿希里．瑪哈賽總結道：「我很快就回到丹拿普工作，照顧親眷，努力精進。」

拿希里．瑪哈賽也提到史瓦米．凱巴南達和聖尤地斯瓦爾跟巴巴吉碰面的故事。也讓人想起咕嚕的話：「當你需要我時，我就會出現。」

「在安拉巴德（Allahabad）舉行的大壺節法會（Kumbha Mela）時，」拿希里．瑪哈賽對弟子說：「我身邊都是僧侶和隱士，他們從老遠跑來參加聖典。我在四處閒晃時，發現有一個灰頭土臉的人在化緣。我心想，這個人很虛假，穿著出家人的衣服，卻沒有那份心。

「我走過這個人身邊，看到我的咕嚕竟然跪在這位蓬頭垢面的人跟前。於是我趕緊上前問道：『咕嚕，您在做什麼？』

「他說：『我在替這位出家人洗腳，還要幫他洗炊具。』巴巴吉像孩子一樣對著我笑，我知道他要我學習不要批評別人，每個人不分高下貴賤，神住在每個身體的殿堂裡。偉大的咕嚕還說：『我從侍奉有智慧與無知的隱士中，學會用忍辱、謙卑的美德取悅上帝。』」

1 現在是一所軍方療養院。英國政府早在一八六一年，在印度建立了一個電報通訊網。

2 朗尼開位於阿摩拉區（Almora），在南達迪韋（Nanda Devi）山腳下；南達迪韋山是喜瑪拉雅山脈的高山，高七千八百多公尺。

3 《馬可福音》2：27：「安息日是為人設立的，人不是為安息日設立的。」

4 因果報應讓人尋求解脫；欲望是輪迴的枷鎖。

5 「何謂奇蹟？是對人類的責備，一種諷刺。」——愛德華．楊（Edward Young）〈暗夜有思〉（*In Night Thoughts*）

6 物質原子結構的理論在印度古籍《勝論》（*Vaisheshika*）和《正理經》（*Nyana*）中提過。「廣大無邊的世界就在每一原子的虛空中，多如光中微塵。」《勝論瑜伽》（*Yoga Vasistha*）

7 身、心、靈的痛苦分別在疾病、心理的不適或雜亂的情結、靈魂的無知中表現出來。

8 《薄伽梵歌》2：40。

9 靠近貝拿勒斯的小鎮。

10 在通往無限的道路中，連拿希里．瑪哈賽這些開悟的大師也會熱心過度，所以還是要遵守戒律。在《薄伽梵歌》裡，很多章節裡記載，神聖的咕嚕克里虛那懲罰弟子阿周那。

11 哈盧亞（*halua*）是用奶油炸過麥餅後，再用牛奶煮成的粥。

12 後來麥塔繼續修行，靈性極高。我高中畢業後不久碰到他；我當時在曼達拉道場進修，他說在莫拉達巴時，巴巴吉在眾人面前現身，麥塔說：「這個奇蹟讓我終身追隨拿希里．瑪哈賽。」

第35章

瑜伽的化身——拿希里‧瑪哈賽

馬太福音中，耶穌對施洗約翰說：「你暫且許我，因為我們理當這樣盡諸般的義。」[1]說完，耶穌請約翰幫他施洗，拜施洗約翰為師。

我從一個東方人的觀點[2]，懷抱敬意研讀《聖經》，直覺認為施洗約翰的前世曾經做過基督的咕嚕。《聖經》中多處提到施洗約翰的前世是「以利亞」，耶穌的前世是以利亞的弟子「以利沙」。（這是《舊約》的拼法音譯，希臘譯文是伊里亞（Elias）和伊里塞（Eliseus）；兩人在《新約聖經》又變成別的形象。）

《舊約聖經》最後預言以利亞、以利沙會轉世；「看哪！耶和華大而可畏之日未到以前，我必差遣先知以利亞到你們那裡去。」[3]所以約翰（以利亞）就被派來人間；他比耶穌早一點誕生，要做基督的使者。有一位天使出現在父親撒迦利亞面前說，他要降生的兒子約翰，就是以利亞（伊里亞）。

天使說：「撒迦利亞，不要害怕，因為你的祈禱已經被聽見了，你的妻子以利沙伯要給你生一個兒子，你要給他取名叫約翰……他要使許多以色列人回轉歸於主，他們的神。他必有以利亞的智慧，行在主的前面[4]，叫為父的心轉向兒女，叫悖逆的人心轉從義人的智慧，又為主預備合用的百姓。」[5]

耶穌兩次明確指認以利亞（伊里亞）就是約翰：「我告訴你們，以利亞已經來了，人卻不認識他……門徒這才明白耶穌所說的是指施洗約翰。」[6]耶穌又說道：「因為眾先知和律法說預言到約翰為止。你們若肯領受，這人就是應當來的以利亞。」[7]

當施洗約翰否認他就是以利亞（伊里亞）[8]時，他的意思是：他以施洗約翰這樣低下的身分來，不扮演高貴而偉大的咕嚕，因為在轉世前，已經把榮耀和靈性的財富賜給弟子以利沙。以利沙說：「願感動你的靈加倍感動我。」以利亞還說：「你所求的難得，雖然如此，我被接去離開你的時候，你若看見我，就必得著。……他拾起以利亞身上掉下來的外衣。」[9]

兩人角色互換，前世是以利沙的耶穌，現在已不再需要約翰作為他的人身上師。

當基督在山上改變外形[10]，他所看到的就是他的咕嚕以利亞和摩西。在十字架上極其痛苦之時，耶穌哭喊：「我的神！我的神！你為什麼離棄我？」(*Eli, Eli, lama sabachithani?*) 站在那裡的人，有的聽見這話就說：「這個人呼叫以利亞呢！……且等著看以利亞來不來救他？」[11]

約翰和耶穌兩人不受時空束縛的師徒關係，也可以在巴巴吉和拿希里·瑪哈賽身上看到。不死的咕嚕出於關愛，在生命之河的漩渦裡引領弟子腳步，走過嬰兒時期、成人，直到弟子三十三歲，巴巴吉認為時機成熟，才公開兩個人緊密的關係。在朗尼開附近短暫聚首後，無私的咕嚕沒有將所愛的弟子留在身邊，反而交付他世俗的任務。「我的孩子啊！當你需要我時，我就會出現。」世上哪有愛，能給予這種無限的承諾呢？

遙遠的貝拿勒斯誕生了一個偉大的人。拿希里·瑪哈賽在那裡靜靜地過著理想的居士生活。一如鮮花難掩其香，上師內在散發的光芒無處可藏，尋道者從印度各地蜂湧而至，向這位證悟的上師祈求天國神聖的花蜜。

英籍主管首先注意到這位員工奇妙的改變，叫他作「歡喜先生」。某天早晨，拿希里．瑪哈賽關心他的上司，問道：「先生怎麼看起來悶悶不樂，發生什麼事嗎？」

「我妻子在英國生了重病，我很著急。」

拿希里．瑪哈賽找個安靜的角落禪定了一下，便回去安慰他的上司說：「我幫你捎個口信，夫人身體已經好多了，現在正寫信給你呢。」這位無所不在的瑜伽行者還引述信上的一段話。

「歡喜先生，我早就知道你非比尋常，但是我很難相信你能穿越時空。」

期待已久的信，終於收到了，他的上司不光是知道妻子康復的好消息，信上還寫著幾周前上師引述的話。

幾個月後，上司的夫人到印度探親。她到辦公室，見到拿希里．瑪哈賽靜靜地在辦公，她滿懷敬畏地走向他說：「先生，我幾個月前在倫敦看過你，我當時臥病在床，你渾身散發著光輝，我的病馬上好轉，回復健康，還耐得住長途旅行。」

每天，尊貴的咕嚕都給一兩位弟子傳導克利亞瑜伽。他除了擔起教化靈魂的責任，還照顧家庭、認真工作。偉大的咕嚕也很注重教育，他安排了很多研習班，對貝拿勒斯孟加利托拉區（Bengalitola）的中學發展貢獻良多。他開班講解經典，後來變成「薄伽梵歌聚會」，許多人慕道而來。

在這些大大小小的聚會裡，一般人都有這個疑問：「要工作，又要盡義務，哪有時間禪定？」拿希里·瑪哈賽以行動回應這些問題。這位偉大的咕嚕在家修行，過著如此調和的生活，激勵了無數缺乏信心的人。上師薪水微薄，生活儉約、樸質，個性平易近人，自在又快樂地過世俗的生活。

拿希里·瑪哈賽雖然坐在至高無上的寶座，但是對人都很尊敬，會欣賞別人的優點。弟子向他行禮，他必定回禮。上師還常會像孩子般謙卑，俯身摸別人的腳，但是他不常讓人如此回禮。在東方習俗裡，撫腳致意是只對自己咕嚕才行的大禮。

拿希里·瑪哈賽做了一件很有意義的事，就是帶領不同教派的信徒學習克利亞瑜伽。弟子中不乏印度教徒、穆斯林、基督教徒，有一元論者、二元論者，有信仰的、沒信仰的；拿希里·瑪哈賽不分彼此，一律接納。其中有一位弟子靈性很高，他是穆斯林，名叫阿布杜·古夫可罕（Abdul Gufoor Khan）。拿希里·瑪哈賽雖然屬於最高的婆羅門階級，但是早在那時候，他就努力消除階級制度。形形色色的生命，在他無所不在的羽翼下找到庇護。拿希里·瑪哈賽和其他神所差遣的先知一樣，給不被社會接納、受壓迫的人新希望。

「永遠要記住，你不是任何人的財產，也沒人從屬於你；想想看，有一天你必須拋開俗世的一切，離開這裡；所以快來認識神吧！」偉大的咕嚕告訴他的弟子說：「要天天練習瑜伽與神合一，為下一段死亡的靈體之旅做準備吧！因為你的錯覺，你會以為自己是血肉之軀，這就是滋生煩惱的溫床[12]；要一直禪定，你會很快看到自己是『無限的本質』，種種的苦，不能再折磨你；掙脫身體的牢籠，天天練習克利亞瑜伽，開啟祕密的通道，遁入最後的自由。」

上師鼓勵每位弟子堅守各自的信仰，一再強調克利亞瑜伽是實用技巧，助人解脫，讓弟子自由地在各自的環境中學習。

上師說：「穆斯林每天應該禮拜阿拉[13]四次；印度教徒每天要禪定四次；基督徒每天要跪下來向神禱告四次，研讀《聖經》。」

咕嚕具備高度的智慧與洞察力，照弟子的天性教導奉愛瑜伽、行動瑜伽、知識瑜伽或勝王瑜伽。上師不輕易讓弟子出家修行，一定會要他們深思熟慮，因為出家之路不好走。

偉大咕嚕教導弟子不要去爭論經典上的字句。「有智慧的人會努力體會經典上的啟示，不只是讀字面上的意思。」他說：「用禪定解決自身一切問題[14]，與神真正交流，不要做無益觀想。清理心中堆積如山的教條；讓新鮮直觀的活水治療我們的心。聽內在指引，讓神回應難題。雖然人喜歡一直給自己找麻煩，但是神的援助永遠不會枯竭。」

有一天，上師講解《薄伽梵歌》時，在弟子面前示現無所不在的能力。當時他在解釋萬物的震動中都有基督意識（見第十四章註二），突然間，他上氣不接下氣地叫道：「我在日本的海岸，快被這些靈體淹死了。」

隔天一早，隨侍弟子看到報紙上報導，昨天日本附近沉船，死了許多人。

住在遠方的弟子常常感受到拿希里．瑪哈賽就在身邊。「我永遠和練習克利亞瑜伽的人同在，」他會安慰不能常在他身邊的弟子，「你們努力鍛鍊靈性，我帶你們回家！」

有一個信徒告訴史瓦米．薩提阿南達，雖然他不能到貝拿勒斯，但他還是夢見拿希里．瑪哈賽傳法給他。拿希里．瑪哈賽顯然回應了弟子的祈求。

如果弟子沒有盡到世俗的責任，上師會溫和地指正錯誤。有一次聖尤地斯瓦爾這麼跟我說：「拿希里·瑪哈賽說話溫和又很療癒，即使不得已要公開指出弟子的錯誤，也還是很溫柔。」然後聖尤地斯瓦爾又可憐兮兮地補了一句說：「弟子都很吃這一套。」我聽了忍不住笑出來，我跟我的咕嚕說，他無論說什麼，我聽了都很悅耳。

拿希里·瑪哈賽謹慎地把克利亞瑜伽分成四個階段[15]。弟子一定要真的進步，才會繼續教授更深的課。有一天，某個弟子很不滿意沒有上進階課。

他說：「上師，我已經準備好上下一階段的課了。」

這時候，碰巧有一位謙卑的弟子布倫達·巴迦特（Brinda Bhagat）來見上師。他在貝拿勒斯當郵差。

「布倫達，過來我旁邊坐。」偉大的咕嚕親切地笑道：「告訴我，你準備好上第二課了嗎？」

小郵差雙手合十，緊張地說道：「咕嚕啊！拜託先不要！我沒辦法吸收。今天我就是來請您給我加持，因為上完克利亞瑜伽的第一課後，我太喜悅了，沒辦法送信。」

拿希里·瑪哈賽說：「布倫達早就優游在靈性之海了。」剛剛那位氣呼呼的弟子聽了把頭低了下來說：「上師，我明白了，我是差勁的學生，不夠精進。」

這位沒有念過書的郵差，在學習克利亞瑜伽之後發展出直觀力，有些學者偶爾還會請他解釋經典上的論點給他們聽。這位郵差很純真，沒有被污染，不懂得複雜的語法，他在梵文學界很有名氣。

拿希里·瑪哈賽除了在貝拿勒斯有許多弟子，也有很多人從遠方來謁見他。他偶爾會到孟加拉他兩個親家公的家；由於他親臨孟加拉，當地有很多克利亞瑜伽的弟子，特別在克里虛那佳（Krishnagar）和畢士奴普（Bishnupur）區，到現在還是很多弟子靜默禪定，形成一股無形的瑜伽靈性之流。

許多聖人跟拿希里・瑪哈賽學習克利亞瑜伽，比較有名的是貝拿勒斯的史瓦米・維斯克阿南達・娑羅室伐底（Swami Vhaskarananda Saraswati）和迪歐高（Deogarh）的苦行者巴拉南達・巴瑪查理（Balananda Brahmachari）。拿希里・瑪哈賽當過貝拿勒斯郡主辛哈（Iswari Narayan Sinha）的兒子約廷達（Jotindra Mohan Thakur）的家庭教師，他們知道上師的成就，便祈請上師傳授克利亞瑜伽。

許多在俗世具影響力的弟子想要公開宣傳，招來更多信徒，咕嚕卻不答應。貝拿勒斯郡主的一名御醫也是弟子，他成立了組織，宣揚上師的聖名為「卡西巴巴」，意為貝拿勒斯的聖人[16]。咕嚕還是拒絕了，他說：「讓克利亞瑜伽之花自然地飄送芬芳，克利亞瑜伽的種子一定會在肥沃的心靈福田生根。」

雖然偉大的上師沒有成立現代化組織或出版宣傳瑜伽的書，但是他知道他帶來的瑜伽訊息就像止不住的洪水，席捲人類心靈的海岸。克利亞瑜伽改變生命、淨化心靈，早就讓這個法門生生不息。

一八八六年，也就是上師辭別朗尼開後的二十五年，拿希里・瑪哈賽拿到養老金退休，他在政府部門工作了三十五年[17]。現在他白天有空，弟子也愈來愈多。如今，偉大的咕嚕大部分時間都靜默著盤坐，很少起身，也不出門走動。弟子接踵而來，像一條靜默的河流，只為親見上師一面。

拿希里・瑪哈賽慣常的生理狀態很像超人：停止呼吸、不眠不休、脈搏停止跳動，平靜的眼睛好幾個鐘頭都不眨一下，全身散發沉靜祥和的光輝。所有虔信者一見到他，皆心生敬畏，靈性得以提升，因為他們都知道神子已默默給予加持。

現在上師准許弟子潘加農・巴特阿闍黎（Panchanon Bhattacharya）在加爾各答開辦「阿利亞瑜伽中

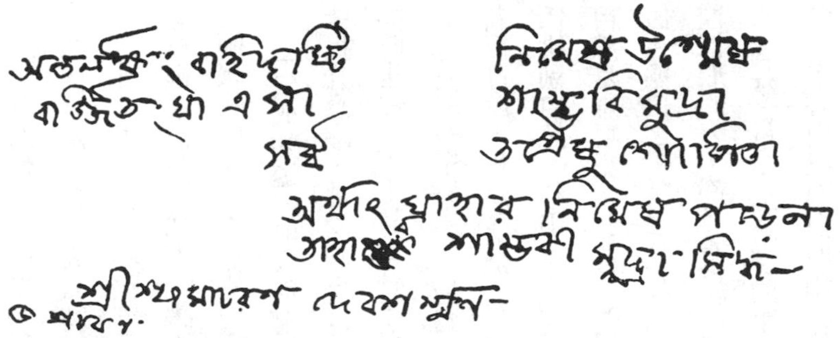

心」(Arya Mission Institution)。巴特阿闍黎教導克利亞瑜伽，也為眾生準備了一些瑜伽草藥[18]。依照古法，上師用苦楝油[19]治病。上師如果要求弟子把油蒸餾出來，弟子很快便完成，但如果是其他人去做，就會在製作過程中出現問題，蒸餾的液體會揮發，顯然沒有上師祝福，製作不了這種油。

上圖是拿希里．瑪哈賽的手稿。上師用孟加拉文給弟子寫了一封信，解釋一段梵文如下：

> 內心全然平靜，眼睛眨都不眨的境界，就是凝視眉心功法的真諦。
>
> 聖夏瑪．夏藍．迪瓦．沙曼
> (Sri Shyama Charan Deva Sharman)

阿利亞瑜伽中心發行弟子記錄咕嚕解經的書。拿希里．瑪哈賽跟耶穌，還有許多偉大的先知一樣，述而不作；他為弟子解經，底下有好幾位弟子記錄、編輯。這些自願謄寫的弟子大多眼光敏銳，努力傳達咕嚕深刻的見解；就整體而言，他們的努力已有成效。也因為他們的熱忱，在這個世界留下拿希里．瑪哈賽對二十六種古代典籍的講解，這是前所未有的。

上師的孫子阿南達・拿希里尊者（Sri Ananda Mohan Lahiri）寫過一本有意思的小書。書上寫著：「《薄伽梵歌》是《大戰詩》的一部分，裡面有好幾處癥結（*ayas-kutas*）。如果不解開這些疑處，這就只是神話，容易讓人誤解；要是都不解釋，那印度不就失去千年來的學問嗎？[20]拿希里・瑪哈賽說明經典裡不清楚的地方，讓人能理解寓意何在，不再是難以理解的文字，也不是無意義的儀式規範，上師讓我們知道，經典內容有科學意義。

「我們知道一般人很難沒有惡念，無法掃除這種情緒，只好投降。但是一旦學了克利亞瑜伽，就能提升意識、感受到更持久的喜悅，讓人沒有耽溺犯罪的動機，不去犯錯。人能放棄低等的欲望，同時也保住了平靜安詳。沒有學習瑜伽的話，再怎麼道德勸說都沒有用。

「我們汲汲營營，扼殺了內在對靈性的敬畏。因為科學只教我們利用自然的力量，不去了解一切名相背後，有一偉大生命的主宰，因此也蔑視自然界終極的祕密。我們跟自然界的關係很實際──我們挑剔自然、利用自然達成目的。科學把人跟自然的關係當作是主從關係，或從哲學的概念來看，自然是嫌疑犯，我們檢測自然、挑戰自然、用人類的工具縝密地度量自然，看看能否測出隱藏的價值。換言之，當『真我』與更高的力量溝通時，自然界便順從人類的意志，不需施加壓力。不了解這種情形的人，都是看重物質的人，他們會稱這種駕馭自然的能力為『奇蹟』。

「拿希里・瑪哈賽的生活樹立了榜樣，改變瑜伽要祕密修行的錯誤觀念。人人都能鍛鍊克利亞瑜伽，了解自己與自然和諧的關係，並且對於神祕難解的事或日常的現象[21]，不管可不可以用物理學

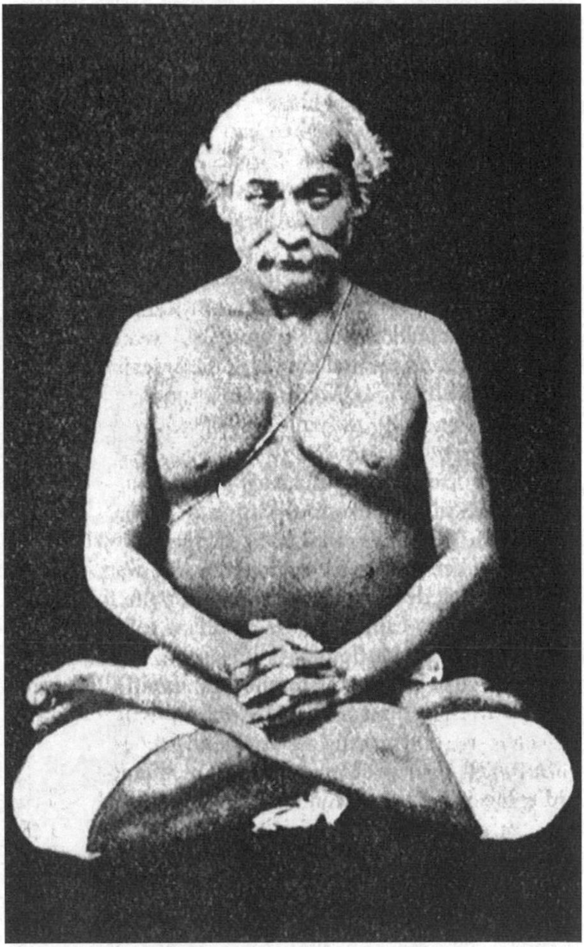

拿希里·瑪哈賽

師承巴巴吉

聖尤地斯瓦爾的咕嚕

去驗證，都能心懷敬畏。一千年前發生了當時不可理解的事，現在我們都懂了；現在覺得很神祕的事，一百年後也能理解背後的道理。所有的表象背後都是無限，我們應該記住這個觀念。「克利亞瑜伽創造的法則是永恆的，就像數學一樣真實，像加減法的規則不會被摧毀。就算把所有數學書籍燒光，推理邏輯的腦袋還是會重新發現數學的定理。只要出現一位純真、奉獻的瑜伽行者，這種純粹的知識就會重現。」

巴巴吉是偉大的摩訶阿凡達，而聖尤地斯瓦爾是智慧阿凡達，即智慧的化身；所以拿希里·瑪哈賽是瑜伽阿凡達，即瑜伽的化身。上師偉大的恩澤提升了人類社會的靈性，他教出好幾個聲望很高的弟子，還在廣大的人群中傳播真理，拿希里·瑪哈賽真的是拯救了眾生。

這位先知的獨到之處，就是強調克利亞瑜伽的鍛鍊，為眾生開啟了瑜伽解脫的大門。不論這位瑜伽阿凡達一生所行的種種奇蹟，單就他把古瑜伽簡化，使常人容易掌握，感受瑜伽的功效，已是功德無量了。

說到奇蹟，拿希里·瑪哈賽常說：「一般人不懂微妙的法則是怎麼運作的，因此若要付梓或公開討論，必須十分審慎。」我沒有忘掉他的教誨，書中提到的一切，是我從內在獲得他的應允才公開的。我記載一些巴巴吉、拿希里·瑪哈賽、聖尤地斯瓦爾的生平，也略去許多真實發生過的奇蹟，因為很難寫進來，有許多深奧的道理需要解釋。

為了給脫胎換骨的人新的希望，瑜伽阿凡達說：「只要努力就可以與神合一，不必依靠理論或是『宇宙獨裁者』的專制意志。」

不相信神存在的人，學習克利亞瑜伽之後，必會發現自己充滿神性。

1 《馬太福音》3：15。

2 《聖經》有很多章節提到輪迴的法則，這很能理解，也有些共識。用輪迴說解釋人類不同的進化過程是最合理的；西方理論假設某物（自我意識）從無而生，因不同程度的欲望，會在世間駐留三十或九十年，然後回到源頭的空（the original void），這種論調是中世紀的學者喜歡思考的問題。

3 《瑪拉基書》4：5。

4 「在他之前」就是「在上主之前」。

5 《路加福音》1：13-17。

6 《馬太福音》17：12-13。

7 《馬太福音》11：13-14。

8 《約翰福音》1：21。

9 《列王紀下》2：9-14。

10 《馬太福音》17：3。

11 《馬太福音》27：46-49。

12 馬丁．路德（Martin Luther）的文集《茶餘飯後》（*Tischreden*）：「我們的身體歷經多少次死亡！什麼都沒有，就只有死亡。」

13 穆斯林主要的禱文，通常每天重覆四五次。

14 波斯諺語：「在冥想中尋找真理，不要迷失在書本裡；往天空看月亮，不是在池子找。」

15 克利亞瑜伽有許多步驟，拿希里・瑪哈賽把這些步驟分成四個主要的階段，每個階段都值得好好鍛鍊。

16 除了我又尊稱拿希里・瑪哈賽為瑜伽阿凡達，其他弟子還尊奉拿希里・瑪哈賽為最偉大的瑜伽行者（*Yogibar*）、瑜伽行者之王（*Yogiraj*）、最偉大的聖人（*Munibar*）。

17 他在政府同一個部門工作了三十五年。

18 古代梵文典籍中記載許多的藥草知識。一九三八年，喜瑪拉雅山藥草的回春療法引起世人關注，當時印度貝拿勒斯大學七十七歲的副校長、也是梵文學家馬拉維亞（Madan Mohan Malaviya）接受治療。這位著名的學者在四十五天內恢復健康，讓力量、記憶、視力都回復正常；開始長牙，皺紋消失，讓人驚訝不已。這種藥草療法是卡亞・卡帕（Kaya Kalpa），屬於阿育吠陀八十種回春療法中的一種。治療馬拉維亞的是聖卡阿闍黎・史瓦米・畢修達斯（Sri Kalpacharya Swami Beshundasji），尊者聲稱自己生於一七六六年。他有證明自己超過一百歲的文件；美聯社的記者認為他看起來四十歲左右的樣子。

古印度人把醫學分成八科：外科（*salya*）、頸部以上的疾病（*salakya*）、內科（*kayachikitsa*）、精神科（*bhutavidya*）、小兒科（*kaumara*）、毒物科（*agada*）、老年科（*rasayana*）、新陳代謝營養科（*vagikarana*）。阿育吠陀醫師使用精密的手術工具在整形外科上，也知道解毒的方法，做剖腹生產術、動開腦手術，熟悉運用複方藥物。西元前五世紀著名的醫學家希波克拉提（Hippocrates）就採用了許多印度醫學中的藥物知識。

19 東印度的苦楝樹（margosa），苦澀的樹皮可作為補藥，果實和種子中的油，可以治療痲瘋和其他疾病。已有西方研究證實其醫學價值。

20 「最近從印度山谷的考古遺址出土了一批紀元前三千年左右的文物，其中有現今瑜伽系統所採用的禪定人像，證明在當時的人已經知道某些瑜伽的基本原理。我們因此做出一個結論，禪定內觀的訓練方式在印度已經實行五千年了……印度發展出某些特別的心靈信仰面向，少說也拓展至生活層面。其中一項是對不同的信仰、教條很寬容，這也對西方世界造成衝擊，因為西方幾世紀以來，不斷地追殺異端、撻伐邪說，國際間經常發動戰爭，造成死傷無數，血流成河。」摘錄自一九三九年五月華府美國學術會議公報（Bulletin of the American Council of Learned Societies）布朗（W. Norman Brown）教授發表的文章。

21 這讓人聯想到卡萊爾（Carlyle）在《衣裳哲學》（*Sartor Resartus*）中的評論：「一個不會想像、或不習慣想像（及敬畏）的人，就算他是某某皇家協會的主席，有滿腦子的學問，也不過是戴上一副眼鏡的臉，但眼鏡底下的雙眼沒有看見世界。」

第36章 巴巴吉對西方的關懷

「上師，您見過巴巴吉嗎？」

這是一個寧靜的夏夜，熱帶的星星特別大，在天空中閃閃發光，我和上師聖尤地斯瓦爾在塞蘭坡道場二樓的走廊上比肩而坐，我大膽提問。

「我見過巴巴吉。」上師憶起巴巴吉便心生恭敬，笑道：「我有幸三次親見永恆不死的咕嚕。第一次是在安拉巴德舉行的『大壺節』法會上相遇。」

「大壺節」這個全國性法會，它的緣起已不可考，但每次法會都提醒世人要繼續追求靈性上的目標。每六年一次，成千上萬的信眾湧入會場，想一睹隱士、瑜伽行者、師父、苦行僧等修行者的面貌。很多隱士終年閉關，只有法會時才會出來祝福一般民眾。

「我碰到巴巴吉時還沒出家，但是拿希里．瑪哈賽已經把克利亞瑜伽傳給我，他鼓勵我參加一八九四年一月在安拉巴德舉行的『大壺節』。那次是我第一次參加法會。會場人潮絡繹不絕，讓我頭昏腦脹。我到處逛，沒有看到想要親近的修行者。我過橋到恆河對岸，看到一個熟人在化緣。

「我心想：『什麼大法會，吵吵鬧鬧的，到處都是乞丐。西方科學家耐性十足，不斷擴大研究領域，提升人類生活品質，這些遊手好閒的人只會要人施捨，神會喜歡哪一種做法？』當我正在思考要如何改善這些社會問題時，有一位魁梧的出家人把我叫住。

「他說：『先生！聖人請你過去一下。』

「『他是誰？』

「『你怎麼不自己去看看！』

「我遲疑了一下，還是照辦了。我看到附近有一棵樹下坐著一位上師，旁邊還有一群弟子，那位上師相貌不凡，一雙眼睛炯炯有神，我走過去時，他起身擁抱我，親切地說：『師父，歡迎你！』我強調道：『先生！我不是出家人。』

「聖人簡單回答說：『被我直接加持、賜與這名號的，絕對不會捨棄師父的頭銜。』他的話鏗鏘有力，蘊涵真理。一陣幸福感席捲我的靈魂。我突然成為這個歷史悠久的僧團[1]一員，讓我滿臉笑意，跪倒在這位像天使一樣的上師腳下。

「巴巴吉！沒錯！就是巴巴吉，要我到樹下坐在他身邊。他年輕力壯，相貌堂堂，長得像拿希里．瑪哈賽，但當時我沒有聯想到，雖然我曾耳聞這兩位大師相貌酷似，但巴巴吉卻有力量使人不胡思亂想。顯然偉大的咕嚕想讓我自在一些，不要讓我知道他的身分而忸怩不安。

「巴巴吉問：『你覺得法會怎麼樣？』

「『上師！我很失望！』我急忙補充說：『在碰到您之前是這麼想的。法會場面太混亂，沒想到會遇見聖人。』

「雖然我相貌看起來比上師老很多，他仍叫我孩子，『很多人都會以偏概全，這樣不對。地球上萬事萬物都混合了各種特質，就像沙裡混合了糖，有好有壞。要做一隻聰明的螞蟻，取糖不要取沙。許多隱士仍在幻相裡遊蕩，但是有幾位證悟的人仍然給整個靈修大會很多祝福。』

「我想到自己能夠遇到偉大的上師，便點頭稱是。

「我發表想法：『上師，我剛剛在想，西方的科學家其實比這裡的會眾還聰明許多，他們住在遙遠的歐洲、美洲，信仰不同的教義，但忽略這種靈修大會的真正價值，如果他們能遇到印度的大師，必定獲益良多。雖然他們知識水準很高，但許多西方人仍停留在物質的層次，也有許多著名的科學家、哲學家不了解他們所研究的科學、哲學跟宗教其實在本質上相同。只是他們超越不了教條所設下的藩籬，所以永遠無法與我們溝通。』

「巴巴吉臉上流露出贊同的笑容說：『我看你對東西方都有興趣，對世人很慈悲，所以才叫你來。』

「巴巴吉說道：『東西方必須在精神與物質間取中庸之道。印度要向西方學習物質文明，印度可以教導西方世界宇宙共通的方法，讓西方把宗教信仰建立在瑜伽的基石上。』

「『你這位師父將在東西方交流的過程中擔任重要的角色。幾年以後，我會派一位弟子給你訓練，讓他去西方傳揚瑜伽，屆時，尋道者將如潮水般湧來。我預見許多聖人已經在等待覺醒的時刻。』」

故事講到這裡，上師聖尤地斯瓦爾轉身過來看著我，他在皎潔的月色下笑著對我說：「你就是巴巴吉派給我的弟子。」

我很高興巴巴吉把我帶給聖尤地斯瓦爾，但是還是難以相信自己會在遙遠的西方弘法，拋下祥和的道場，遠離我所敬愛的咕嚕。

「接著巴巴吉說到《薄伽梵歌》，」聖尤地斯瓦爾又道：「他讚美了一番，表示他知道我正在寫《薄伽梵歌》的釋義，這令我很驚訝。

「『師父，我要求一件事，』偉大的上師說：『你可不可以寫一本小書，解釋基督教經典和印度經典的共通之處？以對照的方式指出二個宗教間的關係，講明得到神啟的兒女都述說同樣的真理。但因為教派間的對立，人類看不見這層關係。』

「我不確定辦不辦得到，便問道：『偉大的國王[2]啊！這任務真的太重大了。我能勝任嗎？』

「巴巴吉淺淺地笑道：『孩子啊！不用懷疑。誰做了所有的工作？誰是一切行為的行動者？神要我說的，必定會如真理般實現。』

「我認為自己受到聖人的加持，決意把那本書寫出來。我起身告別，離情依依。

「『你認識拿希里[3]嗎？』上師問道：『他是偉大的人，把我們相遇的事告訴他。』他要我捎個口信給拿希里．瑪哈賽。

「我鞠躬告退時，聖人又說：『你的書完成以後，我會再來看你。再見了。』

「隔天我離開安拉巴德，坐火車回到貝拿勒斯的咕嚕家中，我滔滔不絕地把靈修大會遇到聖人的經過講給咕嚕聽。

「『哦！你不知道他是誰嗎？』拿希里．瑪哈賽興高采烈地說：『我看你真的不知道，因為他不讓你認出他來。他是我至高無上的咕嚕巴巴吉呀！』

「『巴巴吉！』我突然敬畏起來，複述著：『瑜伽行者的基督巴巴吉！可遇而不可求的巴巴吉！啊！真希望能再回到那一天，再次恭敬地向他頂禮跪拜。』

「『沒關係！』拿希里．瑪哈賽安慰我道：『他不是答應會來看你嗎？』

「至聖的咕嚕，神聖的上師要我捎口信給您：『告訴拿希里，放掉所有為此生此世所儲存的能量，快結束了。』

「我轉述完這些難解的話，突然拿希里．瑪哈賽身體一陣顫抖，彷彿觸電，瞬間周遭的事物都歸於寂靜，他的笑顏變得嚴肅起來，像一尊木雕，坐在位置上寂然不動，身體漸漸失去血色。我有點緊張，不懂發生什麼事。我這一輩子從來沒有見過有人變臉變得那麼快，在場的弟子都嚇到了。

「三小時過去，全然靜默。然後拿希里．瑪哈賽恢復原本的爽朗，慈愛地對弟子說話，大家才鬆了一口氣。

「我看了拿希里．瑪哈賽的反應，才了解到巴巴吉原來是明確地告訴我的咕嚕，他的身體已經不適合他居住了。他明白巴巴吉的意思。莊嚴的靜默證明我的咕嚕馬上控制自己的靈體，切斷最後與世俗聯繫的紐帶，飛到他永生不死的咕嚕身邊。就像巴巴吉說過的，『我永遠與你同在。』

「巴巴吉和拿希里．瑪哈賽都是無所不在的，也無須我或透過媒介來傳話；偉大的靈魂經常紆尊降貴，扮演人類舞台上的角色，偶爾也會用一般的方法，請傳達者轉告他們的預言，之後預言成真時，會讓人更有信心。

「之後不久，我便離開貝拿勒斯到塞蘭坡工作，寫巴巴吉要我闡述的事。」聖尤地斯瓦爾繼續說道：「一開始我便用梵文寫了一首讚美巴巴吉的詩，以前我沒有用梵文寫過東西，但靈光乍現，下筆如神。

「趁著安靜的夜晚，我忙著比較基督教《聖經》和吠陀教義（*Sanatan Dharma*）[4]，我引用耶穌的話，在《吠陀經》裡面也有同樣的說法。拜至上咕嚕（Param-Guru-Maharaj）[5]的恩典，書很快寫完。書的內容最早是分章節刊登在《修行者通訊》（*Sadhusambad*）雜誌；後來我在基德波（Kidderpore）的一個弟子又私下印行。」

「隔天早上，」上師繼續說：「我到一座廢棄浴場，靜靜地站了一下，享受和煦陽光，然後整個人浸在恆河裡，再散步回家，清晨十分安靜，只有衣服飄動的聲音。我走過河岸的一棵榕樹，我不由自主的猛然回頭一看，只見偉大的巴巴吉站在樹蔭下，幾位弟子隨侍在側。

「巴巴吉說：『師父好！』聽見上師美妙的聲音，我知道這不是夢。『我知道你寫完了。我說過，要向你道謝。』

「我心跳加速，完全拜跪在上師跟前，『至上的咕嚕，請您和弟子移駕到我家坐坐，我家就在附近。』

「至上的咕嚕婉拒了。『不了！孩子。』他說：『我們喜歡樹蔭，這裡很舒適。』

「『請稍候，上師！』我懇求道：『請讓我拿些特別的甜點來給各位享用。』

「過了幾分鐘，我帶了一盤好吃的甜點回來，但樹下早已沒有天人在乘涼了。我在恆河邊來來回回尋找，但心裡也知道他們早就乘著乙太的翅膀飛走了。

「我好傷心，自言自語說：『要是再見到巴巴吉，也不要跟他說話了。他怎麼可以就這樣離開。』當然我這麼氣不為什麼，是因為愛。幾個月之後，我到貝拿勒斯看拿希里．瑪哈賽。我才進到客廳，我的咕嚕就笑了。

「『歡迎！尤地斯瓦爾。』他說：『剛剛在門口有沒有看到巴巴吉啊？』

「『有嗎？我沒看到啊！』我驚訝地說。

「『過來！』拿希里．瑪哈賽輕觸我的額頭，我馬上看到巴巴吉站在門口，笑得像盛開的蓮花。

「我想起上次巴巴吉讓我那麼難過，所以沒有禮敬上師。拿希里．瑪哈賽很驚訝。

「神聖的咕嚕看著我說：『你在生我的氣。』

「『上師！我當然生氣。』我答道：『您和神奇的弟子憑空出現，又憑空消失。』

「『我說過會去看你，但是沒有說待多久。』巴巴吉笑道：『你很興奮，我看你忙進忙出的，靜不下來，就先遁入虛空。』

「巴巴吉的話很中肯，我馬上就接受這個解釋。我跪在巴巴吉跟前，至上的咕嚕拍拍我。

「『孩子！你要多禪定，』他說：『你的注視仍不完美，你看不到我就在光中。』

「咕嚕的聲音如天國傳來的妙音，話才說完，巴巴吉便消失在光中。」

「那是我最後幾次到貝拿勒斯找我的咕嚕，」聖尤地斯瓦爾結語說：「就如同巴巴吉在大壺節法會上所預示的，在家修行的拿希里．瑪哈賽的生命走到了盡頭。一八九五年的夏天，上師硬朗的身體開始生病，上師背後一處生了瘡，但他不要清瘡。他以肉身燃燒掉弟子的惡業。後來有幾個弟子很希望上師接受治療，但是上師神祕地說：『身體總要找理由離開，但不管你們要我做什麼，我都欣然接受。』

「沒過多久，偉大的咕嚕在貝拿勒斯放棄肉身。我不用到小客廳找他，他無處不在，每天都在我的生命裡，引領著我。」

多年後，我從拿希里．瑪哈賽的隨侍弟子史瓦米．凱希巴南達[6]口中得知拿希里．瑪哈賽涅槃時，許多不尋常的事。

「咕嚕涅槃的前幾天，」凱希巴南達告訴我，「當時我坐在哈瓦（Hardwar）道場，他的化身出現了，對我說：『快來貝拿勒斯！』話才說完，拿希里．瑪哈賽就不見了。

「我立刻搭火車到貝拿勒斯。到了以後，才看到許多弟子聚在咕嚕家。那天[7]，上師花了好幾個小時開示《薄伽梵歌》，講完後，只是淡淡地說：『我要回家了。』

「弟子們悲痛的啜泣聲像難以抵擋的洪流，傾瀉而出。

「『放心！我還會再來的。』拿希里．瑪哈賽說完，便起身轉了三圈，然後面朝北方，結跏趺坐，非常莊嚴地進入了究竟摩訶三摩地[8]。

「拿希里．瑪哈賽美麗的肉身，皈依者見了都心生歡喜。那天，這副肉身在恆河邊的瑪尼卡尼河壇（Manikarnika）舉行莊嚴隆重的在家人火葬，」凱希巴南達繼續說道：「火葬隔天，我人還在貝拿勒斯，早上十點時，我的房間出現一道強光。在我眼前現身的，竟是拿希里．瑪哈賽，他看起來更年輕、光采，其他跟以前沒什麼兩樣。我神聖的咕嚕對我說：

「『凱希巴南達，是我！我重新組合火葬瓦解的肉身，有了新的形體。我在塵世間的任務已經完成，但是我還不會一走了之，我會在喜瑪拉雅山上、在宇宙中跟巴巴吉待一段時間。』

「超凡的咕嚕給我加持後便消失了。咕嚕奇妙的現身讓我更有信心了，我靈性的境界提升了，就像耶穌和卡比爾[9]的弟子看到上師死而復生一樣。」

凱希巴南達繼續道：「我帶了一些拿希里．瑪哈賽的骨灰回到道場。我知道他已脫離時空的牢籠，展翅高飛；但我仍祀奉著上師神聖的骨灰，這讓我得到一些撫慰。」

另一位弟子巴特阿闍黎[10]也很有福氣，看過復活的咕嚕。他是加爾各答「阿利亞瑜伽中心」的創辦人。我到巴特阿闍黎家拜訪，聽他分享跟隨咕嚕經歷到的事，最後他告訴我一件他這輩子遇過最不可思議的事。

「就發生在加爾各答，」巴特阿闍黎說：「火葬隔天早上十點，拿希里．瑪哈賽竟然活生生出現在我面前。」

「分身聖人」史瓦米．普拉邦納達拜訪藍奇的時候，也對我說：「拿希里．瑪哈賽放下肉身的前幾天，我收到他的一封信，要我馬上去貝拿勒斯；不過我因有些事情耽擱了，正當我動身前往貝拿勒斯時，早上十點左右，我突然浸淫在喜悅之中，看見上師的形像。

「『不用急著去貝拿勒斯，』拿希里．瑪哈賽微笑著說：『你在那裡看不到我了。』

「我聽了傷心不已，一邊難過地哭起來，一邊安慰自己是在胡思亂想。

「上師過來安慰我說：『來！摸摸我，』他說：『我永遠活著，不要哀傷流淚，我不是一直與你同在？』」

我從拿希里．瑪哈賽三位偉大的弟子口中聽到不可思議的真實故事：拿希里．瑪哈賽在火葬後隔天早上的十點復活，改變肉身的形像，同時出現在住在三個不同城市的三個弟子面前。

聖經哥林多前書說：「這必朽壞的，既變成不朽壞的；這必死的，既變成不死的，那時經上所記，死被得勝吞滅的話就應驗了。死啊，你得勝的權勢在哪裡？死啊，你的毒鉤在哪裡？」11

1 後來聖尤地斯瓦爾正式皈依，在菩提伽耶（Buddh Gaya）的住持那裡受出家戒，加入僧團。

2 「偉大的國王」，這是尊敬的榮銜。

3 通常咕嚕只喚弟子的名，略去尊稱，所以巴巴吉說：「拿希里」。

4 字面的意思是「永恆的宗教」；意指吠陀教義的主體。希臘人稱呼印度河兩岸的居民為印度（Indoos 或Hindus），所以後來吠陀教義（*Sanatan Dharma*）被稱作「印度教」（Hinduism）。印度人應是指印度教徒、穆斯林及住在印度國土上的居民。又，因為哥倫布混淆地理，錯把美國的蒙古族（Mongoloidab-origirals）也稱為印第安人（Indians）。印度古稱阿利阿瓦塔（*Aryauarta*），意為「阿利安人的居處」。梵文字根*arya*是「有價值、神聖、高貴的」。後來在人種學上把「阿利安」用在物質的層次，不用在精神方面；這讓偉大的東方學者馬克斯．穆勒（Max Muller）犀利地說：「人種學者談到阿利安種族、阿利安血統、阿利安人的眼睛和頭髮，就好像語言學家對字典或文法說長道短一樣沒禮貌。這是罪人才會做的事。」

5 *Param-Guru*是指至上的咕嚕，或系出同門的師祖；所以說，巴巴吉是拿希里．瑪哈賽的咕嚕，是聖尤地斯瓦爾的師公。

6 第四十二章裡面敘述我拜訪凱希巴南達道場的經過。

7 一八九五年九月廿六日拿希里．瑪哈賽離開肉身。再過幾天就是他的六十八歲生日。

8 吠陀經典裡有記載這種儀式：當上師知道自己命終的時刻，該要踢掉臭皮囊，就會這麼做：身體轉三圈，然後面向北方。上師最後在禪定時，會將自身融入宇宙的「唵」，就稱為摩訶（最高層次的）三摩地。

9 卡比爾是十六世紀偉大的聖人，弟子很多，追隨的有印度教徒和穆斯林。卡比爾死後，弟子為葬儀吵得不可開交，這位大師氣得從長眠中起身，指示弟子該怎麼做。「遺體的一半用伊斯蘭教的儀式埋葬，另一半用印度教的儀式。」說完就消失了。他的弟子打開棺蓋，發現遺體不見了，只有一束美麗金香木花。他們就遵照大師的旨意，穆斯林弟子把一半束花照伊斯蘭教儀式處理，另一半照印度教徒的方式做。

卡比爾年輕時，有兩個弟子請求他指示靈修的捷徑，大師只淡淡地說：「因為有距離，所以有道路；如果祂就在身邊，那你連路都不用走。就像水中的魚會口渴，你說好不好笑？」

10 巴特阿闍黎在比哈邦（Bihar）迪歐高（Deogarh）一座十七英畝的花園中蓋了一間廟，內有拿希里．瑪哈賽的石像。弟子也在這位偉大的上師伯那勒斯家的小客廳裡安置了另一尊雕像。

11 《哥林多前書》15：54-55。

第37章
遠渡重洋

我在禪定時看到西方面孔，沒猜錯，美國人！這些人是美國人。那些年，我都跟學生在一起，少有獨處時間。我難得在藍奇校園找到一間隱密的儲藏室，就躲在一堆積滿灰塵的箱子中禪定。

禪定中，我看到一群人熱切地睜大眼睛，一張又一張的臉龐掠過意識的舞台。[1]不出我的意料，儲藏室的門打開了，孩子發現了我的藏身之處。

「畢瑪！來！」我高興地說道：「告訴你好消息：神呼喚我去美國啦！」

「去美國？」小鬼模仿我的腔調說：「你要登陸月球了！」

「是的，我要去發現新大陸，就像哥倫布以為自己發現印度一樣，這兩地有其因果關係。」

畢瑪聽完就跑出去，沒多久，消息就傳遍整個學校了。[2]我把這些不知所措的教職員召集起來，宣布之後學校就交給他們管理。

「我知道你們會履行拿希里．瑪哈賽的瑜伽理念來教育孩子，」我說：「我會常寫信給你們。如果神允許的話，有一天我會回來。」

看著孩子們在灑滿陽光的校園，我眼眶都紅了。我知道這段旅程已到盡頭，日後要住在遠方。沒過幾個鐘頭，我便搭火車到加爾各答；隔天我就接到邀請函，希望我能代表印度出席在美國舉行的國際自由宗教大會(International Congress of Religious Liberals)。那年的會議在波士頓召開，由美國「一神論協會」(American Unitarian Association)贊助。

我的頭腦一片混亂，於是到塞蘭坡向聖尤地斯瓦爾求助。我問：「親愛的上師，我被邀請去美國演講，我到底要不要去？」

「方便之門為你而開，切莫錯失良機。」上師簡單地答道。

我聽了更慌張，說道：「但是我不會演講，我很少演講，也沒有用英語演講過。」

「英文講得好不好不重要，西方世界會聽到你宣揚瑜伽的福音。」

我笑了。「好吧，但美國人不懂孟加拉語[3]，請上師加持我超越語言障礙，傳達福音。」

我把這個消息告訴父親，父親聽了愣住，說不出話來。美國實在遠得無法想像，他怕父子再也不會相見。

他冷冷地說：「你怎麼去？誰給你錢？」以前我的學費、生活費都由他支付，他以為這麼一問，會讓我不好意思，因此打消出國的念頭。

我回答：「上帝會資助我的。」想到以前在阿格拉，我也這樣回答哥哥阿南達。我還直截了當地補了一句：「也許上帝把這件事放在你心上來幫助我。」

「不會！我永遠都不會幫你的！」他可憐兮兮地看我一眼。沒想到隔天父親拿了一張巨額支票給我，讓我嚇了一大跳。

「我給你這筆錢，」他說：「不是因為我是你的父親，而是因為我是拿希里．瑪哈賽的弟子。去吧！去遙遠的西方傳揚克利亞瑜伽吧。」

父親很快就把一己之私擱在一旁，這種無私的精神讓我動容。昨夜父親已經明白我到西方去跟一般人的想法不一樣，是有特殊的任務在身。

「這輩子我倆可能不會再相見了。」父親當時已經六十七歲，他說這話時很難過。

但我直覺反應道：「上帝會讓我們再相聚的。」

我準備離開我的咕嚕，還有祖國，前往未知的世界，但過程一點也不驚慌。我聽過很多西方物質世界的故事，那裡與追求靈性成長的印度全然不同。我心想：「我一個東方的導師，都通過喜瑪拉雅山寒冷艱苦的試煉了，那麼吃苦耐勞，去西方世界一定沒問題！」

有一天清晨，我決定一直禱告到上帝回應我為止。我需要上帝的祝福，要祂保證我不會迷失在以功利為導向的迷霧中。我的心已經準備好去美國了，但要是能聽到上帝的應允，我會更有信心。

我強忍淚水，不停禱告，但還是沒有回應，到了中午已經痛苦不堪；要是再哭，我只會更加激動，頭腦瀕臨爆炸。想到這裡，正好有人敲門。我打開門一看，原來是一個身穿僧袍的年輕人，便請他進來。他進來也把門帶上，但不想坐下，只想站著跟我講話。

「這一定是巴巴吉！」我頭昏腦脹，因為這個人的身形像年輕的拿希里．瑪哈賽。

他馬上回答我心裡的問題，他用印地語愉快地說：「是的！我是巴巴吉。老天爺已經聽到你的祈禱，祂要我告訴你：遵照你咕嚕的指示去美國，不要害怕，會保護你的。」

我高興極了，巴巴吉又說：「我選擇了你到西方傳播克利亞瑜伽的福音。很久以前，我在法會上遇到你的咕嚕，我告訴他我會派你到他那裡接受訓練。」

巴巴吉的現身讓我敬畏不已，我激動到說不出話來，從他口中聽到他引領我去見聖尤地斯瓦爾的事，讓我深深感動。我拜倒在這位不死咕嚕跟前，他慈愛地扶我起身，告訴我許多我這輩子經歷的事，給我開示，還透露天機。

「克利亞瑜伽是解脫生死的方法，」最後，他莊嚴地說：「最後必會傳遍世界各地；每個人會超越感官，領悟上帝的無限，走向世界大同。」

上師以無上的力量凝視著我，讓我瞬間瞥見宇宙意識。才不過一下子，巴巴吉便朝門口走去，他說：「不用跟著我，你辦不到的。」

「巴巴吉！別走。」我再三懇求道：「帶我離開！」

他回頭看著我說：「不是現在。再過些時候。」

我不聽他的警告，一時衝動要起身追他，沒想到兩隻腳卻牢牢地釘在地上，舉步維艱。慈悲的巴巴吉在門口看我最後一眼，他舉起手給我祝福，便轉身離去，我只有眼睜睜地看著他的身影消失。

過了幾分鐘，我能移動了。我坐下來進入甚深禪定，不斷地感謝神不但回應了我的禱告，還賜福給我得見巴巴吉，一償宿願。長生不老的上師一摸過我之後，我全身也都被淨化了。

一直到現在，我都沒有跟人提到我見過巴巴吉的事，我把這件事珍藏在心，因為這是一次很神聖的經驗。但是我想到如果能在這本自傳裡公開這個經驗，證明我的確遇見遺世獨立，卻十分關懷世界的巴巴吉，那麼讀者諸君會更相信巴巴吉真的存在。我拜託一位畫家照我的描述，畫出這位近代印度耶穌的瑜伽行者，並將其肖像收錄在本書中。

去美國前夕，我去找神聖的上師。

上師說：「忘掉你是印度人，也不要變成美國人，要取兩個民族的優點。成為真正的自己，做神的孩子；四海之內皆兄弟，要欣賞各民族的優點。」

然後他祝福我道：「帶著信心來找你的人都會有收穫。當你注視他們，你的眼神會散射出靈性的光波，進到他們的頭腦裡，改變他們物質世界養成的習性，使他們更能意識到上帝。」他又笑著說：「你很有福氣，能夠吸引善良的靈魂；無論你身在何處，即便在荒郊野外，都會有朋友幫你。」

上師給我的加持很有用。我隻身到美國，一個朋友都沒有，但是，到了以後，我才發現無數的人已經準備好，接受靈性教導。

一九二〇年八月，我乘斯巴達號離開印度。這是第一次世界大戰結束後，從印度開往美國的第一班郵輪。我排除重重關卡才申請到護照，就在船要開之前，我竟奇蹟似的買到船票。

這段兩個月航程中，有一位同船的乘客知道我代表出席波士頓國際自由宗教大會。「史瓦米．尤迦南達──」這是我第一次聽到美國人叫我的名字，之後自然就不覺得特別了，「下週四晚上，請您跟大家談談生命的戰鬥與方法，我想他們會受益無窮。」

老天啊！到了週三，我都還在為自己的生命戰鬥呢！我努力準備用英文演講的內容，但最後完全放棄。我的思緒就像野馬，拒絕跟英文文法合作。我只好完全託付給上師，他答應過我一切都會順利的。到了週四，我在大廳面對聽眾，非但沒有口若懸河，反倒是說不出一句話來。尷尬的十分鐘過去了，聽眾發現我的窘境，開始偷笑。

但是當時我一點都不覺得好笑，我默默向上師禱告。

「你可以的！說吧！」我馬上聽見他的聲音。

我的思想馬上就跟英文和好了，足足講了四十五分鐘，聽眾還欲罷不能。這次演講後，很多人又邀請我到美國各地對不同的團體演講。

事後，我也記不得當時講了些什麼。只是很小心地問了幾位聽眾，他們說：「你用正確的英語發表了一場激勵人心的演講。」我聽著這些讚美，心裡謙卑地感謝上師給我適時的幫助，再次了解上師是超越了時空的限制，與我同在的。

在船上的時候，我偶爾會想到會議上不知道要講什麼，多少有一點不安。

我真切地禱告道：「上主，祢就是我的靈感，希望不會在聽眾面前出糗。」

九月底，斯巴達城號在波士頓附近的碼頭靠岸。十月六日，我發表了在美國的第一場演講。據說聽眾的反應很好，我才如釋重負。一神論協會的秘書在會議完畢之後，很有雅量地在報紙上寫了一篇評論[4]：「史瓦米・尤迦南達代表藍奇的出家僧向大家致意。師父用流利的英語強而有力地表達『宗教科學』的哲學面向，這場演講的內容已印成小冊子，廣為流通。他主張宗教是普世的，而且只有一個。我們沒有辦法把習慣與習性變成世界共通的，但是，宗教的基本元素可以普世化，我們都

我站在講台上。這是在華盛頓山的班上，面對一千位瑜伽學生的場景。

問一樣的問題，跟從、追隨這個共通的元素。」

一方面，因為父親慷慨解囊，我在會議之後能繼續留在美國，在波士頓度過了四年的快樂時光，當地的居民對我都很客氣。我公開演講、授課，還寫了一本詩集《靈魂之歌》。紐約市立學院院長魯賓遜博士（Dr. Frederick B. Robinson）特別為此書作序[5]。

從一九二四年開始，我在美國各大城市巡迴演講，參與的聽眾成千上萬。在西雅圖時，我還坐船到美麗的阿拉斯加北部度假。一九二五年年底，學生發心贊助我在洛杉磯華盛頓山成立總部。而總部所在的大樓，許多年前，我早在喀什米爾的禪定中見過了。我趕快寄了一些在美國活動的相片給聖尤地斯瓦爾。他用孟加拉文寄明信片給我，我在這裡翻譯出來：

我親愛的孩子尤迦南達：

看到你的學生和學校的相片，我的喜悅難以言喻，看到各地來學瑜伽的學生，覺得很欣慰。聽到你唱頌讚歌、治病的靈能、祈求靈能療癒的禱告，我由衷感謝你的付出。看到蜿蜒山路的盡頭有一扇大門，從山上望去，華盛頓山的美景盡收眼底，我也希望能親眼看到。

這裡一切都好。神賜福給你，希望你永遠幸福。

聖尤地斯瓦爾・吉利

一九二六年八月十一日

好幾年過去了，我到無數的地方演講，在俱樂部、學校、教會，各個不同教派的天主教教堂演講，這之間有上萬的學生來學瑜伽。我把一九二九年出版的這本《永恆傳來的天聽》獻給我的學生，有首席女高音加利庫爾奇（Amelita Galli-Curci）[6]作序。在此，我摘錄一首詩〈神啊！神啊！神啊！〉，那是某一個晚上我站在講台上作的：

自睡眠的深淵，
登上通往覺醒的迴旋梯，
我輕聲地說：
神啊！神啊！神啊！
祢就是食糧，當我復食
夜晚與祢隔絕時，
我嚐到祢，精神上說：
神啊！神啊！神啊！
不論到何處，心的聚光燈
永遠在祢；
對抗喧囂的活動中
我無聲地吶喊：神啊！神啊！神啊！

當猛烈考驗的風暴尖叫，
當憂慮對我狂吼，
我壓過他們的吵鬧，大聲唱頌：
神啊！神啊！神啊！
當心以回憶的絲線
編織夢想，
我發現那神奇的衣服上寫著：
神啊！神啊！神啊！
每晚，睡眠最深沉的時刻裡，
寧靜的夢裡，呼喊，喜悅！喜悅！喜悅！
我的喜悅來臨時，永遠唱著：
神啊！神啊！神啊！
清醒、進食、工作、夢想、睡夢
服侍、禪定、唱頌、深愛神時
靈魂無聲地哼著：
神啊！神啊！神啊！

每逢月初，有時我會收到一張張華盛頓山總部跟其他分會的帳單，我就會特別想念印度單純安靜的生活；但我也看到東西方彼此的了解更深，友誼日益增長，便覺得安慰。

我在自由女神像底座讀到美妙的詩，發現美國偉大的精神，這是拉撒路（Emma Lazarus）的詩〈流亡的母親〉：

她手中明亮的燈塔
歡迎全世界；溫柔眼睛俯視著
在空中連接港口兩端的城市
「古老的土地，保留傳說中的壯麗！」
她無聲地喊：「把你的疲憊，你的貧困，
嚮往自由空氣的群眾，
擠在岸邊不幸的人，都交給我吧！
無家可歸的、遭風雨蹂躪的人，都到我這裡來，
我就站在金色的門旁，提著燈，等你。」

1 在西方見到許多面孔，我在禪定中都見過，一眼就認出來。

2 史瓦米．普雷瑪南達是華盛頓特區世界信仰悟真堂的負責人，在我離開「藍奇」到美國後，他曾經在那裡念書，俗名是喬丁（Brahmachari Jotin）。

3 我跟聖尤地斯瓦爾常用孟加拉語交談。

4 《新精神朝聖》（*New Pilgrimages Of The Spirit*, Boston: Beacon Press, 1921）。

5 一九三九年，魯賓遜博士夫婦拜訪印度，兩位是藍奇學校的貴賓。

6 加利庫爾奇和她的鋼琴家先生山姆斯（Homer Samuels）學了二十年的克利亞瑜伽。這位著名的女伶出版了《加利庫爾奇的歌唱生涯》（*Galli-Curci's Life of Song*, Paebar Co., New York, 1945），跟讀者分享她激勵人心的故事。

第38章 玫瑰花叢中的聖人——貝本

「除了科學的知識外，促進植物生長的祕訣是愛。」我和路德．貝本（Luther Burbank）在他加州聖羅莎（Santa Rosa）的花園，站在一畦可食用的仙人掌花床旁，他告訴我植物的學問：「促進植物生長，除了需要科學知識，最大的祕訣是給它愛。」。

貝本又說：「我在做『無刺仙人掌』培育時，常跟植物說話，讓花感受到愛意。我會跟花說：『別怕，不用生刺保護自己，我會保護你。』一株在沙漠中存活下來的植物，就這樣慢慢長成沒有刺的品種。」

我對這樣的奇蹟很著迷。我說：「親愛的路德，請給我一些仙人掌葉子，我想種在總部的花園裡。」一旁邊站了一個工人，伸手就要摘，貝本阻止他。

「我來。」他親手摘了三片葉子送我，後來我種出一大堆。

這位偉大的園藝師告訴我，他第一個試驗成功的是種出大顆品種的馬鈴薯，現在這種大顆馬鈴薯就是以他的名字來命名。這位不屈不撓的天才改良了上百種新品種，有蕃茄、玉米、南瓜、櫻桃、李子、油桃、草莓、罌粟、百合、玫瑰。

貝本種的胡桃樹證明了自然可以加速進化。在他帶我來看這棵有名的胡桃樹時，我拍了相片。

他說：「這株胡桃樹只用了十六年的時間去改良，就結了這麼多果實，一般的胡桃樹要長成這樣，需要兩倍的時間。」

貝本收養的一個小女孩，跟小狗在花園裡玩耍。路德慈愛地向她揮了揮手：「她是我的小花。現在我把人類看成一大片的植物，只需要大自然的祝福，再巧妙地栽培配種，給予愛，就能長得很好。在我有生之年，因為觀察到植物奇妙的進化，讓我樂觀地看待未來；只要教導後代子孫接受簡單、理性的生活，我相信這個世界會變得更健康快樂。人要回到自然，回歸上帝的自然。」

「路德，你會喜歡我藍奇的學校；我們在戶外上課，很單純，氣氛很好。」他十分關心兒童教育，我的話打動了他，他興味盎然地提問，聽得眼睛都亮了。

最後，他說：「師父，未來的千年只有寄望在像你們這樣的學校。我很反對現在的教育體制，把人與自然隔離，使人僵化。我打從心底贊同你教育的理念。」

我要離開時，這位溫和的聖人送給我一本小書，上面有他的親筆簽名[1]。他說：「這是我寫的書《人類的養成》[2]。我們不要怕實驗，有必要發展出新的教育方法；大膽實驗才能結出最好的果實，開出最美麗的花朵。兒童教育的改革也應該變得更多樣，有勇氣突破現況。」

這本小書很精彩，我讀了欲罷不能，當天晚上就拜讀完畢。貝本覺得人類有光明的未來，「植物是最頑固的生命，一旦被習性定型之後，就很難改變。記住！這株植物已經這樣生長好幾千年，也許在億萬年前就已經生長在石縫中，很有個性，已經長時間不再演化。如果真的一直這樣，那麼這株植物的意志，是不是也無比頑強呢？不過，有些植物，像棕櫚樹，就非常固執，就是用人為的力量也無法改變。植物的意志強過人類的意志，人類的意志還滿薄弱的，但是你看，只要把植物重新配種，固執了一輩子的意志也被打破，完全變成另一個生命。耐心的照顧、配種後，新的植物誕生，再也回不去過去的生命型態，如此頑強的意志，最後還是改變。」

這位偉大的美國人很有吸引力，我常去拜訪他。一天早上，我跟郵差一起抵達他家門口，郵差把信送到貝本的書房去，這些都是世界各地的園藝學家寫給他的信。

「親愛的師父，你來的正好，讓我有藉口到花園走動走動。」貝本高興地說。他打開一個大抽屜，裡面有上百個資料夾。

「你看，」他說：「我就是這樣旅行的，照顧植物跟回信，讓我哪裡都去不了。偶爾看看這些照片，可以滿足出國的欲望。」

我的車子停在門口。我和路德開車四處逛，欣賞路邊種滿他改良出來的新品種玫瑰，像聖羅莎玫瑰、紫粉玫瑰、貝本玫瑰。

「我跟我朋友亨利．福特都相信古代宗教輪迴的理論，」路德告訴我。「因為這個理論說明了生命中無法解釋的一面。記憶不能做為事實的檢測標準，如果因為人類無法憶起前世，並不能證明他未曾有過。人在胎兒和嬰兒時期的記憶也是空白的，但一定要經歷過，才能長大成人！」他輕聲地笑著。

我們不情願地開車回貝本家，因為還有上千封的信等著他回呢！

有一天我提早到他家，把克利亞瑜伽傳給這位偉大的科學家。「師父，我會很精進的！」路德又問了許多深度的瑜伽問題，才緩緩說道：「東方的確藏有很大的財富，西方現在才開始挖寶。」

貝本與自然的關係很親密，所以自然向他透露許多天機，使得貝本對自然無比敬畏。

他謙遜地說：「有時候我覺得很接近無限的大能。」他回憶時，美麗的臉龐流露出感性光芒。「每當如此，就覺得我能治療身邊的病人，還有生病的植物。」

他告訴我，他母親是虔誠的基督徒。「她去世後，多次出現在禪定中跟我說話。」

「路德——」我說：「下個月我要開辦一本雜誌，介紹東方與西方所奉獻的真理。請幫我的雜誌取個好名字好嗎？」

我們討論了一下，最後同意用《東西方》（*East-West*）當做新雜誌的名稱。回到書房後，貝本給我看一篇他談「科學與文明」的文章。

「這篇文章會刊登在第一期的《東西方》裡。」我感激地說。

我們更熟了以後，我叫貝本作「我的美國聖人」，我引用聖經詩篇裡的話說：「看！有一個人，沒有偽裝。」他的心胸寬大、為人謙卑、很有耐性，願意犧牲奉獻。玫瑰叢中的小屋，佈置非常簡單。他知道奢華無用，明白簡樸生活的樂趣。他在科學界聲名遠播，但生活很質樸，也常常使我想到，結滿果子的樹，都是枝枒低垂的；沒有果實的樹，才會頭抬得高高的。

一九二六年，貝本過世時，我在紐約。我邊流淚，邊想：「噢！我願意從這裡走回聖羅莎見他最後一面。」我關在房間裡一整天，不接見秘書和訪客。

翌日，我對著一幀路德的照片做一場吠陀紀念法會。我的一些美國弟子穿上印度式喪服，唱著古調，供養象徵身體元素的花、水、火，回歸無限的根源。

貝本簽名照

我與摯友貝本，在他的聖羅莎花園合影。

LUTHER BURBANK
SANTA ROSA, CALIFORNIA
U. S. A.

December 22, 1924

I have examined the Yogoda system of Swami Yogananda and in my opinion it is ideal for training and harmonizing man's physical, mental, and spiritual natures. Swami's aim is to establish "How-to-Live" schools throughout the world, wherein education will not confine itself to intellectual development alone, but also training of the body, will, and feelings.

Through the Yogoda system of physical, mental, and spiritual unfoldment by simple and scientific methods of concentration and meditation, most of the complex problems of life may be solved, and peace and good-will come upon earth. The Swami's idea of right education is plain commonsense, free from all mysticism and non-practicality; otherwise it would not have my approval.

I am glad to have this opportunity of heartily joining with the Swami in his appeal for international schools on the art of living which, if established, will come as near to bringing the millennium as anything with which I am acquainted.

Luther Burbank

我研究過史瓦米．尤迦南達的尤高達體系，我認為這樣的訓練對身心靈十分有益。師父的目標是在世界各地建立「生活」的學校，不只是增進知識，也訓練身體、意志與感受性。

尤高達體系用簡單而合乎科學的訓練專注、禪定，鍛鍊身心靈，幫助解決生活中的問題，讓世界更為善良、和平。師父的教育理念合情合理，太深奧或脫離現實的主張，我是不會贊同的。

我很高興有機會與師父一同募款，為設立生活藝術為目標的國際學校而努力，如果能創辦成功，會帶來我所熟悉的千禧年之樂了。

路德．貝本
美國加州聖羅莎
一九二四年十二月廿二日

貝本長眠在聖羅莎一棵好幾年前他親自栽種的黎巴嫩杉的下面，對我來說，他的靈魂就在路旁邊盛開的花朵裡，暫時遁入大自然。在風中，我們聽見路德的耳語，他總會在黃昏時分散步。

現在貝本的名字變成一般日常用語；貝本（burbank）當作及物動詞用。新韋氏國際辭典將這個字定義為：「（植物的）異種交配或接枝」，因此，引申為「排除壞的、選擇好的榜樣，如此地改進（任何事的過程或設立）。」

「我衷心敬愛的貝本，」讀完這個字的定義之後，我叫道：「你的名字是良善！」

1 我一直珍藏著貝本給我的親筆簽名照。以前一位商人珍藏林肯的照片，當時美國內戰，這位在美國的印度商人心裡很欽佩林肯，他想，如果沒有拿到這位偉人的肖像的話，就不回印度，他守在林肯家前不走，總統知道了很驚訝，便答應他，讓紐約著名的藝術家但尼爾．海丁頓（Daniel Hungtinton）畫肖像，畫好了之後，印度商人帶著畫像，凱旋回到加爾各答。

2 *The Training of the Human Plant*, New York: Century Co., 1922.

第39章
德雷絲的聖殤

「回印度吧！我等你十五年了，我就要離開肉身，到光亮的住所去了。尤迦南達，回來吧！」

我在華盛頓山的總部禪定時，心中傳來聖尤地斯瓦爾的聲音，嚇了一跳。他的訊息轉瞬間跨越千里，像一道閃電穿透我全身。

十五年了！是的，我知道現在已經一九三五年了。我在美國傳揚咕嚕的教誨十五年了。現在他召喚我回去。

那天下午，我把早上禪定時的經歷告訴一位來訪的學生。他每天勤練克利亞瑜伽，在靈性上進步很大，我時常叫他作聖人。我從他身上看見巴巴吉的預言成真，美國的男男女女鍛鍊古時候流傳下來的瑜伽，也能了悟真理。

他跟其他幾位學生慷慨解囊，供養旅費。就這樣，旅行花費的問題就解決了。我的行程是經由歐洲回印度。一九三五年三月，「悟真會」在加州登記立案為非營利組織。我把一切捐獻給悟真會，包括我所有的著作權。悟真會就仰賴公眾的捐獻、銷售我的書、雜誌、講義、授課費等經費來源維持運作。

「我會回來的，」我告訴學生：「我永遠不會忘記美國。」

好友為我在洛杉磯餞行，我一直看著每一張臉，感激地想著，「主啊！祢是那唯一給予者，記得這點的人，在世間絕對不乏好友相伴。」

一九三五年六月九日[1]，我從紐約乘歐洲號啟程。陪伴我的有兩個學生：我的秘書萊特（Mr. C. Richard Wright）先生，另一位是來自辛辛那提的普里慈（Miss Ettie Bletch）小姐。我們享受海上的寧靜時光，對照出發前幾週的忙碌，落差很大。只是現在的船速很快，沒多久就靠岸，不能好好偷閒。

我們跟其他好奇的觀光客一樣，在寬廣又古老的倫敦街頭閒逛。我們抵達隔日，有人邀請我在凱辛大廈演講，引言的是楊赫斯班（Francis Younghusband）爵士。此外，勞德（Harry Lauder）爵士招待我們一行人在他蘇格蘭的別墅度過愉快的一天。不久，我們便穿過英吉利海峽到達歐洲大陸，因為我想要到巴伐利亞朝聖。我想這是我唯一拜訪科拿斯侯特（Konnersreuth）的聖女德雷絲・紐曼（Therese Neumann）的機會，絕對不能錯過。

幾年前我在雜誌上讀到德雷絲的報導，收集的資訊如下：

一、德雷絲生於一八九八年，二十歲時因意外事件受傷癱瘓，眼睛瞎了。

二、一九二三年，向「小花」聖德瑞莎（St. Teresa）禱告之後，她的眼睛奇蹟似的復原。後來身體各個關節也可以活動了。

三、一九二三年之後，德雷絲除了每天領一片聖餐，完全不吃不喝。

四、一九二六年，耶穌聖殤的聖痕出現在德雷絲的頭、胸、四肢。之後的每個星期五，她都體驗到歷史上記載的耶穌肉體所受的苦和悲慟。

五、每逢星期五她進入恍惚之際，所說的語言，學者專家認定是古代阿拉姆語（Aramaic）；而德雷絲平常只會說她的母語德語。她在異象中，某些時刻說的是希伯來語或希臘語。

六、教會允許科學家觀察德雷絲。德國新教報社記者蓋里克博士（Dr. Fritz Gerlick）原本是要到科拿斯侯特「揭發這位天主教騙子」，最後反而寫了一篇她的傳記致意。[2]

不管人在東方或西方，我總是想見見聖人。七月十六日，我很高興我們一行人能到古樸的科拿斯侯特村。巴伐利亞的農人對我從美國帶來的這台福特汽車（從美國帶來的），還有我們這行人（一位美國青年、一位女士，還有一位把長頭髮紮進衣領裡、深色皮膚的東方人）很感興趣。

德雷絲所住的小屋外觀整齊又乾淨，古井旁種了盛開的天竺葵，但可惜沒人應門。不論問鄰居或路過的郵差，都問不出個所以然。下雨了，我的同伴建議先避雨。

「不！」我固執地說：「我要留下來找德雷絲的線索。」

兩個小時過了，我們還被困在車裡。「上帝啊！」我抱怨道：「如果她早就失蹤的話，又為什麼帶我來這裡。」

有一個禮貌又會講英語的人走過來想幫我們的忙。

「我不確定德雷絲住在哪裡，」他說：「但是她常去沃滋（Wurz）教授家。教授在艾斯特（Eichstätt）

的學校教書，從這裡出發路程大約一百三十公里。」

隔天早晨，我們一行人就驅車前往寧靜的艾斯特鎮。沃滋教授在他家親切地接待我們。「沒錯，德雷絲在這裡。」教授請人轉告她有客造訪，她馬上傳話出來說：「雖然主教跟我說過，沒有允許不得見客，但是我想見見從印度來的聖人。」

這些話讓我動容，於是我跟隨沃滋博士上樓，到客廳等候。德雷絲馬上進來，渾身散發著平和與喜悅。她穿著黑色道袍，戴著潔白的頭巾。當時她三十七歲，但是看起來比實際年齡小得多，氣質像孩子一樣甜美脫俗。她很健康，體態勻稱，雙頰紅潤，看起來很喜悅，我眼前這位，就是不進食的聖人。

德雷絲親切地跟我握手。我們在靜默中交流，知道彼此都愛上帝。沃滋博士熱心充當翻譯。我們坐下來，我注意到德雷絲好奇地看著我，顯然在巴伐利亞難得見到印度人。

我問：「您不吃東西嗎？」我很想聽她親自回答。

「是啊！但是每天早上六點會吃一片聖餐。」

「一片多大？」

「銅板大，像紙一樣薄。」她又說：「領聖餐是聖禮，如果只是一般食物，我吞不下去。」

「過去十二年來，您不可能只靠每天一片聖餐活著吧？」

「我活著是靠上帝的光。」她的回答跟愛因斯坦的回答一樣簡單扼要！

「我知道能量從乙太、太陽和空氣進入您的身體裡面流動。」

她露出一抹微笑道：「很高興您了解我是怎麼活著的。」

「您每一天的生命都在展現耶穌說過的話：『人活著不是單靠食物，乃是靠神口裡所說出的一切。』[3]」

她聽了我的解釋，顯得很喜悅。「的確如此！我活著就是要證明，人是靠著神那不可見的光，不是只靠食物而活。」

「您能教別人如何不靠食物過活嗎？」

她聽了好像嚇了一跳，說：「不能，神不希望我這麼做。」

我注意到德雷絲優雅的雙手很有力，她給我看手掌上小小方形的傷痕，剛剛癒合；她指她手背上新月形的傷痕給我看，傷痕很新，都是直接貫穿手掌造成的傷口。我想起這種尖端是新月形的方頭鐵釘只在東方看過，在西方沒見過。

聖女告訴我她每個星期五都會見到的異象。「我是無能為力的旁觀者，看著耶穌受難。」每個星期四半夜直到隔天中午一點，傷口會裂開流血，她平常體重一百二十一磅，聖殤過後會少十磅。她因為對耶穌的愛，忍受著極大的痛苦，但每個星期仍期待見到主。

我馬上明白，她奇妙的生命是神給所有基督徒的確證，新約記載耶穌受難的經過是真實發生的，以很有戲劇張力的方式，表現這位加利利上師與弟子間不受時空束縛的關係。

沃滋教授分享他與聖人在一起發生的故事。

「我們跟德雷絲常常在德國境內旅行，」他告訴我：「這樣對比就很明顯，德雷絲什麼都不吃，而我們吃三餐。她像玫瑰花般盛開，不受舟車勞頓的影響；我們只要餓了，就沿途找餐館吃飯，德雷絲看我們吃，也笑得很燦爛。」

教授補充了一些她身體上的小變化：「因為德雷絲不吃東西，胃就縮小了；她沒有排泄物，但汗腺仍在運作，皮膚總是光滑又緊實。」

我要離開前，我向德雷絲表示，希望能夠親眼目睹到她看見異象時出神的狀況。

「好啊！下個星期五來科拿斯侯特，」她答應道：「主教會批准的；歡迎你們來艾斯特找我。」德雷絲又溫柔地跟我握了好幾次手，還送我們到門口。萊特先生上車打開收音機，聖女還仔細地看著收音機，覺得好玩，還笑了。很多青少年靠過來，德雷絲就進屋裡，她隔著窗子，像孩子般揮手，目送我們離開。

隔天，我跟德雷絲的兄弟聊天，他們非常親切友善。我從他們口中得知，聖女僅睡一兩個小時，雖然身上有幾處傷口，但她精力充沛，一刻不得閒。她喜歡小鳥，養了一缸魚，還蒔花弄草。寫信給她的人很多，天主教的教友常來信，請她代禱，給予有療癒力量的祝福；德雷絲代替他們承受重病，這些病人就恢復健康。

她的弟弟斐迪南大概二十三歲，說德雷絲可以藉著禱告的力量，把別人的病痛轉移到自己身上。當時教區有一位年輕的教友，原本要擔任聖職，但喉嚨生病了，德雷絲好幾天不進食，只為病人禱告，結果病就轉到德雷絲的喉嚨上，因此她再也不吃東西了。

星期四下午，我們驅車前往主教的公所，主教看我一頭長髮，有點驚訝，但他還是欣然發給我們許可證。許可證是免費的，教會訂這種規矩是為了讓德雷絲不受一般觀光客的打擾；因為過去幾年來每個星期五都有無數的觀光客來訪。

星期五早上大約九點半，我們到了科拿斯侯特村。我注意到德雷絲的小房間的屋頂是玻璃的；大門敞開，反而像是在歡迎我們一樣。有二十幾個人排隊，每人都有許可證。很多人不遠千里而來，就是為了要目睹這不可思議的出神狀態。

德雷絲在教授家已通過我第一次的測驗。她知道我是為了靈性的緣由而來，並非純粹滿足好奇心。第二個測驗與事實有關。我還沒上樓前，已經先用瑜伽的方法跟她心電感應，看到她所見的異象。然後我走上樓，她房間裡都是訪客；她躺在床上，身著白袍，我停在門口，萊特先生站在我旁邊，然後我們看到驚心動魄的景象。

血水不斷地從德雷絲下眼瞼流出，血流約一寸寬。她的雙眼注視著靈眼的位置，就是眉心上方、額頭的中央，荊棘的冠冕所刺出的傷口的位置流著血，浸溼她的頭巾。心臟上方的衣服滲血，那是很久以前，耶穌忍受著屈辱讓士兵用矛刺入的位置。

德雷絲伸出雙手，像母親一樣祈求著，神聖的臉龐因為疼痛而扭曲。她看起來更瘦了，外表與內在很多小地方都變了。她喃喃地講著異國方言，雙唇微微顫動，她在跟內在看到的人說話。

我把自己的頻率調整到跟她一樣，就看到她所看到的異象：她看見眾人譏笑辱罵著背負十字架的耶穌[4]。她突然驚訝地抬起頭來，因為她看見上主被殘忍的重擔壓倒。異象消失。德雷絲極度痛心，

德雷絲．紐曼

1935年攝於科拿斯侯特

重重地摔回枕頭上。

這時身後傳來一聲巨響，我回頭看到兩個人把一個昏倒的人抬出去。但是因為我還沒回過神來，沒有馬上認出是誰。我看到德雷絲因為流血過多而臉色慘白，但是，現在表情平靜了，又散發聖潔的光輝。我轉頭一看，才發現萊特先生站在那邊摀著臉，臉頰流血了。

我焦急地問：「剛才昏倒的是你啊？」

「景象太可怕，我昏倒了。」

「好吧！」我安慰他說：「那你很勇敢嘛！敢再回來。」

一想到外面還有久候的朝聖者，我和萊特先生默默地向德雷絲道別，離開她聖潔的居處。

翌日，我們一行人便驅車南下。好在我們不是搭火車，開車比較方便，可以隨意停停走走。我們途經德國、荷蘭、法國、瑞士的阿爾卑斯山區，享受每一刻。在義大利時，還特別走了一趟阿西西，向謙卑的使徒聖方濟致敬。最後到了希臘，參觀了希臘的神殿，還有溫柔的蘇格拉底服毒殉道的監獄[6]。希臘到處都有美麗的大理石雕像，巧奪天工，令人驚歎。

我們乘船航行在陽光普照的地中海，在巴勒斯坦靠岸。我們天天在聖地探索，我也更能理解朝聖的意義。耶穌的靈遍布巴勒斯坦，在伯利恆、哥西馬尼、各各他山、聖橄欖山，還有約旦河、加利利海；我滿懷敬畏，走過祂身旁。

我們一行人造訪了耶穌誕生的馬槽、約瑟夫的木匠鋪、拿撒勒人耶穌的墓地、抹大拉和馬利亞住的房子，以及最後晚餐的大廳。基督為那個世代準備的神劇，在我眼前一幕幕搬演。

我們還到埃及，看到現代化的開羅與古老的金字塔，然後航行穿過狹長的紅海，到了遼闊的阿拉伯海，看！印度就在前方。

1 我之所以能夠不尋常地寫出日期，都是託萊特先生的福，因為他天天寫日誌。

2 關於德雷絲事蹟的著作有《我們的聖殤聖徒》（*Therese Neumann: A Stigmatist Of Our Day*）、《德雷絲年譜》（*Further Chronicles Of Therese Neumann*），二書作者是馮拉瑪（Friedrich Ritter von Lama）。

3 《馬太福音》4：4。人類身體能量的維持並不單靠粗糙的食物（米飯、麵包），也要靠宇宙震動的能量（道或是唵）；這個無形的能量經由延髓進入體內，在瑜伽的體系中，稱作第六個身體中心，在頸背上五個脈輪（Chakra，梵文是輪子或輻射力量的中心）的頂端。延髓是宇宙生命能量（唵）主要的入口，直接與人類的意志力聯繫，集中在第七個輪，或是所謂的耶穌意識中心，即兩眉間的第三眼。宇宙的能量接著儲存在腦中，大腦是人類無限潛能的儲藏所，吠陀經典中詩意地把這裡稱作「千葉蓮華之光」。吠陀經典中所提到的「唵」就是「聖靈」或「無形的生命力，神聖地維持著萬物的運作」。《哥林多前書》6：19：「豈不知你們的身體就是聖靈的殿麼？這聖靈是從神而來，住在你們裡頭的，並且你們不是自己的人。」

4 我去找德雷絲的幾個小時前，她已經歷了耶穌命終前的許多異象了。通常她的異象是始於「最後晚餐」到耶穌死在十字架上結束，有時也會到葬禮結束。

5 根據一九四五年美國新聞特派員在德國的報導，德雷絲逃過納粹的迫害，仍住在科拿斯侯特。

6 優西比烏（Eusebius）有一段描述蘇格拉底與一位印度聖人相遇的趣事：「音樂家亞里士多塞諾斯（Aristoxenus）說了一個關於印度人的故事。有一個印度人在雅典碰到蘇格拉底，問他哲學探討的範疇。蘇格拉底答道：『探索人類的現象。』印度人聽了大笑道：『如果人對上帝一無所知，怎麼探索人類的現象呢？』」文中所提到的亞里士多塞諾斯是亞里斯多德的學生，也是著名的和聲學家，所處年代約西元前四世紀。

第40章 重返印度

我很慶幸又能呼吸印度的空氣。一九三五年八月廿二日，「拉吉埔坦號」在孟買大港靠岸。我上岸的第一天，朋友拿著花環歡迎我歸國，我隨即抵達下榻的泰姬瑪哈飯店，接受成群的記者與攝影師訪問，這也預示了接下來十二個月馬不停蹄的活動。

這是我第一次到孟買。孟買給我的印象很現代、有活力，許多從西方傳來的新設施：寬敞的大道兩旁種了椰子樹，宏偉的建築與古代的廟宇相互爭輝。不過我沒有時間觀光，我很想趕快見到我親愛的咕嚕和親朋好友，所以決定托運車子，一行人搭火車趕往加爾各答。[1]

火車一抵達郝拉站，就看到年輕的卡辛巴剎郡主和我小弟畢修領隊歡迎，迎接的陣容太龐大，我們還差點下不了車。這種隆重熱鬧的場面，還真是出乎意料呢！

汽車、機車列隊前導，喧鬧中夾雜著鼓聲跟海螺聲。我跟普里慈小姐、萊特先生三人身上掛滿花環，車子慢慢開回父親的家。

年邁的父親把我當做失而復得的兒子，抱在懷裡，我們沉浸在喜樂中，看著對方，高興得說不出話來。此刻，弟妹、叔伯阿姨和堂兄弟、學生以及多年的老友圍著我，每個人的眼眶都紅紅的。

往事歷歷在目，重聚的歡樂讓我永難忘懷。

能再見到聖尤地斯瓦爾，歡欣之情更是難以言喻，借我秘書的描述跟讀者們分享。萊特先生在旅行日記裡寫道：

今天，我萬分期待地送尤迦南達從加爾各答到塞蘭坡，途中經過許多古樸的店，其中有一間是尤迦南達在大學時代常去吃點心的小店。最後開到一條窄巷，兩側有高牆，一左轉就能看到上師那兩層樓高的道場，風格簡約，二樓有西班牙式突出的陽台，讓人感覺很僻靜。

我謙卑地跟隨在尤迦南達身後，進入道場。我們的心跳得好快，踏上老舊的水泥梯，我想這條階梯一定有過無數尋道者踏過。愈接近愈緊張，在梯口處，偉大的聖尤地斯瓦爾，高貴的聖人，就在面前！

見到尊者難能可貴，他莊嚴的模樣讓我內心很激昂。當我看到尤迦南達跪下來向尊者禮拜，用靈魂表達對尊者的感激與敬意時，淚水模糊我的視線；尤迦南達摸了咕嚕的腳，又謙卑地用額頭輕碰咕嚕的腳才起身，兩人深情相擁。

兩人都沒有說話，以靈魂熱切地交流。他們的眼睛閃爍著重逢的溫暖！一片靜謐中浸潤著柔美的氛圍，連太陽都冒出頭，雲朵破開，射出一道光輝。

我單膝下跪，向上師表達沒有說出口的愛與感謝，觸摸他歷經風霜的雙腳，接受他的祝福。我隨後起身，注視著他那美麗的雙眸，散發出智慧的喜樂。我們進到客廳，客廳連接著進門時看到的陽台。上師倚著舊沙發，在水泥地板上席地而坐。我跟尤迦南達靠著橘色枕頭，隨意坐在咕嚕跟前的草蓆上。

我努力想知道兩位師父的談話內容，但我聽不懂孟加拉語。雖然至上咕嚕也常用英語說話，但我發現他們在一起都不用英語交談。笑談間，流露這位聖人的不凡，不論是快樂或嚴肅的話題，旁人很容易察覺他都用肯定的語氣，這是智者的標誌，知道自己所知為何，因為他知道神的意識。上師有大智慧，成就事情的能力與決心，這些特質在各方面展現無疑。

我敬畏地端詳上師。他的身材高大，像運動員，出家生活的試煉與犧牲，讓身體很硬朗；他的儀態威嚴，氣度雍容高貴。他的鼻子很大，不是很好看，無聊時也玩鼻子，像小孩子一樣。深邃眼珠泛著藍色光暈。頭髮中分，前額有白髮，有的頭髮是銀褐或銀黑相間，捲髮及肩。兩鬢和鬍鬚稀疏，似乎讓五官更突出。法相如其人，沉著穩重，卻又平易近人。

他笑的力量來自丹田，會全身顫動，可以感覺到他的開心與真誠。他的相貌莊嚴、十指有力、步履安詳、行止灑脫。

他穿著一般款式的上衣和半長裙，原本應該是赭色的，現在都褪成橘色了。

我環顧四周，發現房間年久失修，可以得知主人不重物質的享受。長形的房間充滿歲月的痕跡，斑駁的白牆上露出藍色的灰泥，一邊掛了一幅拿希里．瑪哈賽的照片，相框上掛了花圈致敬；還有一幅舊照片，上面是尤迦南達剛到波士頓參加會議，與其他宗教團體代表的合影。

佈置風格很別緻，融合了現代與古典。玻璃馬賽克做的燭台由於太久沒用，蜘蛛在上頭結了網。

牆上有一幅最近的月曆，色彩亮麗。整個房間散放著平和與寧靜的芬芳。陽台外面有幾棵高大的椰子樹，彷彿默默保護著這個道場。

上師只要拍拍手掌，沒兩下，就會有幾個小弟子來侍候，其中有一個瘦小的孩子名叫普羅富拉[2]，黑髮及肩，一對澄澈的眼睛，笑起來就像個小天使，嘴角上揚，眼睛眨呀眨的，像暮色中的星星與彎彎的月亮。

聖尤地斯瓦爾看到他製造的「產品」回來，顯然非常高興；而且，還對我這個「新產品」很好奇。不過，偉人本有的智慧，不會過於流露他的情感。

尤迦南達遵照弟子探望咕嚕的儀軌，呈獻一些禮物給咕嚕。稍晚，我們一起用餐，吃的是簡單而細緻美味的素食料理。聖尤地斯瓦爾很高興看到我能入境隨俗，「用手吃飯」就是一例。

師徒二人用孟加拉語談了好幾個小時，彼此投以親切的笑容與快樂的眼神，我們最後在上師跟前頂禮致意[3]，才帶著這場神聖會面的感動回到加爾各答，這是一段永難忘懷的回憶。雖然我寫的大多是對上師外在的印象，然而我一直意識到聖人所散發出的靈性榮光。我感受到他的能量，希望能夠永遠保留這種感覺，當作是賜予我的神聖的祝福。

我在美國、歐洲，還有巴勒斯坦買了許多禮物給聖尤地斯瓦爾，他都笑笑地接受了，沒有多說什麼。我在德國買了一支可當拐杖、又可作雨傘的手杖，原本想自用，但在印度時，我決定把手杖呈送給上師。

「我真的很喜歡這件禮物。」我的咕嚕很少這麼表示，他慈愛地看著我。我送的禮物裡，他只會把手杖拿出來給客人看。

「上師，請准我幫客廳換新的地毯。」我注意到聖尤地斯瓦爾的虎皮放在一條破爛的毯子上。

「想換就換啊！」我的咕嚕不怎麼熱衷。「你看！我的虎皮墊很舒服乾淨；我是我小宇宙裡的大王喔！超出這個範圍之外的廣大世界，只對物質的表象有興趣。」

聽到他說這些話時，彷彿時光倒轉——我像是剛皈依的弟子，每天受戒律的火燄燃燒而淨化。

我依依不捨地離開塞蘭坡、加爾各答，然後就跟萊特先生去藍奇。藍奇的歡迎場面十分感人，讓我熱淚盈眶。我擁抱著這群無私付出的教師們——是他們，在我不在的期間，讓學校的旗幟飄揚了十五個年頭。住宿生和日校生一張張明亮的臉龐、開心的笑容，在在證明學校多元教育與瑜伽訓練是值得的。

可惜的是，藍奇學校有財務困難。卡辛巴剎的老郡主南第把卡辛巴剎宮改成學校的行政大樓，他向來是藍奇最慷慨的贊助人，但現在他逝世了。由於缺乏大眾的資助，學校裡許多免費的義務措施，快無力施辦了。

我在美國的這幾年，學到美國人用務實的精神面對難關。我在藍奇待了一星期，解決關鍵的問題。然後到加爾各答拜訪社會賢達，和年輕的卡辛巴剎郡主長談，向我的父親請求金錢支援，就這樣，原本搖搖欲墜的藍奇學校，基礎漸漸穩固。很多美國的學生也捐獻，其中有一筆大額捐獻，在緊急時刻化解了危機。

我回到印度的幾個月後，很欣慰能看到藍奇學校立案。我畢生想要建立瑜伽教育中心的夢想終於成真。一九一七年，學校從只有七個小男生開始，我就一直朝這個理想前進。一九三五年之後的十年間，藍奇不再只是一所男校，同時還遵循著拿希里・瑪哈賽的理念，從事許多慈善活動。

學校在戶外教授文法課和高中的主要科目。住校生和日校生都接受職業訓練。學生組織自治會管理規範大多數的活動。我早期在教書時就發現，頑皮、喜歡挑戰老師的學生，比較願意接受同學自訂的規則。我從來沒有當過模範生，很能理解愛惡作劇、找麻煩的孩子。

學校鼓勵學生運動和比賽，運動場都是練習曲棍球和足球的聲音，很是熱鬧。學生常常在校際競賽中得獎，遠近馳名。這是尤高達瑜伽的特色，把意志力注入肌肉，心靈能把生命的能量導向身體的各部位。他們也學習體位瑜伽、劍術、棍棒、柔道與急救訓練。有許多人參觀過藍奇的尤高達健康運動會。

此外，我們在寇爾（Kols）、山達（Santals）、曼達（Mundas）當地土著部族，用印地語基礎教授課程。我們還到鄰近村莊開課，只招收女生。

藍奇最特別的是傳導克利亞瑜伽。孩子每天靈修、唱頌《薄伽梵歌》，學校教導質樸、犧牲、榮譽和真理的戒律與美德。清楚告訴孩子作惡會導致不幸，善行才會得到真正的幸福。惡行有如摻了毒藥的蜂蜜，美味的誘惑背負著死亡的陰影。

練習專注的技巧以控制身心，可以看到驚人的成果：九歲、十歲的孩子端身正坐一個多小時，專心一意地把視線集中在靈眼，這天天都在發生。每每看到世上那些沒辦法好好坐著上完一堂課的大學生，我就會想起藍奇的學生。4

藍奇位於海拔六百公尺的地方，氣候溫和而穩定。校園腹地十甲半，還有印度最好的果樹，有五百種之多，像是芒果、芭樂、荔枝、菠蘿蜜、棗子。孩子還會種菜、織布。

學校有一棟賓館，招待西方訪客。藍奇圖書館的館藏有各類雜誌、英文和孟加拉文的書籍約莫一千冊（都是各地的捐贈），還有世界各地的經典文獻。此外，還有一間整理得很好的展覽室，陳列考古、地理和人類學方面的展覽品；其中一些紀念品，是我在世界各處遊歷時帶回來的。

拿希里·瑪哈賽宣教團的慈善醫院和診所，在偏鄉設了許多戶外分部，至今已援助了十五萬貧苦的印度人。藍奇的學生也有學習急救的課程，當地發生水患或飢荒時，藍奇的學生會服務鄉親，此舉也受到各界的讚揚。學校果園裡有一座濕婆神廟，廟裡供奉拿希里·瑪哈賽的雕像。每天祈禱、讀經，都在芒果樹下舉行。

藍奇學校的分校高中部開辦之後，現在發展得很好，特色是要住校與瑜伽訓練。一所是在比哈邦拉斯曼浦的尤高達真理團男子中學（Vidyapith）；另一所在密那波邦伊瑪利查克（Ejmalichak）的尤高達真理團高中和道場。

一九三九年，我們在塔森斯瓦的恆河邊建立了莊嚴肅穆的「尤高達道場」。新的道場就在加爾各答北方不遠，是都市人尋求平靜的好去處，並提供西方訪客的膳宿，特別服務那些熱忱奉獻的尋道者，此外隔周郵寄「悟真會會訊」給印度各地的會友。

所有這些教育和慈善的活動，無疑需要許多教師和工作人員的犧牲奉獻。由於人數眾多，在此我就不一一感謝了，但在我心裡，每個人都有一座光亮的壁龕，而這些教師受到拿希里・瑪哈賽的理念所鼓舞，放棄了世俗的遠大前程，謙卑地服務、不求回報的付出，更令人感佩。

萊特先生很快就與藍奇的孩子熟稔起來，他身著簡單的半長裙，跟孩子一起生活了一段時光。我的祕書描述事物栩栩如生，所到之處，無論是藍奇、加爾各答還是塞蘭坡，他都會寫下旅遊日記。有一個晚上，我問他一個問題：「迪克，你對印度有什麼印象？」

「平靜，」他很有體悟地說：「整個種族的氛圍，是平靜。」

1 我們橫越大陸的中途繞道瓦爾達，探訪甘地，所以中斷了旅程。這幾天的經歷見第四十四章。

2 那條眼鏡蛇接近上師的時候，普羅富拉當時也在場，見第十二章。

3 *Pronam*是聖名之意，印度人的問候語，雙手合十，將手從胸口上舉至額頭致意，相當於西式的握手歡迎。

4 用某些專注的技巧訓練心智，使得印度在每個世代，都出現了記憶力驚人的人。維嘉亞拉哈瓦查理（T. Vijayaraghavachari）爵士在《印度時報》報導了對馬德拉斯（Madras，現稱清奈）專業「記憶者」的測試。他寫道：「這些人是非比尋常地熟知梵文的文獻。他們坐在一大群的觀眾中，測試者也在其中，確保公正性，並且提問。這個測驗如下：一個人開始搖鈴，『記憶者』必須記數鈴聲的次數；第二個人從一份試卷上唸出一長串，包括加減乘除的數學運算；第三個人繼續唸之後需要受試者複誦的詩文（出自《羅摩記》和《大戰詩》長系列的詩文）；第四個人提出詩文的題目，要求所作詩句的長短及押韻；第五個人跟第六個人提出一個神學上的爭論，辯論者確切的用語必須正確無誤依序出現；第七個人一直轉動著一個輪子，受試者要記住旋轉的次數。『記憶者』不准做筆記，只能用心智的技巧接受這些測試。這些測驗一定會造成很大的心理負擔。普通人在不自覺妒忌的情況下，會傾向貶低這種努力，認為他們只是運用到大腦低階的功能。不過，這不是純粹記憶力的問題，更重要的因素是心智的專注力。」

第41章
南印風情畫

美麗的伽孟第（Chamundi）神廟座落在山丘上，俯瞰印度南部的邁索爾（Mysore）城。我們在金銀打造成的祭壇前，禮敬邁索爾統治家族的守護女神伽孟第。

我說：「迪克，你是第一個能進這間廟的西方人，很多外人想進來都沒辦法。」萊特先生聽了先是驚訝，後來顯得很高興。

「真是殊勝，」萊特先生小心翼翼地包起幾片祈福過的玫瑰花瓣，一邊說：「我要好好珍藏這些花瓣，這可是僧人用玫瑰聖水灑過的。」

我們一行人[1]在一九三五年十一月到邁索爾作客，停留一個月。郡主是尊貴的克里虛那拉亞．瓦第亞四世（H. H. Sri Krishnaraja Wadiyar IV），他聰明又盡責，一心為人民服務。郡主是虔誠的印度教徒，他任命能幹的穆斯林伊斯美（Ismail）閣下做總理，七百萬的居民有民意代表，並組成議會和立法機構。

郡主的繼承人郁瓦王子，克里虛那拉亞．那拉辛哈拉．瓦第亞（Sir Sri Krishna Narasingharaj Wadiyar）邀請我和秘書訪問他開明進步的王國。我在過去的兩個禮拜，到市政廳、郡主學院、醫學院；對成千上萬的市民和學生演講；還在班加羅爾（Bangalore）舉辦三場大型會議，分別在國立高中、預科學院演講，雀提（Chetty）市政廳的那場演講，來了超過三千名觀眾。我不知道熱切的觀眾是否相信我所描繪的美國；但當我說到東西方交流可以互蒙其利時，觀眾總是報以最熱烈的掌聲。

現在，我跟萊特先生終於可以享受熱帶的寧靜。他在旅行日記裡寫了一篇對邁索爾的印象：

我們歡喜地欣賞眼前的風景，幾乎忘記自己身在何處。上帝搭的畫布跨過穹蒼，千變萬化，神一觸就震動出生動的色彩。人才想用顏料臨摹眼前的美，色彩便失去青春。神用來作畫的材料很簡單，不用油彩或顏料，用光。神在這裡劃出一道，映出紅光，再一揮，透露出金黃色的光，然後又在雲端刺入一道紫，紫光邊緣滲出紅色的光……就這樣一直不停地變化，早晚上演，多變、常新、恆新，形態或用色都不重複。印度的天空日日夜夜所變幻的美無以名狀；宛如神從畫具箱中拿出所有顏色，做了一個萬花筒扔向天空。

我必須說說夕陽的華光。我們去參觀克里虛那拉佳．薩加（Krishnaraja Sagar）[2]大水壩，那裡離邁索爾二十公里左右。我跟尤迦南達上了一台小巴士，有一個小孩負責手動發動車子，不然就用備用電池發動車子。巴士上路了，駛過平滑的泥巴路，一旁的落日擠壓著地平線，像顆熟透的蕃茄。

我們經過四四方方的稻田，穿過一排榕樹，中間還有高聳的椰子樹，植被茂密，彷彿走進叢林。最後終於抵達山頂，看到廣闊的人工湖，映照著星光，還有椰子樹倒影，四週還圍繞著一排電燈。水面映照著眩目的奇觀：五彩的光束在間歇的噴泉上跳動，宛如閃亮的油墨從藍色的瀑布傾瀉而出，奪目的紅、綠、黃，還有噴水的高大石象，好像縮小版的芝加哥世界博覽會，這樣現代化的景觀在這片古老田野間，與樸素的人民顯得很不搭調。當地人熱情招待尤迦南達，我有點擔心沒辦法把他帶回美國。

另外一個稀有的優待，這是我第一次騎象。昨天郡主的兒子邀請我們到他的夏季行宮騎他養的象。象是很巨大的動物。我得踩階梯才能爬上象鞍。象鞍是一個方盒，裡面有絲質的靠墊。我在象背上一路顛簸，搖搖晃晃中下到一個小峽谷。實在太刺激了！我連擔心或尖叫的時間都沒有，只希望保住這條小命。

南印度有豐富的歷史考古遺蹟。這片土地十分迷人，魅力難擋。邁索爾的北部是海德拉巴（Hyderabad），哥達瓦里河（Godavari River）流經這如詩如畫的高原。肥沃的大地，可愛的藍色山脈（Nilgiris），還有草木不生的石灰或花崗岩丘陵。海德拉巴始於三千年前安達拉（Andhra）諸王，歷史悠久，古蹟文物，俯拾即是，印度教王朝統治到一二九四年，然後由穆斯林統治至今。

全印度最令人歎為觀止的建築、石雕、繪畫，都在海德拉巴，就在艾優拉（Ellora）和阿旃陀（Ajanta）古石窟裡。艾優拉壯麗的凱拉莎（Kailasa）神廟是巨巖鑿成的空間，上有諸神、人、獸的雕像，個個都有米開朗基羅作品那樣驚人的比例。阿旃陀的遺址則有五間內殿和二十五間僧房，全都是石窖，洞內的巨大石柱支撐著整個結構，內部的壁畫和雕刻，展現了當時畫家和雕刻家的鬼斧神工。

海德拉巴市有歐斯瑪尼大學（Osmania University）和可容納一萬名穆斯林信眾的麥加清真寺（Mecca Masjid Mosque），更讓這座城市熠熠生輝。

邁索爾郡也是秀麗的人間仙境，位於海拔九百尺處，上面覆蓋一片濃密的熱帶森林，野生的象、牛、熊、豹、老虎，都棲息於此。郡內兩個主要城市是班加羅爾和邁索爾，都很乾淨、迷人，市內有多處美麗的公園和花園。

從十一到十五世紀，在印度諸王的贊助下，印度的建築和雕刻的水準，在邁索爾達到巔峰。貝魯爾（Belur）的印度廟在十一世紀韋修努瓦達納王（Vishnuvardhana）的統治時期完成，其中所展現的工藝之細膩與豐富的想像力舉世無雙。

邁索爾北部發現碑文，歷史可追溯至公元前三世紀。這些石碑令人聯想到阿育王的豐功偉業，其王朝版圖之大，涵蓋今日的印度全境、阿富汗、俾路支（Baluchistan）。這位連西方史學家都覺得無人能出其右的皇帝，在一塊紀念碑上留下了如下的智慧之語：

「此碑文是為了要讓後世子孫知道，無須再征服。他們要了解，以武力征服，不配稱作征服；武力不過是毀滅和暴力；只有宗教上的征服，才是真正的征服。這種征服在此生、未來，才有價值。」

阿育王是令人敬畏的旃陀羅笈多孔雀王、希臘人稱桑德羅科圖斯（Sandrocottus）的孫子。孔雀王年輕時遇過亞歷山大大帝，後來他摧毀了馬其頓人的印度駐軍，在旁遮普擊敗了塞琉古（Seleucus）的希臘軍隊，然後在巴特納（Patna）的宮廷接見了希臘使節麥加斯梯尼（Megasthenes）。

亞歷山大到印度之後，隨行的古希臘歷史學家等人對印度非常感興趣，用心記下當時發生的趣事。麥克林道（J. W. M'Crindle）[3]博士翻譯了阿利安（Arrian）、狄奧多羅斯（Diodoros）、普魯塔克（Plutarch）和地理學家斯塔博（Strabo）的作品，讓人對古印度有一些了解。亞歷山大雖然沒有成功入侵印度，但是值得一提的是，他對印度哲學深感興趣，不時還碰到瑜伽行者和聖人，這些都是他在帝國境內遍尋不著的。希臘大軍抵達印度北部的塔克西拉（Taxila）不久，他就派第歐根尼學派的弟子歐奈西克瑞塔斯（Onesikritos）去邀請當地一位偉大的苦行僧鄧達密斯（Dandamis）。

「婆羅門的老師啊！我向您致敬。」歐奈西克瑞塔斯在森林中找到隱居的鄧達密斯，他說：「天神宙斯之子亞歷山大統治全人類。他要您去見他，若聽命，便有賞賜；若拒絕，您的腦袋恐怕不保！」

這位瑜伽行者平靜地聽完使者激烈的邀請，還是舒服地坐在樹葉上，連頭都不抬。

「如果亞歷山大是宙斯之子，那我也是。」他回道：「我不要亞歷山大的東西，我已經很滿足現有的一切。我看他帶著人馬飄洋過海、在各地遊蕩，這樣沒有好處，他的流浪之路還很長！回去告訴亞歷山大，上天是至上的君王，從來不粗暴、犯錯。祂是光、是和平、是生命、是水、是人的身體、是靈魂的創造者；當死亡讓人類自由後，神就會接納所有人。祂是我所尊敬的神，憎惡屠殺，不發動戰爭。

「亞歷山大不是神，必定要嚐到死亡的滋味，」聖人淡然諷刺：「他自己都還沒有登上他內在宇宙王國的寶座，又怎麼成為世界的主宰？他還沒有活著進入冥府，也還不知道太陽經過地球中央的軌跡，這個地球上還有很多地方沒聽過他的名字呢！」

聖人在一番斥責後，又批評了這位「世界之主」說：「如果亞歷山大對現在統治的地區還覺得不夠大，現在這邊容不下他的話，就渡過恆河，他會發現另一邊更寬廣，足以養活所有人。4

「你要知道，亞歷山大要給的禮物，對我全然無用。我覺得珍貴、有價值的是這些樹葉，這是我的房子，這些植物開花結果，讓我日日不至於挨餓，還有水替我解渴。其他用焦慮、煩惱累積起來的財富，絕對會讓人步上毀滅一途，只會製造憂傷和迷惘，讓可憐的眾生憂心忡忡。而我呢，在森林裡，以天為被，以葉為床，沒有要守護的事物，就可以靜靜小睡。要是想守護些什麼，我就睡不著了。大地就如母親餵養孩子，供應我所需的一切；我想去哪裡就去哪裡，無憂無慮。

「即使亞歷山大要我的腦袋，他也無法摧毀我的靈魂。我的頭不會動了，身體就像爛了的衣服留在這片土地上，回到原來的地方，而我的魂魄也上升到我的神那裡。神用血肉包覆我們，把我們放在地球上，看看我們有沒有遵行祂的旨意，當我們離開地球回到祂的身邊時，我們得要把這一輩子的所作所為好好說明給祂聽。神是審判人間所有罪惡的法官，那些受壓迫的人所發出的哀號，會成為壓迫者的懲罰。

「讓亞歷山大去嚇唬那些貪財怕死之人吧！想對付婆羅門，武器毫無用處。我們不貪財怕死。去告訴亞歷山大，鄧達密斯不需要你，因此也不去你那裡；還有，你想跟鄧達密斯要什麼，請移駕到這裡來。」

歐奈西克瑞塔斯把這番話老老實實地稟告亞歷山大，亞歷山大聽了，更想見見鄧達密斯。雖然對方只是個老頭子，而他早已征服許多國家，可是竟然在印度棋逢敵手。

亞歷山大邀請許多婆羅門僧人到塔克西拉，這些僧人對亞歷山大提出的哲學問題回答得很有智

我們一行人在「夢幻城堡」泰姬瑪哈陵前合影。

慧，因此著名。下面一段是普魯塔克記錄的對話，提問的是亞歷山大。

「地球上哪一樣數目較多，活的多，還是死的多？」

「活的多。因為死的不會增多。」

「哪裡的動物比較多，海洋或土地？」

「土地，因為海洋只是陸地的一部分。」

「什麼動物最聰明？」

「人類還不知道的那一種動物。」（人類害怕不知道的事物。）

「什麼先存在？白天或晚上？」

「一天中的白天先。」聽了這個回答，亞歷山大原本冷靜的面孔，露出驚訝的表情。

僧人又說：「無法想像的問題，就有無法想像的答案。」

「如何使他人更愛你？」

「要具有偉大的力量，仍然謙沖自牧，才會讓人愛你。」

「如何成為神？[5]」

「做人所不能做的事。」

「生或死，誰較強大？」

「生比較強大。因為活著，承擔了許多罪惡。」

亞歷山大終於在印度請到一位瑜伽行者做他的老師，這個人就是史瓦米．史非尼（Swami Sphines）。這位聖人是迦梨女神的信徒，總是唸著祂吉祥的名字向人致意，所以希臘人稱他為「迦梨洛斯」（Kalanos）。

迦梨洛斯隨亞歷山大到波斯的蘇薩，在預定離開的那天，放棄他的肉身。他在馬其頓大軍眾目睽睽之下，走入火葬用的柴堆。史學家記錄那些士兵的反應，當他們看到這位瑜伽行者在火堆中動也不動，無懼於痛苦和死亡時，都驚訝萬分。到火葬場之前，迦梨洛斯和許多親朋好友告別，獨獨沒有跟亞歷山大道別，這位印度聖人只跟他說了一句話：「之後在巴比倫相見。」

亞歷山大離開波斯，一年後死在巴比倫。他的印度咕嚕說，不論生與死，他都與亞歷山大同在。

希臘史學家留給我們許多印度社會生動的描繪。阿利安的記載告訴我們，印度的法律保護人民，並且「在任何情況下，沒有一個人是奴隸，每個人應當享有自由，應當尊重每個人都有同等的權利。他們認為學會不作威作福或阿諛奉承的人，已經能適應詭譎多變的世間。」[6]

《印度創造》書中有一章記載：「印度人不懂放高利貸，也不懂得借錢。印度人不做錯事，也不會為做錯事受責備，因此他們不訂合約或保證。」據說他們用簡單自然的方法治病。「要把病治好，調節飲食比服藥重要。最常用的是藥膏跟貼布，認為其他療法很危險。」只有武士階級准許作戰。「敵人不會到耕作的土地上去傷害工作的農人，因為這個階級的人是大眾的恩人，應該受到保護，不被傷害。如此一來，土地就能耕種，五穀豐登，供應居民生活。」[7]

旃陀羅笈多王在紀元前三〇五年時，擊退了亞歷山大的將軍塞琉卡斯（Seleucus），七年後決定將印度王朝交給兒子統治。他旅行到印度的南部，終其十二年的餘生成為一個身無分文的苦行僧，在斯洛凡那比拉葛拉（Sravanabelagola）的一個巖洞中尋求了悟真我，現在該處被尊稱為邁索爾聖地。在那附近聳立著世界上最大的雕像，是西元後九百八十三年由耆那教徒（Jains）從一塊巨大的圓石中雕琢而成，紀念神聖的可梅提斯瓦拉（Comateswara）。

邁索爾有很多紀念南印度聖人的神龕。上師塔由薩曼阿瓦塔爾（Thayumanavar）留給我們一首很難的詩：

你可以控制瘋象；
你可以讓熊或虎閉嘴；
你可以騎獅；
你可以戲蛇；

你可以藉鍊金術煉出生活費；
你可以微服遊走宇宙；
你可以服侍諸神；
你可以永遠年輕；你可以走在水上，活在火裡；
如果能控制頭腦又更厲害了，但難度更高。

印度最南端是最美麗、富饒的特拉凡科（Travancore），當地的運輸靠的是河流和運河。特拉凡科郡主每年都要為遠古發動併吞鄰近小國的戰爭贖罪。郡主每年要連續五十六天到廟裡聽吠陀吟唱哀歌與朗誦文；贖罪的祭典結束時要在廟裡點亮十萬根蠟燭。

偉大的立法官摩奴[8]概述了一位君王的職責：「他必須像因陀羅（眾神的上主）一樣廣施恩澤；像太陽從水中獲得氧氣，在不知不覺中打盹；像無處不在的風，進入他臣民的生活；像閻羅王一樣，以公平正義對待所有人；像波羅那（吠陀的天神和風神），把犯罪者繩之以法；像月亮一樣，讓所有的人歡喜；像諸神之火，燒盡邪惡的仇敵；像大地之母，支持所有人。

「在戰爭中，君王不應使用有毒或火燒的武器，也不該殺害弱者或沒有準備、手無寸鐵的敵人，更不該追殺那些恐懼、請求保護和逃跑的人。戰爭應該只是最後的手段；戰爭的結果通常令人質疑。」

印度東南沿岸的清奈轄區包括平坦遼闊、四面環海的清奈和黃金城甘吉布勒姆（Conjeeveram），是帕拉瓦王朝（Pallava）的首都，統治時期約在西元前幾世紀。現代化的清奈是甘地推行非暴力的理想根據地，在這裡隨處可見到特別醒目的白色「甘地帽」。甘地改革的作風在南部影響了許多廟宇，不再有「賤民」和「貴族」階級之分。

由偉大的立法者摩奴所規劃的種姓階級制度值得讚揚。摩奴清楚地看到人隨其自然的進化，可分成四大類：能夠提供社會勞力的服務者（首陀羅）；用心力、技術從事農耕、買賣、貿易、業務等的服務者（吠舍）；有行政、立法並保護的天賦，像統治者和戰士（剎帝利）；有冥想的天性，受靈性的鼓勵或鼓勵靈性的人（也就是婆羅門）。《大戰詩》上說：「不是從出生、儀軌、學習、祖先來決定一個人是否為婆羅門僧，只有品格和行為能夠決定。」[9]摩奴教導社會大眾要尊敬智者、善人、長者、有技藝者，最後才是富人。在印度，吠陀經典總是藐視那些只顧積聚財富、不把錢財拿出來作慈善事業的有錢人。社會最低階層的人是吝嗇的富翁。

種姓制度實行幾個世紀後，變成根深蒂固的束縛，種下禍害。現今印度社會的改革者如甘地，還有許許多多的人，正緩慢而穩健地恢復古代種姓制度的價值觀念，以人的天賦為基礎，而非照血統劃分。每個國家都有自己的問題要解決。印度也是如此，以她人民多才多藝、打不倒的精神，一定能夠勝任改革階級制度的工作。

南印度的美令人神魂顛倒，我跟萊特先生真想把這首田園詩歌一直譜下去。但是時間有限，不能久留，我還要到加爾各答大學舉行的印度哲學研究會議上演講。結束邁索爾的訪問，我有幸見到印度科學院（Indian Academy of Sciences）院長羅門（C. V. Raman）先生。這位印度傑出的物理學家得過一九三〇年的諾貝爾獎，肯定他發現的「羅門效應」，這是在光的漫射上新的重要發現，連小學生都知道。

我不情願地向清奈的學生和朋友道別，向北出發。途中我們路過一間小廟。這間廟供奉沙達希瓦・布拉瑪（Sadasiva Brahman）[10]，這一位十八世紀的聖人行了無數的奇蹟。普杜科泰（Pudukkottai）王侯在尼爾（Nerur）蓋了一間大沙達希瓦廟，成為朝聖之處，而且常出現治療的聖蹟。

在南印度鄉間仍然盛傳沙達希瓦的奇聞軼事；他受人愛戴又充滿智慧。有一天，沙達希瓦在卡威利（Kaveri）河岸邊進入三摩地，有人目睹突然一個浪把他捲走了。幾個星期後，有人看到他被埋在泥堆裡，等村民用鏟子敲打他的身體，他才起身溜走。

沙達希瓦從不說話，也不穿衣服。有一天早上，這位赤裸的瑜伽行者突然闖進一個穆斯林族長的帳篷裡。女眷見狀驚聲尖叫；武士用劍猛刺，結果把他的手臂砍斷了。這位上師不以為意地離去了。那位穆斯林後悔不已，從地上撿起那隻斷臂，追上前去。瑜伽行者平靜地將手臂接回流著血的臂膀。這位武士謙卑地請瑜伽行者開示，沙達希瓦在沙上寫著：「不要只顧滿足私欲，之後你就可以隨心所欲。」

這位穆斯林武士的心靈被提升到一個崇高的境界，聖人看似矛盾的忠告，實際上告訴世人一項真理：控制自我，才能讓靈魂自由。

有一次村子的小孩跟沙達希瓦說，他們想去二百五十公里外的馬度拉法會。瑜伽行者要小孩摸他的身體。一轉眼，整群人就移到馬度拉了。小孩很高興地穿梭在數千朝聖者之中。幾個鐘頭之後，瑜伽行者帶著這一群人回家。父母驚訝地聽著自己孩子說的故事，煞有其事，像是馬度拉神明繞境的行列等等，而且小孩的袋子裡還裝著馬度拉的甜點。

有一個年輕人嘲笑聖人，覺得這個故事是假的。隔天早上他跑來找沙達希瓦，他輕蔑地說：「上師，你何不帶我去那個慶典看看，就跟昨天一樣？」

沙達希瓦答應了這個請求；年輕人馬上發現自己置身在遙遠城市的人群中。但，天啊！當年輕人想要離開的時候，聖人不見了！年輕人只好自己步行回家。

1 普里慈小姐沒有體力跟我、萊特先生同行，留在加爾各答跟我的親戚在一起。

2 水壩是一水力發電廠，其電力供應邁索爾市，還有絲織、肥皂和檀香油等工廠用電。這座水壩是一個巨大的水力發電廠，照亮了邁索爾，並供應絲織、肥皂、檀香油等工廠的用電。邁索爾的檀香木紀念品散發著愉悅的香氣，不會隨著時間消失，只要用針扎一下就又散發香味。邁索爾標榜著印度一些最大的先進工業，包括有柯拉（Kolar）金礦、邁索爾糖廠、巴占瓦提（Bhadravati）大鋼鐵廠、涵蓋境內三甲廉價便捷的邁索爾鐵路。

一九三五年當時招待我的邁索爾郡主和郡主的兒子最近都過世了。現任的郡主是企業家，在邁索爾增設了一間製造飛機的工廠。

3 《古印度》（*Ancient India, Calcutta, 1879*）共六卷。

4 亞歷山大及其將領都沒有渡過恆河。馬其頓大軍在西方遭遇頑抗之後，不再前進，被迫離開印度，轉而征服波斯。

5 從這些問題裡，不難發現「宙斯之子」偶爾懷疑自己已經徹悟。

6 所有希臘的觀察家都認為印度沒有奴隸制度，與希臘社會的結構完全不同。

7 沙卡（Benoy Kumar Sakar）教授所著的《印度創造》（*Creative India*, Lahore: Motilal Banarsi Dass, Publishers, 1937）詳盡地描繪了印度古今在經濟、政治、科學、文學、藝術、社會哲學上的成就與價值。另一本推薦的書是《印度古今文化》（*Indian, Culture Through the Ages*, Longmans, Green & Co.），作者是維納提斯瓦拉（S.V. Venatesvara）。

8 摩奴是宇宙的立法者，不只是為印度社會，也為世界立法。所有明智的社會規範體系，甚至是正義，都是仿效摩奴的。尼采稱頌如下：「我沒有看過任何像摩奴的《法典》，談到這麼多女性是細緻與仁慈的事；那些對婦女有騎士風度的老人和聖人也許都無法超越……這是一部擲地有聲的作品……充滿著高貴的價值、完美的感覺、肯定生命的言論，以及有關自身和生活滿足成功的感覺；太陽照耀著這整本書。」

9 「當初四種種姓制度不是世襲的，是取決於自己的能力，也就是他一生所要達成的目標。」在《東西方》雜誌一九三五年一月號裡有一篇文章告訴我們：「這個目標可以是一、愛慾（*Kama*）：生命感官的活動（首陀羅階級）；二、利益（*Artha*）：能夠控制欲望（吠舍階級）；三、法（*Dharma*）：有責任的生命與正確的行為（剎帝利階級）；四、解脫（*Moksha*）：靈性的生活與宗教的教導（婆羅門階級）。這四階級分別以身體、心靈、意志力、靈性替人類服務。」

「此四階級有其永恆不變的天性（*guna*）對應，亦即惰性（*tamas*）、變性（*rajas*）與悅性（*sattva*），對應為障阻、行動、擴展；物質、能量、心智。這四階級受天性約束為一、惰性（無明），二、惰性與變性（無明與行動的混合），三、變性與悅性（正確行動與開悟的融合），四、悅性（證悟）。每個人因天性不同，表現也不同；有些人主要的天性是一種，有些人有兩種。當然每個人都有這三種天性，只是比例不同。咕嚕能準確地知道一個人所屬的階層與進化狀況。」

「這多少都不只是理論而已，每個種族、國家都有階級色彩。在非常放縱或所謂自由的地方，特別是極端的階級彼此通婚，會讓種族縮減或滅絕。《往世書》（*Purana Samhita*）提到這種結合的子孫是不能生育的混種，像騾子無法孕育後代。人為育種終將消滅。我們可以從歷史中找到很多例子，知道許多偉大的種族都不存在了。印度有見地的思想家贊成階級制度，就是為了要保存種族的純淨以免滅種、無力繁衍，或無緣無故消失。」

10 他正式的頭銜是聖沙達希維卓拉・娑羅室伐底・史瓦米（Sri Sadasivendra Saraswati Swami）。商羯羅創立的道場斯里杰利（Sringeri）一位著名的傳人，寫了一首頌詩獻給沙達希瓦。

第42章

最後與咕嚕在一起的日子

「親愛的咕嚕啊！今天早上沒別人在，真好。」我剛到塞蘭坡道場，帶了一堆很香的水果和玫瑰。聖尤地斯瓦爾柔和地看著我。

「怎麼了嗎？」上師左顧右盼，好像準備逃走。

「咕嚕！我來到您面前時還是高中生，現在都老了，還長了白頭髮！從以前到現在，您默默地給了我這麼多的愛，但是您有沒有發現，您從來沒開口說過愛我呢？」我懇求地看著他。

上師低著頭說道：「尤迦南達，你要我把心中無聲的愛意化作冰冷的語言嗎？」

「咕嚕？我知道您愛我，但是我真的很想聽您說。」

「好吧！我在過婚姻生活時，好盼望有一個兒子，能栽培他走上瑜伽的路。但是當你進到我的生命裡，我就滿足了；你就是我的兒子。」兩滴晶瑩的淚珠在聖尤地斯瓦爾的眼眶中打轉。「尤迦南達，我一直愛著你。」

「您的回答帶我通往天堂。」上師的話使我如釋重負，煩惱都煙消雲散了。我知道他的穩重自持，但他不說話的時候，我也沒有頭緒，我偶爾會擔心他對我哪裡不滿意。他的性格生來古怪，別人也摸不透他。他散發著一種深遠的寧靜，好惡不形諸於外，早已超越外在世界的價值觀了。

幾天之後，我在加爾各答的艾伯特大廈對一大群聽眾演講。聖尤地斯瓦爾同意坐在台上，蒞臨的有山多斯（Santosh）的郡主、加爾各答市的市長。上師沒有多說什麼，但是在演講時，我不時朝他那邊看，覺得他眼神流露出一絲喜悅。

然後，我又到塞蘭坡學院的校友會演講。我看著老同學，他們看著我這個「瘋和尚」，大家都喜極而泣。我那位辯才無礙的哲學教授戈夏過來跟我打招呼，過去的誤解都在時間的魔法下煙消雲散。

十二月底，我們在塞蘭坡道場慶祝冬至。聖尤地斯瓦爾的弟子一如往常，不遠千里而來。桑科爾坦的頌唱歌舞，基士多（Kristo）甜美的獨唱，年輕的弟子準備慶典的餐點，上師深刻動人的開示，一切就發生在道場的花園裡、人群中、滿天星星下。多麼美好的回憶！過去的歲月，多少歡欣的節慶！不過，今晚，跟以前有點不一樣。

「尤迦南達，跟大家用英語說幾句話吧！」上師提出這個特別的要求，還對我眨眨眼。不知道他是否想起我第一次用英語在船上演講的困境？我跟大家講這個故事，最後，我把榮耀與讚美歸於我的咕嚕。

「上師一直與我同在，給我指引，不只是在船上，」我總結道：「也在美國廣闊的領土上，十五個年頭，日日與我同行。」

賓客散去後，聖尤地斯瓦爾叫我到他的臥房，之前有個冬至節慶後，我進過臥房一次，那時他准我睡在他的床上。今晚我的咕嚕靜靜地坐在那裡，弟子圍在他腳下。

「尤迦南達，現在你要出發去加爾各答了嗎？請明天過來一趟，我有事情要跟你說。」

隔天下午，聖尤地斯瓦爾用幾句簡單的話語給我加持，並賜給我出家人的尊銜「帕拉宏撒」(Paramhansa)[1]。

「現在這個尊銜正式地取代原先的『史瓦米』。」我跪在上師跟前，心想我那些美國學生唸「帕拉宏撒」[2]的時候，一定覺得很拗口。

「現在我在世上的工作做完了，你要繼續承擔。」上師淡淡地說，眼神安詳而平靜，我的心卻噗通噗通地跳。

「請派人來管理普里的道場，」聖尤地斯瓦爾繼續說：「一切都交給你了，你會駕著生命之船，帶著大家，到達神聖的彼岸。」

我抱著他的腳，滿臉淚痕；他起身，慈愛地給我祝福，加持福光。

翌日，我從藍奇請弟子史瓦米・希悲南達（Swami Sebananda）到普里接掌道場[3]。之後我跟咕嚕談到他的房產過戶等法律上的事務，他不希望死後讓親戚有機會靠打官司取得他名下兩間道場等財產，他希望這些地方能純粹用來做慈善。

有一個下午，阿幕拉亞（Amulaya）師兄告訴我，他最近替上師安排好去基德波[4]，但是上師沒有去。我聽了有不祥的預感。我追問上師原因，他只說：「我不會再去基德波了。」上師突然像受驚嚇的小孩一樣發抖。

「我敬愛的咕嚕啊！」我哭著跟他說：「別再這麼說，絕對不要跟我說這些話！」

帕坦伽利在《箴言》中寫道：「對肉身的執著乃出於本性。亦即，偉大的聖人仍不免有那麼一絲執著。」[5]我的咕嚕對弟子談死亡時，總習慣說：「就算籠子的門開了，一直被囚禁的鳥兒還是不免遲疑一下，才飛出鳥籠。」

聖尤地斯瓦爾的表情放鬆下來，平靜地笑。他雖然快八十一歲，但身體還是很硬朗。

我日日沉浸在咕嚕的愛裡，我雖然沒有說，但是知道自己故意錯過多次他要離開的暗示。

「上師，大壺節這個月在安拉巴德舉行。」我指著一份孟加拉月曆[6]上的日子，指給上師看。

「你真的想去嗎？」

我並沒有覺察出聖尤地斯瓦爾不願我離開，還說：「有一次上師您在安拉巴德的法會上碰到巴巴吉，希望我這次運氣夠好，也能夠碰到他。」

「我覺得你在那裡不會碰到他。」我的咕嚕說完就不出聲，不想打亂我的計畫。

翌日，我們一行人出發前，上師一如往常默默給我加持。我對聖尤地斯瓦爾的暗示仍渾然無所覺，我猜這是上帝的希望，祂不讓我無助地看著咕嚕去世。在我這一生當中，好幾次我愛的人逝世時，我都不在身旁。那是上帝的慈悲，不讓我目睹心愛的人離開人世間的情況。[7]

一九三六年一月廿三日，我們抵達法會。現場湧進兩百萬人，十分壯觀，令人難忘。印度人獨有的天分，是那內在的敬畏，就連最低下村夫也懂得靈性的價值，尊敬拋棄世俗一切、追求靈性生活的僧人和隱士。騙子和偽君子的確到處都是；但是，印度尊重這一切，其中總有少數幾個高人賜福給這片土地。西方人目睹如此壯觀的場面，特別能感覺到印度的心跳；時間不斷衝擊，追求靈性是印度抵擋時間衝擊的生命力。

我們第一天抵達現場只顧著看：無數的人在神聖的恆河中沐浴，洗滌自己犯下的過錯；莊嚴的儀式正在舉行；遠處虔誠的信徒對著托缽僧滿是塵埃的腳下拋出供養；回頭一看，成排的大象、裝飾華麗的馬匹和慢步前行的駱駝列隊通過、衣不蔽體的苦行僧，揮動著金銀手杖、絲絨的綵帶與旗幟緩步前行。

隱士身著纏腰布，幾個人靜靜地坐在一旁，周身塗上灰燼讓他們不怕冷熱。他們用檀香膏在眉心處塗上一點，代表靈性之眼。人群中出現光頭的和尚，身穿橘色僧袍，手執竹杖和乞食缽；他們在四處走動跟弟子討論哲學時，臉龐散發著祥和的光芒。

樹下到處是圍著營火的隱士，宛若一幅畫[8]。他們的頭髮編成辮子紮在頭頂；有些人的鬍子好幾呎長，捲捲的，編成辮子。他們不是禪定，就是伸出雙手祝福過路的人，乞丐、坐在大象上的郡主，身穿五顏六色沙麗、腕飾和踝飾叮叮作響的婦女。回教術士高舉著瘦細的雙臂，梵行者帶著禪定用的肘杖、謙卑的聖人莊嚴地默默祝禱。在一片喧囂中，寺廟的鐘聲敲個不停。

法會第二天，我們四處拜訪道場和臨時搭建的茅屋，向聖者致意。我們受到印度教吉利僧伽派教主的加持。他是一個很瘦的苦行僧，雙眼帶著笑意。我們又拜訪一處寺院，此院的咕嚕已經禁語九年了，只吃水果。寺院的大廳中央平台上坐著盲眼的隱士伽舒（Pragla Chakshu），他精通典籍，各宗派對他無不敬重。

我用印地語短短地講了一下吠陀經典之後，就離開這間安寧的寺院，然後向附近的史瓦米・克里希阿南達(Swami Krishnananda)致意。師父長得很好看,兩頰紅潤,肩膀很寬。有一頭馴服的母獅躺在他腳邊;我確信這頭母獅不是屈從於他的孔武有力,而是他甜美的靈性。這頭來自叢林的動物不吃肉,喜歡吃米飯和牛奶。師父教導這頭毛茸茸的動物,用低沉的咆哮,吼出「唵」——獅子變成虔誠小貓。

我們又碰到一位有學問的年輕隱士。萊特先生在旅行日記中,生動地描寫這個人。

我們開車穿過嘎嘎作響的浮橋,恆河的水很少,穿梭在人潮和狹窄的巷弄中,經過岸邊一處,尤迦南達指說,那裡就是聖尤地斯瓦爾碰到巴巴吉的地方。不久,我們下車步行,穿過隱士升火的濃煙與平滑的沙地,到了一間不起眼的屋子,這屋子是用泥巴和茅草搭蓋而成的。茅屋低矮,沒有門,這裡是年輕的遊方僧人卡拉.帕崔(Kara Patri)的臨時住處。他盤腿坐在草堆上,只有肩上披的一塊橘色布,沒有其他身外之物。

我們四人蹲進茅屋裡,對他頂禮,抬頭只見一張神聖的面孔對我們微笑著;門口掛著的煤油燈,映照在茅草牆上形成奇怪的影子。他的眼眸和整齊的牙齒閃閃發亮。雖然我不懂印地語,但是他的表情卻像道盡一切,滿懷熱情、愛、靈性的榮光。每個人都覺得他很崇高偉大。

想像一個快樂的生活,不執著物質,沒有穿衣服的問題,也沒有食物的需求;除非特別的日子,否則從不吃烹煮過的食物,也從不托缽乞食;沒有金錢的糾葛,從不管錢的事情,儲備東西,總是相信倚靠上帝;沒有交通的煩惱,絕不坐車子,總是沿著聖河行腳;從沒固定在一處超過一個星期,避免滋生執著。

女瑜伽士桑卡利・梅珠（Shankari Mai Jiew）是崔朗加尊者唯一在世的傳人。坐在她身旁一個綁著頭巾的人是史瓦米・般諾亞南達（Swami Benoyananda），比哈的藍奇學校校長。這張照片攝於1938年哈瓦爾的大壺節上；當時她一百又一十二歲。

（左）克里希阿南達在1936年安拉巴德的大壺節，旁邊是受他馴養茹素的母獅。
（右）聖尤地斯瓦爾在塞蘭坡的隱居處，二樓的庭院。我坐在中間，上師跟前。

如此謙卑的靈魂。通達吠陀經典，有碩士學位與貝拿勒斯大學經典大師的尊號。我坐在他前面有種微妙的感覺，彷彿古代印度聖人的真面目就在我面前揭開，他真的是代表這塊土地孕育出的靈性巨人。

我問起卡拉·帕崔的行李。「冬天有多穿一點嗎？」

「沒有，這樣就夠了！」

「你有沒有帶書？」

「沒有！我拿我所記得的，教導那些想聽我教導的人。」

「你還做了些什麼事？」

「順著恆河遊蕩。」

我們交談幾句後，我也希望過這種簡單的生活。我想起我在美國所肩負的重任，不免有點感傷。

「不！尤迦南達，這種在恆河邊遊蕩的生活方式不是你要過的日子。」

聽完隱士一些他靈性上的體悟，我貿然問了一個問題。

「你講的這些是從經典描述得來，或從內在體驗得來？」

「一半從書本上知道，」他直爽地笑著說：「一半是體驗。」

我們又靜靜地坐了一會兒才離開。我對萊特先生說：「他是一個坐在金色草堆上的國王。」

當晚，我們席地而坐，在星空下用餐，食物盛在葉片上，在印度，吃完飯不用洗碗！

我們又在奇妙的法會上度過兩天，然後向西北沿著竹姆納河（Jumna River）到阿格拉，再一次看著泰姬瑪哈陵；還記得小時候吉天陀站在我身邊，驚歎著這座用大理石的夢幻城堡。然後又上路前往史瓦米．凱希巴南達的布達班道場。

我找凱西巴南達的目的與本書有關。我從未忘記聖尤地斯瓦爾要求我寫拿希里．瑪哈賽的傳記。我在印度時，一直在尋找拿希里．瑪哈賽這位「瑜伽阿凡達」的嫡傳弟子以及親戚收集資料。我把跟他們的對談都寫下來，記了好幾本筆記，然後分類、排序、收集照片、信件和文獻；隨著收集到的資料愈來愈多，我才發現眼前的工作有多麼艱鉅。我禱告我有能力為無與倫比的咕嚕作傳。有好幾位弟子害怕寫作的方式會讓他們的上師遭受誤解。

「用死板的文字，很難表達這位上帝的化身。」巴特阿闍黎有一次這麼跟我說。其他親近咕嚕的弟子喜歡把「瑜伽阿凡達」埋在心中，作為他們永遠不死的明師。我一心牢記拿希里．瑪哈賽曾經預示要為他作傳，所以我努力收集各方面相關資料。

史瓦米．凱希巴南達在布達班的卡塔雅尼培思（Katyayani Peith）道場熱情迎接我們。這座壯觀的磚造建築由巨大黑柱子支撐著，坐落在美麗的花園。師父馬上帶我們到大廳，牆上掛著一大幅拿希里．瑪哈賽的法照。師父約莫九十歲，但是身體硬朗又有活力。長髮和白鬚，眼眸閃爍著喜悅，他儼然就是一位族長。我告訴他我想在書中提到他。

「請告訴我您以前的故事。」我微笑請問。偉大的瑜伽行者常常不太愛說話。

凱希巴南達謙遜地說：「沒有什麼！整個時間都在喜瑪拉雅山上的巖穴裡，從一個安靜的巖穴徒步走到另一個巖穴。有一段期間，我在哈德瓦近郊的一座小寺院修行，四邊都是矮樹叢，很安靜，訪客很少，因為那裡常有眼鏡蛇出沒。」說到這裡，凱希巴南達哈哈笑了起來，「後來有一次恆河大水把那裡沖走了，連蛇也被沖走了，我的弟子才幫我蓋了現在這間道場。」

我們其中一位問，如果在喜瑪拉雅山修行時碰到老虎，要怎麼辦？[9]

凱希巴南達搖頭，「在靈性較高的境界時，野獸不大會來干擾瑜伽行者。有一次，我在森林裡碰到一隻老虎，我突然大叫，老虎嚇到像石頭一樣釘住，動也不動。」師父一邊回憶，一邊笑道。

「偶爾我到貝拿勒斯探望我的咕嚕。他常笑我在喜瑪拉雅山不停的行腳。

「『你的腳上有喜歡流浪的印記，』有一次上師跟我說：『還好喜瑪拉雅山夠大，夠你走的。』」

凱希巴南達繼續說：「好幾次，在拿希里．瑪哈賽生前，還有死後，他都出現在我面前。對他來說，喜瑪拉雅山不算高啦！」

兩個小時後，他帶我們去餐廳用餐。又是十五道菜！我實在覺得很不好意思，受到印度式的款待，不到一年，我就重了二十幾公斤！人家辛辛苦苦為我煮的一桌好菜，怎麼好意思拒絕呀？在印度如果看見福態的出家人，會覺得賞心悅目，可惜其他地方不是這樣。[10]

吃完飯，凱希巴南達帶我到僻靜角落。他說：「我早就知道你要來，我有事要告訴你。」

我聽了很驚訝，因為沒有人知道我要拜訪凱希巴南達。

「去年我在喜瑪拉雅山北部靠近巴尊納拉揚行腳，」師父繼續說：「我迷路了。在高處有一巖穴是空的，雖然在石板下的洞裡還有一堆火在燃燒，我覺得奇怪，誰會住在這麼偏僻的地方，我靠近火堆坐下來，眼睛望著陽光照到的入口。

「『凱希巴南達，我很高興你在這裡。』這些話從我後面傳來。我嚇了一跳，一回頭就看到巴巴吉。偉大的咕嚕在巖穴凹處顯出身形。許多年之後，我又很高興看到他。我馬上匍匐在他的跟前。

「『你之所以會迷路，是我叫你來的，』巴巴吉說：『然後把你帶到我暫時居住的地方。我們很久沒見面了。我很高興再看到你。』

「不死的上師對我說了一些話，讓我靈性上有些進步，然後又說：『帶個消息給尤迦南達，因為他回到印度就會來看你。他的咕嚕、還有拿希里．瑪哈賽的弟子會讓他有得忙的；你告訴他，這一次我不急著見他，但以後會去看他。』」

我從凱希巴南達的口中聽到巴巴吉的承諾，深受撫慰。心中某種傷痛消失了，我不再憂傷，縱使聖尤地斯瓦爾已經暗示過，巴巴吉不會在法會上出現。

在道場作了一日賓客，我們第二天下午就要回加爾各答。上到竹姆納河的橋上，看到布達班天邊壯麗的景色，太陽彷彿祝融的火爐，映在平靜的水面上。

上主克里虛那在這裡度過童年，使竹姆納河岸變為聖地。他在此與純真的牧牛女嬉戲（*lilas*），象徵上帝的化身與皈依弟子神聖的愛。許多西方評論家誤解上主克里虛那的生平故事，受限於文字表面淺薄的認識而破壞了經典的象徵寓意。有一位譯者鬧了一個笑話，由此可見一斑：中世紀的聖人鞋匠羅威達斯（Ravidas）用平常工作慣用的辭彙，寥寥數語就把全人類藏於內在的神性榮光表達出來：

藍色的蒼穹
是神性的衣裳

有一個西方作家把羅威達斯的詩改成牛頭不對馬嘴的白話文，你讀了也會想笑：「後來他蓋了一間茅屋，他用動物的皮做成一尊偶像，放到裡面膜拜。」

羅威達斯是卡比兒的弟子，羅威達斯的弟子中有一位靈性很高的弟子，她是奇朵（Chitor）的皇后。有一次，她為向老師致敬，設宴邀請一大群婆羅門作陪，但他們都不願意跟卑微的工匠同桌吃飯。他們入座後，高傲地吃那沒有賤民碰過的食物時，沒想到每一位婆羅門旁邊都出現了一位羅威達斯。這件事情傳遍奇朵，使得奇朵這個地方靈性復興。

幾天之後，我們四人回到加爾各答。因急著想見聖尤地斯瓦爾，所以聽到他去普里，就很失望。普里在塞蘭坡之南，距離五百公里。

「速回普里道場。」三月八日，上師一位在加爾各答的弟子阿圖爾（Atul Chandra Roy Chowdhry）拍來電報。我知道以後，十分著急，害怕接下來會發生的事，於是馬上跪下來向上帝祈求，不要讓咕嚕離開肉身。當我正要離開父親的家，去趕火車時，我聽見上帝的聲音：「今晚不要去普里。你的禱告不被應允。」

「上主！」我悲傷地說：「祢不希望我去普里再跟祢僵持不下，祢不願意我為上師的生命不停禱告。他一定要聽命於你，為了更大的責任而離開肉身嗎？」

我跟萊特先生、普里慈小姐在埃及。

（左）孟加拉詩人、諾貝爾文學獎得主泰戈爾。
（右）我、萊特先生、尊貴的史瓦米·凱希巴南達、一名弟子在謐靜的布達班道場前合照。

當晚，我順從內在的指令，沒有去普里。第二天晚上，我跳上火車，就在七點鐘，突然飄來一朵黑雲遮蔽了天空。[11]後來，當火車朝普里駛去時，聖尤地斯瓦爾的形象出現在我面前。他坐著，兩旁都有光，表情非常莊嚴。

「全都結束了嗎？」我伸出手，懇切地問。

他點點頭，然後慢慢消失。

第二天清晨，當我站在普里火車站的月台上時，還抱著希望，一個陌生人走過來說：「你知不知道你的上師去世了？」他說完就走了。我不知道他是誰，也不知道他怎麼知道在這裡可以找到我。我一陣暈眩，靠在月台的牆上，我明白咕嚕試著用各種方法，告訴我他涅槃的消息。我的靈魂像一座火山翻騰，抗拒這個事實。當我到普里道場時，整個人幾乎崩潰。內在的聲音一再柔和地說：「振作起來！要冷靜。」

我進到房間，看見咕嚕的肉身盤腿結跏趺坐，簡直就跟活的時候一樣，健康又優美。咕嚕涅槃之前，身體微微發燒，但是與至上意識合一時，又全然康復了。不論我怎麼看這身體，都無法相信他已經斷氣了。他的肌膚光滑柔軟，表情和樂安詳。在靈性召喚的時刻，他自主地離棄了肉身。

「孟加拉的獅子走了！」我嚎啕大哭。

三月十日，我主持咕嚕莊嚴的葬儀。我們照古代儀俗埋葬[12]師父的方式，把聖尤地斯瓦爾安葬在普里道場的花園。後來，弟子從各地趕來，在春分舉行的追悼儀式上，瞻仰咕嚕的遺容。加爾各答主流的《日報》（*Amrita Bazar Patrika*）登了一段報導，上面有咕嚕的照片：

吉利派宗師聖尤地斯瓦爾尊者逝世，享年八十一歲。於三月廿一日在普里舉行公祭，許多弟子來到普里參加追悼。

這位對《薄伽梵歌》最了解的師父是貝拿勒斯的拿希里．瑪哈賽門下的弟子。師父在印度各地創立尤高達真理團，期望將瑜伽傳播到西方。其入室弟子尤迦南達受師父預示的力量與甚深的了悟所鼓舞，促使他將印度上師的福音傳到西方世界。

聖尤地斯瓦爾對《薄伽梵歌》及其他經典的詮釋，證明了他是掌握東西方哲學，開啟東西交流的重要人物。聖尤地斯瓦爾相信每個宗教信仰都有共同的信念，並與各教派領導人合作，創立「聖人會社」（Sadhu Sabhu），並以科學的精神來研究宗教。在他逝世之前，他指派尤迦南達繼任會長。

這位偉人的逝去，使得今日的印度更為貧乏。希望所有曾經親近過他的人，受其諄諄教誨的人，能夠保存他身上真正的印度文化和靈性修煉的精神。

我回到加爾各答，又來到塞蘭坡道場，那裡有神聖的回憶，我把聖尤地斯瓦爾在塞蘭坡的小弟子普羅富拉叫來，安排他到藍奇學校讀書。

「你出門去靈修法會的那天早上，」普羅富拉告訴我：「上師重重地跌坐在長椅上。」

「『尤迦南達走了！』他喊著說：『尤迦南達走了！』他又說：『我用其他的方法告訴他。』然後靜默禪定了好幾個小時。我完全摸不著頭緒。」

我的日子都是演講、授課、訪問、還有老友重聚的行程。在空洞的微笑與馬不停蹄的活動裡，有一股黑泉，汙染了我內在幸福的河流；這條河潛藏在感知的沙堆下，曲折地流過許多年。

「聖人到哪裡去了？」我在沉痛的內心深處默默地呼喊著。

沒有回答。

「上師與至上宇宙合一是最好的，」我安慰自己說：「他在永恆的國度裡發光。」

「只是，塞蘭坡的老房子裡再也看不到他，你再也不能帶朋友來，然後，驕傲地跟他們說『看哪！坐在這裡的是印度最偉大的智慧阿凡達。』」我的心非常悲痛。

萊特先生安排我們一行人，六月初從孟買回美國。一連兩個星期的餞別宴會和演講之後，我和普里慈小姐、萊特先生開車到孟買登船，到達時，船公司的人因為沒有空艙讓我們放車，所以要我們取消這次的行程，而我們到歐洲還需要用到車，只好同意這個安排。

「沒有關係，」我悶悶不樂地跟萊特先生說：「我要再回普里。」我對自己說，讓我再到上師的墳上好好哭泣吧！

1　帕拉（*parama*）字面上是最高的意思，宏薩（*hansa*）是天鵝的意思。在經典中，天鵝代表造物主大梵天的坐騎。據說神聖的天鵝能從奶與水的混合中汲取牛奶，象徵明辨是非的能力。宏-撒（*Ham-sa*）（發音：hong-sau）是兩個神聖的梵音，與呼吸的震動有關。阿宏-撒（*Aham-Sa*）字義是「我是祂」。

2　通常他們簡單喚我作先生、師父。

3 在普里的道場，希悲南達還在管理一所小型的男子瑜伽學校及成人打坐團體。聖人和梵文經師定期在那裡聚會。

4 加爾各答的一個區域。

5 《瑜伽經》2：9。

6 在古老的《大戰詩》裡有提到大法會，中國的玄奘也描述過西元六四四年在安拉巴德舉行的大法會。每隔十二年法會會擴大舉行；中型的法會每六年一次，小型的每三年一次。分別在安拉巴德、哈瓦爾、納西克（Nasik）和烏舍尼（Ujjain）其中一處舉行。早期的中國旅遊者留給我們許多印度社會深刻的描述。中國的高僧法顯描述了他在印度旃陀羅笈多二世王朝（第四世紀早期）十一年的歲月。這位中國人寫道：「整個國家沒有人殺生，也不喝酒……他們不養豬或家禽；沒有牛隻的買賣，沒有肉店或釀酒廠。所有的地方都一樣，一定會有附有床鋪和墊子的房間，食物和衣服，供應給居民和遊方的僧人。僧侶做慈善的服務、頌唱或打坐。」法顯告訴我們印度人民誠實而快樂，不知道有死刑這回事。

7 母親、哥哥阿南達、大姊蘿瑪、上師、父親和許多心愛的人辭世時，我都不在他們身邊。父親一九四二年在加爾各答過世，享壽八十九歲。

8 印度無數的隱士有一行政委員會，七位領導人代表管理七大區。現任主席是普里（Joyendra Puri），這位聖人很謙卑，演講只說三個字：真理、愛和工作。一語道盡！

9 有許多方法能智取老虎；照一位澳洲冒險家柏特思（Francis Birtles）的描繪，他覺得印度叢林「多彩多姿、美麗、安全」。他的證據是捕蠅紙。「每天晚上，我把大量的捕蠅紙鋪在營帳周圍，沒有任何動物來干擾過我，」他解釋說：「這是一種心理作用，因為老虎是很重視尊嚴的，牠在四周窺伺，伺機挑戰人類，不過只要牠粘上捕蠅紙，就會偷偷逃走，因為沒有一隻有尊嚴的老虎，在坐在粘粘的捕蠅紙上面之後，膽敢面對人的。」

10 我回到美國後瘦了六十五磅（將近二十七公斤）。

11 聖尤地斯瓦爾在一九三六年三月九日晚上七點涅槃。

12 印度葬儀的習俗是在家人用火葬，尊者或出家人不用火葬，用土葬。偶有例外。僧侶的肉身受出家戒時，已由智慧火象徵性的火化了。

第43章

復活的上師

我坐在孟買攝政旅館的房間裡，窗戶一直開著，從三樓望出去，樓頂的光照到對街，突然間，我看到阿凡達的形體散發著榮光，「是上主克里虛那！」眼前冒出來的景象，讓我說不出話來。神聖的形象向我揮揮手，微笑著跟我點頭問好。我還不懂上主克里虛那傳達的旨意，祂伸手給我加持後便離開。我內在湧現一股奇妙的振奮感，預示了有靈性的事件要發生。

我的歐洲行取消，在回孟加拉之前，我在孟買有數十場公開演講。

我坐在旅館的床上，那是一九三六年六月十九日下午三點，也就是看到克里虛那顯靈後的一星期，有一道神光將我從禪定中喚起，我睜開眼，驚訝地看見整個房間變成一個奇妙的世界，日光變成天國的苒苒華光。

我看到聖尤地斯瓦爾的血肉之軀，欣喜若狂。

上師笑容如天使般迷人，他輕聲說：「我的孩子啊！」

我立刻衝上前去擁抱他，這是我這輩子第一次沒跪在上師跟前致意。這樣的一刻，剎那即是永恆。過去幾個月的痛苦，跟此刻排山倒海而來的喜悅相比，變得算不了什麼。

「我的上師！我心愛的上師！您為什麼離開我？」我興奮到語無倫次，「為什麼您讓我去法會？我不在你身邊，我真的很自責！」

「我第一次見到巴巴吉就是在法會上。看你那麼期待碰見巴巴吉，實在不想潑你冷水。我只離開你一下子，現在不是又跟你在一起了嗎？」

「但是，真是上師您嗎？還是『上帝之獅』嗎？這肉身是我在普里埋葬的同一個肉身嗎？」

「是的，孩子，還是我，這是血肉之軀。我看這身軀已是靈體，但你看還是肉體。我用宇宙的原子再造了一副全新的身體，就像宇宙的大夢創造了一個肉身，在你的夢中，你在普里把這個夢的肉身埋在夢的沙裡。我真的復活了，不是在人間，而是在靈界裡。靈界居民的層次跟我相當，也比一般塵世間的人高。將來有一天，你和較有靈性的人都會來我這裡。」

「不死的咕嚕，請多告訴我一些！」

上師笑了一下，說：「親愛的孩子，你能不能不要抱那麼緊啊？」

「只能鬆一點點！」我像一隻八爪章魚似的擁抱他，我聞得到他身上散發出那股熟悉的清香。每當我憶起我的雙臂和手心碰到他神聖的肉體時，還能感受到當時的震動。

「上帝會派先知到人間，幫助世人消除肉身的業障，我也被派到靈界去拯救那裡的靈魂，」聖尤地斯瓦爾解釋道：「那裡稱為『華光靈界』(*Hiranyaloka*)，我去幫助那些較進化的靈體去掉靈魂的業力，讓靈魂不用再輪迴轉世。那個靈界的居民靈性發展得比較高，他們在人間最後一次輪迴時，因為禪定讓他們在死亡的時候能自主離開肉身，從有餘三摩地進入更高的無餘三摩地。1

華光靈界的居民早已通過了一般的靈界，這一般的靈界是地球上所有生物死後必須去的地方，在那裡除掉過去業力的種子，但是只有靈修程度較高的，才能在靈界裡做救贖的工作，一般的靈體辦不到。為了讓靈魂得以完全掙脫靈體業力的繭，道行更高的靈體就會順著宇宙法則，以新的靈體降生在華光靈界。這個華光靈界，就是所謂的靈體太陽，或稱作天堂。我在這裡復活，就是為了幫助這些靈體。也有靈性較進化的靈魂從更高、更精細的因果世界來這裡。」

我的心跟我的咕嚕同步，上師用語言與念頭傳遞他的意思，我用這種方法很快地接收了他的畫面訊息。

「你在經典上讀過，」上師繼續說道：「上天依序用三層身體裝人類的靈魂：意念身（又叫做因果體）、細微身（也就是心靈和情緒的所在）、還有粗鈍的肉身。在地球上，人被賦予身體的感官覺知。意識、感覺、生命量子（也就是所謂的生命力）[2]這三者組成身體，靈體藉此運作。因果體存在於意念至福的世界。我的工作就是幫助那些想要進入因果世界的靈體。」

「我親愛的上師，請多說一些靈界宇宙的事。」雖然聖尤地斯瓦爾要我不要抱那麼緊，但我還是不想放手。我的咕嚕笑看死亡來找我，真是稀有難得！

「靈界天體上到處都是靈體，」上師說：「那裡的居民利用靈體飛行或乘著光束，往來星球之間，比電波或放射能量傳遞還迅速。

「靈界宇宙由各種微妙的光色震動而成，遠較物質宇宙大上千萬倍。整個物質世界就像一個小籃子，懸掛在靈界巨大光亮的球體中。就像物質世界中許許多多的日月在太空中遊蕩，靈質世界也有無數太陽系和星系。靈界的日月比物質世界的還要美麗；靈界的光體像是極光，因此靈界的日光更眩目，月色更為柔美。靈界的日夜，也比地球來得長。

「靈界秀麗淨好、井然有序，沒有死寂的星球或荒蕪的土地。地球有的缺點是那裡沒有的，那裡沒有野草、細菌、昆蟲、蛇。四季永遠如春，偶有晶亮的雪花和七彩的光雨，四處可見乳白色的湖和明亮的海，還有彩虹般的河。

「普通的靈界宇宙（不是更精微的靈界天堂，與剛才提到的華光靈界不同），那裡的靈體來自四面八方，最近偶有從地球來的，也有無數的精靈、美人魚、魚類、動物、小妖精、地精、半神半靈，照各自的業力居住在不同的靈界星球上。善靈與惡靈住在不同層次的宅第，或住在不同震動頻率的區域；善靈來去自如，惡靈只能在一個範圍裡活動。就跟人類住的地球一樣：人住在地面，蟲鑽土裡，魚游水中，鳥飛在天，不同層次的靈魂住在不同震動頻率的區域。

「被其他界驅逐的墮落天使，他們之間發生許多衝突和戰爭，他們用生命量子炸彈或咒音[3]相互攻擊。這些靈體深陷靈界晦暗的底層，償還惡業。

「在黑暗靈界監獄之上的，是無垠的國度，萬事萬物發著光又美麗。靈界宇宙與上帝的意志同步、和完美的計畫相合，比地球跟上帝的步調來得和諧有默契。靈界的一切事物大多是照上帝的意思運行，有一部分是出於靈體的意志呼求而發生。他們有能力修改神創造的形象，提升神的恩典。上帝賦予靈界的靈體自由、照他們的意願改變或提升靈性宇宙的權利。在地球上，固體必須經由自然力或化學變化才會轉成液態或其他形態，但是在靈界的固體，可以直接變成靈質的液態、汽化或

古印度先知克里虛那

米特拉（B. K. Mitra in "Kalyana-Kalpatur"）作

現代藝術家詮釋這位神聖的導師，祂在《薄伽梵歌》中的教誨已經成為印度教的聖經。克里虛那在印度教藝術中，把祂描繪成頭上戴有孔雀羽毛的形象（象徵主的逍遙時光、玩樂或運動），祂會帶一管笛子，逐一喚醒門徒從睡夢與幻相中醒來。

能量，全憑靈體的意願。」

「地球因為發生在海陸空的殺戮與戰爭，變得黑暗，」我的咕嚕繼續說：「但是，靈界懂得祥和，平等相待。靈界的靈體能隨心所欲，幻化形相。花草樹木、蟲魚鳥獸，都能變成靈質的人形一段時間。所有靈界的靈體都能幻化成任何形相，並且彼此間溝通無礙；不受固定、絕對或自然的法則侷限，例如一株靈質的樹能夠生出一靈質的芒果或其他想要生出的水果、花或別的東西。業力的限制是有的，但在靈界中，誰都可隨心所欲變幻成各種靈質的形相。上帝的光震動出萬物，給予生命。

「靈魂不是婦女生產出來的，靈界靈體藉宇宙的意志幫助，特別塑造出高密度靈質形相，生出後代。最近才脫離肉身的靈體，一方面接受邀請，一方面也是他們在心靈上和精神上的傾向，來到靈界家庭。

「靈質身體不受冷熱或其他自然條件的影響。靈體包括靈質的腦（即千葉蓮華之光）和中脈的六個覺醒中樞（即靈體腦脊髓中樞）；心臟從靈腦吸收宇宙能和光，然後抽打入靈體的神經和細胞（即生命量子）。靈魂以生命量子的能量或咒音的震動影響靈體。

「靈體與最後一世的物質肉身形沒有不同的地方。靈體的外觀跟在人間年輕時的長相一樣，但有時候，也有靈體跟我一樣，選擇年老時的樣子。」上師開心地哈哈笑著，散發著青春的氣息。

「靈體與存在於三度空間的物質世界不同，不限於五欲的認知，用第六感可以看見靈界。」聖尤地斯瓦爾繼續說：「靈體以直覺感知色、聲、香、味、觸；有三隻眼睛，其中兩隻低垂，第三隻主要的靈眼在前額中央，是睜開的；靈體有外在五根眼、耳、鼻、舌、身，但是以直覺去感覺身體，可以靠耳、鼻、身去看，也可以用眼、舌去聽，耳、身去嚐，諸如此類[4]。

「人類的物質肉身暴露在無數的危險中，容易受傷或殘廢，而精細的靈體偶爾會割傷或瘀傷，但是只要用意志力，就可以馬上恢復。」

「神聖的咕嚕，靈界的人都很漂亮嗎？」

「美麗在靈界是指靈性的素質，不取決於外表，」聖尤地斯瓦爾答道：「因此靈體不注重長相，不過他們有權利打扮得漂漂亮亮的，取悅自己。好像塵世間的人遇到節慶時，會刻意打扮一樣，靈體也會這樣。

「像高等的靈界（如華光靈界）中有靈體得到解脫，將升往因果世界的天堂，那麼就會舉辦宴會。在這種情形下，看不見的天父和與他合一的聖人就會化身成所希望的形態，參加靈界的慶典。為了讓心愛的弟子高興，上主可以隨意變身。若弟子誠心禮拜，那麼就會在聖母中見到上帝。耶穌認為父親是至尊無上的形象，上帝就呈現父親的樣子。造物主所造的萬物都有不同的性格，所以召喚的主超乎想像、無奇不有。」說到這裡，我跟咕嚕笑成一團。

「在靈界裡找朋友很容易，」聖尤地斯瓦爾的聲音像美妙的笛音，「因為他們明白愛是不會毀滅的，所以能享受不朽的友誼；在人間，只要遭逢生離死別，就會懷疑愛不存在。

「靈體的直覺透視表層的紗，觀察紅塵間人類的活動，人類除非發展第六感，否則看不見靈界。地球上有無數人偶爾會在意識清楚時，瞥見某個靈體或靈界。

「華光靈界的日夜比人間長，這些有靈性的靈體大都處在清醒的禪定狀態中，幫助宇宙政府解決複雜的問題，拯救在人間超脫不了輪迴、無法回家的靈魂。當華光靈界中的靈體入睡時，偶有夢般的靈視。通常他們的心專注在最高的無餘三摩地的極樂境界之中。

「即便住在靈界，但這些靈體仍會感到心煩意亂。尤其像華光靈界中靈性很高的靈體，如果在真理的認知與行為上犯了錯，他們敏銳的心靈會感到非常地痛苦。這些高靈性的靈體，會在言行舉止和思想上努力與圓滿的靈性法則達到相同頻率。

「靈界的居民全都用靈界的感應與心像相互溝通；不會出現像人間以寫字、說話溝通而造成誤解或混淆的情形，電影銀幕上出現的人，完全不需要靠呼吸，藉由一連串光的投射，呈現出移動或行動的效果，靈體就像這樣，不需從氧氣中汲取能量，走路、工作都由光帶領，與光投射出的形像配合。人類要靠固體、液體、氣體，還有物質能量過活；靈體主要以宇宙的光維生。」

「上師，那靈界的生靈需要進食嗎？」我用我所有的配備，頭腦、心、靈魂，吸收上師解釋的神妙之處。超意識所領悟的真理，是永遠為真又恆久不變的，易逝的感官經驗和印象都只是暫時或相對為真，過後很快就會遺忘。我咕嚕的話語牢牢印在我的心版上，只要我隨時把心念轉移到超意識的境界，就能在此體驗到同樣的靈性經歷。我問：「上師，那靈界的靈體需要進食嗎？」

「靈界的土壤種滿光華四射的蔬菜，」上師回答道：「靈體吃蔬菜，喝靈界的光之噴泉、溪流河川流出來的玉液瓊漿。就像在電視機上可以看到人的影像出現又消失，靈界的居民也可以憑意願，讓神創造出來那看不見的蔬菜和植物在靈界中出現。這些靈體無邊的想像力也能創造出一座花香四溢的庭園，然後讓它又消失於無形。雖然像居住在華光靈界這般天堂的靈體不用進食，但還有更無拘束的生存環境——在因果世界裡，幾近解脫的靈魂可以完全不用進食，只吃神賜予的精神食糧（*manna*）。

「從人間解脫的靈體來到這裡，碰到許多不同世代的親友、雙親、伴侶，依照不同的轉世，出現在不同靈界的領域[5]。因此靈體完全不知道要特別喜歡誰，只能效法上帝的博愛，一視同仁。雖然所愛的人因為前一世發展出來的特質，外表或多或少改變了，但是靈體能運用他萬無一失的直覺得知，誰在其他存在的時空中是自己的至親摯愛，並迎接他們回到靈界的新家。因為萬物中每一粒原子都有無法抹滅的個性[6]，無論披著什麼外衣，靈界的朋友都能馬上認出來；就算是人間的演員，只要仔細觀察，也不難發現面具下的真面目。

「靈體的壽命比人類長很多。若依照人間的算法，一般高等的靈體可以活五百到一千歲。就像某種紅杉比別的植物多活幾千年，雖然一般人只能活六十歲，有些瑜伽行者卻可以活好幾百歲，所以有些靈體可以活得比其他靈體還久很多。來到靈界的訪客停留時間長短，視肉身業力的輕重而定，然後業力會在特定時刻，把訪客帶回人間。

「靈體在光體崩解時，不會感受到死亡的痛苦。這些靈體雖然要往生到更精微的因果世界，但想到要丟棄靈質形體時，還是有一點緊張。靈界中沒有意外死亡、病死或老死的現象。因為人類讓意識認同脆弱的身體，活著需要空氣、食物、睡眠，所以意外死亡、病死、老死這三種詛咒才會存在。

「呼吸停止、肉體細胞分解，導致肉身的死亡。靈體的死是生命量子的分散，生命量子組成靈體的生命。肉身死亡時，失去肉體的感覺後，卻能覺察出自己在靈界的精微身。在適當時候，靈體就會經歷靈體的死亡，靈體會清楚地意識到從靈體的出生和死亡，轉變成肉體的生與死。這種靈體與肉體的生死輪迴，大都難免發生在一般還未證悟的人身上。有時候，經典上所描述的天堂與地獄，會喚起人深藏在意識中的記憶，想起過去生生世世在靈界的好日子，和在人間的苦日子。」

「親愛的上師──」我問：「請再說仔細些，人間的輪迴與靈界、因果世界的再生，有什麼不同？」

「每個獨立的靈魂在本質上都是因果體，」我的咕嚕解釋道：「因果體是神用三十五種意念創造的基質所構成的，用這個當作基礎，所謂因果意念的力量，然後以此創造出十九種元素的精微身與十六種金屬與非金屬元素創造出粗鈍的肉身。

「靈體的十九種元素的屬性是心靈、情緒和生命量子的。這十九種元素分別是智力、我執、感覺、頭腦（感官意識）；『五識』與所生之五塵（即色、聲、香、味、觸五境）；五種『行動』的工具（執行生殖、排洩、談話、走路、技術的心理反應）；還有五種『生命力』的工具（能強化、形成、吸收、分解、代謝、循環等身體功能）。就算是由十六種金屬及非金屬元素組成的肉身死亡後，這十九種精細的靈界元素也不會消失。

「神會把不同的想法投射在夢中。宇宙的大夢因而迸出，裝飾祂無邊無際而相對的幻相世界。

「在三十五種意念組成的因果體中，上帝精心融合了人類複雜的十九種靈質與十六種肉身的對應成分。密集的震動力量先是精細的再來才是粗鈍的；神先造出人類的靈體，最後造肉身。依照相對的法則，從單純變成多樣。因果界、因果體跟靈界、靈體不同；同樣，物質宇宙和物質肉身也與其他萬有的形態不同。

「血肉之軀是造物主固定、具體化的夢。人間一直都是二元對立的：生老、病死、苦樂、得失，因此人類發現三度空間中的事物有其限制與束縛。當疾病或其他原因削弱了人類生存的欲望，死亡於是降臨，人得以暫時卸下沉重的肉身；不過靈魂還是裝在靈體和因果體之中[7]。把這三身黏著在一起的力量就是欲望。滿足欲望的驅動力是人類奴性的根源。

「肉身的欲望根植於我執與追求感官的逸樂之上。感官經驗的誘惑或衝動很強大，強過人類追求靈性或認知因果的欲望。

「靈界的欲望集中在震動的享受。靈界的靈體享受天上的妙音，陶醉在萬物放射繽紛的華光之中。靈體也聞得到，吃得到，摸得到華光。靈質的欲望就是這樣與靈體的力量連結，以光的形式或強力的意念與夢境，產生所有的對象物與經驗。

「因果世界的欲望，只有靠覺察力才能滿足。幾近解脫的靈魂只是被困在因果體內，他們明白整個宇宙是上帝的一場大夢，只要單純生起意念，意念就能化成各種外相。因此因果體會認為，身體感官的逸樂或靈體的享樂都是粗鈍的，這些會阻礙靈的敏銳度。因果體能瞬間滿足欲望[8]。那些發現自己的靈魂受因果體的覆蓋的靈體，能像上帝一樣創造出宇宙來；因為萬事萬物都是宇宙的夢所幻化而成的，靈魂披著因果體這薄薄的外衣，了悟的力量很強大。

「靈魂的本質是肉眼看不見的，只有在三界中才能清楚看到。任何三身的存在，也表示靈魂仍未超脫[9]。

「只要人的靈魂還裝在一身、二身或三身的容器裡，被無明和欲望的塞子密封住，就無法優游於靈性之海。當粗鈍的肉身容器被死亡的重鎚摧毀，另外兩層精微身和因果體的外衣，還是讓靈魂不能融入宇宙萬物的本體，與永恆遍在的神合而為一。只有以智慧達到無欲之境，才能瓦解另外兩個容器。人類微小的靈魂終於出現，與無量無邊合而為一。」

我請求神聖的咕嚕再深入說明那個更高層次的神祕因果世界。

「因果世界是難以言喻的精細，」他回答：「如果想了解這個世界，你需要強大的注意力，閉上眼就能看到浩瀚的靈界宇宙和物質宇宙像個浩瀚發光的球體裝在扎實的籃子中，但這只存在意念之中。藉由這種超乎常人的集中力，可以把這兩個複雜的宇宙轉變或溶解成單純的意念，那麼你就到了因果世界，並且站在頭腦與物質交融的邊界，在那裡，你了知萬事萬物乃是意識的各種形態，固體、液體、氣體、電力、能量、靈體、諸神、人類、動植物、細菌都只是意念的生起，就像人閉上眼睛後雖然看不到自己的身體，但還是知道自己存在，而且身體只存在於意念之中。

「凡人可以幻想到的事情，因果界中都可以使其成真。人只能在腦袋裡天馬行空，擺盪在兩極之間，從這個星球跳到另一個星球，或墮落到地獄，或像火箭射向銀河，或像探照燈照在銀河星空中。但是在因果界更自由，不費吹灰之力，就能使想法成形，沒有物質、靈質的障礙或業力的束縛。

「因果界的存有都知道物質宇宙並非由電子組成，靈界宇宙基本上也不是生命量子組成，兩者都是上帝意念的微塵，被幻相切割分離，二元對立的法則介入，硬生生地把造物主與受造物分開。

「在因果界的靈魂把彼此看作快樂的精神個體，包圍他們主要的是念頭。因果界的存有知道，因果體與念頭的差異只在於意念。就像人閉上眼，腦中可以浮現眩目的白光或氤氳的藍煙，在因果界中，單憑念頭就能有色、聲、香、味、觸，並且藉由宇宙心靈的力量創造或消滅一切。

「因果世界的生與死都只是念頭。因果體以永恆的真知為美食，啜飲和平的甘泉，徜徉在感知的土地上，悠游在無邊的幸福之洋。看！他們華光四射的意念之體膨脹至無垠的天際，穿過無數心靈所創造出來的星球，重重的宇宙與智慧的星體是新鮮的泡泡，金色的星雲光譜如夢似幻。

「許多靈體在因果宇宙裡停留數千年。這些不受拘束的靈魂因為體悟到更深層的喜悅，脫離因果體，進入廣大無垠的因果宇宙。各個意念的漩渦，特別是散發力量、愛、意志、快樂、和平、直覺、平靜、自制、專注的波動，都融入永恆幸福的極樂之海。靈魂不必個別享受意識波動的喜樂，而是與所有的波動一起融入宇宙之海，永遠的歡笑、興奮、震動。

「當靈魂破繭而出，出離三身，就永遠跳離二元對立的法則，變成難以言喻、永恆的存在[10]。注意看遍在的蝴蝶，翅膀上鑲了日月星辰。靈魂擴展成精神，喜樂至極，遨遊於無光之光、非黑之黑、非想之想，沉醉在極樂之中，神所造的宇宙大夢裡。」

「靈魂自由了！」我敬畏地讚歎道。

「當一個靈魂至終掙脫三身的幻相，」上師繼續說：「就能與『至上』合一而不失去個體性。基督在化身耶穌誕生之前，就已得到了最終的自由。他經歷過的三個階段，象徵在人間從死亡中復活的那三天歷練，他已獲得全然昇華的精神力量。

「靈性尚未發展的人必須忍受無數次在人間、靈界、因果界的輪迴，才能離開這三身。獲得這最終自由的上師可選擇要不要回人間做先知，引領其他人回歸上帝；也可以像我一樣，選擇住在靈界宇宙[11]，幫助他們終止靈界宇宙的輪迴，永遠向因果世界邁進。或者自由的靈魂可以入到因果界，幫助因果界的靈體縮短因果體的年限，進而獲得『絕對的自由』。」

「復活的上師，我想知道更多業力是怎麼迫使靈魂回轉到三界的事。」我想，上師無所不知，我可以永遠不停地聆聽上師的教導。他還在世時，我從沒能一次吸收他那麼大的智慧。這是我第一次清楚明白生與死的棋盤上，那難以理解的空隙是怎麼一回事。

「人要永遠留在靈界的話，必須先完全清除物質的業力與欲望。」咕嚕繼續解釋給我聽，讓我愈聽愈激動。「靈界的靈體有兩種。還有人間業障要處理，必須回到粗鈍的肉身來清償業力的債，待肉身死亡後，便到靈界暫留，但還不能永久住在靈界。

「還沒清償人間業力的靈體，即便靈體死亡後，也不能上到更高的因果界；反而必須在物質與靈界間來回穿梭，意識不斷在十六種粗鈍元素的物質肉身與十九種精細元素的靈體中往返。不過，在人世間靈性尚未發展的個體，每次脫去物質肉身後，大部分的時間仍停留在深層的死亡睡眠狀態，很難意識到靈界有多麼地美麗。在靈界休息後，人又回到物質世界去學習他的功課，經由不斷往復的旅程調整自己，跟上細微靈界的步調。

「也就是說，一般長期居住在靈界宇宙的居民已經沒有物質的欲望，不需再回到人間粗鈍的震動之中，這些靈體只要消除靈界與因果界的業力，就可以在靈體死亡時，進入更精細微妙的因果世界。過了一段時間後，根據宇宙的法則，這些靈性較高的靈體會脫去因果體的意念形體，回到華光靈界或類似高等的靈質行星，重新誕生成為靈體，消除尚未償還的靈界業力。

「我的孩子啊！現在你應該能完全明白，我的復活是天國的旨意，」聖尤地斯瓦爾繼續說：「我從因果世界轉世到靈界化身救世主，跟那些從地球來此的靈界靈體不同；那些從地球來的靈體，還存留著物質業力的痕跡，不能進入像華光靈界那樣高等的靈質行星。

「就像大部分的人沒有從禪定中看到靈界生活的喜樂與益處，因此死後還是渴望回到處處受限、不完滿的人間；靈體瓦解後，許多靈界的靈體遺忘了在因果界的更高精神喜悅的狀態，眷戀靈界中較粗糙庸俗的快樂，還希望回到靈界的樂園。這些靈體必須償還沉重的靈界業力，才能在靈體死亡後，長住在因果的意念世界裡，那裡與造物主只有一線之隔。

「只有靈體不再渴望經歷更多悅目的靈質宇宙時，才不會被吸引回那裡，得以進入因果世界。受束縛的靈魂清償所有因果界的業力、消滅了過去欲望的種子，拔除無知的三個塞子，從最後因果體的容器中掙脫出來，與永恆合一。」

上師露出迷人的笑容問我：「現在你明白了嗎？」

「是的，感謝上師的恩典，弟子不知道怎麼表達感激與喜悅。」

我從來沒有從歌曲或故事中，學到這麼啟發人心的知識。雖然印度經典中有提到因果界、靈界、人的三身，但如果跟我眼前這位活潑、溫暖又真實的上師相比，那些章節顯得離譜又沒有意義了。《哈姆雷特》劇中有一個「神秘之國，沒有旅行者從那裡回來過」，上師不就是從那裡回來的嘛！

「人類三身的特性是相互貫通的，」我偉大的咕嚕繼續說道：「世間的人類在清醒的時候，或多或少都能意識到自己有這三種工具：當人專注在色、聲、香、味、觸時，他是用物質的肉身在工作；當人用到想像力或意志力時，那是靈體在工作；當人在深度思考、潛心內省、進入深沉的禪定時，這是因果體的顯現。因此，當人習慣接觸到因果體，就能接收到宇宙賜予的靈感。依照這層定義，就能把人廣義地分成『物質欲望強的人』、『精力充沛的人』、『智性高的人』。

「人每天有十六個小時，認為自己就是肉身；然後睡著了，在睡夢之中，人停留在靈體裡，就像靈界的靈體一樣，可以毫不費力創造出任何事物：如果好幾個小時能睡得很沉，又沒有做夢，意識或自我的感官就能轉換到因果體，這種睡眠會讓人醒來精神飽滿。如果做夢的人接觸到的是自己的靈體而非因果體，這樣醒來就不會那麼有精神。」

我一邊聽聖尤地斯瓦爾闡述這些奇妙的事，一邊崇敬地觀察他。

「天使般的咕嚕，」我說：「您的身體就像我在普里道場替您清洗的那副身體啊！」

「是呀！新的身體是完美複製品。只要我願意，就可以現出或化掉這個形體，比在人間時更常這麼做。我可以瞬間化於無形，立即乘著光從一個行星到另一行星，或是從靈界到因果界，到物質宇宙也行！」我的咕嚕微笑著說：「雖然這幾天你往來各地旅行，但我可以輕易地就在孟買找到你。」

「啊！上師，您辭世讓我好傷心！」

「喔！我是死到哪裡啦？你不覺得有點矛盾？」聖尤地斯瓦爾慈愛地逗著我，跟我眨了眨眼。

「在地球上只是一場夢，你在地球上看到的是一個夢中的身體，」他繼續說道：「後來你把夢中的形相埋了，現在你所看到的、擁抱的這副身體，是更精緻的血肉之軀，在上帝另一個更精細的夢裡復活了。這副身體和這個夢世界終究也會消失，這些都不是永遠的，正如夢幻泡影。我的孩子，尤迦南達——夢與現實畢竟不同。」

神奇的是，我突然懂了吠陀經典[12]中復活的概念。我在普里看到上師的屍體時居然很傷心，實在慚愧，也終於明白，我的咕嚕一直都覺醒地活在上帝之中，知道自己的生命，做人間的過客，而他現在復活了，這些就是在宇宙大夢中相對的觀念而已。

「尤迦南達——現在我已經告訴你我生、死、復活的真相。所以不要替我難過，你倒是要去告訴別人，我從上帝夢境的地球上復活了，現在要披著靈體，到另一個上帝夢境中的行星去了。世上不幸、憤怒，且畏懼死亡的夢中人，有新希望了！」

「是！上師！」我多麼希望與人分享上師復活的喜悅。

「我在世時，標準異常地高，不適合多數人的本性，我不應該常常責備你，不過，你通過了我的測驗，你的愛穿透了責罵的烏雲。」他又溫柔地說：「今天我也來告訴你，我不會再對你那麼嚴厲了，不會再責罵你了。」

「最親愛的上師，把我罵個夠吧！請罵我吧！」我多麼懷念上師的責備！一字一句都守護著我。

「我不會再罵你了。」上師美妙的聲音中帶著一股笑意。「我和你要一起笑，就算兩人是出現在上帝不同幻境的夢裡，最後會與宇宙的至愛合而為一；我們的微笑就是祂的微笑，我們的歡呼聲響徹永恆，傳給與上帝共振的靈魂聽。」

然後，聖尤地斯瓦爾告訴我一些事情，但我無法透露。在孟買的旅館房間裡，我們共度了兩個小時，他回答了我所有問題，還預言一九三六年六月世界會發生的事情，後來都發生了。

「現在我要走了，親愛的孩子！」語畢，我覺得上師在懷中慢慢消失。

「我的孩子！」他的聲音震動我整個靈魂，「不管何時，當你進入無餘三摩地時，呼喚我的名字，我就會像今天一樣，以這血肉之軀來見你。」

聖尤地斯瓦爾給我這個無聲的承諾之後，就消失在眼前。雲霧中傳來宏亮的聲音：「告訴每一個人，誰在無餘三摩地中了悟這個道理，知道人間是上帝的大夢，就能來到更精細的華光靈界，看到我這副和在世時一樣的復活之體。尤迦南達啊——告訴世人吧！」

離別的感傷消失了。上師去世的悲傷與哀慟不再擾亂我的平靜，反而覺得慚愧。幸福無有止境，泉湧而來，流入我靈魂新張開的毛孔。我的靈魂在狂喜的洪流中被沖刷洗淨，把久遠以來廢棄不用的毛孔都打開了。善惡之業藏在我累劫累世中的意念與感覺之中，上師神聖的造訪掃除了業力的雜訊。

在本章中，我已遵照我咕嚕的指示傳達天國的福音，雖然又打擾了這渾渾噩噩的世代。人類很知道怎麼活得卑躬屈膝，對失望的感受一定不陌生，但這很反常，不是人類真正要走的路。下定決心時，就已步上自由之路了。長久以來，人類以為自己只是物質世界中的一副肉身而已，聽不見桀驁不馴的靈魂在呼喚。

我不是唯一見到咕嚕復活的幸運者。

聖尤地斯瓦爾有個弟子是上了年紀的老婦人，大家都稱她作「媽」。她就住在靠近普里道院的地方。上師早上散步時，都會佇足與她閒聊。一九三六年三月十六日那晚，媽到道場來看她的咕嚕。史瓦米．希悲南達難過地看著她說：「什麼？上師一個星期前去世了。」現在他是道場住持。

「怎麼可能！」媽笑著說：「你是希望咕嚕不被糾纏不休的訪客打擾吧？」

「真的！」於是希悲南達告訴她葬禮的經過。「來！」他說：「我帶妳去前面花園的墓地。」

媽搖搖頭。「哪有什麼墓地！今天早上十點鐘，他還是像往常一樣走到我家門口，我可是在光天化日下跟上師交談了十幾分鐘。他還要我今天晚上來道場呢！」

「我在這裡！祝福降臨到我這老頭身上了！今天早上，不死的咕嚕要我了解他是在什麼樣超凡的形體裡來探望我！」驚訝的希悲南達跪在媽的面前。

「媽！」他說：「妳除去了我的悲痛，讓我的心不再沉重呀！他復活了！」

1 在有餘三摩地中，修行者的靈性內在已與上帝合一，但是，除非一直端坐在如如不動的入定狀態，否則無法一直處在宇宙意識中。藉由不斷地禪定，能達到無餘三摩地的超然境界，那麼，就可以在世上隨處走動自，如並且執行外在的勤務，而不錯失真理的了悟。

2 聖尤地斯瓦爾用生命能量（*prana*）這個字，我翻成生命量子（lifetron）。印度經典指的不只是次量（*anu*），所謂「原子」；也提到初量（*paramanu*），所謂「超越原子」——亦即更微細的電子能量；還有生命能量也是「生命量子的創造性力量」。原子和電子是盲目的能量；生命量子則具有智慧。生命量子在精子和卵子裡；例如根據業力的規劃，引導子宮內的胚胎的生長。

3 咒音（*mantra*）是心靈集中的武器，以念頌音根發射。往世書（*Puranas*，泛指古代的印度文獻）描寫神（*devas*）與魔（*asuras*）以咒語鬥法；有一次，魔想用強力的咒語殺死神，但是發音錯誤，這顆心靈的炸彈反過來炸死了自己。

4 世上也不乏擁有這些能力的人，像海倫凱勒，但例子不多。

5 有一次佛陀被問到為什麼要平等愛護眾生，這位偉大導師說：「因為每個人在各個的生命裡，其他人都曾經是他親愛的人。」

6 小至原子大到人類，受造物的生命都有八種元素：地、水、火、風、乙太、行動、心靈和個體。《薄伽梵歌》7：4。

7 「體」是靈魂的容器，分粗鈍或精細的。這裡指的三身是天堂鳥的籠子。

8 正如第三十四章裡描述的，巴巴吉也幫過拿希里．瑪哈賽消除掉潛意識中的欲望，因為他在前世想過宮廷生活。

9 「門徒說，主阿，在那裡有這事呢？耶穌說：屍首在那裡，鷹也必聚在那裡。」《路加福音》17：37。只要靈魂被包裹在物質肉身或靈體或因果體內，都會有欲望之鷹，獵捕人類感官的弱點、靈體或因果體的執著，繼續囚禁靈魂。

10 《啟示錄》3：12、21：「我要叫他在我神殿中作柱子，他也必不再從那裡出去（就是不再輪迴之意）。……得勝的，我要賜他在我寶座上與我同坐，就如我得了勝，在我父的寶座上與他同坐一般。」

11 聖尤地斯瓦爾的意思是，如同他以肉身來到人間，偶爾承擔弟子的業力而生病，在靈界也是如此，作為救世主，他得承擔一些住在華光靈界居民的業力，幫他們加速進化到更高的因果世界。

12 生與死只是思想上的相對觀念。吠陀哲學強調上帝是唯一的真理；萬事萬物的創造或分割都是幻相。在商羯羅的奧義書中透徹地表達了一元論的哲學。

第44章 為世界和平而戰——聖雄甘地

「聖雄」甘地的秘書德賽先生（Mahadev Desai）說：「歡迎各位蒞臨瓦爾達（Wardha）！」他親切地迎接歡迎我們一行人，獻上手工編織的棉質花環。這是八月某天的清晨，我和普里慈小姐、萊特先生抵達瓦爾達車站，很高興終於可以離開悶熱又都是灰塵的車廂。我們把行李交給牛車託運，然後就和德賽先生及同伴德肖慕克（Babasaheb Deshmukh）、彭加雷博士（Dr. Pingale）跳上車。我們穿過一小段泥濘的鄉間道路，便到了印度政治界聖人甘地的瑪崗瓦地道場（Maganvadi）。

一下車，德賽先生馬上帶我們到書房——「聖雄」甘地一手拿筆、一手拿紙，雙腿盤坐，大大的笑臉，迷人且友善。

他用印地語寫下「歡迎！」兩個字。那天是星期一，正好是他每週禁語的日子。

雖然這是我們第一次見面，但是兩個人都笑得很燦爛。「聖雄」甘地曾在一九二五年時拜訪過藍奇學校，還在訪客留言本上以優美的文辭致意。

瘦小的聖人體重僅約四十五公斤，但渾身散發著健康的活力，無論是體格、心智或精神，各方面都很健全。他柔和的棕色眼珠，散發出聰明、真誠和洞察力；這位政治家也具備了聰明才智，在許許多多法律、社會和政治的角力中獲勝。世上沒有哪一個領袖能像甘地這樣，受印度百萬不識字的群眾所尊崇，為眾人提供心靈的庇護所。群眾自願為甘地獻上他舉世聞名的頭銜——摩訶瑪（*Mahatma*），意為偉大的靈魂，稱作聖雄[1]。甘地也為群眾穿上寬鬆的衣服、繞上纏腰布，象徵他與受壓迫的底層大眾處境相同，一無所有。

正當德賽先生要帶我們從書房移駕到客房時，甘地出於本性的謙遜，遞給我一張字跡潦草的便條，上面寫著：「道場的人都供您差遣，有什麼需要請儘管吩咐。」

德賽先生帶我們穿越果園、花園，到了一棟有格子窗戶的房子，屋頂鋪了瓦片。前面的院子有一口井，約莫八公尺寬，德賽先生說，那是用來儲水的。附近放了一個水泥做成的輪子正在碾米。所有的客房都很小，擺設很簡樸：一張床、一條手編的繩子。廚房的牆面刷得粉白，角落的水龍頭顯得有些誇大，一旁則堆著煮飯用的煤炭。傳入耳中的是質樸的田園之歌——烏鴉嘎嘎叫、麻雀吱吱跳、牛哞哞叫，還有鑿石塊的敲打聲。

德賽先生讀過懷特先生的旅行日記後，翻到空白頁，寫下「不合作主義」（*Satyagraha*）[2]的誓約，凡追隨「聖雄」甘地的，都要恪守如下誓言：

一、不害、非暴力
二、獻身真理
三、不偷竊

四、獨身禁欲
五、無恆產
六、體力勞動
七、控制口欲
八、無所畏懼
九、平等尊重所有宗教
十、使用國貨（家庭工業製品）
十一、釋放賤民
以謙遜之心遵行此十一戒條。

隔天，甘地在這頁親手簽上名字，標註日期為一九三五年八月廿七日。

兩個小時後，我跟同行的夥伴便被喚去吃午餐。甘地早就在道場門廊前的拱廊下坐好了。大約有二十五位打著赤腳的追隨者盤腿坐著，前面擺著銅製杯盤。道場的合唱團唱頌祈禱畢，就開始從大鍋裡拿出烤餅跟酥油分給大家、還有切成丁的汆燙蔬菜佐檸檬醬。

甘地吃烤餅、汆燙甜菜、生菜、橘子，盤子裡還放著一大坨非常苦的印度苦楝葉膏；苦楝葉以淨化血液的功效著名。他舀了一些到我的盤子裡，我和著水匆匆嚥下；我想起小時侯，母親也曾強迫我吞下這難吃的食物，只是甘地一口一口吃下苦楝葉膏，好像吃的是美味的飯後甜點似的。

我從這個小地方注意到，甘地有能力自如地分離心靈和感官。記得幾年前他動過一次轟動的盲腸手術，他拒絕使用麻醉劑，整個手術過程都跟他的信徒談笑風生；他的微笑發自內心，看不出肉體有一絲疼痛。

下午時，我有機會和甘地一位有名的追隨者閒聊——她是史萊德小姐（Madeleine Slade），父親是英國海軍上將，現在該稱瑪拉白（Mirabai）[3]了。她以流利的印地語告訴我每天在做的事情，她堅毅沉靜的臉龐一邊說，一邊散發著熱切的光芒。

她開心地笑著說：「鄉村建設工作很有意義！我們團隊每天早上五點就到附近的村莊服務，宣導簡單的衛生保健常識，還幫忙打掃廁所和茅屋。村民都不識字，一定要親身示範給他們看。」我讚賞地看著這位出身高貴的英國女士。她有真正基督徒的那份謙遜，才能去做平常只有賤民才做的清潔工作。

「我一九二五年到印度。」她告訴我：「在這裡的感覺好像是回到了老家；我再也不願意回去過從前的生活了。」

我們聊到美國，她說：「來印度旅行的美國人大多對靈性很感興趣，總讓我又驚又喜。」[4]

瑪拉白一邊說話，一邊動手紡紗。在道場裡的房間都有紡紗車，也因為甘地的努力，在今日印度鄉下，紡紗車很普遍。

在經濟和文化上甘地有充分的理由，鼓勵振興家庭工業。但是他並不一味地拒絕現代化所帶來的進步，機器、火車、汽車、電報都在他忙碌的生活裡扮演了重要的角色。他五十年來為眾人服

聖雄甘地

1935年8月，我和甘地在瓦爾達靜靜享用午餐。

務，多次身陷囹圄，每天都在跟現實生活的小事搏鬥，和政治舞台上的殘忍現實角力。他並沒有因此失去平衡，只讓他更加隨和、開放、清明，以幽默的態度看盡人間百態。

我們三人很高興能受巴巴沙布．德司慕克（Babasaheb Deshmukh）的招待，享用了六點的晚餐。七點剛好回去道場參加祈禱。我們爬上了屋頂，三十個追隨甘地的弟子圍坐在甘地跟前。甘地則蹲在草蓆上，前面放了一只古老的懷錶。落日的餘暉映照在棕櫚樹和榕樹上，夜色籠罩之下，蟋蟀的鳴叫聲在空氣中迴盪。氣氛如此寧靜祥和，讓人著迷。

德賽先生領唱了莊嚴的讚美詩，大家應和著，接著是讀《薄伽梵歌》。甘地示意我帶大家做最後的祈禱。這時的心靈和意念是多麼的神聖和諧！星空下，我們在瓦爾達的屋頂上禪定，讓我永誌難忘。

甘地按時在八點結束禁語。他必須好好運用時間，才能應付生活上繁重的工作。

「歡迎你們！」甘地不用紙筆寫便條了，直接開口致意。我們從頂樓下來，進到他的書房——書房的陳設很簡單，沒有椅子，鋪著方形草蓆；有幾本書、紙張和幾枝普通的筆（不是鋼筆），擺在矮桌上。角落有一個不起眼的時鐘滴答滴答地走，書房內是一片和平奉獻的氛圍。甘地則一直帶著迷人的笑容，抿著唇微笑著。

他說：「我一年前開始禁語，每週一天，當初是為了讓我有時間回信。但現在，這二十四小時已經成為靈性生命不可或缺的時光。定期的禁語不是折磨，而是恩賜。」

我完全同意他的話。[5]甘地問了我美洲和歐洲的事，還討論了印度與國際的形勢。

「先生——」當德賽先生進門時，甘地對他說：「請跟市政廳協調場地，明天晚上請師父在那裡談瑜伽。」

正當我向甘地道晚安時，他貼心地遞給我一瓶香茅油。

「瓦爾達的蚊子不懂得不殺生[6]的事。」他笑著說。

隔天早上，我們一小群人起得很早，早餐吃摻糖蜜和牛奶的美味麥片粥。十點半，我們被請到道場門廊前和甘地及追隨者一起吃午餐。今天的菜單上有糙米、之前沒吃過的新鮮蔬菜，還有荳蔻籽。

中午的時候，我在道場閒晃，看看牧場和其他地方。牧場的牛群有甘地盡心的保護，顯得泰然自若。

「對我而言，牛是低於人類的代表，人把愛擴展至其他生命。」甘地解釋道：「人可以從牛身上了解生命是一體的。我現在很清楚，為何古聖先賢選擇把牛加以神化。牛在印度很神聖，牛不只給我們牛奶，也為我們盡力地耕地，讓人衣食豐足。牛就像一首憐憫的詩，讀者可在詩中，對這種高貴的動物生起慈悲心。牛是千百萬眾生的第二個母親。保護牛意味保護無法言語的生命，這些都是神的偉大創造。我們更應該保護低等、無法用言語表達的生命。」

這裡每天都舉行三種印度教的傳統儀式。其中一項儀式是奉獻食物給動物界（*Bhuta Yajna*），象徵人類了悟自身對低進化的生物有責任和義務。這些低等的生命本能地以為自己等同於肉身，這種認同也一點一滴地腐蝕了人類的生活，然而動物卻沒有人類特有的悟力，走向解脫之途。這個儀式讓人類隨時準備好幫助弱小；人類也會受到無數看不到的高等的靈體看顧。人類也有責任回報天地，感謝土地、海洋、天空賜予的一切。以發自內心的大愛跨越自然、動物、人、天間溝通的障礙。

另外兩種儀式是祭拜祖先，象徵人類知道自己對歷代祖先的虧欠；因為先人的智慧，人類才會有今日的成就。還有供養食物給陌生人或窮人，象徵人類對同一個時代的人應盡的義務與責任。

正午時分，我到附近把食物布施給一些小女孩，行每日的供養。萊特先生開車載我去，十分鐘後，我們被小女孩一張張小花般的臉龐和五彩繽紛的沙麗圍繞。我用印地語[7]簡短地對大家說了幾句話，話才說完，就下起傾盆大雨。我和萊特先生笑著爬回車上，在大雨滂沱中迅速趕回道場。這種熱帶驟雨和泥濘，還來得真是時候！

回到客房後，我再度被眼前的景象震撼——室內擺設簡樸至極，處處皆流露奉獻的精神。甘地結婚後不久，就誓願不擁有私人財物。他每年都把兩萬多元收入全數捐獻出來，把所有的財產都分散給窮人。

聖尤地斯瓦爾常會調侃一般人對「捨離」錯誤的認知。

「乞丐沒有財富可以捨棄。」上師說：「如果有人難過自己事業失敗、妻離子散，所以要捨棄一切出家。請問他捨棄了世俗的什麼？他並沒有財富或愛可以捨棄，是財富和愛捨棄了他！」

換句話說，像甘地這樣的聖人，犧牲的不只是財物，連私人的考量、個人的目標都捨棄了，這比犧牲財物更難！他把內在的真我融入整體人類生命的洪流，無有分別。

甘地的妻子卡楚拉貝（Kasturabai）很了不起，甘地沒有將財富分給她跟孩子，她也沒有抗議。甘地很年輕時就結婚，生了幾個兒子[8]後，夫妻倆就立誓禁欲。他們的生活很動盪，但卡楚拉貝巾幗不讓鬚眉，不但追隨丈夫入獄，也一起絕食三週，完全分擔她丈夫無止境的責任。她讚美自己的丈夫說：

「我感謝你讓我有機會做你的終身伴侶和助手；謝謝你給我這世上最完美的婚姻，奠基在彼此的自我節慾（*brahmacharya*）之上；謝謝你把我當作自己同等看待，也讓我奉獻一生，為印度工作；謝謝你不像別人的丈夫那樣，沉迷於聲色犬馬，厭倦妻兒，像小孩一樣對玩具喜新厭舊。也好感謝你不是那種壓榨窮人致富的丈夫。

「非常感謝你總是敬愛上帝、愛家愛國，不受賄賂，你對上帝有全然、絕對的信念和勇氣；也感謝你把上帝和國家擺在妻子之前；感謝你容忍我和我的少不更事，當我抱怨不想由奢入儉改變原本的生活方式，你也對我百般包容。

「我很小的時候就嫁進你家。你的母親是偉大而善良的女性。她訓練我，教我做個勇敢無畏的妻子，愛孩子、尊重丈夫。多年後，你成為印度人愛戴的領袖，我沒有被你拋棄的恐懼；在別的國家，做丈夫的功成名就時，常常遺棄糟糠之妻，但我知道，我們至死都是連理。」

多年來，甘地被視為偶像，收到無數捐款，卡楚拉貝便擔任會計，管理這些款項。印度民間流傳許多幽默的故事，如果太太穿金戴銀的去參加甘地的聚會，老公就要緊張了，因為甘地為賤民發聲，舌燦蓮花，聽過甘地演講的太太們會被迷住，馬上脫下身上的金鐲子、鑽石項鍊，丟到捐獻箱。有一天，卡楚拉貝有四盧比的專款交代不清，甘地還公布帳目，直指妻子犯錯。

我常跟美國的學生講這個故事。有一次，有個女士聽了非常憤慨。

「管他是不是『聖雄』！」她叫道：「如果我先生這樣公然侮辱我，我一定當場回敬他一拳。」

我們又輕鬆地聊了一下美國妻子、印度妻子這個主題，我才把故事背景解釋給她聽。

我說：「甘地的妻子不認為『聖雄』是她的丈夫，而是把他當做咕嚕；咕嚕有權指導他的學生，跟事情的大小無關，而是讓學生從錯誤中學習。

「這事件過後不久，甘地因為政治因素被判刑入獄。他平靜地向妻子道別，她跪在他跟前，謙卑地說：『上師，我過去如果冒犯了您，請原諒我。』[9]」

那天下午三點，我依約來書房見這位聖人。真的很難得，能這樣感召自己的妻子，成為堅定無畏的弟子。甘地抬頭看我，那笑容真的令人難忘！

我盤坐在沒有墊子的草蓆上，說：「請告訴我你對『非暴力』的定義。」

「起心動念、行為舉止，都避免傷害任何生靈。」

「這個想法很好，但是總會有人問，出於自衛，或為了保護孩子不受傷而殺死一條眼鏡蛇呢？」

「如果殺了眼鏡蛇的話，一定會違背我的誓言：無懼、不殺生。我寧願以內在的震動傳達我的愛給這條蛇，希望牠能平息下來。我不可能降低標準迎合周遭環境。」但他很坦率地說：「但我必須承認，要是真的跟一條眼鏡蛇面對面，我應該沒辦法照做。」

我注意到書桌上放著幾本西方最近出版的飲食相關書籍。

「沒錯！飲食習慣在不合作運動中很重要。」他哈哈笑道：「因為我提倡一個概念，參與運動者要徹底禁欲，我一直希望能為獨身者找到最好的飲食方式。人先要克服口腹之欲，才能控制性欲。半飢餓狀態或不均衡的飲食，都沒辦法解決問題。要克服內在對食物的貪婪，還必須要有適合的素食，供給身體所需的維他命、礦物質、熱量等。內外兼顧的飲食智慧，就可以輕易地把性的能量轉變成整個身體的主要能量。」

我跟甘地討論一下用什麼食物替代肉類比較好。「酪梨很好，」我說：「我在加州的總部種了許多酪梨樹。」

甘地顯露出感興趣的表情，他說：「不知道瓦爾達可不可以種酪梨？不合作主義的朋友會很高興有新的食物可吃。」

「我一定會從洛杉磯送幾株酪梨樹來瓦爾達。[10]」我又說：「蛋是高蛋白的食物，你們吃蛋嗎？」

甘地笑了，回憶道：「如果是沒有受精的蛋，就可以吃。多年來，我一直不希望他們吃蛋，到現在我自己還是不吃。有一次我的媳婦因為營養不良而奄奄一息，醫師堅持要她吃蛋，但我不同意，還勸醫生幫忙找替代品。

「『甘地先生啊——』醫師說：『沒有受精的蛋是不能孵出小雞的，所以不會殺生。』我才欣然同意媳婦吃蛋，結果她很快就恢復健康了。」

前一天晚上，甘地表達他想學習拿希里．瑪哈賽的克利亞瑜伽。甘地對靈性的渴求沒有門戶之見，他的胸懷令我感動不已。他像孩子般追尋上帝，流露出純粹悅納的赤子之心，耶穌是這樣讚美孩子的：「在天國的，正是這樣的人。」（《馬太福音》19：14）

終於到了我答應傳法的時間，數十位不合作主義者進到房間，有德賽先生、彭加雷博士，還有其他想學克利亞瑜伽的人。

我先教他們做尤高達運動。觀想身體有二十個部位，意識把能量引導到各個部位。很快每個人都脈動起來，我可以在甘地身上清楚看到二十個部位一處接著一處起伏著，幾乎是震動個不停。他雖然很瘦，但是並不難看，他的皮膚光滑，沒什麼皺紋。

接著，我再傳導解脫的法門——克利亞瑜伽。

甘地誠心地研究了世界上所有的宗教。耆那教的經典、《新約聖經》和托爾斯泰社會學的論著[11]，這是甘地形塑非暴力信念的三個主要靈感來源。他說過的信條如下：

「我相信《聖經》、《可蘭經》還有《波斯古經》[12]都跟吠陀經典一樣，是上帝的話。我相信咕嚕的制度，但是在現代，無數人沒有咕嚕的指引卻仍要走下去，因為要同時出現好老師與好學生是很難得的。純粹品德與智慧的人十分稀有。但是我們無須絕望，因為印度教與其他偉大宗教的本質都是不變、易懂的。

「我像每個印度人一樣，相信上帝是唯一的真神，我相信輪迴和救贖……這種感情很難描述，就像我對我太太的感情也是這樣。世上對我影響最大的女人就是她，她不是完美無瑕，我敢說我沒有看到她所有的缺點，但是夫婦的連結是不變的。所以就算我覺得印度教的教義中有所缺失和限制，但我還是很喜歡聽《薄伽梵歌》的音樂跟圖希達斯（Tulsidas）的《羅摩記》。我希望在我要嚥下最後一口氣時，《薄伽梵歌》能給我慰藉。

「印度教不是封閉、排他的宗教。印度教可以接受崇拜世上其他的先知[13]，不像一般宗教一直要招徠信徒。印度教在這方面無疑吸收了各民族的宗教，但是，這是逐漸在不知不覺中吸收的。印度教教人遵照自己的信仰或法[14]來崇拜上帝，也以此態度跟其他的宗教和平共存。」

談到耶穌，甘地寫道：

我相信如果現在他還在人間，他也會祝福那些連他的名字都沒有聽說過的人……正如同聖經上所言：『凡稱呼我主啊，主啊的人不能都進天國；惟獨遵行我天父旨意的人才能進去。』[15]耶穌用生命教導人類，什麼才是最重要的目的，以及應該熱切追求的唯一目標。我相信他不只是活在基督徒的心中，而是活在世界各地各民族的心中。

在瓦爾達最後一個晚上，德賽先生安排我在市政廳的禮堂演講，約莫四百人到場聽我談瑜伽，把整個禮堂擠得水洩不通。我先用印地語演講，再用英語。會後，我們幾人及時趕回道場跟甘地道晚安，他也祥和地回應我們。

我早上五點起床，夜色還未褪去，村子已經活動起來：先是牛車停在道場的門口，然後有農夫頂著重物搖搖擺擺地路過。我們三人吃過早餐後，就去向甘地道別。他平常都在四點起床做早課。

「甘地大人，再會！」我跪下來碰觸他的腳，向他致意。「印度有你在，會平安無事的。」

揮別瓦爾達的田園生活後，又過了好幾年，整個印度國境都因戰爭而蒙塵。在眾多偉大的領袖中，只有甘地提倡以實際的非暴力行為取代軍備武力。甘地一再證明非暴力是最有效的手段，能消除冤屈及弭平不義。他說過：

「我發現生命面對破壞的力量，勢必頑強抵抗；因此，必定有一個高於這個破壞法則的存在，唯有如此，社會才能安定、井然有序，生命才值得延續。」

如果這是生命的法則，那我們就要在日常生活中實踐；不論是戰爭，還是敵人，我們都要用愛來降服。我在我的生命當中發現，愛，就是答案，那是破壞所不能給予的。

我們可以在印度看到這個法則可以發揮多大的影響力。雖然非暴力主義還沒深植印度三億六千萬人的心中，但跟其他教條相比，非暴力主義確實在極短的時間就深入人心。

心要達到非暴力狀態，需要辛苦訓練一段時間。你要過有紀律的生活，就像當兵一樣，只有在身心和語言協調的狀態才是圓滿的境界。如果我們決心活出真理跟非暴力的法則，那麼問題都能迎刃而解。

就像科學家從自然法則中，創造各種奇妙的東西；人也能以嚴謹的科學態度，應用愛的法則，製造更大的奇蹟。非暴力的精神遠比自然界的力量（例如電）更微妙、更不可思議。愛的法則是比其他現代科學更偉大的知識。

如果我們回顧歷史，可以合理推論：利用殘暴的武力無法解決人類的問題。第一次世界大戰種下撼動國際的征戰種子，這個業力的雪球愈滾愈大，導致第二次世界大戰。只有博愛才能夠溶解現在這業力的大雪球，否則會釀成第三次世界大戰。而這邪惡的三次世界大戰之後，也不可能再發生第四次世界大戰了，因為原子彈已經終結一切！如果人類捨棄理智，用爾虞我詐的思考方式處理爭端，將會讓地球回到弱肉強食的局面。如果人不能友愛共處，就會相偕死於暴力。

戰爭、犯罪是永遠都不會有回報的。原子彈在高空中爆炸，那麼多的錢就這樣化為烏有，這些錢原本足以創造出一個不為疾病擔憂、不受貧窮所苦的新世界；那裡沒有恐懼、混亂、飢荒、瘟疫，不受死亡之舞的威脅，而是和平、繁華與知識的樂土。

甘地的非暴力之聲訴諸人類最大的良心。讓國家凝聚力量，沒有死亡、只有生命；沒有破壞、只有建設；沒有仇恨、只有創造奇蹟的愛。

《大戰詩》上說：「無論受到什麼傷害，都要原諒；人類種族能綿延不絕，緣於彼此的寬恕。寬恕是神聖的，宇宙因此團結。寬恕是最大的力量，是犧牲，是心靈的寧靜。寬恕和溫柔是靜定的本質，代表永恆的美德。」

在寬恕和愛的法則下，人自然而然就會走上非暴力一途。甘地說過：「如果必須在正義的沙場上喪生的話，人就該像耶穌一樣，預備好流自己的血，而不是要他人流血。世上終會減少血腥暴政。」

歷史總有一天會把印度的不合作主義者記上一筆，他們以愛化解仇恨，以非暴力抵抗暴力；寧願自己被殺戮，也不願以牙還牙。有些歷史事件，最後是敵人滿懷羞愧，棄械而逃；竟然有人把他人生命看得比自己的還重要，敵人見狀，反而無地自容。

「縱使要很久的時間，」甘地說：「我寧願等待，也不願看到國家要沾滿鮮血才得到自由。」殷鑑不遠，甘地仍牢記著，馬太福音上說的：「凡動刀的，必死在刀下。」[16]甘地寫道：

> 我稱自己民族主義者，但是我的民族主義遍及宇宙，包括了地球上的各個民族。[17]我的民族主義也涵蓋了全世界的福祉，所以不希望印度建立在其他民族的毀滅之上。我不願印度欺壓任何人，

希望印度變得強大，以後能扶助別的民族。今天歐洲沒有人這麼想，都不願意幫助別的民族。

> 雖然美國威爾遜總統提出了美好的十四點原則，但他卻說：「如果努力還是無法謀求和平，我們仍有武器作後盾。」我覺得話應該反過來說才對：「我們的軍備已經派不上用場，現在要找新的解決方式，一起試試愛的力量，倚賴真理的神。」等我們真正擁有這些力量時，就不需要其他的了。

甘地訓練了無數個真正的不合作主義者傳遞非暴力的理念，他們遵守本章開頭提到的十一條誓約，耐心教導印度群眾了解非暴力在靈性上的價值，只要堅守到最後一定會有實質的回報。他們教人民拿非暴力當作武器，保護自己：不正義，就不合作；忍辱，身陷囹圄，寧死也不訴諸暴力。甘地列舉無數喪生的不合作主義者，公開他們英勇的行徑，博得世界的同情。甘地本身就是非暴力的實踐者，非暴力有莊嚴的力量，不用戰爭就能解決紛爭。

甘地早就用非暴力的手段，為他的祖國贏得了許多政治決策上的勝利，反觀別的領袖只能用子彈威嚇才辦得到。以非暴力的方法來根除所有的錯誤和邪惡，不僅能用在政治領域，也能用在改革印度這個微妙又複雜的社會，且成效很大。甘地和他的追隨者，消弭了許多印度教徒與穆斯林間的夙怨，因此無數的穆斯林視甘地為領袖；賤民也找到他們可以追隨的鬥士。「如果我還得再來人間走一遭的話，」甘地寫道：「我願做賤民中的賤民，如此才能為賤民做更多事。」

甘地的確是「偉大的靈魂」，這個頭銜是數百萬不識字、但有見識的印度人民給他的尊號。這位溫柔的先知，在他的祖國中廣受尊崇。低微的農人都能響應甘地艱難的挑戰。甘地全然相信人類本性高尚。雖然難免失敗，但是從未令他退轉。「就算敵人欺騙了不合作主義者二十次，」他寫道：「我們都願意再相信他第二十一次，因為信念的本質，就是絕對相信人性本善。」[18]

「甘地大人，您跟一般人不一樣，您不能希望世界上的人都像您一樣。」有人批評這一點。

「很奇妙，我們知道如何欺騙自己，知道怎麼改善自己的身體，但是卻不能喚醒內在靈魂裡的力量，」甘地答道：「我一直告訴別人，我只是一個凡人，從來都沒有什麼超凡的力量。我也會犯錯，只不過錯了，我認錯改過之後，重新再來。我深信神的慈悲，讓我有源源不絕的熱情，追求真理和博愛。但是，這些不都是每個人的潛能嗎？如果我們追求進步，絕對不可以重蹈覆轍，要創造新的歷史。我們必須把祖先遺留下來的發揚光大。如果我們在物質現象界裡有了新發現和新發明，難道我們靈性的部分就會徹底淪喪嗎？難道不能讓例外愈來愈多，形塑新的規則？難道一定要先當野獸，才能當人？[19]」

美國人還記得潘恩（William Penn）在十七世紀賓州建立殖民地，用的就是非暴力政策，結果非常成功，「那裡沒有碉堡、沒有士兵、沒有軍隊，甚至沒有武器。」新移民和野蠻的印第安人之間頻繁交戰和屠殺，只有賓州的貴格會信徒不受干擾。「其他人遭殺戮、凌遲，但是他們卻安全；沒有貴格會的女子被襲擊，沒有貴格會的小孩遭殺害，沒有貴格會的男子受虐待。」最後當貴格會教徒被迫放棄州政府時，「戰爭爆發了，有一些賓州人被殺害。但是有三個貴格會教徒失去信心，帶著武器抵抗，這三位最後也慘遭殺害。」

「第一次世界大戰訴諸武力並未帶來和平，」羅斯福（Franklin D. Roosevelt）指出：「成敗一樣無濟於事，世界各國應該好好記取這慘痛的教訓。」

老子也教我們：「兵者，不祥之器也！物或惡之（暴力的武器愈多，人類就愈不幸），戰勝，以喪禮處之。」

「我為世界和平而戰，」甘地說：「如果印度人建立在非暴力的基石上推動的運動成功了，愛國主義就有新的意義，我也可以謙卑地說，生命也因此有了新的意義。」

西方世界並不理會甘地的計畫，認為甘地是一個不切實際的夢想家，但這之前，先想一想加利利的上師對「不合作主義」的定義：「你們聽見有話說：以眼還眼，以牙還牙；只是我告訴你們，不要與惡人作對。有人打你的右臉，連左臉也轉過來由他打。」[20]

宇宙的時鐘美妙準時地敲響了甘地的新紀元，進入受到兩次世界大戰摧殘蹂躪的時代。記錄他一生的花崗岩牆上有他神聖的手稿，警告人類不要再手足相殘。

甘地造訪過我創辦的藍奇學校，那裡的學生都有上瑜伽課。他在貴賓簽名簿上，寫下一段優美的文字。翻譯如下：

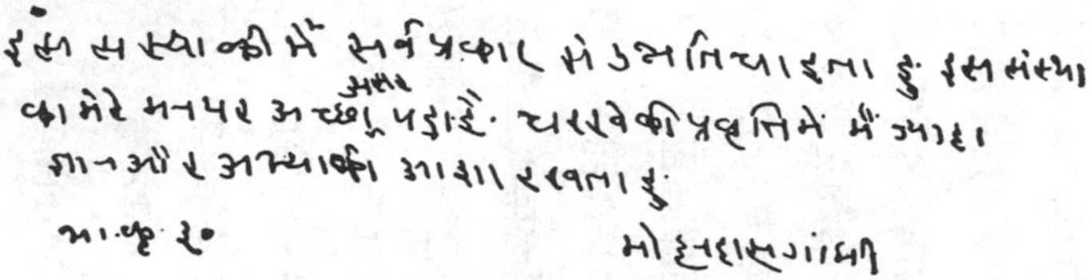

這間學校讓我印象深刻。我很希望學校未來會在日常中推廣紡紗機。

摩漢達斯・甘地

一九二五年九月十七日

1 甘地的全名是摩漢達斯・卡拉謙德・甘地（Mohandas Karamchand Gandhi），他從未自稱「聖雄」。

2 梵文字面上的意思是「捉住真理」。「不合作主義」是甘地領導的非常著名的非暴力運動。

3 最近有流言，四處散播史萊德小姐與甘地斷絕所有的關係，並違背自己的誓言。史萊德小姐是甘地「不合作主義」二十年的弟子，她在一九四五年十二月廿九日對《聯合新聞》發出親筆簽名的書面聲明，解釋自她離開後一連串沒有事實根據的謠言。她承接甘地的祝福，在印度東北部靠近喜瑪拉雅山的一個地方，成立了基山（Kisan）道場，提供農民醫療及農業援助。聖雄甘地曾計畫在一九四六年間拜訪道場。

4 世上也不乏有人擁有這些能力，像海倫・凱勒等人，但例子不多。

5 我在美國待了這許多年，曾經在訪客們和秘書們面前禁語多次，都讓他們很驚訝。

6 不殺生、非暴力，這是甘地信條的基石。他生在耆那教家庭。耆那教徒認為不殺生是根本的美德。耆那教盛行於公元前第六世紀，教主是摩訶吠羅（Mahavira），與佛陀同時代。摩訶吠羅意為偉大的英雄，願他繼續看顧他英雄之子甘地！

7 印地語是全印度通用語。大部分源自於梵語字根的印度-亞利安語，印地語是印度北方主要使用的方言。北印度西邊主要使用方言為印度斯坦語（Hindustani），同時使用天城體（Devanagari）（梵文）及阿拉伯字書寫；次方言是烏都語，穆斯林使用之語言。

8 甘地在他的自傳《我對真理的實驗》（*The Story of my Experiments with Truth*, Ahmedabad: Navajivan Press, 1927-29, 2 vol.）一書中，坦率地敘述自己的生平。這本自傳的摘要《聖雄甘地自身的故事》（*Mahatma Gandhi, His Own Story*, NewYork, Macmillan Co., 1930）由安德魯斯（C. F. Andrews）主編，霍姆斯（John Haynes Holmes）寫序。許多自傳裝滿名人姓氏和多彩多姿的事情，幾乎不談內在心靈的分析或發展。而這些人寫完自傳之後為表示謙虛一下，會寫出自己對這本書不滿意，好像在說：「這裡有個人認識許多名人，但是從來不認識自己。」在甘地自傳裡面沒有這種事，他以誠摯追求真理之心，把他的每個時期有些什麼缺點和欺瞞全部表白。

9 一九四四年二月廿二日，卡楚拉貝逝世於浦那（Poona）監獄。通常不動聲色的甘地，聞訊默默地啜泣。為了紀念她，她的崇拜者發動了一次紀念基金捐款，結果從印度各方來的款項高達四百萬美金。甘地把這基金用在婦孺的福利工作上。他在自己的英文週刊《太陽神子民》（*Harijan*）上報導相關活動。

10 我回美國後不久，就用海運把樹寄去瓦爾達，但是這種植物不耐長期海上運輸，死在途中。

11 甘地曾經悉心研究過梭羅（Thoreau）、魯斯金（Ruskin）和瑪茲尼（Mazzini）三位西方作家的社會學觀點。

12《波斯古經》（*Zend-Avesta*）這部神聖的經典是索羅亞斯德（Zoroaster）在西元前一千年左右傳到波斯的。

13 印度教在世界宗教中獨有的特色是，它沒有一位偉大的創始者，只有吠陀經典。因此印度教可以崇拜各時代的先知。吠陀經典規範的不僅是祈禱儀式的練習，而且還有所有重要的社會習俗，致力將人類的行為帶入與上帝法則和諧的狀態。

14 梵語中*Dharma*代表法則，是一個概括的詞彙，類似律法或自然的公義，指不論人類與生俱來的義務，不受時空限制。經典中將其定義為「宇宙自然的法則，遵守法則可使人類免於墮落及受苦。」

15《馬太福音》7：21。

16《馬太福音》26：52。聖經許多暗示人類輪迴的章節之一。

17 波斯諺語：「人當榮耀的，不是他愛他的國家；當榮耀的，是他愛他的同胞。」

18《馬太福音》18：21-22：「那時，彼得進前來，對耶穌說，主阿，我弟兄得罪我，我當饒恕他幾次呢。到七次可以麼？耶穌說：我對你說，不是到七次，乃是到七十個七次。」

19 有一次巴森（Roger W. Babson）請問偉大電機工程師斯泰梅茨（Charles P. Steinmetz）：「未來五十年，有什麼研究會有重大的發展？」「我認為最偉大的發現將是走上靈性的道路，」斯泰梅茨答道：「歷史清楚的告訴我們，人類可以發展出最偉大的力量。但因為我們有物質的力量，所以我們只是玩玩，從未認真研究。人類總有一天會知道，物質不能讓人快樂，而且無法讓人類有創造力。之後全世界的科學家會將實驗室的研究轉向上帝、祈禱以及心靈的力量，但迄今還沒個影。當這天來臨時，世界在一個世代內，將會看見比過去四個世代更多的進步。」

20《馬太福音》5：38-39。

第45章 孟加拉的歡喜之母

我的侄女阿米優（Amiyo Bose）懇切地對我說：「叔叔，你離開印度前，一定要去看看妮瑪拉（Nirmala Devi），她渾身散發著神聖的光輝，遠近馳名，大家都稱她歡喜之母（Ananda Moyi Ma）。」

「當然！我很希望能見到這位聖女。」我說：「幾年前，我在《東西方》雜誌上讀到一篇關於她的短文，據說她已經到達了悟的境界。」

「我見過她，」阿米優繼續說：「最近她訪問我住的小鎮占西埔（Jamshedpur）。有弟子懇求歡喜之母到一位垂死的人家去，她站在那個人的床邊，才伸手碰他的額頭時，馬上止住了病人臨終的哀號，疾病瞬間消失，那個人竟然康復了，讓大家又驚又喜！」

幾天後，我聽說歡喜之母在加爾各答的包瓦尼埔（Bhowanipur）一位弟子家。我跟萊特先生馬上從父親在加爾各答的家出發，當我們的轎車快到那裡時，我跟我同伴目睹了街上的奇景。

歡喜之母站在一輛敞篷車上，加持周圍近一百多位弟子，顯然正要離開。萊特先生把車停得稍遠，我們下車往那安靜的人群走去，聖女看到我們，就下車走過來說：「父親，您終於來了！」她熱情地伸出手圈住我的脖子，頭倚在我的肩上。我剛剛才跟萊特先生說不認識這位聖女呢！萊特先生很高興我受到這樣的禮遇，上百名弟子也被這個熱情的舉動嚇到。

我馬上就知道，這位聖女在很高的三摩地境界中；她完全不在意自己女性的外表，明白自己就是那不變的靈魂，因而心生喜樂，向另一個信奉上帝的人致敬，她牽著我上她的車。

「歡喜之母，我不想耽誤您的行程！」我堅決地表示。

「父親，我不知流轉幾世幾劫，直到今生才第一次碰到您。」她說：「請不要離開。」

我們一起坐上後座。歡喜之母很快就入定，法喜充滿。她美麗的眼睛先是望著天，然後低眉，寂然不動，凝視著內在又近又遠的極樂世界，弟子們柔和地唱頌著：「勝利屬於歡喜之母！」

我在印度發現很多了悟的人，但是未曾遇過靈性如此高的聖女。她溫柔的臉龐散發著無以名狀的喜悅，人們因此稱她作歡喜之母。她烏黑的秀髮披在肩膀上，沒有罩上面紗，額頭上點了紅色的檀香粉，象徵在內在永遠開啟的靈性之眼。她的靈性之高，跟她小巧的五官、細瘦的手腳形成對比。

在歡喜之母禪定時，我就近問一名女弟子幾個問題。

「歡喜之母行腳遍及印度，各地都有上百名弟子。」這位弟子跟我說：「她很有勇氣，努力改革社會上的問題，雖然她出生於婆羅門世家，但是聖人她不管種姓階級，一視同仁[1]。我們幾個人總是跟隨聖人一起旅行，就近侍奉。聖人不注意自己的身體，我們就照顧她，沒有人給她吃的，她就不吃，也不會要求，甚至食物放在她面前也不碰，我們弟子為了不讓她的肉身離開這個世界，就餵她。她經常在三摩地裡好幾天，屏息閉目。她的丈夫也是主要的弟子；他們在好幾年前結婚，不久後他就發誓禁語。」

這位弟子指著一位長髮、鬍子灰白，面容清秀、胸膛寬闊的男子。他靜靜地站在眾人中，手掌合十——這是弟子禮敬上師的姿勢。

歡喜之母出定後，顯得精神奕奕，意識又切換回物質世界了。

「父親，請告訴我您住在那裡？」她的聲音既清脆又好聽。

「現在住加爾各答跟藍奇，但我很快就要回美國了。」

「回美國？」

「是啊！要是有印度的聖女去美國，那邊的尋道者必定非常高興，您能去嗎？」

「如果父親要帶我去，我就去。」

她身邊的弟子聽到這個答覆就開始緊張了。

「我們二十多個弟子總是跟著歡喜之母，」一個弟子斷然地說：「我們不能沒有她，她到哪裡，我們也跟到哪裡。」

我這個提議有些不切實際，無端引起眾人的麻煩，只好放棄。

我離開時說：「那帶弟子來藍奇作客吧，您也是神的孩子，您會喜歡我們學校的孩子的。」

「只要父親帶著我，我都願意去。」

不久後，藍奇學校就開始準備歡迎聖女的光臨，孩子們都很盼望這一天的到來，不用上課、一直聽音樂演奏，最後還有大餐可以享用。

「勝利！歡喜之母，萬歲！」在聖女一行進入學校大門時，孩子們熱情地喊著聖女，金盞花如雨般落下，鐃鈸鏘鏘響，海螺聲悠揚，手鼓咚咚響。歡喜之母微笑地漫步在陽光普照的校園裡，她所到之處就是天堂。

我帶歡喜之母走進行政大樓，她慈愛地說：「這裡真美。」她坐在我旁邊，臉上流露著孩子般天真的笑容，讓人覺得她是你最親愛的朋友，矛盾的是，她全身又不斷發散著出離的氣息，與她同在的，是無所不在的神。

「請跟我說些您的事。」

「父親您都知道；不用再重複了吧！」顯然她覺得這短暫重生的生命歷程，不值得一提。

我笑笑，又請教了一次。

「父親啊！沒有什麼好說的啊，」她攤攤手，有點無奈地說：「我的意識從未認同這個身體。在我這個肉身來到人間之前，父親，我是那個我；當我還是孩子時，我是那個我；長大後，我還是那個我。我出生時，就有父母之命、媒妁之言，這個身體後來就結婚了，我還是那個我，而現在父親您面前的，我還是那個我；當我丈夫陶醉在激情裡，在我耳邊低語示愛、輕撫我的身體時，他彷彿被雷擊中，感受到一陣猛烈的震動——即使在那時，我還是我。

「我的丈夫跪在我跟前，雙手合十，請求我的原諒。

「我的丈夫說：『母親，我出於情欲，碰觸您肉身的殿堂，褻瀆您的身體——我不知道在這肉身中的，不是我的妻子，而是聖母。我誓願成為您的弟子，守獨身的戒律，永遠像僕人般沉默地侍奉您，有生之年不再和人說話。我的咕嚕，希望我這樣可以彌補今天犯下的錯。』

「即使我默默地接受我丈夫的提議，我還是我。而且，父親，現在我在您面前，我還是那個我，即使以後，在永恆的殿堂中，萬物在我身邊變幻舞動，我將還是那個我。」

歡喜之母進入深沉的禪定狀態，她的身體變成一尊靜默的雕像，遁入不斷呼喚她的永恆國度。她的黑眼珠看起來黯淡無光。當聖人的意識離開肉體時，常常呈現這種表象——身體就像沒有靈魂的泥塊。我們坐著，一起在極樂的境界裡度過一個小時，之後她輕笑一聲，返回這個世界。

我說：「歡喜之母，請隨我到花園去，萊特先生要幫我們拍照。」

「父親，當然好！照您的意思做。」她擺了很多姿勢讓我們照相，她美麗的眼睛依舊散發出神聖的光芒。

終於到吃飯的時候了。歡喜之母盤坐在毯子上，一位弟子坐在身邊餵她，她像嬰兒，弟子把食物送到嘴邊，她就吞下，顯然歡喜之母不覺得吃咖哩跟吃甜點有什麼差別。

暮色漸濃，聖女和弟子就要離開，孩子們灑落玫瑰花瓣歡送，她舉起雙手祝福他們。她不費功夫就喚醒這些孩子的愛，讓孩子的臉龐容光煥發。

「你要盡心、盡性、盡意、盡力愛主你的神。」基督有言：「這是誡命中的第一。」（《馬可福音》12：30）

歡喜之母拋開了所有低等的執著，完全順服上主；這位如孩子般的聖人憑藉的不是學者吹毛求疵的精神，而是出於絕對的信念，就這樣解決了人類生命中唯一的難題——怎麼與神合一。人忘記了純粹的力量，被現下無數的問題所迷惑。世上有許多人拒絕專一愛神，拘泥於外在的形式，崇拜偶像，掩飾自己的不信神。這些慈善的舉動讓人覺得自己很高尚，暫時轉移人對自我的注意力，但是卻不能完成生命中唯一的任務——這個任務，就是耶穌說的第一誡命。當人類恣意地呼吸到造物主賜予的第一口空氣，就已經接受「愛上帝」這個開心的約定。

在聖女拜訪藍奇學校後，過了幾個月，我有機會碰到她。當時她跟一群弟子在塞蘭坡火車站月台上等車。

「父親！我要去喜瑪拉雅山。」她說：「有慷慨的弟子為我在德拉丹（Dehra Dun）蓋了道場。」

她上車時，我發現不論在人群中、火車上、吃飯或只是靜靜地坐著，她的眼睛都沒有離開過神。她甜美的聲音仍在我腦海中迴盪：

「看啊！此刻與未來都與永恆同在，我依然是我。」

1 我找到一些《東西方》期刊上，更多有關歡喜之母的資料。這位聖人一八九三年出生於孟加拉中部的達卡（Dacca）。她沒有上學，但她的智慧卻讓許多知識分子訝異。她用梵文寫的詩歌讓學者驚嘆。只要她在，就能撫平喪親之慟，或施展奇蹟、療癒病患。

第46章 不進食的女瑜伽士

「老師！今天早上我們要去哪裡？」萊特先生在開車，卻沒在看路，一直眨著眼睛問我。在孟加拉，每天都有新鮮事。

我虔誠地回答：「依照上帝的旨意，我們要去看世界第八大奇觀：只吃空氣的女聖人。」

「這是德雷絲奇人奇事的翻版。」雖然說是翻版，但萊特先生還是笑得很高興，很想開開眼界，車是愈開愈快了。他的旅行日記又有特別的題材可寫，這可不是一般觀光客能有的體驗！

因為天還沒亮就啟程，所以離藍奇學校很遠了，同行的除了秘書之外，還有三位孟加拉的朋友。我們陶醉在興奮之中，這是清晨才有的、天然釀造的酒。路上有早起的農夫和兩輪車，還有公牛用軛拉著牛車緩緩前行，我們的司機飛快地蛇行超車。

「先生！我們想多知道一點這位禁食聖女的故事。」

「她的名字是吉利．芭拉（Giri Bala）。」我告訴朋友說：「幾年前我第一次從一位有學位的先生口中聽到她的事蹟。這位先生是南第（Sthiti Lal Nundy），他常來古我柏路的家，他是我弟弟的家教。

「南第先生跟我說過，他知道吉利．芭拉，她用某種瑜伽功法，讓自己不吃不喝就能活下去。當時他住在附近的社區，那裡靠近伊佳埔（Ichapur）的納瓦崗（Nawabganj）[1]，所以有機會仔細觀察過她，她真的不吃不喝。南第覺得很神奇，所以請求巴爾達曼的郡主[2]調查這件事情。郡主聽了她的事蹟後很訝異，就邀請她到宮裡。她願意接受測試，讓郡主把她鎖在宮中的小屋裡兩個月。後來她又回到宮中拜訪郡主，住了二十天，然後又做第三次十五天不吃不喝的試驗。郡主親自告訴南第，她通過三次嚴格的審查，毫無疑問，她真的不吃不喝。

我下了個結論說：「南第先生講的這個故事，我已經記了超過二十五年，在美國的時候，我偶爾會想到，不知道時間的洪流會不會吞噬了這位瑜伽女行者[3]，真想見她一面。現在她一定很老了。我還不知道她是不是還活著呢！再過幾個鐘頭，我們就會抵達普魯利耶（Purulia）了，聖人的弟弟住在那裡。」

到了十點半，我們已經在跟她的弟弟德依（Lambadar Dey）聊天了。她弟弟是當地的律師。

「是啊！我姊姊還活著。偶爾她會住我這裡，但是現在她人在畢兀爾（Biur）的老家。」他看看我們的車，有點懷疑地說：「師父，我很難想像開車能到內陸最裡面的畢兀爾去？還是用古老的方式好，忍耐顛簸，坐牛車去吧。」

我們一行人都異口同聲地保證沒問題，誓言維護「底特律的尊嚴」。

「這台福特車是從美國來的，」我告訴律師說：「這台車要深入孟加拉，才能不虛此行。」

「願幸運之神[4]保祐你們！」律師笑著，然後禮貌地提醒道：「要是你們到了，我相信吉利・芭拉會很高興接待你們的。雖然她快要七十歲了，但身體很硬朗。」

「先生！她真的什麼東西都不吃嗎？」我看著他的眼睛，因為眼睛是靈魂之窗，不會騙人的。「是真的！」律師直視著我們說：「過去五十多年來，我沒有看她吃過一口飯。要是明天就是世界末日，都不會比我看到我姊姊吃東西還吃驚。」

我們笑成一團，這兩樁不可能的宇宙事件，怎麼可能同時發生啊！

「吉利．芭拉從未躲起來練瑜伽。」律師先生繼續說：「她一輩子都跟家人、朋友在一起。大家都已經習慣她這種奇怪的狀況。如果她突然決定要吃東西的話，他們才會昏倒呢！姊姊守寡之後，照印度習慣才不參加任何社交活動的，但是在我們這個小圈子裡，不論在布魯利耶和畢兀爾，大家都知道她真的是一個不尋常的女人。」

可以看得出來這個作弟弟的誠意。我們非常感激，出發前往畢兀爾，沿途停在小吃店吃咖哩和餅，引來一群孩子圍觀，好奇萊特先生怎麼學印度人一樣[5]用手吃東西。當時我們還不知道下午的行程會有多累，只是胃口很好，拚命塞飽肚子，事後才知道，下午的確很耗體力。

我們現在向東行駛，經過太陽焦炙的稻田，進到孟加拉的巴爾達曼。路的兩旁大樹林立；知更鳥的啼聲跟鶇粗啞的喳喳聲穿透樹葉，樹巨大得像一把傘。偶爾有牛車經過，木輪軸嘎吱嘎吱，與汽車走在柏油路上所發出刺耳的摩擦聲，形成對比。

我大喊：「停車！」車子差點沒衝出去。「那棵樹長滿芒果，在呼喚我們哪！」

我們五個人就像小孩子般，衝到樹下撿芒果。芒果樹結出果子，慷慨地與人分享。

「眼前是結滿果子的樹，大家卻視而不見。任憑果實掉在地上好浪費。」

「師父，在美國不會這樣嗎？」我從孟加拉來的學生瑪尊達（Sailesh Mazumdar）笑著說。

「不會！」我照實說，滿嘴都是芒果，很幸福。「我在西方實在很想念這種水果。如果印度沒有芒果，不知道會是什麼樣子！」

我向高處的枝頭丟石頭，一顆肥美的芒果掉在地上。

熱帶的太陽很溫暖。我咬著美味的芒果問萊特先生：「我們照相機有帶在車上嗎？」

「有啊！都在行李箱裡。」

「如果吉利．芭拉真是聖人，我回美國要寫她的故事。一個行如此神蹟的印度女行者，不應該像這裡的芒果一樣，乏人問津。」

過了半小時，我們還在寧靜的森林中逗留。

萊特先生說：「先生，我們應該在日落前找到吉利．芭拉，這樣照起相來才不會暗。」他咧嘴笑道：「西方人都是懷疑論者，要是沒有照片，就不能指望他們相信，世上真有她這個人存在。」

有時，一些小犧牲是必要的。我只好捨棄當前的美景往回走。

「你說得對！」我一邊嘆氣，一邊快步走回車上，「我為了西方世界尋求真理，拋下眼前這個芒果天堂。不成功，便成仁！」

路況愈來愈糟，彎來彎去，高高低低，偶爾我們下來推車，好讓車子通過難走的路段。

「律師先生說得對！」瑪尊達承認道：「不是車子載人，是人推車子。」

我們不時車裡車外，上上下下；不久，抵達一個村落，一片古樸映入眼簾。

吉利・芭拉

這位女瑜伽士從1880年起，就沒有進食。這是1936年時，我跟她的合照，背景是畢兀爾偏遠的孟加拉村落。巴爾達曼的郡主嚴格調查過她的禁食是否為真。她用某種瑜伽功法補充體力，以乙太、陽光、空氣中的宇宙能量為生。

一九三六年五月五日，萊特先生在旅行日記上如此寫道：

我們穿過棕櫚林，抵達一座沒有受現代文明衝擊的古老村子。村屋都蓋在叢林的樹蔭下。一間間蘆葦桿混合泥巴搭成的茅屋煞是迷人，門上都有神祇的名字。小孩光著身子四處玩耍，一看到我們這輛黑色的龐然大物，沒有牛拉卻在飛奔的車子，都跑來圍觀。女人躲在暗處偷看，男人懶散地躺臥在路邊的樹下，意興闌珊地瞄了一眼，表示好奇。某處，有村民在一個大池子中洗澡，他們穿著衣服入浴，洗完後用乾布包裹身體，再把溼的衣服換掉。婦女則是用黃銅做的大水罐，汲水回家。

我們一路顛簸，經過一條小溪，繞過沼澤，駛過乾枯的河床，終於在傍晚五點接近我們的目的地畢兀爾。這個村子在班庫拉（Bankura）的中部，隱藏在濃密的樹林裡，聽說每逢雨季便河水氾濫，淹沒道路，宛如邪惡的毒蛇吐出滾滾泥漿，使遊客無法靠近。

有一大群人剛從廟裡拜拜出來，我們上前問路，一群衣衫襤褸的小鬼圍過來要替我們指路。

我們又朝著椰棗林的方向走，樹下有幾間泥巴蓋成的茅屋；但在快要到的時候，車子突然來個急轉彎，造成一陣晃動。道路十分狹窄，兩旁是樹林和池塘，馬路都是牛車壓出的軌跡。車子又撞到了樹叢，然後又卡在土堆中間，只得小心挪開泥塊。後來路中間冒出一堆樹，只好沿著峭壁走，沒想到卻掉進一個乾涸的池塘裡，必須把車子給拖曳上來。一旁圍觀了上百個小孩和他們的雙親，這時，看熱鬧的孩子主動上前幫忙，移除障礙物。朝聖之旅雖然遭遇重重阻礙，但是幸運之神仍眷顧我們！

我們很快又上路了，婦女在茅屋門口盯著我們看，男人尾隨著車子，孩子則是蹦蹦跳跳地圍著我們，聲勢愈顯浩大。這大概是第一輛深入此地的汽車，可想而知，「牛車工會」在這裡一定勢力強大！不知道他們怎麼想？首度有個美國人把車子開進他們的小村落，侵犯古老村子的隱密與神聖。

我們停在一條小巷前，離吉利．芭拉的老家不遠。皇天不負苦心人，我們走向一棟兩層樓的磚泥建築，附近的房子都是用泥巴蓋的。這棟建築正在整修，因為房子四周圍了竹籬笆。

我們很興奮，終於到了可以見到這位受上帝祝福「永遠不會餓」的聖女家門口；村民無論老少，有穿衣服的或沒穿衣服的，都一直瞪著我們看。婦女雖然站得遠遠的，卻一副好奇的模樣；男人和孩子則是大剌剌地緊跟著，不想錯過這空前的場面。

不久，有個矮小的身影出現——是吉利．芭拉。她穿著印度傳統絲質的暗金色沙麗，頭上包了頭巾，朝我們走來。她的目光炯炯有神，宛如黑暗中的火光，散發著光芒。我們被她慈悲的臉龐所感動——這是一張出離而了悟真理的容顏。

她順從地走過來，默許我們替她用相機與攝影機[6]拍照。她很有耐性，但十分害羞，也容忍我們要求拍照的姿勢，與調整燈光等。最後，我們終於順利拍了多張這位世界知名女性的照片。她不吃不喝已經五十年了。（後來，德雷絲．紐曼也從一九二三年開始斷食。）我們眼中的吉利．芭拉宛如慈母；全身覆蓋著長袍，眉目低垂，露出細瘦的手腳。臉龐流露著稀有的平靜、罕見的天真。她擁有如孩子般微微顫動的厚唇、秀氣的鼻子、一雙炯炯有神的眼睛，嘴角露出一抹微笑。

萊特先生對吉利・芭拉的印象跟我一樣：靈性宛如輕柔閃亮的面紗包圍著她。她雙手合十向我致意，用的是在家人對出家人禮敬的手勢。她單純恬靜的微笑，勝過迎賓的辭令，令人忘卻長途旅行的舟車勞頓。

瘦小的聖女盤坐在陽台上。雖然她有些年紀，但是並不衰老，褐色的皮膚還是柔軟有彈性。

「母親！」我用孟加拉語說：「我這二十五年來，一直期待這次的朝聖之旅。我從南第先生那裡聽說您神聖的事蹟。」

她點頭道：「是！他是我在納瓦崗的好鄰居。」

「這些年來，雖然我遠渡重洋，但一直想著有朝一日要來看您。您在這裡默默演出神的大戲，應該讓世人知道這被遺忘已久的內在靈糧。」

聖女望著我微笑，露出真誠的興致。她溫和地答道：「尊貴的父親，您最清楚。」

我很高興她沒有被我惹惱，拒絕回答問題。一般人絕對無法得知，瑜伽行者對社會上一般的觀念作何感想。瑜伽行者通常迴避這些問題，希望默默追求靈魂深處的寧靜。他們會感知到時機成熟，為了利益渴望修行的心靈，才公開自己的生活方式。

我繼續說：「母親，請原諒我請教您那麼多問題。您能回答的就回答；不方便回答的，我也能夠諒解。」

她優雅地把雙手一攤，說道：「我很樂意回答您的問題。希望我這無足輕重的人，能給您滿意的答覆。」

「噢！不！怎麼會無足輕重呢？」我真誠的反駁道：「您是偉大的人。」

「我是眾人卑微的僕人。」她接著說：「我喜歡做菜給大家吃。」

我想對於一個不吃不喝的聖人來說，這種興趣奇怪了點。

「母親，請親口告訴我，您真的可以不吃東西過活？」

「那是真的。」她沉默了一下，好像在回想什麼，「從我十二歲又四個月開始，一直到現在六十八歲，我不吃不喝超過五十六年了。」

「您都不想吃東西嗎？」

「如果我想吃的話，我就吃。」她簡單地陳述這個道理——世人太習慣一天三餐了。

「但是總得吃點什麼呀！」我的語氣有點難以置信。

「當然啊！」她知道我在說什麼，馬上笑著回答。

「您的養分來自空氣和陽光[7]中的細微能量，還有從延髓把宇宙的能量充到身體裡面。」

「您都知道啊！」她再次默認，態度真誠而不做作。

「母親，請跟我說您早年的生活。全印度同胞，還有海外的兄弟姊妹們都很想知道。」

吉利．芭拉保持她慣常的謙卑，放鬆心情跟我聊天。

「好吧！」她的聲音雖然低沉，語氣卻是肯定的。「我在這森林裡出生。童年生活不值得一提，只是我很愛吃，胃口一直很好。

「我在九歲那年，家裡就把我許配給人家。

「『孩子！』媽媽常警告我：『不要那麼貪吃。等妳結婚後，住到夫家，整天只會吃，人家會怎麼想？』

「她所擔憂的事終於來了。當年我才十二歲，一住進納瓦崗的夫家，我的婆婆照三餐嘲諷我的嘴饞。不過，她的責罵卻變成祝福，喚起我沉睡的靈性。有一天早上，婆婆又毫不留情地羞辱我。

「『我很快就證明給妳看，』我被她的話中傷，於是馬上回嘴說：『只要我活著，就不碰食物。』

「婆婆嘲笑我說：『喔！妳不就是怕活不成，所以吃個不停；現在不吃東西，還想活下去？』

「我悶不吭聲，無法反駁，但我已經鐵了心，要到無人的角落尋找天上的父親。

「『神啊！』我不停地祈求著：『請送給我一個咕嚕；一個可以教我只靠祢的光，不靠食物就可以活著的咕嚕。』

「然後我進入出神的狀態，被神聖的祝福包圍著。我走向恆河邊的納瓦崗河壇，路上碰到指導夫家的僧侶。

「『可敬的大人』，我把自己交付給他，對他說：『請您大發慈悲，告訴我，如何不吃東西也能活？』

「他看著我，不發一語。最後，他安慰我道：『孩子，今天傍晚到廟裡來，我替妳舉行特別的吠陀法會。』

「他回答得很含糊，不是我要的答案，於是我又往河壇走。恆河水波蕩漾，我入河淨身，彷彿為了接受神聖的傳法而準備。當我身著濕透的衣服離開河岸，在光天化日之下，我的上師現身了！

「『親愛的孩子，』他慈悲地說：『上帝派我來實現妳急切的祈禱。祂被妳那不尋常的本質所感動，從今天起，妳藉著靈光而活，身體的原子以『無限震動』(Infinite current)為食。』」

吉利．芭拉停頓下來。我拿起萊特先生的紙筆，把細節翻譯成英文，供他之後參考。

聖女又說話了，她的聲音柔和、音量很小，但剛好讓人聽得到。

「那個河壇已經廢棄了。但是我的咕嚕散發一圈結界的光暈，讓誤闖這裡的人不會打擾到我們。他教我一種克利亞瑜伽法門，可以使身體不依賴食物而運作。修煉的方法包含咒音[8]，還有呼吸法，比一般常人的呼吸方式還要困難，但不吃藥，也不是變魔術，就只是瑜伽。」

我用美國記者採訪的方式，問了許多我認為世人有興趣的事情，她透露如下：「我沒有小孩，好幾年前丈夫就去世。我睡得很少。對我來說，睡著或醒著沒有什麼不同。我在晚上禪定，白天忙著料理家務。我感覺不到季節遞嬗時的氣候變化。我沒有生過病，只有意外受傷時，才稍微覺得疼痛。我不大小便。可以控制心跳和呼吸。我入定時，常看到咕嚕和其他偉大的聖人。」

我問道：「母親，您為什麼不教別人不吃就可以過活的方法呢？」

我很想迅速解決無數人挨餓的問題。

「不！」她搖頭道：「咕嚕嚴格禁止我洩漏這個祕密。他不願意干涉老天爺寫的劇本。如果我教人不吃東西過活，那麼農夫不會謝我，甜美的水果就被丟棄在路邊。不幸、飢餓、疾病是我們的業力，這業力鞭策我們，趨向尋求生命意義的道路。」

我小心地問：「母親，挑中您展示『人能不吃而活著』的意義何在？」

「為了要證明人類本是屬靈的。」她的臉龐散放著智慧的光芒。「顯示了人類的靈性慢慢進步，學習活著原是依靠永恆之光，而非食物。」

說完，聖女陷入甚深的禪定。她的目光集中注視內在，沒有表情，深呼吸，遁入沒有人提問的世界，徜徉在內在天堂的喜悅裡。

天黑了。煤油燈閃爍個不停，照亮了蹲坐在暗處的村民。夜裡的螢火蟲與遠處小屋裡的油燈，形成一幅柔美神秘的畫面。分離的時刻到了，真是不捨，但還有一段漫長的旅程等著我們。

當聖女睜開眼睛時，我說：「請給我一塊您的沙麗做紀念。」她很快地回去拿出一塊貝拿勒斯的絲質沙麗，雙手托著，突然俯身跪拜倒在地上。

我尊敬地說：「母親，還是讓我跪拜在您跟前，摸您神聖的腳吧！」

1 在孟加拉北部。

2 巴爾達曼的郡主比耶・昌・瑪特（H. H. Sir Bijay Chand Mahtab）逝世了。他的家族還保存著郡主三次調查吉利・芭拉的紀錄。

3 *yogini*是女性瑜伽行者。

4 即「障礙的驅除者」，幸運之神（Ganesh）。

5 聖尤地斯瓦爾曾說：「上帝給我們大地的果實。我們喜歡看食物，去聞、去品嚐；印度人還喜歡用手摸。」如果用餐時沒有在場，聽聽吃些什麼也不錯。

6 聖尤地斯瓦爾在塞蘭坡主持最後一次冬至慶典時，萊特先生也用攝影機留下紀錄。

7 一九三三年五月十七日，克里福蘭的克來爾（Geo W. Crile）博士在孟菲斯（Memphis）一場醫學會議中演講時說道：「我們吃的都是輻射的；食物是放射的能量。太陽光給了食物這種非常重要的輻射；這種輻射放射電流，通過人體的電流線路，就是神經系統。原子是屬於太陽系的結構；它就像許多蜷曲的彈簧，裝滿了太陽輻射能的工具。我們吃了食物就是吃了不可計數的能量原子；一旦進入身體之後，這些密合的工具——原子放射能量到原生質，輻射能形成新的化學能、新的電流。」「身體由這些原子組合成。」克來爾博士又說：「它們是你們的肌肉、頭腦、還有感官，如眼睛和耳朵。』有一天，科學家會發現人類可以直接吸收太陽能而活。『在自然界中，我們知道唯一能夠儲藏太陽能的物質是葉綠素。葉綠素就像為捕捉日光所設下的陷阱。』」勞倫斯（William L. Laurence）在《紐約時報》上寫道：「葉綠素捕捉日光的能量，儲存在植物裡；沒有葉綠素，植物就無法生存。我們獲得賴以維生的太陽能，儲藏在食物中——植物或吃植物的動物身體裡。我們從煤炭或石油獲取的能量，是幾百萬年前就儲藏在葉綠素裡面的太陽能。我們經過葉綠素為媒介而依靠太陽才能生存。」

8 產生強烈的震動力量的誦偈。梵文咒音字面意思是「思想的工具」，代表理想而聽不到的聲音，表示創造的一個層面；當照音節發出聲音來，咒音就成為宇宙的術語。聲音無限的能量是源自「唵」，「道」，或宇宙原動力的「唵」。

第47章

回到西方

「我在印度和美國教授過許多瑜伽課；但我得承認，身為印度人，教英國學生特別有成就感。」我在倫敦的瑜伽學生聽了都會心一笑；這裡沒有政治介入，擾亂瑜伽課堂上的寧靜。

如今，對於我而言，印度，已是一段神奇的回憶了。一九三六年九月，我在英國實現十六個月前所立下的誓言——重回倫敦，發表演講。

英國也接受瑜伽永恆的訊息。記者和攝影師擠在我下榻的葛羅斯維那飯店（Grosvenor）。英國國家宗教評議會擇於九月廿九日，在懷飛爾公理會教堂（Whitefield's Congregational Church）舉辦會議，我就「信仰如何拯救文明」這頗為重要的議題發表演說。在凱斯頓廳八點鐘那場演講擠進太多聽眾，結果連續兩個晚上，後到的群眾只能在溫莎議會廳，等待我在九點三十分的第二場演講。接下來幾個禮拜，參加瑜伽課程的人愈來愈多，萊特先生只好把上課地點安排在別的大場地。

英國人對靈性追求的執著，令人印象深刻。我離開英國後，在倫敦上過我瑜伽課的學生成立了悟真會，每周都有共修，連第一次世界大戰戰況慘烈的那幾年也不例外。

我們在倫敦觀光了幾天後，便開車造訪美麗的鄉間，度過了好幾周難忘的日子。我跟萊特先生開著那台耐用的「福特」，探訪英國史上偉大的詩人和英雄的墳墓及出生地。

我們一行人在十月底，搭乘布萊梅號從南安普頓港啟航赴美。當我們望見紐約港的自由女神像時，不只是普里慈小姐、萊特先生，連我都雀躍不已。

我們這輛福特雖然在印歐大陸翻山越嶺，有些磨損，但是一上路還是很有力，現在——一九三六年底，又要橫越美洲大陸到加州，看哪！華盛頓山在望。

每逢歲末年終，洛杉磯的悟真會慶祝十二月廿四日的靈性聖誕節，舉行八小時共修，次日舉辦宴會，是我們的社交聖誕節。今年的慶典與往年不同，遠方來的好友和學生聚集在這裡，為三位世界的旅行者洗塵。

聖誕晚會上還有從千里之外帶回來的佳餚，如喀什米爾的草菇（*gucchi*）、罐裝的起司甜球（*rasagulla*）、芒果乾、香料餅（*papar*），還有印度凱歐拉花（*keora*）所提煉的油，加在冰淇淋上吃更添風味。晚上大家圍繞在一棵高大閃亮的聖誕樹旁，壁爐燃燒著芳香的絲柏樹枝，劈劈啪啪響。

到了送禮時間。我們準備的禮物是遠從巴勒斯坦、埃及、印度、英國、法國、義大利等地帶回來的。萊特先生怕這些珍貴的禮物遺失了，每次轉換交通工具時，總是仔細地清點行李，怕途中被人給摸走。聖地橄欖樹做成的壁飾，比利時、荷蘭精緻的織品和刺繡，波斯地毯、作工精緻的喀什米爾披肩、邁索爾產的檀香木盤、印度中部產的濕婆牛眼石、印度古王朝的錢幣、鑲著珠寶的花器與杯子、工筆畫、壁毯、寺廟用的焚香與香料、不合作主義者製作的印花棉布、瓷漆器、邁索爾的象牙雕刻、波斯拖鞋（彷彿翹起愛發問的腳趾頭）、古時候發人深省的手稿、天鵝絨、錦緞、甘地帽、陶器、瓷磚、銅器、禱告用的毯子——這些都是我們從三大洲帶回來的戰利品！

這一大堆禮物都包裝精美放在樹下，我逐一拿起來分送給大家。

「蓋南瑪塔！」我把一個長方形的禮物送給這位笑容甜美，了悟頗深的美國女士，我不在的時候，華盛頓山總部的事務都由她處理。她掀開包裝的薄紙，拿起一件金色貝拿勒斯真絲的沙麗。她說：「謝謝您讓我親眼見到印度的華麗。」

「狄肯森先生！」這個盒子包了一樣我在加爾各答市集買的禮物。當時我心想：「狄肯森先生一定會喜歡這個。」我心愛的弟子狄肯森從一九二五年華盛頓山總部成立以來，每年聖誕晚會都沒有缺席。

在這第十一次的慶典裡，他在我面前拉開方盒上的緞帶。「是銀杯子！」他壓抑著興奮之情，坐回離我稍遠的位置，盯著禮物發呆——我送他的是一只長飲杯。我對他慈愛一笑，才繼續發禮物。

這歡樂的夜晚在感謝的禱告聲中結束，然後大家齊聲歡唱聖誕歌。

稍晚，狄肯森先生和我聊起來。

「老師——」他說：「謝謝您送的銀杯子。在這個聖誕夜，我千言萬語，一言難盡。」

我說：「這是特別為你挑的禮物。」

狄肯森先生害羞地看著我說：「我等了這個禮物四十三年了。有件事我一直都沒說出來，故事有點長。故事的開頭很戲劇性：我住在內布拉斯卡州的一個小鎮上，當時我跟哥哥在玩，結果被推到水池裡，我快被淹死了！水深大概四公尺半。那時我才五歲。我第二次沉到水裡時，出現一道耀眼的彩光籠罩著我。我看到一個人，他眼神深邃，臉上掛著令人安定的笑容。第三次下沉時，哥哥的朋友把一棵柳樹壓彎碰到水面，我拚命地抓，才被拖上岸急救。

「十二年之後，我十七歲，陪媽媽到芝加哥。那是一八九三年，正在舉行世界宗教大公會議。我跟媽媽走在路上，眼前閃過一道光：離我們幾步遠的地方，有一位悠閒漫步的人——那就是當年我在瀕死中看到的人，他正好走進一棟大樓。

「『媽！』我大叫：『那就是在我快淹死時看到的人。』

「我和媽媽跑進那棟大樓，發現他坐在演講台上。我們很快得知，他是印度來的辨喜（Swami Vivekananda，又譯作史瓦米·維亞克南達）[1]。他發表了一段十分發人深省的演講，結束後，我上前攀談。他笑得很親切，好像我們是老朋友。我還很年輕，不知道怎麼表達我的感覺，但是我希望他能做我的老師。他看透了我的想法。

「『不！我的孩子，我不是你的咕嚕。』辨喜用他那雙美麗深邃的眼眸，直視著我說：『你的老師之後會出現，他會給你一只銀杯。』說完，過了一下子，又笑道：『他會給你很多加持，比你現在能夠承接的還多。』

「幾天後，我們離開芝加哥。」狄肯森繼續說：「之後再也沒見過師父了。但是他對我說的一字一句，都深烙在我心底。許多年過去了，我的老師一直都沒有出現。一九二五年，某個晚上，我虔敬地向上帝禱告，希望他送一位咕嚕給我。幾個小時後，我聽到優美的旋律，從睡夢中醒來：有一群天使帶著笛子還有其他樂器，來到我面前，整個房間充滿妙音，後來天使才慢慢消失了。隔天晚上，

（左上）1935年，我跟聖尤地斯瓦爾在加爾各答留影。他拿著我送他的禮物：拐杖傘。
（左下）住在洛杉磯的狄青森先生（Mr. E. E. Dickinson）尋找到他的銀杯。
（右上）藍奇的學生與老師跟卡辛巴剎郡主（中間著白衣者）合照。1918年，他把他的宮殿與十甲地送給藍奇學校永久使用。

我第一次聽您演講，那時在洛杉磯——我發現我的禱告應驗了。」這個時候，我們默默地對彼此微笑。

「至今，我向您學習克利亞瑜伽十一年了。」狄肯森說：「偶爾我會想起銀杯的事，就覺得辨喜的話只是一種譬喻而已。但在這個聖誕夜，當您站在樹旁遞給我那個小盒子時，我有生以來，第三次看見那道耀眼的光，四十三年前辨喜的預言實現了，我的咕嚕真的送給我一只銀杯當作禮物。」

1 辨喜是像基督一樣的羅摩克里虛那上師的大弟子。

第48章
加州恩西尼塔斯

「上師，我們要給您一個驚喜！您不在的時候，我們蓋了這間恩西尼塔斯道場，當作歡迎您回家的禮物！」蓋南瑪塔帶我進門，踩著綠蔭，走上樓梯。

這幢面海的白屋，宛如白色渡輪航向蔚藍的海洋。我一時詞窮，只是「喔！」又「啊！」的，言語無法表達我的喜悅和感激。我參觀了一圈，有十六間大房間，每間都用心佈置過。

大廳很氣派，有一大面的落地窗，望出去是青青草地與碧海藍天，三種藍色調十分協調。大廳的壁爐架上放著拿希里．瑪哈賽的法照，他的微笑祝福著這間寧靜的道場。

大廳正前方是斷崖，岩壁上有兩個洞穴，面對蒼茫的天與海。走廊、晒太陽的小角落、大片果園、尤加利樹叢，石頭步道的兩旁，種滿玫瑰與百合，連接一處涼亭，還有一條長長的階梯，通往僻靜的沙灘與大海，這可真是美夢成真！

道場外有一塊牌子，上頭有一段摘自《波斯古經》（*Zend-Auesta*）的祈禱文〈里仁為美〉（A Prayer for a Dwelling）：「願諸上善人，俱會一處；攜手前進，利益眾生，廣傳善法，如天地浩瀚、日光遍照，願蒼生充滿榮耀。

「在此，願順服勝過反叛；願寧靜征服紛亂；慷慨終結貪婪；誠實蓋過欺瞞；尊重超越藐視。我們的心因而喜悅，靈魂因而提升，肉體因而榮耀；噢！神聖的光啊，我們願瞻仰祢，親近祢，到祢身邊，與祢常在。」

這間悟真會道場得以建立，是幾位美國弟子、美國企業家的慷慨奉獻，雖然他們終日繁忙，但仍不忘抽空練習克利亞瑜伽，十分有心。我回印度和拜訪歐洲的期間，他們對建立道場的事，隻字不提，保密功夫真是到家！

我剛到美國時，想在加州海邊找一小塊地蓋道場，但每次物色到理想的地方時，總是橫生枝節，事與願違。放眼望著恩西尼塔斯這塊寬闊的土地[1]，我謙卑領受；聖尤地斯瓦爾很久以前的預言，如今不費吹灰之力便應驗了——我真的成立一處海邊的道場。

幾個月後，那是一九三七年的復活節，我首度在新道場整齊的草坪上主持晨禱。就像古時候的東方三博士，好幾百個學生滿懷敬畏，凝望每天都會發生的奇蹟：早上東升的太陽火祭。西邊是無際的太平洋，迴盪莊嚴的贊歌，遠處一點白帆，一隻單飛的海鷗。「基督，祢復活了！」不只跟著春天的太陽升起，也住在神那永恆的國度裡。

歡樂的日子過得特別快。在這靜謐的道場，我完成了一項計畫很久的工作——《宇宙梵頌集》(*Cosmic Chants*)。我把許多印度歌謠譯成英文，用西方的方式記譜，有些是原創，有些是古旋律改編的，包括商羯羅的贊歌〈無生亦無死〉，兩首聖尤地斯瓦爾最愛的〈醒醒，我的聖人！〉、〈欲望是我的大敵〉，梵文的〈梵天頌〉，古孟加拉歌曲〈閃電〉、〈他們聽見祢的名〉，泰戈爾的〈誰在我的聖

悟真會加州恩西尼塔斯道場，面太平洋一景。

殿？〉，還有一些我的作品，〈我永遠屬於祢〉、〈超乎想像的地方〉、〈來自寂靜的天空〉、〈靜聽靈魂的召喚〉、〈無聲的殿堂〉、〈祢是我的生命〉。

在這本梵頌集的代序中，我把第一次感受到西方人對東方古樸頌歌的反應記錄下來。那是一九二六年四月十八日，我在紐約卡內基音樂廳演講。

我對一個美國學生韓席克（Hunsicker）先生透露：「我準備要求觀眾唱一首印度古詩歌曲〈主啊！祢真美麗！〉」。

但是他一聽就反對：「美國人不熟悉這些東方歌曲，太深奧難懂了。要是被觀眾丟蕃茄抗議，就糟了！」

我笑了，但不同意他的說法。「音樂是世界語言。」我回答道：「這首高雅的頌歌，一定能觸動美國人的靈魂。」[2]

他在我演講時一直待在講台上，坐在我的後方，大概是擔心我的安危。不過，他的擔心是多餘的；不但沒有人朝我丟青菜，台下三千多位觀眾虔誠齊唱〈主啊！祢真美麗！〉，唱了快一個半小時。親愛的紐約人，你們唱不膩啊！你們的心靈在唱著這首歡樂的頌歌時已經提升了。虔誠的人唱著上帝的聖名，療癒了所有的創傷。

只是，這種與世隔絕的詩人生活並不長。不久，我就在洛杉磯與安西尼塔斯各待兩週。我的工作是主持禮拜、上課、對學生及社團演講，會晤學生，處理如雪片般飛來的信件，撰寫《東西方》期刊的文章，指導印度及美國許多城市小型中心的活動。我也付出許多時間，為那些在遠方想學習瑜伽的人，安排克利亞瑜伽及真我了悟系列研習課程，讓他們學習的熱誠不受距離的限制。

一九三八年，我們開心地在華盛頓特區舉行了「世界信仰悟真堂」（Self-Realization Church of All Religions）開幕儀式。莊嚴的教堂坐落在這片風景如畫的土地上，大家都叫這一區「友誼高地」。華盛頓地區的負責人是史瓦米．普雷瑪南達（Swami Premananda），這位師父畢業於藍奇、加爾各答大學。早在一九二八年，我便請他擔任華盛頓地區悟真會中心的負責人了。

「普雷瑪南達——」我參觀他的新會所時，告訴他：「東岸的總部是你辛苦奉獻的結果。你已經在這個國家的首都，把拿希里．瑪哈賽的理想發揚光大了。」

普雷瑪南達陪我拜訪波士頓分會。看到這個自一九二〇年起，便屹立不搖的克利亞瑜伽團體，我真的很高興！路易斯博士（M. W. Lewis）安排我們住在一間現代風格、別緻的套房。

「上師！」路易斯博士笑著說：「您早年來美國待在這個城市時，住的是沒有浴室的單人雅房。我希望您知道，波士頓也是有豪華公寓的！」

當時，有些靈敏的耳朵已聽到不安的戰鼓聲，即將死傷無數的陰影遍佈全世界。我在加州與無數人談話，與世界各地的人通信之後發現，男男女女都往內在追尋；外在的慘烈不安，更讓人渴望安頓在神的懷抱。

「我們體會到禪修的好處。」一九四一年，倫敦悟真會的負責人來信道：「我們知道沒有任何事情能干擾內在的寧靜。過去幾個禮拜，我們碰面時都遇上空襲警報，聽著延時炸彈爆炸，但學生還是歡喜地聚在一起，把法會圓滿完成。」

另一封信是從烽火連天的英國寄來的，當時美國還沒參戰。倫敦《東方的智慧》（*The Wisdom of the East Series*）雜誌編輯克萊瑪賓恩（L. Cranmer Byng）博士，寫了一封感傷的信給我，字裡行間流露著高尚的情操，信上說：

當我讀到《東西方》時，才了解到我們是多麼不同，顯然是生活在兩個世界。從洛杉磯傳來的美麗、秩序、安定和寧靜，宛如一只滿溢的聖杯，把祝福與安慰送入圍城。

我彷彿在夢裡看過你們的棕櫚樹林，還有伸入海中的恩西尼塔斯與美麗的山光海景，特別是那些善男信女，把世界看作生命共同體，願力願行，並在禪定中回復精力。這是我所看到的世界，也希望能盡綿薄之力，但現在卻……

也許我此生沒有機會造訪你們的陽光海岸與教堂。但能在戰火中看到這樣的景象，知道你們的海灣與山丘仍保有一片淨土，我感到萬分欣慰。請代我向悟真會的朋友致意。我只是個普通的小兵，寫於破曉前的瞭望台上。

有些人從來沒讀過《新約聖經》，烽火連天喚醒了他們的靈性，現在也開始讀經了。戰爭的苦澀是良藥，蒸餾出靈性的甜美！愈來愈多人想要親近悟真會，於是我們在好萊塢創建小型的世界信仰悟真會，一九四二年落成。教堂面對橄欖山，遠處是洛杉磯天文台；教堂的建築以藍、白、金為主色調，旁邊種了一池風信子，建築物的倒影映在水光之中。庭園種滿五彩繽紛的花草，旁邊有幾隻釘住不動的石鹿，另外用彩色玻璃搭了一座涼亭，還有一座古色古香的許願池。池子裡有很多硬幣與無奇不有的願望，都是靈魂渴求得到的寶藏！小小的神龕放著拿希里・瑪哈賽、聖尤地斯瓦爾、克里虛那、佛陀、孔子、聖方濟以及一幅用珠母貝拼成的〈基督最後的晚餐〉。

一九四三年，我們在聖地牙哥成立另一座世界信仰悟真堂。教堂坐落在寧靜的山丘上，依山傍水，背後是種滿了尤加利樹的山谷，前方俯瞰著閃亮的聖地牙哥海灣。

某天夜裡，我在這寧靜的避風港中休息，高歌一曲，抒發心情。我一邊彈著音色優美的管風琴，一邊唱著古孟加拉尋道者的詠嘆調：

母親啊！這世上沒人能愛我；
世人不知道要愛上帝。
可有單純深情的愛？
可有真正深情的祢？
我心渴望之處，就在那裡。

我身邊是聖地牙哥中心的負責人肯乃爾（Lloyd Kennell）博士。他聽著我唱的歌詞，微微一笑。

他真誠地望著我，問道：「說真的，您覺得一切都值得嗎？」我明白他話中的深意，他想問的是：我在美國快樂嗎？要怎麼面對那些無法勝任的分會負責人、不受教的學生呢？覺得幻滅？心痛嗎？

「博士啊！受上帝試煉的人是有福的。上帝不時都記得給我增加一些重擔。」然後我想起所有求法心不退轉的人，想起美國人心中的愛、虔誠與理解，我慢慢地說：「當然值得！靈性，是東西方唯一不變的連結。看著兩個世界漸漸靠近，我受到很大的鼓舞。這是我從沒料想到的事。」

接著，我默默祈禱道：「這趟西方弘法的任務，願巴巴吉、聖尤地斯瓦爾知道我已盡力，不要對我失望。」

我又彈了一段管風琴曲，這回，歌聲中帶有英勇戰士的味道：

時間之輪雖然磨損
生命中充滿星月
暗淡的暮光
但我的靈魂依然向前！

黑暗、死亡、失敗前來阻撓；
極力擋住我的去路；
我與善妒的自然激烈奮戰
但我的靈魂依然向前！

一九四五年元月的第一週，我在安西尼塔斯的書房，埋首修訂這本書的手稿。「親愛的上師，請移駕到屋外。」從波士頓來訪的路易斯博士，笑著站在窗外。我們在陽光下散步。他指著教區旁的濱海公路，公路旁正在興建高樓。路易斯博士每年從波士頓來安西尼塔斯兩次，他說：「上師，我回去後，這裡蓋了許多新的建築。」

「沒錯！我一直在思考這個問題，有個計畫漸漸成形了。這裡環境很好，我希望能在這裡建立一個兼容並蓄的小社區，把四海之內皆兄弟的理想化作現實，讓世人更容易了解其中的意涵，希望能給共組社區、過和諧生活的人作參考。」

「這想法真好！如果大家都盡心盡力，一定能成功。」

「『世界』這兩個字的範圍真的很廣，但人類應該把忠誠擴大，把自己視為世界的公民。」我接著說道：「一旦人真的感覺到：『世界是我的家鄉；這是我的美國、我的印度、我的菲律賓、我的英國、我的非洲……』這樣想會很有幫助，能讓人活得更快樂。他的畫地自限、原先的傲慢就會消失，他的世界將無限擴大，感受到宇宙大能的創造力。」

我跟路易斯博士駐足在道場附近的蓮花池畔，腳下是無邊無際的太平洋。

「同樣的海水沖擊著東方與西方，拍打著中國和加州的海岸。」博士朝海裡丟了一塊小石頭，到這約一點六億平方公里的汪洋大海中。「安西尼塔斯象徵著世人齊聚一堂。」

「你說的沒錯。我們應該要安排許多會議，邀請世界各地的代表來參加宗教大會。我們要把世界各國的國旗都掛在大廳。微型的殿堂將落實在人間，向世界重要的宗教致意。」

「我計畫在這裡設立瑜伽學苑，愈快愈好。帶給人幸福的克利亞瑜伽才正要在西方傳播。希望大家都能漸漸明白，克利亞瑜伽是一種很明確又科學的方法，能幫助我們了悟真我，克服人生種種苦難！」

我這位親愛的朋友，他也是美國第一位克利亞瑜伽行者，我們長談至深夜，討論如何讓這個世界社區建立在靈性基礎上。大家先創造了「社會」這個抽象概念，認為社會帶來種種災難，但這些問題其實都是人類自己造成的。大家心中得先孕育一個烏托邦，之後這個烏托邦才會在眾人的擁戴中實現。人是有靈魂的，不是機器；內在的轉化就能永久改變外在世界。我們只要強調靈性的價值、了悟真我的重要，就能建立起天下一家的模範社區，把激勵人心的訊息傳播到世界各地。

一九四五年八月十五日，第二次世界大戰結束了！這也是舊世代的終結，不可思議的原子時代來臨！道友們齊聚一堂禱告，感謝上蒼：「老天爺，願戰爭永遠消失，而今而後，祢的子民友愛如兄弟。」

戰爭時期的緊張也隨風而逝了，我們的心在和煦的陽光下雀躍不已。看著身邊一個個夥伴，我十分欣慰。

「神啊！謝謝祢讓我這個和尚有一個大家庭！」

1945年舊金山和平大會的跨種族會議講者群，由左至右：安克沙立亞（Maneck Anklesaria）博士、克伊（John Cohee）、我、馬克白（Hugh E. MacBeth）、麥文斯（Vince M.）。

（左）我敬愛的父親靜靜結跏趺坐，1936年攝於加爾各答。
（右）華盛頓特區的世界信仰悟真堂由史瓦米．普雷瑪南達主持，我們在教堂前合照。

1 安西尼塔斯是個在101海岸公路上的小鎮，在洛杉磯南方約一百六十公里、聖地牙哥北方四十公里處。

2 歌詞如下：

噢！神啊！祢真美麗！
噢！神啊！祢真美麗！
在森林裡，祢就是那翠綠，
在山間，祢是那巍峨，
在河裡，祢不捨晝夜，
在海中，祢便是莊嚴。
於需要之人，祢是犧牲，
於愛人，祢是愛情，
於憂傷之心，祢是憐憫，
於瑜伽行者，祢是祝福。
在祢的跟前，我敬拜祢！

尤迦南達尊者年表

一八九三年　一月五日，生於印度戈拉普市（Gorakhpur）的一個孟加拉家庭。

一九一〇年　十七歲，皈依上師聖尤地斯瓦爾。

一九一四年　接受出家戒，法名為史瓦米尤迦南達．吉利（Swami Yogananda Giri）。

一九一五年　六月，畢業於塞蘭坡學院，接著進入大學部就讀，得以待在上師塞蘭坡的道場。

一九一七年　在印度西孟加拉邦迪西卡（Dihika）成立男子學校，以創新的教育方式，結合瑜伽鍛鍊，重視靈性發展。

一九一八年　遷校至藍奇。藍奇之後成為印度尤高達僧團，為美國悟真會的分部。

一九二〇年　二十七歲，受邀至美國波士頓宗教大會演講，踏上了美國的土地。成立悟真會，展開長達三十多年在異地的弘法之旅。

一九二四年　在美國四處演講，成千上萬的人慕名而來，許多名人成為他的信徒。

一九二五年　在洛杉磯成立悟真會國際總部，成為弘法工作的基地。

一九二七年　柯立芝在白宮接見尤迦南達，他是有史以來第一位和美國總統會晤的印度僧人。

一九三五年　三月，悟真會在加州登記立案為非營利組織。經歐洲返回印度，拜會上師，歷時約一年半。上師聖尤地斯瓦爾授與他帕拉宏撒的頭銜，意為「悟者」，乃是對其靈性成就最高的肯定。

一九三六年 上師聖尤地斯瓦爾辭世。尤迦南達返回美國，在恩西尼塔斯，繼續演講、著述。

一九四六年 出版《一個瑜伽行者的自傳》。

一九五二年 三月七日，尤迦南達在洛杉磯參加一場外交晚宴，晚宴最後，他談及美國和印度對人類的貢獻，期待未來有更多交流。根據在場的弟子描述，尤迦南達念了一首詩〈我的印度〉，語畢便進入涅槃。尤迦南達在美國洛杉磯涅槃。尤迦南達的一生傳奇精彩。他肩負著使命，弘揚瑜伽，平衡人類的精神與物質文明，散播靈性的種子，他遺留下來的文字與生活典範，是後人無盡的寶藏。

二〇一九年 《一個瑜伽行者的自傳》已翻譯成五十多種語言。

一個瑜伽行者的自傳 **Autobiography of a Yogi**

作者　尤迦南達
譯者　劉粹倫
校稿　劉美玉、郭正偉
美術插畫　蕭羊希
內文排版　陳恩安
總編輯　劉粹倫
發行人　劉子超
出版者　紅桌文化／左守創作有限公司
104臺北市中山區大直街一一七號五樓
Fax: 02-2532-4986
undertablepress.com
印刷　約書亞創藝有限公司
經銷商　高寶書版集團
114臺北市內湖區洲子街八八號三樓
Tel: 02-2799-2788 Fax: 02-2799-0909
書號　ZE0151
ISBN　978-986-06804-4-7
初版　二〇一四年
四版　二〇二二年一月
新台幣　550元
法律顧問　詹亢戎律師事務所
台灣印製

Autobiography of a Yogi
by Paramhansa Yogananda

5F 117 Dazhi Street, 104042 Taipei, Taiwan

國家圖書館出版品預行編目(CIP)資料

一個瑜伽行者的自傳/尤迦南達(Paramhansa Yogananda)著；
劉粹倫譯. -- 四版. -- 臺北市：紅桌文化, 左守創作有限公司, 2022.01
512面；14.5*21公分
譯自：Autobiography of a Yogi.
ISBN 978-986-06804-4-7(平裝)
1.尤迦南達(Yogananda, Paramahansa, 1893-1952) 2.傳記 3.印度

783.718　110019968

像山一樣思考

THINKING LIKE A MOUNTAIN

作者
約翰·席德等
John Seed, Joanna Macy, Pat Fleming, Arne Naess

繪者
戴倫·皮悠
Dailan Pugh

譯者
黃懿翎

導讀
前往山高水深之處

林益仁 台北醫學大學醫學人文研究所所長

《像山一樣思考》，這是一本書嗎？我問了一下自己。這本「書」，對我而言一直都不是文字而已，她更像是危機時代許多深切關懷匯聚在一起，是在全球各地彼此相連接的生態行動。這本選輯作者非常多元，有的是詩人，有的是哲學家，有的是藝術家，有的是宗教家，甚至有原住民領袖。然而，有意思的是，他們都不約而同地表達出對自然關愛的熱情與行動。在這些文字裡，充滿了安靜的沉思、虔誠的禱告、深情的祝福，但也有社會抗爭的熱切情懷，它們不拘形式地帶著讀者，前往更深的思考而去。

二〇一〇年夏天，我受邀參加第二屆澳洲荒野律法與地土法理學國際會議（Second Australian Conference on Wild Law and Earth Jurisprudence）。在主題演說時，同行的友人，知名的澳洲人類學者黛博拉・羅斯（Deborah Bird Rose）在我身旁輕輕告訴我，應該找機會認識一下這位主題演說者，約翰．席德（John Seed）。此時，我的腦海中浮出一些模糊的印象，似乎就在撰寫博士論文時，我在文獻回顧生態哲學的閱讀中，看過這個人名。當時，他就在我的眼前，而且用一種非傳統的方式「宣讀」著他的「論文」。

其實，他是拿著一把吉他，吟唱著他所寫的生態詩篇。印象中，是一首相當長的詩篇，大意是從亙古的宇宙生成起點，一直到多樣生命演化的繽紛過程。吟唱中，他反省了人的位置以及與自然彼此的相依關係。後來，我們在大會安排的行程中同車去「善登點原住民營帳使館」（the Sandon Point Aboriginal Tent Embassy）[1]。終於，我逮到機會跟他聊聊。相談甚歡，我開口邀請他來台灣，他也爽快地一口就答應了！二〇一一年，他依約來到台灣，我們去了莫拉克災區的高樹與魯凱族的阿禮部落、美濃、佛教弘誓學院以及新竹尖石的泰雅族部落。在尖石，他還參與了部落反高台水庫的運動，分享了當年他與現在澳洲綠黨主席鮑伯．布朗（Bob Brown）一起在塔斯馬尼亞反水庫的經驗。

約翰．席德，跟佛教生態學者喬安娜．梅西（Joanna Macy），藥草詩人佩德．福連明（Pat Fleming），以及深層生態學的開創者，挪威哲學家阿恩．奈斯（Arne Naess）一起，是這本選輯的主要編者與作者。事實上，編者們一致同意，他們都受到主編之一的挪威哲學家阿恩・奈斯的深層生態學思想很大的影響。而書名「像山一樣思考」的靈感，則是來自有「美國生態保育之父」美譽的奧爾多・李奧帕德（Aldo Leopold）在《沙郡年紀》（*Sand County Almanac*）一書中的同名文章。

阿恩・奈斯在一九七三年於他所創辦的跨領域哲學期刊《探索》（*Inquiry*）中發表了一篇文章，批判僅靠科學技術來解決環境污染的問題，是一種「頭痛醫頭，腳痛醫腳」的淺碟生態思維。他認為真正的生態危機乃是起於，人類凡事以人為中心（Anthropocentrism）的主宰性思維。於是，他提倡人們對於「我」（self）的概念，應從「小我」（ego）的範疇，延伸到「生態我」（eco-self）的認識，亦即更深刻地體認「個別的自我」都是涵融於「生態我」裡面關係互依的某部分，所以在這種認識下每個「個別的自我」，都應該被平等地對待。更重要的是，這些「個別的自我」其實不僅是人類而已，更包括了多樣的生命（眾生）與大地。

阿恩・奈斯的深層生態思想促動了長期投入佛教研究與環境運動的喬安娜・梅西，事實上以「生態我」作為自我實現的最高境界的深層生態思想，跟佛教思想對於「無我」以及緣起的根本教理，確實有許多可以關聯與對話的地方。無怪乎，喬安娜・梅西會受到影響，同時與其夫婿法蘭西斯．梅西（Francis Underhill Macy）一起創辦了「深層生態學中心」（Institute for Deep Ecology）。

其實，深層生態學吸引了許多宗教實踐者與研究者的注意，主要是它特別凸顯了生態思想中有關於靈性的探討。老實說，這是一般生態科學避而不談的議題。此外，雖然有不少深層生態學的支持者對於同樣是世界性宗教的基督教有相當程度的不滿，但例如湯瑪斯．貝瑞（Thomas Berry）與馬修．福克斯（Matthew Fox）等從天主教會出身的學者與神職人員，或甚至美國環境倫理學之父福爾摩斯．羅斯頓三世（Holmes Rolston III），也是基督教改革宗的牧師，都對深層生態學的生態中心論點大加支持，也認為深層生態學的哲理與基督教思想傳統有不少可以對話與相通之處。

然而，在不同的信仰與文化體系中，最與深層生態學可以對話的可說是原住民的文化與生態智慧。主要是，因為它們同時都分享了整體論（holism）的宇宙觀。阿恩．奈斯在提出這些生態哲學主張時，特別強調這種哲學主張並非一種新的宗教信仰，反而，他非常期待拿這個哲學主張作為平台，可以跟不同的宗教進行思想上的對話與融滲。

佩德．福連明的參與，是本書的另一個重點，她是詩人，但也擅長傳統醫藥，認為其中蘊含了調節身心健康與療癒的生態思考。整體而言，深層生態學的精神所體現的無非是深入到一種人的身、心、靈不同層面全方位的療癒過程。它不像物質科學，只看到物質面的研發與進步；也不像社會科學，只關注在社會結構的分析、改造以及人類關係的互動，它要提出的是找出人們的身心與外在環境如何和諧互動的方式與態度。在很大的意義上，深層生態學是從生態的角度探討整體健康的議題，這個視野絕對是呼應聯合國衛生組織對於健康的定義，也是生態醫學此一新興學術領域的重點。

此外，佩德．福連明也配合喬安娜．梅西與約翰．席德發展一個叫做「眾生大會」（Council of All Beings）的生態心理學工作坊。在工作坊中，他們廣泛地運用心理諮商的方法，開發人們在面對生態破壞與社會衝突中所產生的沮喪與失望時，是如何透過與大自然的連結與感知，提昇人們在身、心、靈與外在生活環境統合的能力。

本書的所有章節，幾乎可以說是為召開一次「眾生大會」的準備工作，提供必要的閱讀文字。更有意義的是，這些文字的寫成，真正的目的並非是為了一個工作坊的手冊，它其實是累積了這些各個領域的生態關懷者長時間的實踐與行動所結晶出來的思想，說來彌足珍貴。其中，本「書」作者還包括流傳許久的〈西雅圖酋長的話〉以及獲得普立茲獎的詩人作家葛瑞．史耐德（Gary Snyder）的文字。誠如前揭所言，這些都是生態行動的具體心得。

最後，我要講的是，在二〇一一年約翰．席德首次來台期間，我們車行在台灣的山林之間時，我曾經問過他的一個問題。即，對個人身、心、靈狀態與生態關係和諧的追求以及環境運動的抗爭與實踐，是否有衝突？在台灣，這似乎是兩種截然不同的生態關懷路線。他沈思了一下，回答說：「沒有。反而，這兩種方式應是互補的。」他繼續說：「有人認為深層生態學提倡者，僅是關切心靈層面的個人修行者。其實不然，他們也參與對於不公平社會結構的抗爭。但越是參與抗爭，就越是需要面對個人與集體面對衝突所產生的情緒起伏、憤怒與反擊等的內在心理的變化。」這番話對照我自己過去的經驗，以及這本選輯中作者們的分享，我相信約翰．席德講的是正確的。而我更認為作者們所發展的生態心理學與深層生態學工作坊，正是目前台灣的生態運動所需要的重要一塊。我們在台北醫學大學的醫學人文研究所，也已啟動從生態醫學的角度朝向這個當代與全球的重要課題，積極思索如何參與的有效途徑。

1 在澳洲新南威爾斯，烏隆工（Wollongong）北邊的政府海岸公有地，原為當地原住民祖先墳塚聖地，但因建築開發商覬覦企圖開發為高級別墅區，因而引發原住民與生態公民團體的抗議，並以建立帳營據點、火堆與升旗等抗爭為社會運動策略，宣示原住民族主權，現為澳洲原住民族自然文化權爭取的重要個案。

與我們居住的地球和諧共處，聲息相通！

《像山一樣思考》是一本文集，收錄許多文章、冥想、詩文、引導式想像、工作坊紀錄，以及塔斯馬尼亞森林的精美繪圖，皆由經驗豐富的工作坊主持人和運動工作者設計。我們有許多人都感覺到與自然的隔絕，因此，本書的目的在於幫助我們超越彼此的鴻溝，不再與活生生的地球隔絕。

雖然大多數的人都用了頭腦去理解「人與自然不可分割」這件事，卻少有人真正**經驗到**那親密的連結。當我們能對地球的遭遇感同身受，以她的痛苦為我們的痛苦，視她的命運為我們的命運，我們的思維就會重新變得透徹清晰，並能重新找到感動和委身。

《像山一樣思考》能幫助我們想起與自然的深層連結，重新審視人類的消費模式，重新發現親密和扶持的需要，並決定行動的優先順序。

作者簡介

《像山一樣思考》已出版將近三十年，翻譯成十幾種語言，並有上千人曾舉辦眾生大會和其他的「重新接觸大地」（re-Earthing）工作坊。梅西、福連明和席德也持續推廣「重新連結的相關工作」（work that reconnects）。

約翰．席德（John Seed）擔任「雨林資訊中心」主任，且持續為南美洲、非洲和太平洋國家的前緣環境運動人士與團體募款。這些年經常至北美洲或歐洲開辦多場工作坊與演講，製作許多影片和環境音樂合輯，並獲頒澳洲勳章（Order of Australia Medal, OAM），肯定他在保育和環境工作的貢獻。欲獲知最新消息，請上www.rainforestinfo.org.au網站。

喬安娜．梅西（Joanna Macy）的許多著作包含與莫莉．楊．布朗（Molly Young Browm）合著的《恢復生機》（*Coming Back to Life*）。《恢復生機》中介紹大翻轉（the Great Turning）的概念，敘述了五十場團體活動，其中包括深層生態學的訓練活動，以及我們為了社會工作者長時間在生物系統和靈性實踐的努力。梅西為提供工作坊進行的原則，也發行了一套兩片合裝的DVD，名為《喬安娜・梅西：努力重新連結》（*Joanna Macy: The Work That Reconnects*）。若欲聯繫梅西，可上www.joannamacy.net 網站搜尋她的行程內容和相關文章。

佩德・福連明（Pat Fleming）目前住在英國德文郡的達特穆（Dartmoor），並於該地工作，興趣包括研究、栽植、醫藥植物的寫作和諮商。許多年來，她已開設不少與關懷地球相關的課程、訓練和活動，其中包括深層生態學活動、有機種植和生物動力農法（biodynamic growing），以及醫藥植物的栽植和使用。她也是位詩人，曾於二〇〇四年出版《曠野詩集—卷一》（*Moor Poets-Volume One*），集結了許多達特穆居民「獻聲」，甚至包括HM監獄的獄友，以詩詞道出荒野靈魂的心聲，《卷三》也在二〇一四年出版。她還創立曠野詩社，推廣創意寫作。

阿恩・奈斯（Arne Naess）是著名的挪威哲學家，也是「深層生態學」的創始人，所著的《阿恩・奈斯選集》（*The Selected Works of Arne Naess,* 全套已出版，奈斯生前的最後著作是《人生哲學：深層世界裡的理性與感性》（英文書名為*Life's Philosophy: Reason and Feeling in a Deeper World*, University of Georgia Press, 2002）。

繪者簡介

戴倫・皮悠（Dailan Pugh）生長於墨爾本鄉間，擅以不同媒材表達大自然之美，並因此投身環境運動。現任澳洲東北森林聯盟（North East Forest Alliance, NEFA）發言人。

致謝

在此我要感謝各個國家與地區的眾生，因為有你們，才有這本書。

感謝所有曾經給予幫助、靈感和鼓勵的朋友，特別感謝位於澳洲利斯莫爾的互助網（Interhelp）、大灌木環境中心（Big Scrub Environment Centre），和雨林資訊中心，以及澳洲友人翠娜・錫爾斯（Trina Shields）和托法・格林（Tova Green）。感謝大地女神蓋婭，派來英國派翠克・安德森（Patrick Anderson）與史都・安德森（Stu Anderson）提供了寶貴的幫助。合作的過程中，我們不停吱吱喳喳，十分開心。

感謝賈斯汀・肯瑞克（Kistom Lemrocl）、卡洛琳・溫頓（Caroline Wyndham）、邦尼・本儂（Bunny Burnell），以及所有位於倫敦的綠網（GreenNet）友人，他們提供的電子設備實在令人嘆為觀止。

愛的神靈啊！
祢激盪著肉體，
使肉身輕顫著，
祢穿梭，如同在草葉之間，
抹去實線畫出的每一條邊界，
猛地推開生命裡每一道門。
我吟唱，並衷心祈求：
拯救那走向毀滅的地球！

打破每人心中本我的靈啊——
祢使眼背棄了眼，
使心一個勁兒地從肋骨之間溜走，
轉向另一個身軀衝去——
救救地球吧！
因為它正走向毀滅，
我吟唱，衷心祈求。

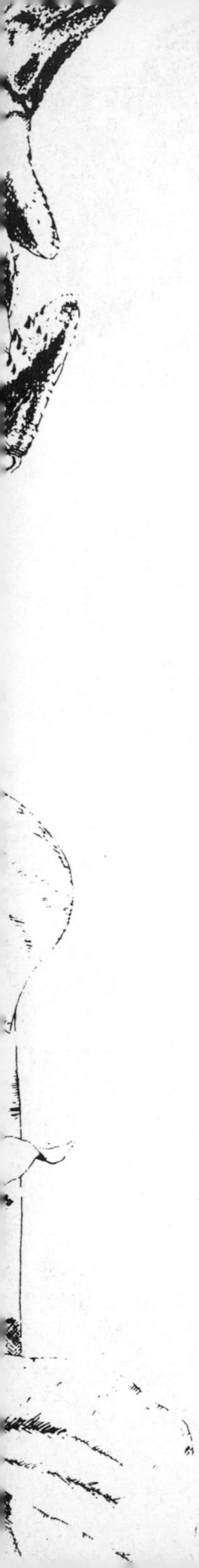

傾聽我們每一個人的靈啊！
祢傾聽一切存有，
祢側耳傾聽，耐心傾聽——
就在此刻，啟發我們！
我們的生命，在陌生之人的身體裡脈動，
也在腳下這片開滿花朵的土地裡跳動著，
靈啊——求祢教導我們傾聽——
聽見水中的脈動、林裡的心跳，甚至沙石裡的觸動。
我們屬於大地，是土中的土，骨中的骨。
我吟唱，衷心祈求，
地球正走向毀滅，
只因
這首歌已被世人遺忘。

巴巴拉·戴明（Barbara Deming）

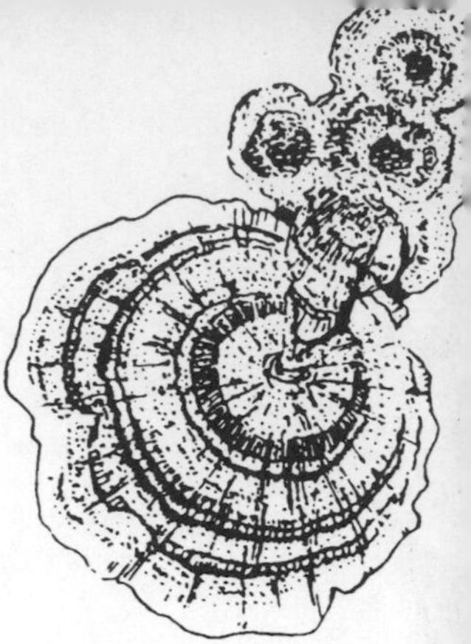

導讀　前往山高水深之處　4

愛的神靈　祢穿梭，如同在草葉之間　16

祈禱：重新喚醒我們的內心　我們祈求蓋婭，祢靈的同在　21

從內心深處聆聽地球的哭泣　為了更巨大的「自我」而活　25

實現本我：存在於世的生態進路　擴展自我，實現大我　47

喔！迷人的岩石啊！　是原子匯聚能量，扶著上方不動如山的巨岩　65

超越人類中心主義　我和雨林同屬一體，是漸漸學會思考的一分子　69

蓋婭的冥想　雖然型態不斷變換，一切仍將回歸　79

重拾演化的記憶　宇宙初始，我們都在那裡　85
旅鴿　他們的尖牙巨大無比，卻如人類的科學那般多餘　95
與蓋婭同在　蓋婭的心跳聲，也是大我的心跳聲　101
西雅圖酋長的話　土地不屬於人，人卻屬於土地　113
動物寓言故事　別讓我們獨自留在親手摧毀的世界裡　123
眾生大會　人類啊！我要給你們深深的平安　133
行動吧，英雄們！因納斯的見證　我的身體變成傳達她意旨的工具　155
危難眾生之伽佗頌歌　求祢大大地釋放我們　163
眾生大會工作坊綱領　輕輕握着他的手　165
後記　眾生大會在台灣　197

祈禱：重新喚醒我們的內心

約翰・席德

我們祈求蓋婭，祢靈的同在，祈求生命的氣息繼續愛撫著我們稱之為家的星球。

願我們能真正地逐漸了解到、並因著這真切的認識，起身保護樹木。因為樹木使我們繁盛，若沒有土壤、水和空氣，我們將不復存在。

願我們回歸內在，在這絕美細緻的行星上，用雙腳踏在所有生物那盤根錯節的真實根鬚上。願透過根鬚的脈動，獲得滋養與力量；願充滿熱情與決心，延續那永恆律動的舞蹈。

願愛湧現，從心中綻放。

願純潔、強大的律例和綱領憲章，能以全新的樣貌施行在這土地上，共同見證，醫治這殘破不堪的生物圈。

我們祈求蓋婭，祢靈的臨到，與我們同在。啟示我們眼目所需關注的，為了人類的最高福祉，為了眾生的最高福祉，啟示我們。

我們召喚演化的靈，這奇妙的力量鼓舞石頭和沙塵，使它們成為生物群落的一分子。演化的靈啊，千百萬年來，祢與我們相伴，所以請別拋下我們，請給我們力量，喚醒心中純潔燦爛的創造力。演化的靈啊，祢能使魚鱗幻化飛羽，使海水幻化血水，使毛毛蟲幻化羽蝶，求祢使我們這個物種歷經蛻變，喚起心中的力量，熬過今天的磨難，一步一步進入太陽星系下一個永恆的旅程。

請喚醒我們的內心，明白我們不過是生命樹上的花簇，姿態微小，稍縱即逝。讓我們與生命樹共同肩負相同的存在目的和命運。

請讓我們心中滿溢對真實大我的愛，因那大我裡有所有的動植物，也包含世界上所有的地景風貌。請讓我們的心中充滿強烈的使命感，為大我的幸福和持續演變而努力。

願我們在每一場人類的會議中，都能為地球上的動植物以及地景風貌請命。

願我們心中那純潔的熱情閃耀著奪目的光芒，剎那間穿透晦暗的日子。

願我們覺醒，回到真實、唯一的自然——別無他物，只有蓋婭，只有這活生生的地球。

祢的大能力托著行星於軌道上運行，使銀河的漩渦轉動了兩億年之久，我們召喚祢，求祢將和睦、忍耐、喜樂注入人性和關係情感中，求祢教導我們領悟那大而無限的時間，使我們如殘燭般短暫、搖曳的生命，能忠實地映照出過去大時代所完成的作品，也映照出那歷經數百萬年的演化過程，而那充滿無限可能的演化力量，仍捧在我們顫抖的雙手中。

喔！星星啊！讓我們也能擁有祢那熾烈的熱情。

喔！寂靜啊！使我們的聲音更加響亮。

我們祈求蓋婭，祢的靈臨到。

從內心深處聆聽地球的哭泣

約翰・席德

我們或多或少都意識到地球已陷入危機當中，甚至威脅到生物的生存。這樣的認知，不僅有生物學家、植物學家、環境科學家等專業人士，就連一般民眾都能明顯感受到危機指數不斷攀升。

除了空氣汙染和食品安全外，河川也不再能釣魚或游泳，垃圾場的有毒物質滲入自來水系統，其他還包括漏油、酸雨或臭氧層破洞的新聞報導等，都是顯而易見的例子。博帕爾事件（編按：一九八四年博帕爾市發生嚴重工業意外，毒氣外洩造成數十萬人受害，當地地下水至今仍有毒性）、車諾比事件、萊茵河汙染（編按：一九八六年位於萊茵河畔瑞士巴塞爾桑多茲化工公司的倉庫爆炸起火，大量有害物質，隨著滅火液和水一起流入萊茵河，造成嚴重汙染）等的環境災難，也不再被視為單一的偶發事件。這些事件背後其實暗藏了更大的汙染存在，環境汙染日益嚴重，而且每日持續在世界各地上演。

以下令人震驚的數據，對大家而言應該不算陌生：平均每分鐘就有將近九萬平方公尺的雨林遭到破壞，換算起來，每一秒鐘就會消失約一個足球場大小的雨林面積。另外，二十一世紀末將會有一百萬種動植物面臨滅絕的危機，也就是說每天大約會有一百個物種滅絕。

聯合國環境規劃署（United Nations Environment Programme, UNEP）署長托巴博士（Dr. Mostafa Tolba）聲稱，基因和環境遭到如此嚴重的破壞，「可能會使我們在本世紀末，面臨像核災那樣全面且不可逆的巨大環境災難。」然而，即使加上每天都能面臨到的環境破壞證據，科學家們提出的圖表和推論仍然令人難以想像。無論從哪方面來看，這些實際發生的環境問題很難讓人視而不見，但即使如此，在平凡單調的生活當中，還是難以真實感受到這些證據的存在。

我的家鄉在澳洲新南威爾斯（the State of New South Wales），那兒有一片碩果僅存的雨林。自從我開始參與保護雨林的環境行動，我才開始明白環境問題的嚴重性，而有所體會。我所理解的知識都鮮活了起來，我把這些知識內容體現於與其他生命的互動之中，包括與抗議團體、伐木團體、警察共事，還有和樹木，以及與森林裡面的其他生物共處。

當時的我，深刻體會到人與土地之間的羈絆，那種感受與連結是如此地深厚。我知道不能只是為了自己或人類的思想而活著，而是為了地球——那個「更大的我」而活。換句話說，那時的我屬於那片為了大我而抵抗的森林，是森林的一部分。

無論是當時或現在，我都深刻地了解到，這些連結和所有從連結所衍生的知識與感受，都存在每個人的心中。唯有喚醒這些連結與感受，才能終結環境的崩壞，使地球恢復生息。我們必須設法使人明白真相，覺察到本我的力量，承接守護地球生命的使命。

這麼看來，好像是雨林向人類拋出的挑戰。自從參加了其中一場喬安娜・梅西（Joanna Macy，美國環保學者及運動人士）在澳洲舉辦「從絕望到培力」（Despair and Empowerment）的儀式後，我跟她就開始認真思考要如何回應上述的挑戰。

我們一邊走在位於我家附近睡帽山脈的森林中、一邊聊著，而這幾座森林還是數年前我們一起成功保護下來的。這些年來，梅西和各行各業的人合作，過去的經驗讓她明白，這時代最深層、也最普遍的焦慮來源，就是理解到維生系統已經遭到破壞的事實。維生系統的破壞，不像核戰是一種假想出來的危害，而是正在發生的事實……然而，無論人極盡否認，或是理解到、感覺到什麼，通常也僅僅停留在身體的感官層面——屬於剛剛開始的階段。因為這威脅太過巨大，所以不知道從何處切入討論，若說要有所行動，更是難如登天。

我和梅西都深受挪威奧斯陸大學哲學系奈斯（Arne Naess）榮譽教授著作的啟發，從奈斯所論述的深層生態學觀點來看，即使人們已經普遍意識到環境的危害，但都僅止於淺層意識的層面。因此，我們想要了解，是否有可能結合「從絕望到培力」與深層生態學，喚起人們為地球展開實際行動的承諾與勇氣。

經過不斷的討論之後，眾生大會（The Council of All Beings）應運而生，希望在眾生大議會的團體運作之下，能訓練人與自然連結的能力，使人們做到如同越南一行禪師（Thich Nhat Hanh）所說：「從內心深處去聆聽地球哭泣的聲音。」藉由這種方式的連結，讓其他生物透過人類發聲，並有意識地體驗到與眾生連結的痛苦與力量。

不久後，在澳洲雪梨的市郊我們舉辦了第一屆的眾生大會，共有四十人參與，會場流瀉著原住民的迪吉里杜管（didgeridoo，澳洲原住民特有的吹管樂器）的樸實樂音，當時佩德．福連明（Pat Fleming）也到場協助。

我和梅西、福連明等人，從一九八五年三月初就開始藉由團體工作或舉辦儀式，將眾生大會推廣到澳洲、北美洲和歐洲。眾生大會舉行的地點形形色色，包含森林、會議中心和學校教室，有時也成為教堂禮拜中重要的一環。此外，我們分布各地，透過文字廣為宣傳，目前福連明在英國、梅西在美國加州（之前在圖博〔西藏〕），而我則以澳洲為主。透過來自世界各地的信件與電話，也接觸到許多歷久彌新的重要經驗。

在過程中，或在這本書裡，我們都使用「眾生大會」一詞，因為眾生大會指的不僅是一種特殊儀式，也包含儀式中一種團體相互影響的過程與團體實踐（group processes and practices）。本書出版目的，便是希望能將這些工作發揚光大。在此之前，我必須稍微說明，是哪兩股思潮的匯流，造就了這種新的團體工作形式。

走出絕望、悲痛、憤怒，釋放新的能量和創意

由梅西與互助網（Interhelp Network）[1]的其他人共同發展而成的「從絕望到培力」，是催生眾生大會的其中一個因素。

環境運動者使我們意識到現在面臨的生存危機，但同時譴責了社會大眾對這些危機的冷漠。他們誤以為人們不改變的原因在於資訊的缺乏，因此把提供闕漏的資訊作為主要目標。然而，按照「從絕望到培力」的工作推行經驗來看，這些麻木不仁與漠不關心的態度，並非來自於無知或缺乏興趣。事實上，我們大多已感受到地球遭受的嚴重破壞，卻因為害怕絕望會將我們擊垮，所以既不願意面對、也不願意傳達這個體認，甚至當社會中開始出現某些聲音時，會禁止傳遞或表達對於環境破壞的苦惱與擔心。

適應與生存的重要能力，來自於感受的回饋機制，若拒絕去感受，會對我們造成嚴重的損害，造成生命中情緒與感官的部分逐漸枯竭。並且在篩選或過濾令人憂心的資料時，會阻礙處理與回應資訊的能力。

過往的團體工作經驗顯示，絕望、悲痛、憤怒等情緒，都是人們可以面對和體驗

的，也能利用創意進行引導。因此，我們不但不會被擊垮，反而能釋放新的能量和創意，變得更有能力。啟動這些感覺的機制後，便能開始體會與其他生命最原始的連結。人在經過這些經驗後，往往會開始聚集，不斷形成一些支持團體，或加入現有的團體，參與和平以及環境議題的相關行動。

世界，存在我們身體中——深層生態學

> 生態思想……必須蘊含一種橫跨各界的意象。若以生態的思維來形容皮膚的表皮層，可將其比擬為池塘水面或森林裡的土壤，反而不像是外殼，而是能巧妙進行物質的滲透。因為，自然的美和錯綜複雜與我們共存共榮，所以皮膚能夠展現出既有能力、又可擴展的自我……融入在地景色或生態系之中……我們必須承認這個世界本身就是一個存在，也存在於我們的身體中。[2]

深層生態學（deep ecology）[3]是眾生大會的另一個源頭。這支新興的自然哲學，認為環境主義（environmentalism）治標不治本，只處理了環境危機的表面問題，卻不以修

正環境主義的內涵為目的，反而針對當代文明的基本假設與價值提出質疑。科技文化吸收和同化了各種批評，因此，我們雖能批判科技文化的部分思想，卻無法質疑整個科技文化；即便如此，深層生態學作為革命性思想源頭，卻能將社會中的核心價值與中心思想放在檯面上，接受嚴厲的檢驗。深層生態學認為，若不在意識層面上進行徹底的革命，就無法持續有效地保護地球上的維生系統。

深層生態學的架構，有別於猶太教、基督教、馬克思主義、人道主義傳統，認為「人」不是最終的價值標準，也不應居於受造界的首位，反而只是生物群落中「平凡的一分子」。我們對於生物群落的無知，不僅威脅到自身的生命，也威脅到地球上所有的生物。

我們必須學習讓「萬物順其自然」（let beings be），不加以宰制，使各種生物按自身的演化命運發展。我們必須明白，生命的樣貌不是人類居於頂端的金字塔，而是一個輪迴的圓，彼此環環相扣、緊緊相連；更要體認到，環境問題並非「遠在天邊」，反而就在我們汙染空氣、水和土壤的同時，也毒害了自己。因為我們就如同其他生物一樣，生存於這個萬物相互依存的生物圈中。深層生態學的中心思想也呼應了西雅圖酋長（詳見第一一三頁）等原住民古老的大地智慧，詳細的內容在第六九頁〈超越人類中心主義〉一章中有深入的說明。

萬物相互依存的概念，與整個西方社會的社會演化過程背道而馳，因此，要在理性層面接受這些概念並不容易。這就是為什麼我們必須利用一整本書，來分析那些讓人難以完全領會深層生態學的各種限制，這些限制來自於過往西方文明的政治、經濟、社會和文化。此外，只有理性接受這些概念是不夠的，若要從根本層面進行改變的話，需要更巨大的能量。如同奈斯於探討〈實現本我〉（*Self*-Realization）的章節中（詳見第四七頁）指出，我們必須將這種知識內化，成為自我認同的一部分。但這並不意味著要否定自己身而為人的身分，更正確地說，應該如同奈斯所主張的，以更適當的框架來思考我們的身分認同，也就是——更大的「生態我」（ecological Self）觀點。

雖然，我們很難全然理性接受深層生態學提出的事實真相，然而，當「大我」（*Self*）向我們全然敞開時，便得以透過儀式的力量，一瞥「大我」的可能性。

帶來轉變的儀式

深層生態學家暨哲學家拉夏佩爾（Dolores LaChapelle）於《地球的智慧》中（*Earth Wisdom*）說道：

……由亙古冰河而生的岩石粉末，歷經二萬五千年後，才能轉變成肥沃的土壤，但我們卻在大約一百五十年之內，就流失了美國境內一半的豐饒國土。若只有拋出這些數據，讓頭腦的理性部分去吸收，將徒勞無功，但如果能透過吟唱與跳舞的儀式，就能觸動腦中那古老悠遠的記憶，像過去那樣，與土壤一起感同身受。[4]

在這個世代與文化下，大我感覺（sense of self）逐漸萎縮，信奉人類中心主義的宗教與科學，也開始主宰我們的意識（consciousness），這些因素都漸漸地使文化不再重視儀式。

每一個原始文化都存在著一些宗教儀式（rituals），能證明人與非人的世界彼此相連，這些儀式的存在，不僅證實自古以來人類就意識到兩個世界之間的分離，也暗示我們需要投入許多精神，來維持人與自然的連結。除此之外，儀式也提供了一個前進的方向，能重新恢復斷裂的連結，誠如拉夏佩爾所說：「儀式……可以促進『頭殼內的心智』（mind-within-the-skull）、『頭殼外的心智』（mind-outside-the-skull）、與環境彼此之間的連結。」

我們發現，即使真能拋棄某些早已形成的文化信念，但若要改變自呱呱落地以來，就已銘刻在心的「小我」，仍然十分費力。因為「小我」是由文化所塑造，因此，要引發相當程度的蛻變（transformation），勢必需要極大的能量。

根據心理學家榮格（Carl Gustav Jung）所言，原住民所有主要的活動形成，都與儀式或吟唱有關：

> 很明顯地，以心理學的角度而言，「這些儀式與吟唱」目的都在於將原慾（libido）導引到必需活動（necessary）中。普魏布勒印地安人（Pueblo Indians）的儀式極為複雜，這些儀式顯示，要將原慾從日常生活中的天然搖籃

中，轉移到一些非日常的活動裡，是非常費心耗神的。[5]

每一個部落文化都參與這樣的實踐，誠如史耐德在他的《古老的方式》（*The Old Ways*）中所說：

> 部落裡的巫師為野生動物發聲，也為植物的靈魂、山的靈魂、河流的靈魂發聲，並且為他們吟唱。他們在自然之中吟唱……整個部落社會向非人的力量尋求幫助，並允許某些人全然跨出人類的角色，穿戴野牛、熊、南瓜、玉米或七姐妹星宿等非人類生物的面具、服裝和心智，以那樣的外形重新進入人類的輪迴圈（circle），並藉由歌曲、模仿和舞蹈，傳達來自另一個世界的問候。[6]

現代人以為單靠人的意志，就能想起與自然相互依存（interconnectedness）的關係，並能真正按其行事，而不需要這些儀式。榮格認為這是錯誤的想法。現代人若不尋求普世的宗教精神，重新肯定人與自然相互依存的關係，或尋求以人類為中心的信仰，最後將只剩下宗教儀式和情感經驗，得以影響發生在我們的存有裡面那深遠的轉變。

生態女性主義者格里芬（Susan Griffin）在她的《女性與自然》（*Woman and Nature*）一書中以下列文字描述這種轉變的可能性：

> 我好喜歡這隻鳥，當我的眼光尾隨著她飛翔時所展現的美麗弧形，我就與她一同飛翔了。那一瞬間，我的心將我帶離身體，進到她的裡面，我在身體裡面死去，在這隻鳥的身體裡活著，她是我生命的依靠。如同她一部分的身體，也將進入到我女兒的身體裡，因為我知道我是由塵土所造，如同我母親的那雙手也是由塵土所造。……我所認識的所有一切，都透過塵土向我訴說，而我也渴望能告訴同樣身為塵土的你，仔細聆聽我們向彼此述說所知之事：那光就在我們裡面。[7]

我們的身體，存在地球的演化歷程

要喚醒人類改變自我認同，有許多方式。從禱詞到詩詞，從荒野尋夢到實際保護地球的行動，以及本書敘述的儀式，都能啟發人產生深層生態學的經驗。在「眾生大會」

裡，我們將重新引導從「從絕望到培力」，和宗教儀式中被釋放出來的能量，產生深刻的深層生態意識。

情感教育（affective education）指的是向心和身體學習，「眾生大會」只是其中一種。然而，在我們的經驗裡，「眾生大會」假設的前提是——這些必要的知識我們早已了解，只需要將這些知識帶到意識的層面。因此，可以說，眾生大會比單純交換想法的那種情感教育更加深入。

其實，那些我們需要了解的知識早已深深地根植在心裡，重點在於喚醒這些知識。生命初期的發展，基本上就是神經系統的發育過程，因此，當人類還在母親的子宮裡時，胚胎就已簡略地重複了地球上細胞生命的演化歷程，開始感覺到兩棲、爬蟲和低等哺乳動物的內在身體意識（body-sense）。

當其他不同的呼吸頻率影響我們的知覺、使之發生改變時，非人類的生物記憶，就可能強烈又真實地顯露出來。心理學家葛羅夫夫婦（Stanislav and Christina Grof），發展出被稱為「全象呼吸」（holotropic）的練習，使人能夠回溯並拆解出生時候的體驗。他們發現在練習時所挖掘出來的，遠遠超過了生態地理（biographical）範疇和人類的領域，甚至包含親緣演化序列（phylogenetic sequences），以及連結於其他物種和生物的經驗插曲。

透過在澳洲舉辦多場「生態呼吸」（Eco-Breath）工作坊的經驗後，我們發現若運用呼吸的節奏，結合超越純然作為人類身分的強烈意圖（intention），大部分學員都能體驗到與自然（Nature）的連結，這是相當特殊的經驗（請參見第一六五頁〈眾生大會工作坊綱領〉內的生態呼吸相關介紹）。

若要重新與自然結合，首先必須要有重新接觸自然的意圖。從以前開始，我們的祖先就已舉行各種儀式，承認與自然之間相互依存的關係。人與自然之間的隔絕（separation），是人自己創造出來的。一旦心中出現意圖想要結束這樣的隔絕，就能自然而然地從這些逼真的儀式中，創造出預期的結果。因此，我們特地選在四季節令時，重新恢復這些古老的儀式，肯定人與四季更迭之間的連結。無論我們原來保有的傳統為何，都能參與這些新的儀式，因為這些儀式表現了人的內在意圖。

人本自然

在眾生大會的工作坊裡有一系列的活動過程，串連三個重要的主題，包含追思（mourning）、回想（remembering），進而為其他生物發聲（speaking）。

除非我們讓自己有所覺，否則深層生態學充其量不過是一個概念，無法發生意識層面上的改變。學員在工作坊、這個安全的環境裡，說出自身已知地球所遭遇到的事情，承認其所承受的痛苦，並開始與地球共同承受那些傷害，並**悼念**關係上的隔絕、以及失去的，過程中可能會湧現憤怒的情緒，也可能產生熱切的關懷。當我們不再壓抑痛苦，就會出現歸屬感以及相互依存感。

眾生大會提供許多不同的練習方式，不斷提醒我們：人本自然。大會舉辦的每一場工作坊都會進行各種活動，舒活我們的感官，不再只是習慣性地使用大腦的理智模式。引導式的想像練習（請參閱第七九頁〈蓋婭的冥想〉），使四十五億年的地球旅程，就像正在眼前發生般真實生動。伴隨著肢體動作，模擬演化的歷程（第八五頁），挖掘出深藏於神經系統中，生命前期演化的階段。

脫去人類小我的認同，站在其他生物的角度為他們發聲，是眾生大會最後的重頭戲，眾生大會的活動紀錄（第一三三頁）中，也顯示可能產生的互動情形。工作坊會利用一些時間，應用各種不同的動植物或地景，來決定學員要扮演的角色。大會著重於儀式的進行與參與，設計出學員能夠自然表現的結構，產生極具創意的想法，提出人類應該如何行動的建議。向神靈祈求力量，以及這些生物的知識，將使我們更有力量。

丟開自我利益和挫折，擁抱新的決心與勇氣

這些儀式和保護自然的行動之間，存在著複雜的關係，即使我們用許多抽象的概念、知識來理解自然，自然仍維持一貫的完整性和連續性，內與外之間，自在地流動與交換。

這些儀式絕對不會讓人因此放棄其他直接的行動，反而鍛鍊並提供我們更大的行動脈絡。我們不應以人的狹隘自我（ego selves）來擬定策略，或產生相關影響，反而應該看重背後更大的脈絡。我們應該理解，人的行動代表的不僅是自己的觀點與信仰，而是代表了大我（larger Self）——也就是地球，並體認到讓人信服的背後是超過四十億年的

演化歷程。唯有這時候，我們才不會受限於自我懷疑、狹隘的自我利益和挫折，反而會充滿新的決心、勇氣和毅力。

儀式更幫助我們敏銳地意識到，所有直接的非暴力行動中，都隱含儀式的特徵，因此能使行動更有力量。雖然，有時我們要保護的是某一排樹木或山川，仍可能象徵性地保護著全世界所有需要被保護的樹木、山川。

有許多人因為冷漠態度，也就是所謂的麻木不仁，而受到痛苦折磨。冷漠的態度，其實就是萎縮自我意識下的產物。人們在眾生大會中，更深層地體驗到自己與地球的合一，這種體驗即是能量的更新，使人為了保護野性自然與和平而更加努力。

同時，呼籲明白這些威脅的人們，無論身在何處，都能與我們一同並肩作戰。在保護自然免於人的破壞的時刻，也邀請那些想破壞地球的人，一起經歷發生在我們身上的轉變，回想起真實的身分，跳脫出自我設限的警察、政客、開發者、消費者等角色，轉而為大我的利益挺身而出。

非暴力直接行動中，隱含著一種儀式的特性，能使全世界一步一步實現巴巴拉・戴明（女性主義、和平主義作家）描繪的境界：

傾聽我們每一個人的靈啊！
祢傾聽一切存有，
祢側耳傾聽，耐心傾聽——
就在此刻，啟發我們！
我們的生命，在陌生之人的身體裡脈動，
也在腳下這片開滿花朵的土地裡跳動著，
靈啊——求祢教導我們傾聽——
聽見水裡的脈動、林裡的心跳，甚至沙石裡的觸動，
我們屬於大地，是土中的土、骨中的骨。
我口裡吟唱，衷心祈求，
地球正走向毀滅，
只因這首歌已被世人遺忘。[8]

只要能像美國詩人傑佛斯（Robinson Jeffers）所說：「與外在的世界戀愛」，擴展人與自然的連結後，體會到那種瘋狂的生命喜悅，明瞭內在與外在自然之間的連續性，我們便能像第一五五頁因納斯（Graham Innes）的見證中展現的那樣，共享並彰顯自然界的極美與優雅。當我們能夠聽見地球說話的聲音，就代表我們已經歷某些改變，且能以全新的角度理解人所做出的行動。地球優先（Earth First!）基金會的創辦人佛曼（David Foreman）細膩地道出：

> 你也知道，這些機器是由地球所造，所以可以跟我說話；我也能聽到他們說話，因為他們是由地球所造。我可以告訴你，他們真的很討厭人類利用他們來破壞地球。他們告訴我：「老兄，這真的不是我們願意做的事，我們已經厭倦一直被人類束縛，請幫幫忙，讓我們就這麼生鏽氧化吧！[9]」

1 Joanna Macy. *Despair and Personal Power in the Nuclear Age* (Philadelphia, PA: New Society, 1983).

2 Paul Shepard. "Ecology and Man," in P. Shepard & D. McKinley (eds.), *The Subversive Science* (Boston, MA: Houghton

Mifflin, 1969).

3 Bill Devall and George Sessions. *Deep Ecology* (Layton, UT: Peregrine Smith Books, Utah 1985).

4 Dolores LaChapelle. Earth Wisdom (Silverton, CO: Finn Hill Arts, 1984).

5 C.G. Jung, "On Psychical Energy," in *Contributions to Analytical Psychology* (London, UK: Routledge and Kegan Paul, 1928).

6 Gary Snyder, *The Old Ways* (San Francisco, CA: City Light Books, 1977).

7 Susan Griffin. *Women and Nature* (New York, NY: Harper and Row, 1979).

8 Gary Synder. "Wild, Sacred, Good Land" in Resurgence. No. 38（May/June, 1983）.

9 Barbara Deming. "Spirit of Love," in Jane Meyerding (ed.), *We Are All Part of One Another: A Barbara Deming Reader* (Philadelphia, PA: New Society, 1984).

10 Jeni Kendell and Ed Buivids. *Earth First* (Sydney, Australia: Australian Broadcasting Corporation, 1987).

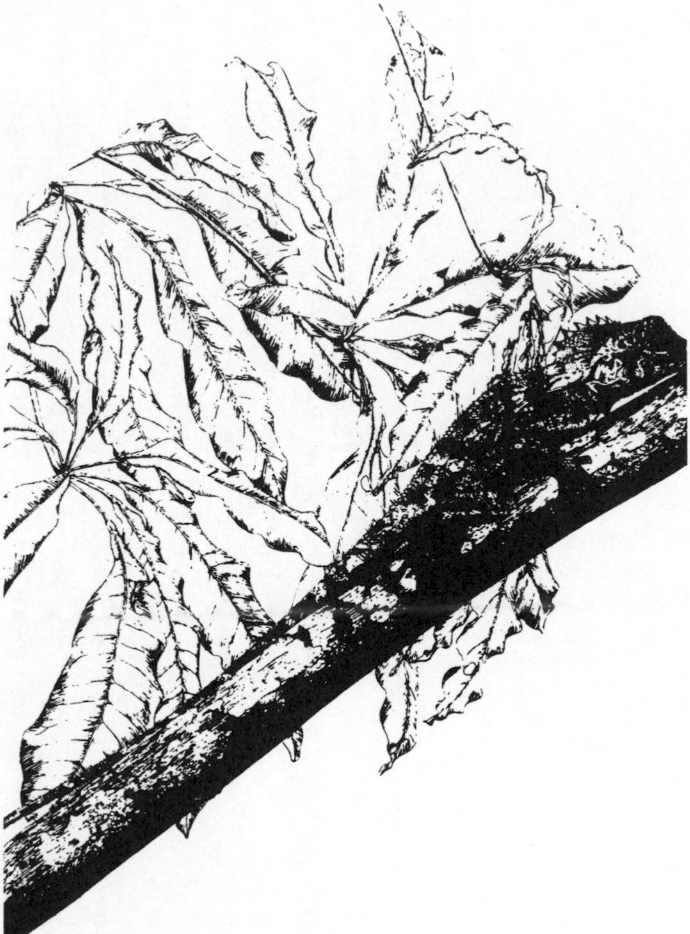

實現本我：存在於世的生態進路

阿恩．奈斯

我們是誰？該往哪裡去？我們身處的又是什麼樣的世界？人類耗費了至少有二千五百年，在努力地思考這些問題。二千五百年，對於一個物種存在於地球上的時間而言，非常短暫；對於地球存在的時間而言，更如曇花一現。而人類是地球的一部分，在地表上不斷地遷移。

我希望能透過下列六點，大致表達我欲傳達的重點：

一、我們都看輕了自己。有鑑於我們常常將「本我」與狹隘的「小我」混淆，我在此特別強調本我。

二、只要具有足夠又全面的成熟度，我們必然會認同自然，將人類與所有的生物視為一體，無論美醜、大小、以及是否有感知能力，這就是人性。我將於之後針對這個概念詳加說明。

三、傳統上，自我成熟的發展包含三個階段，首先從「小我」（ego）發展到「社會我」（social self），再發展到「形而上的我」（metaphysical self）。然而，在自我的發展過程中，基本上都遺漏探討自然相關層面。自然是我們安身立命的地方，也是民胞物與的所在。因此，我將初步介紹「生態我」（ecological self）的概念。人可能從一開始就身於自然、本於自然，並且為了自然而存在。社會和人際關係固然重要，但本我更蘊藏了豐富的關係組成，除了人與人或是人與全體人類間，更包含人與更大的生物群落之間的關係。

四、透過實現自我、萬物發揮潛能，加深生命的喜悅與意義。無論生命之間的差異為何，自我實現都蘊含了**本我**的擴展與深化。

五、因著與其他生命產生的必然連結，小我變得愈加成熟，不僅增加了廣度，也增加了深度，「在其他生命中看到自己」。如果我們視之為一體的生命的自我實現受到了阻礙，那麼人的自我實現也將同樣受到阻礙。對於自我的熱愛會秉持著共存共榮（live and let live）的原則，協助其他的生命能實現自我，如此一來，透過自我的擴展與深化，除了能達成利他主義（altruism）對於他者的責任與道德考量的目標，更能產生遠超過於利他主義預期的結果。根據哲學家康德的批判，人的行為也許美，但絕對無關乎道德。

六、現今面臨的挑戰是：拯救地球免於毀壞。因為毀壞將不只侵犯到人和非人類自我利益的進步，且同時降低眾生生命喜悅的潛力。

★ ★ ★

針對「我們是誰」或「我們是什麼」的問題，最簡單的答案，就是把手指指向自己

我認識史密斯先生	vs.	我的身體認識史密斯先生
我喜歡詩詞		我的身體喜歡詩詞
我們之間唯一的差異在於，你是長老教會的基督徒，而我是浸信會的基督徒		我們之間唯一的差異在於，你的身體是長老教會的基督徒，而我的身體是浸信會的基督徒

的身體。但顯然地，我不能將小我或自我意識與身體視為一體。舉例來說，請分別比較上方列舉的句子：

雖然，上述的句子當中，「我的身體」不能代替「我」、「我的身心」也不能代替「我」，但這個例子也無法說明什麼是自我，或什麼是本我。

即使歷經哲學、心理學、社會心理學數千年來的論述，我們仍無法正確理解何謂「我」、何謂小我，或何謂本我。雖然，這些都是當代心理治療的核心概念，但實際的治療過程並不需要澄清這些名詞的哲學定義。我們的重點在於要經常提醒自己，現在面對的事情是多麼奇特又不可思議，並且近在咫尺。然而，也許就是因為這些思考與論述的對象如此之近，反而使得面對與處理益加困難。接下來，我將單單利用一句話來比喻何謂「生態我」的定義，而人的生態我，即是他所連結認同的那個本我。

這關鍵句說明（而非定義）了何謂本我，能幫助我們不再拘泥澄清本我的定義，反而著重於理解什麼是認同（identification），或更確切地來說，更專注於了解認同的過程。

那什麼又是典型的認同過程呢？認同能引發強烈的同理心，我常舉一個四十年前發在我身上的例子。當時，我從舊式的顯微鏡中觀察兩滴化學藥劑混合起時產生的劇烈變化，接著，從旅鼠（群居的小型鼠，活動於北極附近）身上跳出一隻跳蚤，沿著桌邊閒晃，最後停在酸性化學滴劑中。我根本來不及救牠，幾分鐘後，跳蚤就死了，那垂死的掙扎有如動作片般逼真傳神。

我很自然地充滿憐憫與同理心，感受到牠所遭遇到的痛苦。但同理心並**不是**最基本的元素，而**是**認同的過程，即「我在跳蚤身上看到自己（myself）。」如果我與跳蚤之間的關係疏離，並沒有直覺地看到跳蚤與我有任何相似之處，那麼我對於跳蚤死前的掙扎，就不會有任何感覺。換言之，這當中一定發生了認同的過程，才會產生憐憫，並促使人類之間產生團結的情誼。

在一群研究與闡述自我概念貢獻卓著的學者中，佛洛姆（Erich Fromm，人本主義哲學家和精神分析心理學家）提出：

> 愛自己就相當於自私，愛自己與愛他人是兩種不一樣的選擇，這樣的學說充斥於神學、哲學和一般人的思想中。而佛洛伊德在他探討自戀的理論中，也以科學語言合理解釋了上述的原則觀念。
>
> 佛洛伊德的觀念：假設人具有某程度的原慾，在嬰孩時期，原慾的對象是嬰兒本身，即佛洛伊德所稱的原發自戀（primary narcissism）時期，而當人逐漸長大，性衝動的對象就從自己本身移轉到其他的物件上。如果人的對象關係（object-relationship）受到限制，原慾就不會轉向外在的對象，反而會回到自己的身上，即所謂的續發性自戀（secondary narcissism）。根據佛洛伊德的說法，若對於外在世界的愛愈多，留給自己的愛就愈少；反之亦然。由此說來，戀愛會使自我之愛（self-love）匱乏，因為所有的原慾都已轉向自身以外的對象了[1]。

但佛洛姆並不贊同佛洛伊德的分析。雖然，佛洛姆僅單純關注人類之愛，但熱愛生態智慧的我們（ecosophers）卻發現，「照顧」、「尊重」、「責任」、「認識」的觀念，同樣廣泛適用於所有的生物。

> 愛他人與愛自己並不是二擇一的單選題，相反地，每一個有能力愛人的人，也都有能力愛自己。原則上，就對象（object）與人本身而言，愛是無法分割的。真正的愛表現了創生性（expression of productiveness），並蘊含關懷、尊重、責任和認識；真正的愛並不是因為受到某人影響而產生什麼作用，而是積極為所愛之人的幸福和成長而努力，這些表現都源自於人本身的愛的能力[2]。

雖然，佛洛姆對於無私——與自私截然不同的對立面——的闡述極具有啟發性，他的論述基礎卻仍只侷限於異化和狹隘的小我概念，也可用來探討自我犧牲的人。

無私的本質，在無私奉獻的對象所產生的效果中，特別明顯。而在我們的文化裡，經常展現母親給孩子「無私的愛」。母親相信無私的愛會讓孩子體會愛的意義，並能學習什麼是愛。但事實上，她的無私並未展現預期的效果，這些孩子並沒有表現出相信他們受人疼愛的幸福，相反地，他們時常焦慮、緊張，擔心母親的不認同，同時為了達到母親的期待，而感到焦慮。另外，雖然他們常感覺到母親身上潛藏著對於生命的敵意，並深受影響，卻沒有意識層面上的認識，最終反而將這敵意帶到自己的身上：

人若有機會研究母親真實的自我之愛所產生的影響，可能會發現，懂得愛自己的母親所給予孩子的愛，將比讓孩子體會愛、喜樂和幸福，來得更有幫助[3]。

以下是生態哲學的觀點：我們都需要環境倫理，然而，當人覺得為了表現對自然的愛，而必須放棄或犧牲自身的利益時，最後可能反而違背了生態學的基本原則。反之，人透過小我認同的擴展，也透過真實地愛自己，愛那個更深、更廣的大我，將能看到環境保護帶給他們的益處。

★ ★ ★

自一九三〇年以來，我一直是甘地非暴力直接行動的門徒與信徒，自然而然地受到他形上學理論的影響。形上學給予甘地極大的激勵，使他直到死前，都能堅忍不懈地走在他的道路上。甘地認為，他最重要的目標不在於印度的政治解放（liberation），而是領導印度人民發起聖戰，來對抗赤貧、種姓壓迫、以及各種挾持宗教名義的恐怖行動。聖戰當然有其必要性，但人人得以自由才是甘地的終極目標。甘地敘述他所抱持的最終目標時，聽在許多人的耳裡應該是怪異又陌生的：

> 我所企求的、這三十年來希冀努力達成的目標，就是本我實現、與神面對面，並獲得解脫（*Moksha*，即解放、自由）。我活著、我行走、我存在的目的，都是為了追求那樣的目標。無論是演講、書寫，或涉足政壇，都不會改變我的目標[4]。

這對西方思想而言，簡直就是個人主義（individualistic）的論調，但也是一個普遍為人所誤解的偏見。如果甘地所探討的「本我」，指的是只考量個人利益、狹義的自我（*jiva*，即靈魂），抑或是狹隘的自我酬賞（ego gratification），又怎會為了貧窮的人努力呢？

甘地認為，他想要實現的是至高無上的本我，或宇宙大我（universal Self），即所謂的生命本源（*atman*）。詭異的是，甘地卻想要透過無我的行動，也就是藉由削弱狹隘的自我或小我的支配，來落實本我。大我緊密地連結了每一個生命，而正因為彼此之間關係緊密，所以產生彼此間連結與認同的能力，因此很自然地，不需要道德勸說，就能促成非暴力的實踐，如同我們的呼吸不需要道德理由一樣。我們必須培養領悟力，誠如甘地所說：「非暴力力量的基礎，就是眾生本質上的合一。」

從歷史上來看，我們可以發現，非暴力是生態保育的核心價值。甘地指出：

> 我相信不二論（*advaita*），並且針對這點，我相信人與萬物本質上的合一。更因此我相信，若人充滿靈性，全世界都會與他共享靈性的充滿；若人沒有靈性，某程度上全世界也與他一起失去靈性[5]。

也許有人會認為，甘地針對非人類生物的本我實現的想法過於極端。他在旅行過程中，帶了一隻山羊為伴，而山羊也以羊奶供給他的需要，恰好成為非暴力的見證，抗議印度以殘忍的方式擠牛乳。

此外，與甘地同住在修行道場的歐洲夥伴們，對於他讓蛇、蠍子和蜘蛛通行無阻地進入臥房內，讓動物得以安身立命這件事，也感到非常吃驚，他甚至禁止人們用藥來治療毒蟲的咬傷。甘地相信合意共存的可能性，同時證明了他的主張是正確的。因為道場內從未發生過任何意外，道場內的人都會不自覺地注意鞋子裡面，確認沒有蠍子之後才把鞋子穿上，即使晚上在樓層間移動時，也會很小心注意不要踩到某個同胞。

甘地以此方式肯定每一個生物都有其基本權利，謀求生存與茁壯。每一個生命的存在都有其利害和需要；每一個生命的存在都能實現本我。甘地藉此顯明了本我實現、非暴力以及有時稱為「生物圈的平等主義原則」（biospherical egalitarianism）三者之間的內在關係。

在我成長的環境中，人們總是說，人生最重要的事情，就是變成一個偉大的人。這通常意謂著要超越其他人，在能力上勝過別人。這種人生意義和目標，在今日龐大的全球經濟競爭背景下，顯得特別危險。經濟市場上的「商品與服務」，不僅可切割獨立於實際生活，也幾乎完全無關於人實際的需要，因此，我們絕不能讓商品與服務供需的法則，支配愈來愈多的生活層面。

在極端個人主義充斥的社會中，若你擁有與人合作和共事的能力，且能使人在合作過程當中感到舒服，必會為你帶來許多助益，尤其當你位居高位時，更需具備這些能力。但這些特質常常被視為事業成功的必要條件，或成就小我的基本準則，而不被視為實現「人」應具有的價值。然而，若將小我等同於本我的話，將嚴重貶低人的價值。

根據巴利文或梵語常見的翻譯，佛陀教導弟子要以心（mind）廣納眾生，如同母親愛她的孩子一般，要以「本我」廣納眾生。對有些人來說要拋棄小我，不但毫無意義，也絕不可能，因此一直以來，仍舊維持原來的翻譯，只要人能夠敞開他的**心**廣納眾生，保有一顆關懷的心，以慈悲之心去感受和行動即可。

然而，如同譯文中所呈現的，若能注意到梵語中的生命本源主要的含意其實是「本我」，而非「心」或「靈」的話，將會具有極大的啟發。將生命本源譯為「本我」其實較為適當，因為如果廣義的自我能夠接納其他存在，就不需藉助道德勸說，要求人關心生命。除非你得到某種精神官能症，或患有自殘傾向，又或者厭惡自己，否則，在沒有任何道德壓力下，你也會很自然地關心自己。

澳洲的生態女性主義學家哈倫（Patsy Hallen），提出了一套與佛陀相似的說法，她說：「我們在此擁抱世界（world），而非征服世界。」請留意句中提到的是世界，而非生物（living things）。但我們無需將思維從生物轉向世界，只要把現實或我們身處的世界擴大，不那麼隨意地劃定區隔他我的界限，就能泛愛眾生萬物。

如果，今天的「本我實現」使人聯想到的是人生追求狹隘的那種自我酬賞，那麼「本我實現」一詞便迥異於甘地提出的意義，或稀釋其中的宗教意義，若仍主張以深化與擴展小我來擁抱眾生，豈不是有失精確嗎？情況也許真是如此，但我認為這詞彙的普及性反而使人在可接受的範圍內，願意聽聽何謂本我實現。在短短的時間內，人們有機會聽到「大我」的概念，並了解到，如果人們繼續將本我實現等同於小我意識的實現，就是嚴重看輕自己，因為「人」比我們所認為的更為偉大、更深刻、更豐富，也更具保有尊嚴與喜悅的能力。如今在我們眼前的，是那些非競爭性的豐碩果實，滿山遍野，綿延不絕。

狹隘的小我酬償是最粗糙、卻也是無可避免的起始點，而我希望大家能以此為出發點，開始思考自我的擴展與深化。背後還有另一個重要的原因，與「利他主義」（altruism）有關。「利他主義」經常被置於利己主義（egoism）對立面，拉丁文中自我意識（*ego*）的對立面是他者（*alter*），因此，利他主義暗示了自我意識支持他者、犧牲自身利益。而且俗話也說，「基於責任，人應該愛人如己。」

遺憾的是，人若只靠著責任或普遍的道德勸說而愛人，能做到的十分有限。從文藝復興時代到第二次世界大戰之間，基督教國家發起了大約四百場殘酷的戰爭，而戰爭發生的理由都極為薄弱。我認為，未來的重點應該擺在擴展與深化自我的工作上，當自我夠寬廣、夠深刻，就能超越自我意識與他者之間的差異，並一步一步消弭對立。

「社會我」在早期階段即獲得充分發展，因此，我們願意與家人和朋友分享蛋糕，而不願自己獨享。我們能充分與這些人產生連結，感同悲苦，卻長期對地球惡意相待。不過，現在，該是深化人與所有的生物、生態界與蓋婭——我們所擁有的這顆奇妙又古老的星球——之間的連結，與眾生共有、共享的時候了。

哲學家康德提出道德行為（moral act）與美的行為（beautiful act），這一套概念對比鮮明，值得我們在努力與自然和諧共生、幫助自然，或成為自然的一分子的過程中，廣泛運用與探討。不計代價遵循道德法則（moral law）的意圖，驅使了人們的道德行為，換句話說，單單只為了尊重責任，我們就須負起道德責任。因此，最能展現純粹的道德行為，就是完全違反意願的行為，即使厭惡，卻仍因為尊重道德法則，而不得不做出的行為。對康德而言，使他油然升起深深的敬畏之心的，就是「我所仰望的星空與心中的道德法則」。

另一方面，如果遵守道德法則是心甘情願的，那會是什麼情形呢？康德認為，如果好的行為是出自於積極正面的意願，就是美的行為。而我認為，在環境相關工作中，我們應該設法影響人們的道德意願，而非道德理由，將主要目標著眼於影響人做出美的行為。不幸的是，生態運動常淪為說教，給大眾一個錯誤的印象，大體上都要求人有所犧牲、更有責任感、更關心，也更有道德。依我看來，我們需要的是敏銳地感受生命豐富與多樣性，以及愛護自然景物的深刻經驗所帶來的各種喜悅。

每一個人都可以貢獻一份心力，這同時是地方與全球層面的政治問題。某部分而言，我們感受到喜悅，是因為意識到人與「比小我更大的某種東西」之間存在一種親密的連結，而那種東西已經存在了數百萬年，具有數百萬年生命的價值。如果能擴展與深化本我的概念，讓人不僅感受到、也深深相信保護自然即保護自己時，便會自然而然地流露出愛護環境所需的關懷。

我們需要的是敏銳地感受生命豐富與多樣性，以及愛護自然景物的深刻經驗所帶來的各種喜悅。

我所提出的是生態存有論的至高地位，同時認為在環境倫理之上，存在一個更高的現實主義（realism），鼓舞著未來數年的生態運動。只要生態我能化作現實，人的行為就能自然又優美地遵循嚴格的環境倫理規範。雖然，我們有時的確需要了解自己的品格缺陷，但透過更加深刻的體驗與激勵，生態運動會愈來愈有成績。但這問題若要在本文處理，可能過於龐大。我們要面對的顯然無關乎社群科學（community science），而是社群治療（community therapy）的問題：我們必須找出方法，來醫治我們與最大社群——眾生社群的關係。

（本篇文章摘自一九八六年三月十二日的凱斯・羅比〔Keith Roby〕的社區科學紀念講座的演講，地點位於澳洲梅鐸的梅鐸大學。）

1 Erich Fromm, "Selfishness, Self-love, and Self-interest," in *The Self: Explorations in Personal Growth,* edited by Clark E. Moustakas（New York, NY: Harper, 1959）, page 58.

2 Ibid., page 59.

3 甘地的引述摘自Arne Naess, *Gandhi and Group Conflict*（Oslo, Norway: Universitetsforlaget, 1974）, page 35。該書清楚闡述自我實現的形上學相關探討。

4 Ibid.

5 Ibid.

喔！迷人的岩石啊！

東邊的岔路人跡罕至，我們夜宿艽鐵納溪峽谷
頭頂上，岩壁和山脊上懸掛著森林
懸掛著楓樹林和紅杉林
高聳纖細的硬苞冷杉林之上，有著月桂樹、野草莓樹
抬頭凝望著映照星色的峭壁
以及傾瀉而下的瀑布
躺臥碎石路上，依偎著營火的溫暖
夜半悄然走過了一個時辰
夜晚的涼爽
伴著燒得通紅的煤炭，我鋪了一小撮枯枝落葉
在灰燼中的落葉，緊依著交叉堆疊的乾柴
再次熊熊燃燒的火焰，映照
孩子和他同伴稚嫩的睡顏，也映照著

豎立在彼岸峽谷的巨岩
頭頂的樹葉，輕盈地在火焰吐吶的氣息中跳著舞
這時可以看見樹木結實的身軀，這一切都如此自然：那岩壁
深深迷惑著我的眼、我的心
淺灰色的閃長岩上，歪斜畫上幾條隙縫
崩塌土石與洪水的消磨，使它無比光滑，
無蕨、無蘚、純淨、赤裸……
就像第一次相遇
越過火光映照的面容
似乎窺見它真實的軀體
它實實在在活著
這一切都如此自然……真的
沒什麼好奇怪的
它的熱情寂靜無聲、它的崇高如天聳立
它的美麗天真爛漫：命運的轉輪，不停

在我們的宿命之外繞著
我像個孩子，在山裡，凝著臉，微笑著
我將死去，我的愛子
也將追隨我的腳步
這世界仍然繼續，在更替變換和探索發現的痛苦喘急中
向前奔去
這偉大的時代，也將逝去
圍繞新耶路撒冷的
狼群，在雪地上嚎叫但岩石仍然靜靜立著，肅穆、真摯、靈動
是原子匯聚能量，扶著
上方不動如山的巨岩
而我，早已懷抱著愛慕與驚嘆，折服在寂寥之岩
那懾人的莊嚴裡。

羅賓遜・傑佛斯（Robinson Jeffers，美國詩人）

超越人類中心主義

約翰．席德

但時間的牢籠，似乎也沒那麼牢固，
那牆砌得馬馬虎虎，你輕輕刮一下，
一陣風沙瓦礫襲來，自由隨風而至。
你甩了甩髮間的塵埃，看著那山巔海岸，如此真切，
真切伸展著，攜著過去，也抓住未來；
映在眼簾的，是萬物偉大永恆的碎片。[1]

「人類中心主義」（anthropocentrism或homo-centrism）指的是人類沙文主義，除了以「人類」取代「男人」，以「其他物種」取代「女人」之外，基本上與性別歧視（sexism，又稱性別主義）相似。人類沙文主義認為人類居於受造物之首、是所有價值的來源，也是一切事物的衡量標準。這些思維深植於我們的文化和意識中。

凡地上的走獸和空中的飛鳥，都必驚恐、懼怕你們，連地上所有的昆蟲、海中一切的魚，都交付你們的手。[2]

當我們一層又一層檢視並拆穿人類中心主義的我愛（self-cherishing），將會深刻改變意識層面，異化將逐漸消退，人類不再是局外人、不再疏離。接著，你會明瞭，「人」這個身分僅僅只是你近期存在於世的一個階段，而當你認同本文的內容時，就能開始以哺乳類動物、以脊椎動物、以才剛踏出森林的物種身分，碰觸自己。當失憶的迷霧逐漸消散，你與其他物種的關係與責任義務，才開始有所轉變。

我們不應將這裡所說的純粹視為知識理性的描述，雖然從這方面切入，最容易進行溝通，但知識與理性不過只是其中一個切入點。某些人則是在參與保護大地之母的行動後，才改變了想法，從「我要保護雨林」發展成「我是雨林的一分子，保護雨林，就是保護我自己。我和雨林同屬一體，是漸漸學會思考的那一分子。」這真是令人寬慰的轉變！數千年來，人與自然之間想像的隔絕就此終結，使人開始回想人類真正的本質。更確切來說，這是靈性的改變，我們要像山一樣思考[3]，這種靈性上的改變，有時也稱為深層生態學。

我和雨林同屬一體，是漸漸學會思考的那一分子。

當人逐漸恢復記憶，並將演化與生態蘊含的意義內化，取代心中老舊的人類中心主義結構之時，便將誕生與眾生之間的連結。接著，我們就能理解生命與無生命之間的差異是人類建構出來的。有機生命誕生於四十億年前，但體內的每一個原子早在那之前就已經存在。還記得在演化軸線上的童年時期，我們曾是礦物、岩漿、或岩石嗎？岩石裡潛藏著一種力量，使它能將自己交織於其中，而我們就是舞動的岩石。然而，為什麼人會以屈尊俯就的姿態、往下看著這些岩石，卻沒有意識到，岩石就是人恆久永遠存在的生命[4]。

當人完成內心的航行，回到目前共識現實（consensus reality）的時候，可能會發現，那些為環境而努力的這些行動，已被內心旅程的經驗淬煉得更加堅強。

我們已經達到某一種存在的境界，在那境界裡，蛾、鐵鏽、核爆和雨林基因庫不會毀壞。曾經，人拯救世界可能是出於恐懼與憂慮，這些都將因為新觀點的出現而煙消雲散，而由某種超然（disinterestedness）取代，卻不會減少我們投入的心力。

我們行動，是因為生命是別無選擇的唯一道路，因此，行動若是出於超然，去除個人情感上的依賴和投射，將更有成效。參與運動的人士，通常少有時間進行冥想，本書提供的超然空間可能與冥想極為類似，事實上，有些冥想老師非常認同深層生態學[5]，同樣地，也有些深層生態學者相信冥想的操練[6]。

我們是舞動的岩石。

據目前統計，現今存在的物種比例，遠低於百分之一，其他早已滅絕。物種若無法隨著環境變化而適應、改變和演化，就會面臨滅絕的命運，所有的演化機制都是如此。那些無法獲得氧氣的魚類，就是你我的祖先，開啟了拓殖陸地的時代。

人類與其他數百萬個物種，同樣面臨某些迫在眉梢的滅絕危機，包括核戰和其他環境變遷。縱使一萬二千年的文字歷史早已暴露出，人要改變好戰、貪婪和無知性格的希望幾近渺茫，但悠久的化石紀錄卻使我們確信人具有改變的可能性。我們就是走上旱地的魚，並以其中一份演化研究所提出的韌性特質，一次又一次成功違抗死亡的宿命。

暫且擱下演化晚期的人性展現醜惡的一面，我們仍然抱持著某程度的信心。從這觀點看來，滅絕的威脅反而成為誘發改變和演化的因子，我們躲過了陶匠之手的緩刑（譯按：the potter's hand，基督教用語，「陶匠」原意指「創造世界的上帝」，此處指的是演化的機制），現在重新回到了生命之輪。我們需要的改變並不是改變抵制輻射的方式，而是意識與觀念上的改變，而深層生態學試圖尋求的就是一套可行的概念。當然，意識與觀念的出現和演化以及其他事物，都依據同樣的法則。環境壓力的影響，使我們的祖先被迫一而再、再而三地超越自己的心靈。

為了在環境壓力下生存，我們必須有所自覺，喚起演化和生態傳遞的記憶，我們必須學著像「像山一樣思考」。

若要朝著新觀念意識的演化方向前進，就必須全面正視滅絕危機（最巨大的環境壓力）。也就是說，人必須承認，某部分的我們總是刻意迴避事實的真相，隱身於醉生夢死或庸庸碌碌的生活當中，來逃避絕望的困境。人類歷經四十億年的生存競賽，而有機生命從大功告成到如今，也不過須臾之間[7]。生命中心（biocentric）觀點，不但意識到岩石也會跳舞，同樣理解植物向下扎根早已遠遠超過四十億年，使我們更有勇氣面對絕望，突破重圍，建立更加切實可行的觀念意識——一種有助達到永續，並再次與生命和睦共處的意識。

要保護像地球這麼大的對象，對多數人而言，恐怕仍是非常抽象的概念。然而，人已開始尊重自然，包含海洋、雨林、土壤、草地，和其他生物，而我在有生之年，已親眼見證這天的來臨。我相信人對自然的敬畏帶有力量，必能戰勝狹隘的政治或經濟意識型態[8]。

誠如深層生態學之父——奈斯指出：「深層生態學的本質就是提出更深層的問題……，我們要問的是，何種樣貌的社會、教育、或宗教能幫助滄海眾生。」[9]

若我們能像山一樣思考，也必能像黑熊一樣思考，因此，當你趕著搭公車上班途中，也能感受到蜂蜜在你毛皮身上流淌而下。

1 引自傑佛斯的詩作。A Little Scraping, in the *Selected Poetry of Robinson Jeffers*（New York, NY: Random House, 1959）.

2 《創世紀》九2

3 「森林生態學家李奧帕德的信念，曾經歷過巨大的翻轉。李奧帕德原來相信人定勝天，信奉的是淺層的管家式生態資源管理思維，後來卻轉而公開宣告：人應該認為自己『不過是生物社群裡的一分子』。在那之後，李奧帕德以沉靜的態度和澄澈透亮的雙眼，看穿那個時代的人類中心主義假象，開始『像山一樣思考』。」引自 George Sessions, “Spinoza, Perennial Philosophy and Deep Ecology”（unpublished, Sierra College, Rocklin, CA, 1979）. 也可參閱《沙郡年紀》，果力文化出版。

4 無論是著名的物理學家戴維．玻姆（David Bohm）（*Wholeness and the Implicate Order,* London, UK: Routledge, Kegan and Paul, 1980），或是柏希（Charles Birch）和柯布（John B. Cobb Jr.）（*The Liberation of Life,* Cambridge,

UK: Cambridge University Press, 1981）等生物學家、哲學家，都會同意懷海德（Alfred North Whitehead）的主張，「一個真正的演化哲學，必然與唯物論互相衝突。世界最原始的元素，即唯物主義最原初發展的基礎物質，都沒有進行演化的能力」（*Science and the Modern World,* New York, NY: Macmillan, 1925, page 133）。卡普拉（Fritjof Capra）的著述《物理學之道》（*The Tao of Physics,* Berkeley, CA: Shambhala Publications, 1975）中，也可見類似主張的發展，書中所收錄的學者，探討所有「問題」（matter）（稱「事件」〔events〕應該較為合適）之間的交互滲透的相關文章，但其實早在西元前第六世紀，《道德經》本身就告訴我們，「道」，或玻姆所謂的內隱秩序（implicate order）是「萬物本源」（translator G. Feng and J. English, New York, NY: Vintage, 1972）。

5 「對道元禪師而言，無論山、水、或土地，『即我本身，別無他者』（none other than myself）。若我們能像山一樣思考，也必能像黑熊一樣思考，因此，當你趕著搭公車上班途中，也能感受到蜂蜜在你毛皮身上流淌而下。」引自禪宗大師羅伯．艾肯（Robert Aitken Roshi），“Gandhi, Dogen and Deep Ecology,” in *The Mind of Clover: Essays in Zen Buddhist Ethics*（Sand Francisco, CA: North Point Press, 1984）。

6 舉例來說，西奧多．羅斯札克（Theodore Roszak）曾於他的著書《人／行星》（*Person/Planet,* Garden City, NY: Anchor Press/Doubleday, 1978）中寫到：「有時我會認為，除了靜默之外，這世界上再沒有其他事物，能測度我們願意進入永恆的經濟體系（economics of permanence）的心。」羅斯札克在不同的脈絡下，犀利地指出，假如自然生態能夠有效改變人的觀念意識，那必然是因為向生態學習的人們，在凱瑟琳．雷恩（Kathleen Raine）的詩句發現了一個真理，「不是因為鳥會說人的話語，而是因為人學會靜默。」（*Where the Wasteland*

Ends, London, UK: Faber and Faber, 1974, page 404）。

7 要了解「絕望」的創意活動方式，請參閱 Joanna Macy, *Despair and Personal Power in the Nuclear Age*（Philadelphia, PA: New Society Publishers, 1983）

8 美國加州前任州長 Jerry Brown , in "Not Man Apart," Friends of the Earth newsletter, vol. 9, no. 9, August 1979.

9 阿恩．奈斯訪問內容 "The Ten Directions," Zen Center of Los Angeles newsletter, Summer/Fall 1982.

蓋婭的冥想

約翰・席德、喬安娜・梅西

你為何物？我為何物？水、土、氣、火縱橫交錯的循環，那是你，也是我。

水——血液、淋巴液、黏液、汗水、淚水、經血以及體內、體外的潮與汐，細胞在體液中上下浮沉，體液不停地在臟器、血管與微血管之間來回穿梭，淘洗與滋養。在你、我體內流動，在你、我身體傾入傾出的水分，是水文循環的大幅詩作，那就是你，那也是我。

土——由岩石和土壤所生，岩漿在地心流轉，當植物的根吸吮著微粒分子進入生物機制中，土同受月亮的引力而作用。而土通過體內，每七年全面更新體內細胞。塵歸塵，土歸土，我們由塵土所造，將土嚥下、吸收、排出，那就是你，那也是我。

氣——氣態的世界、大氣、覆蓋地球的薄膜、吸氣、呼氣、向樹木呼出二氧化碳、吸入樹木所釋放的氧。空氣中的氧親吻每一個甦醒的細胞，原子在規律的代謝系統中移動著舞步，來回貫通。空氣循環之舞不斷將宇宙吸入，也將宇宙呼出，那就是你，那也是我。

火——火從提供熱能的太陽而來，太陽拉拔植物長大，將水分子提上天空，再使水落下，使其重新充滿地面。大爆炸首次吐出的物質——能量，在時間與空間的軸線中，不斷旋轉延伸。體內那新陳代謝的熔爐，持續燃燒著宇宙大爆炸的火焰。那火焰也成為閃電，劈開原生湯（譯按：原生湯一詞，由著名的英國演化生物學家霍爾丹〔Haldane〕創造），催化了有機生命的誕生。

當時的你就在那兒，當時的我也在那兒。因為我們體內的每一個細胞都繼承了大爆炸時完整的遺傳鏈，由原子變成分子，由分子變成細胞，再由細胞成為有機體。在我們和植物界分離之前，與生命型態（forms）出現的同時，是死亡以及性別（sex）的誕生。性（sexuality），使我們感覺到那連結我們與動植物生命的古老開端，我們與古老的本源之間，代代相傳那封存與體內的記憶——透過魚一步一步走上旱地，感受到鱗片幻化成飛羽，夾雜著冰河時期的大遷徙。

雖然，我們存在已久，但以人類的型態出現，卻是不久以前才發生的事。如果壓縮整部地球歷史，以午夜開始的二十四小時來算，有機生命可能於下午五點才出現，哺乳動物則在晚間十一點三十分，而從哺乳動物發展出來的人類，可能距離午夜僅僅幾秒鐘的時候才出現。

在這顆行星上，我們經歷了漫長的旅程。我們過去的型態，都要比現在的人類型態古老的多，有些甚至還留存於子宮時期胚胎的記憶裡，子宮裡的我們還保有殘餘的尾巴與鰓，也長出了鰭，代替人類的雙手。

在這條道路上，好幾次我們脫去舊的型態、丟棄舊的道路，給予新型態出現的機會，但一切並未因此消失。雖然型態不斷變換，一切仍會回歸。破舊磨損的細胞，雖然不斷消耗……卻也藉由苔蘚、水蛭、猛禽……不斷循環利用。

好好思考你下一個死亡，屈服吧！甘心樂意地將你的肉、你的骨，歸回生命的循環中，請關愛那條肥軟的蟲，因為你也可能變成蟲。來到生命的湧泉，讓你疲憊的存在享受淨化的洗滌吧。

當我看著你的時候，同時也看著組成在你身上的各種生物，包括細胞中的粒線體和腸道細菌，以及皮膚表面的蓬勃生命。你，就是互利共生的最佳表現，萬物之間的協調與合作是多麼不可思議啊，而那也是你，如同你的身體屬於那更大的互利共生系統，活在更寬廣的互惠原則之中。

當你在樹林間移動時，請去感覺當中所發生的平等交換（give-and-take）。朝著一片葉子，純粹地呼出二氧化碳，再感覺這片葉子呼出新鮮的氧，送還給你。

我們在旅程中經歷了無數次舊有型態的死亡、捨棄舊有的道路，給予新型態出現的機會，但一切並未因此消失，雖然型態不斷變換，一切仍將回歸。

請不斷回想起，我們曾有的那種週而復始的夥伴關係，在這艱困動盪的時刻，勇於支取這份夥伴關係的能量。截至目前為止所經歷的旅程，使你天生於內心深處產生一份歸屬感。在今日這令人恐懼憂慮的時刻，來支取這份夥伴關係的能量。土地教導你的智慧，會使你知道該如何與眾生共同生活。請從中獲得勇氣，擷取力量，使我們每一個在危難之中甦醒的生命，得以互相幫助。

重拾演化的記憶

約翰·席德、佩德·福連明

第一部：宇宙初始，我們都在那裡

讓我們回到過去、回到地球誕生時、回到宇宙成形的那刻，回到一百三十五億年前那太初的寂靜……充滿空無的寂靜，……在時間尚未形成前……在眾生之地形成以前。突然之間，從無邊無際的潛力狀態中，產生超乎人所想像的巨大爆炸……爆炸的能量以光速猛烈向四面八方衝撞，創造出方向，也創造出宇宙。宇宙最初生成時的高溫，讓當時除了光的能量外，沒有任何物質存在，時間與空間就此誕生。

存在於今天的每一個銀河、每一顆恆星與行星、每一個存在的粒子，皆因那場重要的爆裂式分娩過程而生，每一個組成你我的粒子都在那一瞬間形成。且從那龐大又充滿創造力的混亂局面誕生後，開始在無數個型態之間不斷流布。當我們以雙眼注視著燭光或星光時，同時能看到那顆火球的光芒，而你體內的代謝系統也燃燒著同一把火焰。

經過一個地球年之後，宇宙逐漸冷卻，溫度大約攝氏一七〇億度，體積直徑大約二百七十三億公里，……現在仍持續向外擴張與流動……。

大約再經過三十萬年的這段期間，太空的體積膨脹至今天的十億倍之大，雖然溫度已降至攝氏幾千度，其熱度與亮度仍然相當於肉眼可見的太陽表面。此時，電力已經能夠捕捉冷卻的電子，使電子形成物質。

物質也開始呈現我們熟知的原子型態，第一批的原子由氫氣構成，之後才加入氦氣和其他氣體。

這些氣體受到引力的作用，成為一團大型又炙熱的旋轉宇宙雲……這些氣體緩慢地壓縮，變成眾人熟知、以及我們所屬的銀河系，銀河就在其中翩翩起舞。這時的宇宙成形一百萬年時，經過游離電子淨化，已經可以透光。

接近銀河系邊緣的太陽，則是五十億年前誕生，而當時宇宙塵埃和氣體快速旋轉，形成結晶體，形成各種行星。而距離太陽的第三顆行星，也就是我們的地球，出現於四十五億年前。

地表由岩石與結晶體組成，地底下燃燒著熊熊火焰。比重較大的物質沉到地心，比重較小的則浮上地表，構成花崗岩組成的地殼。從未間斷的火山活動吐出豐富的礦物質，撩起一整列的山脈。

大約四十億年前，水溫降到冰點以下後，出現降雨。高溫的雨水落在岩石上，將其緩慢溶解，稀釋了海洋的鹹度，使海洋得以供給生命形成的必要成分。

最後，一道雷電澆灌了充滿分子的鹹水湯，同時展開了生命冒險的旅程。第一個細胞誕生時，你就在那裡，我也在那裡，因為我們體內的每一個細胞都是一脈相承自當時的活動與事件。

第二部：展開你的宇宙冥想之旅

請你想著那甦醒的細胞，或是成為那甦醒的細胞（事實上，你本來就是）。我們每個人都由那個細胞組成，細胞成長、分裂、繁殖、演化，成為地球上的生物。

細胞分裂，進行複製，使細胞增生成為兩個，這兩個細胞原來是我，如今則是從此走出不同道路的我們，想一想，這是什麼樣的感覺呢？

時間來到現在，數千百萬年的光陰已然飛逝。我們原來是水藻、原始的綠色植物，後來變成最初出現的簡單動物。藻類開始進行光合作用，製造出光合作用的副產品——氧氣，大約十億年之後，變成濾除灼熱陽光的臭氧層。

此時的我，變成了水中生物。大約歷經五億年的這段時間內，簡單的生物型態，不斷受到洋流來回沖刷。當我唸出這些名字時，請試著想像他們的身影：珊瑚蟲、蝸牛、烏賊、蠕蟲、昆蟲和蜘蛛。想像自己是型態簡單的蠕蟲，或早期居住於溫暖海水中的珊瑚蟲。此時此刻，試著感覺你就是一隻蟲，這樣的記憶仍然存在你每一個細胞中，而且在你的童年中仍然保有這時期的回憶。

魚類：接下來的演化，出現了魚類及其他有背脊的動物。擁有柔韌的背脊骨是什麼感覺？……魚在大海中是如何游動的？

將腹部朝下趴著，在某處靜止，然後輕輕地搖擺你的頭、上半身、下半身，同時左右翻動，對你而言，這世界感覺像什麼？看起來像什麼？……聽起來又像什麼？請感覺你的背脊骨、你的頭和鰓。試問，在海裡優游是什麼樣的感覺？透過海水傾聽這個世界，又是什麼樣的感覺？

兩棲類：最後，大約於四億五千年前，從水中生出第一株植物，岩石也漸漸風化成為土壤，為後續出現的動物鋪地造陸。而首批從海裡踏上陸地的動物，就是兩棲類。……這時，請緩慢地以前臂帶著身體向前拖行，同時拉開左右兩邊……變成兩棲類的我們，仍非常仰賴水源，特別是繁殖期間。

爬蟲類：直到爬蟲類的羊膜卵演化完成，我們才能完全脫離水，在乾燥的陸地上生活。……請繼續將腹部貼在地上，開始手腳並用爬行，不斷從一邊換到另外一邊。請注意活動範圍和感知範圍，如何隨之改變……。從兩棲類演化到爬蟲類，這之間約莫經過了兩億年，這時的我們才剛成功登陸生活。

早期哺乳類：不知你是否記得，當你還是爬蟲動物時，必須拖著緩慢的步伐，等待陽光讓你身體變得暖和？然而，這時我們已變成溫血的哺乳類動物，而太陽能透過更複雜的方式，供給能量給我們體內的代謝系統。這又為我們帶來什麼有利的條件呢？

住在洞中，保持警戒，察覺氣味，採集空氣分子，在被掠食者吞噬之前成功繁衍。這四十億年來，我們一脈相承，在演化路上的每一步，就有數十億的動物倒下，躺在路邊。在這演化的競賽中，每擲一次銅板，就是一種生命的隕落、消失滅絕，成為遊蕩的靈魂。

想像你是一隻狐猴，或是一隻小貓咪……請感覺你的脊椎有多麼的柔軟靈活……現在請將腹部帶離地面，開始以四肢爬行，面對這全新的自由，你有什麼感覺？又會如何移動你的頭部？

此時的我們，需要照顧幼兒，直到他們足以自求謀生的階段。

早期猿猴：開始更加輕盈地以手腳移動、跳躍與攀爬，移動脊椎、頭部和頸部的時候，也發展出更多彈性。此時的我們，開始發出聲音，並愈來愈能發掘玩耍的樂趣，產生更多的好奇心。我們在樹與樹之間移動，沿著樹枝奔跑，擺盪其中。對生的拇指強而有力，能抓住我們需要的東西。感觸敏銳的指尖（長出的是指甲，而非爪子）能判斷果實是否成熟，還能彼此梳毛。此時，也發展出靈巧的平衡感和敏銳的視覺。一旦發現食物，便就地飲食。

類人猿：我們的身體變得更重，也更加強壯，雖仍是垂直蹲立，但已能靠著膝關節行走，練習維持平衡。這時候的世界看起來如何？聞起來如何？我們又是如何與這世界交流溝通的？

一千萬年以前，發生巨大的氣候變遷，使人猿的棲息地——森林，不斷退縮到山上，被林地和空曠的草原取代。

早期人類：直到空曠的草原出現，我們才開始學習用兩隻腳行走……以兩隻腳站立，並擁有強壯突出的下顎，這會是什麼樣的感覺？雖然脆弱，卻富有創造力和適應力。因為能夠抬頭，所以輕易便能看到天空。不再就地飲食，而能把食物帶回營區與眾人享用。與家人同住，有語言能力，生火、創造藝術、音樂、製作工具。……團體內部成功合作的產生極為複雜精妙，涉及語言的發展、故事的講述、工具的使用和生火。

大約十萬年前一個溫暖的間冰期（譯按：冰期之間冰雪消融的暖期），出現新的原始人種，稱為尼安德塔人。有時他們會利用燧石工具，還會埋葬死人，死者多呈現胎兒姿勢，象徵回到大地之母的子宮，重獲新生。他們以太陽東起西落的路徑象徵重生，而將死者以東西向埋葬於墓穴中，埋葬死人的習慣象徵人類的本我意識（self-consciousness）已大幅提升。時至於此，文化演進接替了生物演化暫緩的步伐。

現代人：發展農耕，於土地和市場上勞動，遷至城鎮生活，蓋了房子、寺廟和摩天大樓。走在忙碌的街道上，車水馬龍，這時的你看到什麼？聽到什麼？聞到什麼？又感覺到什麼？愈來愈常居住於都市中，是什麼樣的感覺？你是否已經離自然愈來愈遠？你在擁擠的街道中努力推擠向前，腳步匆忙……而別人總是擋住了你的去路。

未來的人類：人類的可能性。當我們有能力將小小的自我，降服於那真正的生物存有，就能展現演化的巨大能量，接下來，慢慢地，我們的性格也開始具有演化的本質，顯現出與地球家園相同的本性。

請獨自安靜地坐下……在你的腦海中，想像未來人類的生活樣貌，可能是隱約的微光、圖像、或任何形式，……或是能喚醒生態大我的那股潛伏的力量，使人完完全全成為自然的一部分，以各種方式充分展現潛力……這些都可能發生在我們身上……人類的型態上。

現在請慢慢回神，張開你的眼睛，找到身邊的人，與他們一同坐下，輪流發言，回想你記得的各個階段，以第一人稱來描述你身為每一種生命型態時的體驗和覺察，並以現在式來敘述，例如：「我現在是一個單細胞，而我覺察到……。」你現在正在做的事情，便是講述你的演化旅程，使人了解截至目前為止，你所體驗到的宇宙之旅。

旅鴿

旅鴿，漸漸增多，一瞬間，龐大的驚人。
棲息林間，十六里的森林夷為平地，揚起飛羽，白晝亦黯然無光。
鳥滿為患，不得不走向滅亡，
無一倖免。

說說美國野牛：
一群又一群，雷雨雲般的巨頭相互磨蹭，
遮蔽一望無際的草原，生命洪流裡，誰能倖存？
那些時日，那數年間，白骨覆蓋了黑色草原。

死神啊！你啊你，你蹲伏著，
無限蓬勃的生命，
如豐盛饗宴被你吞噬。
求你把那轉動的大眼遠離人類，

停止那雙飢渴萬分的黑色眼珠，
羅馬帝國隕落，不列顛人即踏上高盧，
十四天的旅程，眼目所及，盡是豐美的土地、果園、溪流和劫掠一空的豪宅。
這兒杳無人煙，
他如此回報，
但那缺口，早已填滿。
無論戰爭、饑荒、瘟疫，瞬時，我們成了三十億的龐大人口：
我們的骨，就連我們的骨，
也將使草原鋪上皚皚白雪，成就一片潔白雪地：
那曾在情愛的夜裡扭動、抖顫的骨啊，
那曾捧腹大笑的骨啊、那曾在角落傷心欲絕的骨啊，
那些因顫抖而力竭的怯懦、刑架上的堅強、戰場上的驍勇，
那些因勞苦工作而粗糙、年幼可愛小孩的骨啊、那些白人空洞的頭蓋骨啊，
多少豪情、多少心思、多少癡狂，曾潛藏在那小而美的象牙酒甕裡，
但如今，只是一片死寂。

死神啊！你那雙厚顏無恥的黑溜大眼，
應該對人類燃起敬意。
何必忽然奪走一切——何況，你也沒那能耐，因為我們如此強大。
我們是人，不是旅鴿；那老邁、無用、無助、罹癌、年幼的，你都可奪去。
人類依然能走出他的歷史，因為，看哪——
現在看哪——
看看我們手所造的：躍於雲間的閃電，
我們駕馭，威猛懾人的獅子；我們脅迫，為傳遞訊息、遂行意志，
從上帝手裡，攫取雷電。驚人吧？但都不過九牛一毛，都過去了。
此刻，手裡的原初力量，掌管生命的開始和結束，
甚至創造新物，連神也未曾見過。
我們能使原子彈爆炸，也能抹去碎片，只留下純淨的能量，只為了用在
和平、用在戰爭——「真高明哪！」傳來了他又尖又細的聲音，冷酷無情，
像個已被去勢的男人。

黑溜溜的愚蠢眼珠子啊！儘管覬覦原野上的動物吧，放過聰明的人類，
我們不是你的獵物。你冷眼看著恐龍，他們變成恐怖的巨獸：曾經是溝渠裡的小蜥蜴，
此刻卻身披盔甲，成了身手敏捷、齜牙咧嘴的龐然大物，無人能敵，
除了你，死神以外，他們，終究死了。你冷眼看著劍齒虎
他們的尖牙巨大無比，卻如人類的科學那般多餘，
此刻，他們終究死了。你將他們的骨
藏在油井和層岩之中，至於我們的骨，你休想染指。
痛苦與辛勞，燃燒出智慧的光芒，
我們的心靈膨脹恐怖，
如同遠古時代，老虎的獠牙，
我們數算天上的星星，瞭若於指掌之間，
我們親眼目睹天涯之處的星系，一步一步向外飛去，如同一群
驚慌奔逃的野馬——又或，這不過是遙遠的距離小小捉弄一下稜鏡罷了——
我們凌空翱翔，使鷹、隼，和流星，遠遠落後。
我們飛，比聲音還快，比天空還高，

我們何等強大，至於你，我們毫不畏懼。
我們造了噴射機和死亡炸彈，還造了
基督的十字架——「喔！」他說道：「你們必永遠活著。」——
他以手掩口，像骷髏頭一樣咧嘴而笑——「誰能使你滅亡呢？」

羅賓遜．傑佛斯

與蓋婭同在

喬安娜・梅西

讓我們一起回頭聽聽這屬於大家的故事，那敲打在人心的故事節奏仍未停歇。這是每一個人的故事，如同鼓所發出的聲響，如同活生生的宇宙發出的心跳聲，敲打出無窮的生命力。

地球上的旅程將我們與眾生連結，而現在的科學理論已足以建構這段旅行的故事。然而，人們仍極度渴望、極度需要使這故事成為我們的故事，為的是能重新作為人，重新成為一個物種，從孤立的境地逃出，透過故事恢復那更大的身分認同。恢復身分認同、用盡全力衝破隔絕人與自然的牢獄，這個挑戰也許就是生命中最美妙的一章。

此刻的我們，正面臨艱難可怕的處境，因此，必須要在此時此地，想起這個故事，收集、品嚐故事帶來的好處。只要能好好了解這背後的故事，就能安然度過。因為，這能帶給我們勇氣和力量，讓我們歡欣鼓舞，進入健全的世界。讓我們一塊兒回憶這段旅程吧！

如鼓聲般的心跳，使我們能聽見構成生活和行為基礎的韻律。無論睡著或是清醒、無論工作或是恩愛，心跳仍如鼓聲般平穩而堅定。心中那強健平穩的聲音，總是一路同行，同時引領我們一路回到最初的生命、回到童年、回到我們出生的那一刻。在母親的子宮裡面，在她心臟正下方的血液中浮沉，聽著同一個聲音，同一個心跳。

現在，讓心跳聲帶著我們回到更久之前，甚至回到胚胎受精之前，回到恆星的分裂與高速旋轉之時。根據科學家計算的結果，那大約是一百五十億年前，即所謂宇宙大爆炸的時候。

在空間與時間的急流中、歪歪斜斜前進的過程中，同時創造出時間與空間。慢慢地，我們在一縷又一縷的巨大火焰與黑暗光中，以光速逐漸成形。一開始，是大型螺旋狀的氣體雲和舞動的分子，你能否記得？接下來，分子開始圍成圓圈，互相吸引，形成原子。這股塑造型態的吸引力，直到現在仍如鼓聲咚咚響著，在心裡繼續跳動。

在那之後又過了一百億年，從炙熱的太陽——至今仍襲上臉龐的那顆太陽，分裂出最美麗的螺旋狀氣團。氣團搖身一變，成為我們熟知的模樣。我們如同蓋婭的一生，就此展開。

★　★　★

碰觸地球，就是碰觸了蓋婭。

碰觸你的臉龐，就是碰觸了蓋婭，因為你的臉龐也是蓋婭。

碰觸你的兄弟姊妹，就是碰觸了蓋婭，因為你的兄弟姊妹也是蓋婭。

此刻的蓋婭愈發覺醒，開始想要了解她到底是誰。而種類繁多又設計精細的每一種型態裡，她都展現了無比的豐富。

讓我們想像一下，若將蓋婭的生命——試著將我們的生命想像成地球的生命——壓縮成始於午夜的二十四小時制，那麼直到當天下午五點為止，蓋婭的探險都僅停留在地質層面。遍地所及，都是火山冒出的熊熊火焰和蒸氣騰騰的雨水，不斷沖刷漂移的大陸板塊碰撞位移的海洋。直到下午五點，才出現有機生命。

此刻的你，也會有一些改變，追隨著你裡面和如鼓聲般那生命的心跳，不再只與不久前出現的人類型態產生認同與連結。早期火山吐出的火焰，以及構造板塊產生的強度，仍深藏在我們裡面。也許，若真能按照目前的情勢發展，可能會暫時回歸，成為無機的生命，然而，此刻雖暫時受到輻射感染，我們卻能安然挺過。

此時，在每一個生命的體內，都承載了蓋婭成為有機生命的故事痕跡：首先是水中生物，如同仍存在記憶裡的子宮一般，長出已經退化的鰓和鰭，而地球早期海水裡的鹽分至今仍留存於汗水與淚水中。腦的莖部，仍具有恐龍時代遺留的爬蟲類的腦（譯按：reptilian brain，掌管控制身體許多基本功能，包括呼吸），位置適中。此時，有機生命的型態與構造變得更加複雜，開始學習保護自己，神經系統讓生物得以急速地拔腿逃跑或展翅逃離。

那麼，我們又是何時變成哺乳類動物的呢？在蓋婭二十四小時制的時間表裡，變成哺乳類動物大約是晚間十一點三十分！那何時才變成人類呢？大約是晚間十一點五十九分。

我們成為人之後的故事，就發生在午夜前的那一秒鐘。現在，請將那一秒鐘視為另一個二十四小時，看看成為人類後的二十四小時記事。

從午夜到下午二點間，我們只有一小群人，住在非洲，你能想像自己還記得嗎？這時的我們，感覺非常脆弱，雖然速度沒有其他動物快，也沒有擁有像其他動物的尖牙利爪或天然盔甲。但我們卻有對生拇指，能製造工具和武器，那真是一雙了不起的手。咽喉和大腦前額葉之處，讓我們有語言能力；加入戰略和儀式，咕嚕聲和叫喊成為語言。在森林邊緣生活的日日夜夜、在營火邊編織著籃子與故事的時光，都代表了大多數的人類經驗。

之後，開始有一小群、一小群的人擴大了領域範圍，穿過蓋婭的臉龐，學習面對寒冷，學習補獵猛獁象，學習為北方森林的花草樹木和凍原的四季取名。我們不但了解自身依靠蓋婭為生，也懂得以敬畏和感恩的心雕琢她，獻上真心、為她歡呼。當人進入農業階段，開始豢養家畜。以柵欄將農地圍起來，視之為私有財產。當我們建造都市，在都市內蓋起糧倉、寺廟和觀察星星的天文台時，時間已經來到十一點五十八分，恰是午夜之前的二分鐘。

十一點五十九分，加快了變化的步伐：我們不僅想要直接觀看天上的星星，還希望在屋內記錄觀察；我們希望尋求內在經驗的權威；我們想要解放充滿疑問的心……這些，都使人漸漸遠離蓋婭。我們藉由假設、法律規章和英雄人物，來制定思想與行動的自由。偉大的宗教紛紛冒出，在距離午夜僅六秒之時，出現了一個名叫佛祖的人，不久之後，出現了拿撒勒人耶穌。

塑造今日這個世界的，是伴隨著炸彈和推土機的工業社會。然而，工業社會的形成，不過是我們變成人類那天的最後幾毫秒的時間罷了。

但就是最後的這幾毫秒，引導我們來到時間的邊緣，而每個人都心知肚明。在意識的某層面上，都了解自己正參與其中，使蓋婭本人，即我們本身，陷入危險之中。某方面你也知道，這就是你今天來到這裡的原因。喔，當然，你也許會想，你來這裡是為了要獲得個人的醫治，為你的生活找到力量。確實如此，但我們之所以來到這裡的另一個原因，是因為我們知道地球正面臨危險，並且地球上所有的生命——全都會消失。我們也擔心，如果認真面對一切的真相，會把每個人逼瘋。

絕大多數的時候，要說人類已經走到這個地步——末世將臨之時，實在很難令人相信。即使我們全力阻止核武，也很難完全相信核武確實存在。數百萬年的生命、數千年的文明發展，歷經伊什塔爾（Ishtar）、莎士比亞、甘地、桃樂絲・黛（Dorothy Day），實在很難相信，人類竟然會蓄意製造並布署核武，將口徑瞄準眾人，態勢一觸即發，只要電腦故障，即可能使核武產生爆炸……。

也因為如此，此刻面臨的時間點，與故事裡的任何一個階段都截然不同。我懷疑，在某方面，其實人類已經甘願來到這裡，面對故事的最終回或轉捩點。即使風險極高，我們仍選擇繼續活下去，將所有相互依存和勇氣的知識都付諸一試，在蓋婭感到疼痛，在她的孩子生病的時候，選擇孤注一擲。

這顆美麗的水之星球，如同珍珠懸掛於太空之中，當星球上有智慧的生命可能面臨曲終人散時，我們仍在這裡活著。我們的先人、祖先都未從面臨過，因為以前的世代從未懷疑：生命有一天會停止，每個人皆是如此心照不宣地深信著。即使人會死亡、即使發生戰爭和瘟疫，人類仍舊確信生命必然永存。但現在卻喪失了這份確信，我們活在一個蒙受巨大損失的時代——失去的不是未來，而是能否擁有未來的肯定性。無論你任職於美國國防部，或參與和平運動，都無可逃避，但幾乎沒有人評估後果的嚴重性。

在所謂的原始社會，成人禮是為了青少年舉行的儀式，因為青春期的時候，人開始體悟到生命包含死亡和終了。為了真正頓悟，每個人必須按規定通過成人禮的嚴峻考驗，唯有在那之後，才能承擔起大人的權利和義務。而這正是我們現在，也就是以地球計算時間的現在，一起在做的事。坦然面對，意識到我們都屬於同一個物種，集體面臨死亡。唯有如此，才能喚醒並扛起身為地球成人應負的權利和義務，才能長大成人！以某種意義來說，這就是我們在這裡所做的事。

當你離開這裡後，請繼續傾聽那平穩的鼓聲，用心聆聽。聆聽的同時，請別忘記，這鼓聲是宇宙的心跳聲，是蓋婭的心跳聲，也是大我（larger Self）的心跳聲。

當你回到社會進行組織工作，抵擋死亡機器，敞開雙臂迎向生命的同時，請牢記真正的身分與認同，牢記屬於你的故事，牢記屬於我們的故事。你不再只是以自己的身分發言，也不再只是為自己發聲。你並非昨日才出生來到這個世界，反之，你已經歷過許多次的死亡，你的心、你的骨，都清楚那如風雨飄渺又優美細緻的生命平衡。你所言、所行都出於這層理解，你所說的、所做的必帶著勇氣和毅力。因為你就是蓋婭，你與蓋婭共享的永恆生命故事，已將勇氣和毅力傳遞給自己。

西雅圖酋長的話

西雅圖酋長

華盛頓的大酋長派人捎來訊息，想要向我們買土地。

大酋長同時捎來友誼與善意的問候，這實在非常仁慈，因為我們知道，他並不需要我們的友誼作為回報。

但我們會仔細考慮您的提議，因為我們知道，若不將土地賣給您，白人可能會帶著槍砲前來，拿走我們的土地。

但您怎麼能夠買賣穹蒼或土地的溫暖？這對我們而言，該是多麼奇怪的想法啊！

假如清新的空氣和波光粼粼的流水，並不屬於我們所有，您又怎麼能夠買下它們呢？

對我的人民而言，每一寸土地都屬於神聖。每一枝閃閃發亮的松葉、每一處的沙岸、森林中每一片迷霧、每一塊空地、每一隻鳴叫的昆蟲，在我人民的記憶和經驗中，都是聖潔的。樹木中流動的汁液，承載著紅人的記憶。

逝去的白人行走於繁星之間，早已忘卻誕生的國度，但我們逝去的靈魂從未忘記美麗的大地，從未忘記紅人的大地之母。我們屬於大地，而大地也屬於我們。

芬芳的花朵
是我們的姊妹；
鹿兒、馬兒、大老鷹，
是我們的兄弟；
巨石嶙峋的山巔、
草原上的露珠、
小馬身上的體溫，還有人類，
都是一家人。

因此，華盛頓的大酋長說想買我們的土地時，實在強人所難。大酋長派人捎來訊息，說他會為我們保留一片土地，讓我們安然居住。他將成為我們的父親，而我們成為他的孩子。

因此，我們會仔細考慮您們要買土地的提議，但這並非容易的事，因為土地在我們眼中是神聖的。

波光粼粼的溪並不只是流水，而是先人的鮮血。假如我們將土地賣給你們，請務必記得，溪流是神聖的。你們也應如此教導您們的孩子，告訴他們，清澈湖中映出的鬼魅，訴說著我人民記憶中的生活點點滴滴；呢喃的流水，是我祖父的低語。

河流是我們的兄弟，解我們的乾渴、載運我們的獨木舟、餵養我們的孩子。假如我們將土地賣給你們，請務必記得，並教導你們的孩子，河流是我們的兄弟，也是你們的兄弟。從今以後，你們必須待河流如同待兄弟般仁慈。

紅人總是在白人推進之前，就已撤退，如同山嵐之於朝陽。至於我們的祖先，他們的骨灰是神聖的，他們的墓園是聖地，因此，這些丘陵、樹木、這塊土地在我們看來，也是神聖的。我們知道，白人無法理解我們的想法。對於白人而言，這塊土地與另一塊土地並無二異，因為他們如同在漆黑夜晚前來的異鄉人，對土地予取予求。他們不將土地視為兄弟，而是敵人。他們征服，然後轉身離開。他們棄置父親的墓，搶奪孩子的土地，卻從不在意。祖先的過往和後裔的未來，他們從未放在心上。無論是親如母親的大地，或是親如兄弟的穹蒼，他們都恣意買賣和掠奪，如同只是綿羊或光彩奪目的珍珠項鍊般。他們的貪婪必吞噬大地，留下的，將只是一片荒蕪。

我真的不明白，也許我們的道路異於你們。紅人的雙眼因為目睹你們城市的景象而感到刺痛，但也許因為紅人是野蠻人，所以不明白。

白人的城裡找不到寧靜，聽不到春天葉子綻放的聲音，或昆蟲振翅的窸窣作響。但或許因為我是野蠻人，所以不明白，不明白為何喧嚷活潑的聲音聽在耳裡，卻形同凌辱。然而，人若聽不到三聲夜鷹寂寞的啼聲，或夜晚青蛙齊聚池塘的爭鳴，那生命還剩下什麼呢？身為紅人，我真的不明白。印地安人喜歡微風拂過池面那輕柔的聲音；喜歡午後陣雨過後，微風中乾淨的味道；或是空氣中飄送的矮松馨香。

紅人視空氣為寶貴，因為萬物共同呼吸著相同的氣息，無論野獸、樹木、人類、都呼吸著同樣的空氣。但白人似乎從不在意他們呼吸的空氣，就像一個死亡多日的人一般，渾然不覺濃濃的惡臭。但假如我們將土地賣給您們，請務必記得，對我們而言，空氣是珍貴的寶物，且將其中的靈氣分享給萬物、供養萬物。風，不僅賜予祖先初生的氣息，也帶走他們最後一聲的嘆息；風，必然將生命的靈賜與我們的孩子。假如我們將土地賣給您們，請務必保持它的獨立與神聖，使白人同樣能踏入那神聖之地，嚐嚐因草原芬芳而益加甜美的馨香之氣。

因此，我們會仔細考慮您們要買土地的提議。但我有一個條件，假如我們決定將土地賣給您們，請必須像對待兄弟般善待土地上的走獸。

我是個野蠻人，我不清楚別的方式。我曾眼看著白人乘坐火車，沿途射殺野牛。成千上萬的野牛死屍躺在中部草原，任其曝曬腐爛。我是個野蠻人，我不能明白，何以冒著黑煙的鐵馬，會比為了人的生命而死的野牛更為重要。

人若沒有走獸相伴，還剩下什麼？如果所有的野獸就此消失，人終將成為孤寂的靈魂，日漸死去。因為野獸的命運，很快地將降臨在人類身上，因為——萬物相依。

請務必教導您們的孩子，腳下的土地是我們祖先的遺骨灰燼。如此一來，他們才會尊敬土地。請告訴您們的孩子，土地因我們族人的存在而富足。教導您們的孩子，如同我們教導我們的孩子，土地是我們的母親。土地所遭遇的，土地之子也將遭遇。人如果唾棄了土地，就是唾棄了自己。

我們明白，土地不屬於人，人卻屬於土地。我們明白，萬物相依，如同血脈相連，萬物相互關連。

土地所遭遇的，土地之子也將遭遇。人並非編織生命之網的那位，他不過是其中的一縷一絲。他對生命網所做的，也必定得到報應。

我們會仔細考慮您們的提議，就此居住在您們為我人民保留的地方。我們將獨自生活，平靜安詳。至於要在哪兒度過餘生，已無關緊要。因為我們的孩子曾目睹他們的父親如何嚐到戰敗的羞辱，因為我們的勇士已被羞愧擊敗，從此荒誕度日，以美食和酒精麻醉自己。至於要在哪兒度過餘生，已無關緊要，因為人已經所剩不多。再過幾個時辰，再過幾個寒冬，偉大的部族將不再有什麼後裔留下。他們曾在這塊土地生活，現今或許在森林中過著小群眾的生活，但未來卻無人留下悼念這力量強大、前途無限的偉大部族。但我為什麼要因為族人的消逝而哀痛呢？部族由人組成，如此而已。人在世界來來去去，如同浪花上的白沫。

即使是白人的神，那如同朋友般與白人同行、與白人交談的神，也不能倖免於生死與共的命運之外。畢竟，或許我們就是親兄弟，很快就會明白，有些事我們再清楚不過，相信白人很快地也會發現，那就是，我們的神是同一位。如今你們可能會自以為可以擁有神，如同想要擁有我們的土地，但事實上，你們不能。祂是全人類的神，祂的慈悲既施予紅人，也施予白人。神認為土地是珍貴的，因此，傷害土地即是對造物者的輕蔑。白人終將消逝，也許甚至早於其他部族。

然而，你們靠著神的力量，即使毀滅，仍得榮耀。你們的神，帶領你們來到這裡，為了某種目的，使你們統治這片土地，也統治紅人。命運真是一個解不開的謎，當野牛被屠殺的時候，我們不能明白；當野馬被馴化的時候，我們不能明白；當森林中那些祕密基地充塞著人群的氣味，當電話線破壞了物產豐隆的山陵，我們也不能明白。

哪裡還有灌木叢？消失了。哪裡還有老鷹？不見了。告別馬背上風馳電掣和山林中狩獵的生活，意味著什麼呢？從此，我們不再有靈魂的活著，只剩呼吸依然。

因此，我們會仔細考慮您的提議，假若我們同意，就是替自己爭取到保留區的承諾。因為，也許，我們能如願在那個地方，度過剩下不多的時日。當最後一個紅人從地表滅絕，當他的記憶成了草原上的浮光掠影，山林與河海仍將懷抱我族人的靈魂。因為我們愛這片土地，如同新生兒喜愛聆聽母親的心跳聲。因此，假如我們將土地賣給您，請像我們一樣愛著她，像我們一樣照顧她，切莫忘記土地現在的樣貌。為了您們的孩子，盡心、盡性、盡意保存她、愛她，如同上帝愛我們眾人一樣。

有一件事是我們確信的，即我們所信的是同一位神，神看這土地極為珍貴，即使是白人，也無法倖免於生死與共的命運之外。畢竟我們都是親兄弟，這道理，我們很快就會明白。

（西雅斯酋長〔Chief Sealth〕，或現今所稱的西雅圖酋長〔Seattle〕，他的杜瓦米希族〔Duwamish〕部落位於美國西北部。一八五四年，西雅斯酋長向族人發表一篇演說，由亨利．史密斯醫生〔Henry Smith〕記下演講的相關註解。史密斯醫生強調，他的英文只能反映當時代的語法，包括一般用來代表男性的詞彙，可能並未出現在原文中，因此不足以充分翻譯出西雅斯酋長演講中的意象和思想的美麗。

事實上，本書所收錄的版本，來自於一九七〇年電影編劇佩瑞〔Ted Perry〕改編的電影劇本內容中，史密斯醫生的筆記。我們應該了解，這篇演講有許多扭曲歷史事實和史實謬誤之處，因為西雅斯酋長既然住在美國西北部的印第安部落，就不可能見過中部大草原，更不可能看過美國野牛。而直到一八六九年以前，部落領土附近也未有鐵路的興建。雖然我們不認為西雅斯酋長的《宣言》是歷史文件，仍希望能藉此來引起讀者的回應。）

動物寓言故事

喬安娜・梅西

大地即刻順服
敞開豐潤的肚腹
生出一群群的生物，
形貌健全，四肢發達

約翰・彌爾頓（John Milton）
《失樂園》（*Paradise Lost*）卷七

短尾信天翁
美洲鶴
灰狼
遊隼
玳瑁
美洲豹
犀牛

在日內瓦有一份國際瀕危動物紀錄名冊，採用活頁設計，隨時保持更新，現在已經變得厚重，很難隻手拿起。我們在哪兒記錄生命的消逝呢？我們適合為他們舉行什麼樣的喪禮或訣別呢？

燕尾蝶
大西洋
印度蟒
吼猴

抹香鯨

藍鯨

鯨魚啊！我們的兄弟，請帶著我再潛深一點，回到許久以前的時光。在那如母親的海洋深處，我曾經以鰭和鰓之軀悠游其中。海裡的鹽仍在淚水中川流，但淚水已變得乾癟。給我一首歌吧……一首讓我抒發心不能承受之憂傷的歌，讓我發洩咽喉不能承受之狂暴怒火的歌。

食蟻獸

羚羊

灰熊

棕熊

雙峰駱駝

尼羅河鱷魚

美國短吻鱷

鱷魚啊！請帶著我緩緩走出泥沼，我原是從泥沼而生。帶著我在豐饒的原生湯，在分子的搖籃中匐伏前進。在我們抽乾你的沼澤之前，將沼澤鋪平、炸成灰燼之前，讓我於泥淖中再打滾一次。

灰蝠

虎貓

沼澤白足鼠

大眼藍鱸

紅袋鼠

阿留中白頰雁

地中海鷗

迅速、起飛，帶著我，衝上高高的天，俯瞰海岸，向外飛去，飛得更高、更遠，別在這裡降落。油汙層層覆蓋海灘，同時覆蓋岩石和海面，沾黏著從此無法舒展的雙翼，請帶著我遠離，將我們一手鑄成的是非之地遠遠拋在身後。

金黃錐尾鸚鵡
非洲鴕鳥
佛羅里達美洲豹
加島環企鵝
皇鸝
豹
猶他土撥鼠

獾啊！請將我藏身於樹籬之中，你是否再也找不著任何樹籬的影子？請幫我在那曾經劃出田地邊界的樹底下，挖一條地底隧道，使我能來回穿梭於腐葉土堆和樹根之間。我的心像那土，被剷平、被犁平，請為我在那渴望的深祕之處，鑽出一座迷宮。

厚嘴鸚鵡
紅喉皇鳩
荒漠袋狸
南方禿鷹

加州禿鷹

藍蝶

毛毛蟲啊！請帶著我爬出這兒，吐紗作繭將我團團包圍，纏繞我，使我沉睡絲綢緞被中，靜待骨質溶解。我願等上永恆的時間，只願創造再次造訪，那時，我將振翅直上。

肯普氏龜

珍珠貽貝

犀鳥

海獺

座頭鯨

僧海豹

豎琴海豹

母親啊！請帶著我死命地游，逃離浮冰的世界。你到底在哪兒？人們腳穿著靴子粉碎我的肋骨，揮舞著棒子一下一下地擊打我的毛皮，雪白的世界因為染上鮮血，而變得一片昏黑。

大猩猩

長臂猿

細角瞪羚

智利巴鹿

麞鹿

獵豹

南美栗鼠

亞洲象

非洲象

讓我搖晃著身體，緩緩地，穿過叢林。我相信這世界的某處，還能找著另一處叢林，我的心因翠綠的奧祕而飽滿。水坑邊，讓我用象鼻汲水、沖洗身軀，身上的彈孔仍清晰可見。趁著記憶猶新之時，給我說說古老的故事吧！

扇尾鶲

印度鶩

朱鷺

勾嘴鳶

山貓

軍艦鳥

當挪亞像我們一樣，面臨世界末日時，他的手中也握有一份動物名單。想像挪亞站在跳板旁，呼喊他們的名字，根據捲軸清點上船的動物。讓我們也模仿挪亞，喊出這些動物的名字吧！

象牙嘴啄木鳥

褐鵜鶘

海牛

加拿大雁

我們以前後顛倒的方式，重演挪亞的古老劇本，如同電影採用倒敘手法，回到過去，
回到動物仍然活著的當時。

雪貂
鷸
美洲豹
狼

你轉動著唱機，音樂慢慢地……慢慢地淡出，等等，等等，現在正是艱困的處境，
別拋棄我們，別讓我們獨自留在親手摧毀的世界裡。

眾生大會

佩德・福連明、喬安娜・梅西

約有二十五人，一起來到澳洲新南威爾斯的河岸野地。昨晚，我們彼此分享了一些故事。這些經驗可能激發我們對於現今自然界發生事件的關心，甚至是擔憂。雖然，我們來自不同背景，卻有共同的擔憂，因此來到這兒共同努力。我們希望能變得更有勇氣，更堅定地付出行動，來醫治我們的地球。

昨晚一開始坐下的時候，我們花了一些時間，讚美並肯定這意圖的重要性。實驗性地嘗試一些新的方法，來醫治人與自然隔絕的病症。正因為人與自然產生隔絕，才會引起森林遭到破壞、海洋與土壤受到毒害的事件。然而，誠如那週聚會的共同主持人席拉指出，使人能重新連結於自然的這些方式，其實沒有那麼新穎。

研究各種重新連結於自然的團體過程後，我才發現一個不那麼令人訝異的事實，那就是，要找到我們覺得有效或真實的方式，並不困難。因為過去數千個世代以來，人類早已參與種種類似的過程，只是直到最近這幾代，才暫時遺忘了這些古老的方式。

今天上午的小組練習，幫助我們更清楚感受到人確實完全鑲嵌於（embedded）於「生命之網」之內，同時回想起人類這個物種和祖先在地球上漫長的四十五億年間，如何經歷了「生物–生態」交織而成的生命演化過程。小組練習同時有助放鬆身體，進入直觀的理解，產生對於他人的信任。

吃完午餐，收拾過後，我們重新集合，準備參加預期的眾生大會儀式。不過，共同主持人法蘭克並不打算立即開始進行，反而要我們各自離開，暫時解散一個小時。

請找一個對你而言具有特別意義的地方，單純在那兒安靜、等待，靜待其他的生物走進你腦海，然後在今天下午的眾生大會中，代表他們發言。只要放輕鬆、讓生物主動選擇你，讓你在眾生大會中代替他說話。那些生物有可能是某種動植物，或是土地或水域等生態物。通常你心中第一個想到的，就是這次聚會中最理想的那一位。

還沒有安靜坐在河邊溫暖的沙地前，我就已經感覺到有某種生命正悄然進入我的心中，那就是「山」。

我全身放鬆、吸著氣，把山也吸入了我的身體裡……我感覺到岩塊狀的根一直向下深入、再深入，直到炙熱的最深處——與地球相遇。我的基部是寬的、是堅固的，即使狂風經過、暴雨來襲，也不過吹皺我覆滿樹林的皮膚罷了。即使地牛偶而翻身，只是使我顫動、使我感受到更強烈的生命力罷了。

我如永恆般佇立，歷經數個世紀和千年的經過，歷經許多寒暑和變化。我覺得自己所向披靡，能抵擋一切風霜雨雪。堅強，使我能保護與蔽蔭其他生物。除了振奮人心之外，我也提出挑戰：我呼喚人前來深入認識我，來研究探索我身上的岩石、山谷，和群樹環繞的河岸。我心中感受到無與倫比的平安——堅定不移、超越時間，而倚身靠著我休憩的，我願將這平安分享給他們。

然而，人類雖然微小如山翼的螞蟻，但仍能造成巨大的侵入和暴力。他們鑿我的骨、剝我的皮，使居住在我裡面的，都遭受危險。今天下午，我將在議會中將這些都說出來。

咚！咚！咚！……鼓聲再次呼喚著我們，這一次它要我們進入儀式的場地，召開眾生大會。我戴上泥土、石頭、葉子、青草的面具，沉重緩慢地走進眾生大會的地點。場地四周的溪水冰冰涼涼地，洗去陳舊，預備讓我們成為新的未知。眾人圍成一個圓圈，我左看右瞧，看著所有與會的眾生——這真是各種型態和顏色的大觀園，有的盛氣凌人，有的閉月羞花，有的機智狡猾。

眾人間雖瀰漫著不確定的氣息，卻也充滿了期待的氛圍，場地邊緣那橡膠樹和香樹的老傢伙沙沙作響，好似預感著某件事情的發生，有隻白鷺鷥向著上游飛去，竭力振翅，為我們的聚會傳達真心的祝福。我在沙地上坐下，堅定、堅強、恭候著——即使需要等待的時間長達永恆，我仍心甘情願。

首先，法蘭克簡單地說明儀式的架構，透過他的說明，我看到裡面有地球上許多不同原住民族傳統的結合。例如，透過水與火，能象徵性地使我們和儀式場地獲得潔淨。而為了表示遍及萬物的關心，我們祈求並邀請這時空下環繞著地球的力量和一切存有，進入這個圈圈。他們可能是四方的力量，或從自古直到永遠的存有（譯按：beings of the three times，three times 意指的是過去、現在、未來）。接著，當議會完美地開始時，我們也會按照個人扮演的生物角色，順其自然地把需要表達的聲音說出來。

根據說明，大會的進行將分成三個階段。一開始可以自由發揮，在眾人之中以其他生物的觀點侃侃而談，分享我們為何來到眾生大會，盡情表達我們的困惑、悲傷、憤怒和恐懼。在那之後，以一聲鼓聲為信號，一次約五至六個人，移坐圓圈的正中央。這時候轉而以人的角色安靜聆聽，每個人都有機會在人與非人生物的角色間互換。最後，大家都有機會將人所需要的力量傳出去（並以人的角色接受力量），有了力量之後，就能阻止世界遭受破壞。

法蘭克希望藉由說明，幫助大家熟悉儀式的流程，並感到自在。幸虧他適時補充，我們並不需要記住這些順序，只要在儀式展開的過程中，自然地做出回應便可。

現在，隨著緩緩的鼓聲和芬芳的薰香，大會的儀式正式開始。鮑魚殼點燃著鼠尾草和柏木，在眾人之間傳遞。我們揮手讓煙飄上我們的臉龐，吸進去的那股輕煙，充滿香氣，並夾雜著辛辣。接下來，有個玻璃碗盛著乾淨的清水，同樣在我們圍起來的圈圈裡繞著，每一個人用手稍微沾一下碗中的水，塗抹在下一個人的頭上，藉以承認我們都需要潔淨和更新。

祈求四方的力量時，我們分別轉向東、南、西、北。藉由古老醫藥密輪（Medicine Wheel，在印第安人的傳說中，具有千萬年的歷史）口耳相傳的方式，當面朝著一個方向時，將手高高舉起，依次由其中一人大聲召喚，說出這些力量代表的意義，例如：「我們祈求並邀請東方的力量……旭日的力量、新起點的力量，或是眼目可觀千里的老鷹……」。作為山，北方對我而言顯得特別親切，是「平靜和內省的力量，也是靜候和忍耐的力量……」。

每一次、每一個人祈求過後，我們就會聚在一起，以簡單、深沉的和聲反覆吟唱：

「此時此刻，與我們相聚；此時此地，與我們同在。」

現在，主持儀式的法蘭克要幫助我們邀請從自古直到永遠，曾依序出現於三個時空中的存有。

我們邀請曾經來過這個世界的存有進入圓圈當中，凡曾經存在於地球，凡曾經關愛、孕育地球的眾生，我們紀念你們，召喚你們的智慧和盼望。你們是我們的祖先和導師。現在，我們祈求你們同在，並為拯救你們愛的地球，尋求力量和忠告。此刻，我們要說出你們的名。

自然而然地，圓圈中開始聽到人們喃喃地隨機念出各種名字，包含耶穌、佛祖、金恩博士，以及祖父祖母、學校老師和心靈導師的名字。

我們也邀請現世的存有進入圓圈中，邀請親朋好友、左鄰右舍、職場同事、以及那些為這次聚會而努力辛勞的夥伴，進入圓圈之中。你們擔當我們的盼望與恐懼，我們必陪伴在你們左右。

圓圈又傳出一串名字……彼得、愛黛兒、蘇珊、澳洲前總理霍克（Bob Hawke）、蘇聯前總統戈巴契夫……等。

> 最後，我們邀請未來的存有。你們尚未誕生到這個世界。因為對你們一無所知，所以還無法念出姓名。然而，你們是我們保護這顆美麗星球的目的，靠著你們，一切必須完成的，皆能成就。

這時候，我們保持靜默，衷心期盼後代子孫的到臨。靜默後，我們再次唱起了禱詞：

「此時此刻，與我們相聚；此時此地，與我們同在。」

此時，大會正式開始。坐下來後，戴上面具，放下單為人的身分，讓自己習慣來到我們身上、希望藉此發出聲音的生物。

大會以點名的方式，讓學員輪流說話。首先是自我介紹，例如：「我是一隻狼，我為狼族的同胞請命」、「我是一隻野雁，我為所有的候鳥請命」、「我是麥子，我為所有的稻穀作物請命」。

法蘭克戴上多刺植物的面具後說道：「我們聚集在這裡……」

我是因為我們的地球遭遇到了麻煩，要來說出我們和這個世界發生了什麼事。我以雜草的身分來到大會，人將他們認為毫無用處的植物稱為雜草。但我充滿活力、強壯有力，我喜愛向外衝、喜歡推、喜歡播種，甚至衝破水泥，一樣辦得到。雖然我衝破路面，帶來水分和生命，雖然我醫治那歷經大火、傷痕累累的地球，卻仍然被下毒、被壓扁，如同那在裡面與我同住的生物一般。

為表示回應，我們齊聲說：「雜草啊！我們聽見了。」

我是巨果鳩，咕！咕！我住在雨林裡一個小小的地方。我溫柔的歌聲穿越大樹、穿過樹林間涼爽的陽光，卻再也得不到任何回應。我的同類在哪兒？他們都去哪了呢？除了自己的回音，我再也聽不到其他聲音。我很害怕，所以來到這裡。

「巨果鳩啊！我們聽見了。」

我是一隻黑白相間的乳牛，遠離青草地，被關在牛圈中，踩在自己的糞便上。他們把小牛從我身邊帶離，卻用冰冷的金屬機器緊緊夾住我的乳頭。我不斷的呼喚，卻不見牛崽回返，他們在哪兒呢？他們發生了什麼事？

「乳牛啊！我們聽見了。」

我生下的蛋，蛋殼都變得非常地薄，非常容易碎裂，常常在孵出之前，就已經破掉。我也擔心我的骨頭裡，會有毒物殘留。

「野雁啊！我們聽見了。」

他們一個接一個走出來說話，也一個又一個被聽見，有雨林、袋熊、枯葉、禿鷹、淤泥、野花。

有個聲音輕柔地說著：

他們叫我鼻涕蟲，其實我並不怎麼在意。我只是緩慢、優雅地走著，一路上小口小口地吃著葉子。但你知道嗎？我竟然遭亂刀砍殺，剁成小塊，不斷擠壓，連問一聲：「你老子——我還好嗎？」也沒有。我到底做了什麼，活該被你們這樣對待？

我們忍俊不住，憐惜地說：「鼻涕蟲啊！我們聽見了。」

接下來有紅袋鼠、地衣、野豬和瓶鼻海豚。

「我們聽見了，我們聽見了。」

我知道，現在輪到我說話了。

我是山，如永恆般佇立，強壯、堅固。我堅忍不拔。但人們用炸藥和地雷炸我，覆蓋著森林的皮膚慘遭撕下，表土沖刷，溪流堵塞。我今天有好多話想對人類說。

「山啊！我們聽見了。」

鼓聲再度響起，提醒大家進入大會的下一個階段。敲響的鼓指示人類走進圓圈，開始傾聽。這時有五至六個人，拿下各種生物的面具，走到圓圈中央，背對背，面朝外安靜地坐下。等外圍的生物代表說完話之後，鼓聲再次敲響，他們才回到圓圈外圍，與其他人交換位置，直到每一個人都輪流以人的身分傾聽生物的聲音。

雜草說：「人類啊！聽我們說。」

這世界不只屬於你們，也是我們的。我們在這兒的時間甚至比你們還久，養育我們的孩子有數百萬年之久，並擁有豐富的智慧。但因為你們所作所為，使得我們來日不多。現在，請靜下心來，好好地聽我們說。

我是雨林。若按照你們人類計算年齡的方式，已經超過一億三千萬歲了。若我是你們人類所造的建築物，就能受到珍視，妥善照管。但你們非但沒有，反而摧毀我。你們為了報紙和便宜的漢堡蹂躪我。你們砍下無數棵樹木，只取走幾片木板，剩下的木材則任其腐爛或焚燒。無止境的條條大道，通過我的身體、壓迫我，讓一群沒有良心的房地產商人順勢而入，強取豪奪，大聲嚷嚷著要將我變成財產。你們使我豐厚的表土沖刷殆盡，摧毀環繞四周的珊瑚礁。我再也無法忍受呼嘯的機器，繼續挖空我的身體，撕裂我的肉體，將歷經漫長百年成長的樹木化成木屑，變成家具。你們好大的膽子！

這時候，雨林站了起來，盛怒中看起來更加威嚴，他繼續說道：

你們的貪婪和愚蠢，將縮短自己的壽命。你們使我憔悴，將我燒成灰燼，卻也預告了你們的滅亡。難道你們不曉得我是生命的源頭嗎？沒有我們的綠意，你們終將枯萎；沒有植物呼出的氧氣，你們終會無法呼吸。你們需要我，如同需要肺，我就是你們的肺。

負鼠舉起她的手。

人類啊！有看到我的手嗎？這手和你的手如此相像。看到柔軟沙地上留下的印子，就能知道我們往哪兒去。而你們在地球的這一遭，又留下了什麼記號呢？

咚！咚！咚！咚！圓圈內再次響起鼓聲。坐在中央的人類感覺如釋重負，他們回到圓圈的外圍，重新戴上生物的面具。另外，約有六人，以人的身分移動到圓圈中央，一起坐下。有些人一邊牽著彼此的手，一邊傾聽動物的心聲。

我是瓶鼻海豚，我喜歡翻滾、跳躍，也喜歡嬉戲。當然，假使人類值得信任的話，我也喜歡跟你們一塊玩耍，因為我們覺得人類有一股親切感。然而，我卻常常被你們的流刺網纏住並溺斃，除此之外，你們殘酷地利用我們的友善，讓我們變成軍事實驗的工具，在背上安裝監測儀器和發報器。你們把我們關在海洋公園裡面展示和表演，讓我們無法自由自在地與同類悠游。我為所有的豢養動物請命。先尊重我們的自由，你們才有自由。

我感到內心翻騰，覺得必須再說些什麼。

人類啊！我是山。我，不容被忽視。早在最初，早在很久以前，我就已經與你們同在。數千年來，你們的祖先尊崇我為聖地，在高處找到智慧。我使你們有遮蔽，使你們能看得又高又遠，但現在你們反過來摧毀我。你們挖掘石頭找寶石，開鑿岩脈找礦石。剝光森林，使我無法緊緊抓住水分，再慢慢釋放。你們是否看到那淤塞的河流？難道你們還不明白嗎？毀滅我，就是毀滅你們自己。看在蓋婭的份上，快醒醒吧！

人類啊！我是地衣。千秋萬世之後，我就能使岩石化為土壤。直到現在，我還以為世界上沒有什麼能阻止我，但現在我卻因為你們的酸雨而作嘔。

人類啊！看看我吧。我是地球上那稱為加州地區最後一隻野生的禿鷹。幾天前，你們抓到我，對著我說：「這是為了你好。」請你們久久凝望著我，看看我展開的雙翼，看看我閃耀著光芒的翎毛，看看我熠熠生輝的雙眼。現在，請好好地看著我吧，因為未來我將消失，你們的子孫再也無法看見我們的身影。

「瓶鼻海豚啊！我們聽見了；雨林啊！我們聽見了；……山啊！地衣啊！禿鷹啊！我們都聽見了。」

一個接著一個，我們的故事傾瀉而出，時而痛苦、憤怒，時而幽默、戲謔。所有故事在在顯示出人類如何快速又劇烈地影響我們的生活，降低存活的機率，也同時傳遞了一種心意相通的感覺。因為，我們同樣都屬於地球，也都來自地球。

當表白的浪聲逐漸退去，法蘭克取下雜草的面具，走到中間。在儀式中首次以人的身分發言。

親愛的伙伴啊！我們都聽見了。雖然，這些話非常令人難受，但仍感謝你們實話實說，顯明我們所摧毀的，明白已面臨的危險，同時意識到那份恐懼。我們鬆綁了那股改變世界的力量，但那力量卻日益壯大，似乎要把我們壓垮。我們需要你們的幫助，請不要離棄我們。至少為了你們也能生存的緣故，是否能將你們的力量和能力借給我們，幫助大家一起度過難關？

這時候，不需要信號或指示來改變大會的氣氛，生物停止了冷酷地舉發和責難人類，開始自發性地分享他們所擁有的天賦。

作為鼻涕蟲，我以緩慢的步調走過生命的這一遭。我與地面保持親近，這是我願意借給人類的能力。你們已經走得太遠、走得太快，這對任何人都沒有益處。你們要好好地、清楚地認識你們行走其上的地面。

水也說道：

在不斷向前流動的過程中，我以毅力和彈性來面對層層阻礙。請接受這兩樣禮物，希望有助於你們的生活以及為地球所努力的工作。

我，身為禿鷹，要給你們銳利、遠觀的眼光，這眼光使我遠遠就能看到前方的情形。請用我給你們的這項能力，將眼光轉向前方，越過每天忙碌的生活，留心你眼所看的，心中所計畫的。

「鼻涕蟲，謝謝你……水啊！……禿鷹，謝謝你們。」

一個接一個的生物，將他們獨有的力量送給站在圓圈中間的人類。一講完，每個生物都取下面具，放在圓圈外圍，加入站在中間的人類，一起接受其他生物饋贈的力量。

我是地衣，我與時間共事。那真的是一段非常漫長的時間，並且知道時間是我的益友。我要給你們耐心，解除匆忙的壓力，使你們能面對長時間的久戰。

我是雨林，我要給你們創造平衡與和諧的力量。靠著這兩種力量，眾生得以共生共存，而從平衡和共生中，能產生各種新的生命。這是我要給你們的。

我是枯葉，我要給你們免除恐懼死亡的自由。落下、衰落和發霉都會帶來新的成長。當你不再那麼害怕死亡，也許便能享受生命的美好。因你們以生命的自然和療癒週期作工，所以我要贈予與死亡為友的能力。

野花說話了。

我願用芬芳和甜美的臉龐，引領你們回到生命的美麗。請給我一些時間，注視我，我將使你們再次愛上生命。這就是我要送你們的。

我感覺到山想要透過我，再說一些話：

人類啊！我要給你們深深的平安。無論何時，都可以來到我這裡；無論休息或是做夢。沒有了夢，你們將失去想像和盼望。無論何時，只要你們需要力量，需要堅定，都歡迎你們前來。

我拿下面具，加入圓圈中間的人們，他們伸手將我拉近，使我感受到皮膚傳遞而來的溫暖與歡迎。我開始對自己的能力產生一種全新的認識。若不是那些生物的禮物已成為內心潛在的力量，我們將無法清晰完整地表達。

當所有的生物都給予他們的祝福後，法蘭克再次戴上面具，說道：

我要給你們雜草的力量——韌性。無論地面再怎麼堅硬，都不要放棄！我們都曉得應該如何堅持不懈，一開始的時候慢慢來，若有需要，就稍作休息，然後繼續加油——直到最後——地突然裂開了！再一次地，又見到陽光！無論何處，我們都不會停止成長。毅力——這就是我們要給你們的。

眾人連聲感謝之後，將他拉進群眾中。這時響起一陣沉默的聲響，我們站立，緊緊抓住彼此的手，漸漸往外形成一個圓，笑著、唱著。席拉帶著排成長龍的我們，慢慢靠緊、慢慢靠近，捲成一個團體擁抱的姿勢。這是澳洲原住民的古老傳統，稱為「小蜜蜂嗡嗡翁」（humming bee）。緊密交錯的擁抱，使臉頰碰著肩膀、皮膚碰著皮膚，從喉嚨和胸腔發出蜜蜂的嗡嗡嗡，流傳在擁抱的圓圈中，隨之振盪，那感覺真的很好，好像我們已經成為共同生命體。

嗡嗡聲逐漸變成歌聲，有人開始打鼓，有人跟著鼓聲的節奏跳舞、跳躍、搖擺、或踏著地面，有些人進入樹林，走到水邊，與自己獨處，想著所發生的事。

不久之後的日落時分，我們再次聚集，為了釋放那些透過我們發出聲音的生物。天逐漸變得昏暗，搭建了營火，我們把面具拿在手上，一個接著一個來到營火前，將面具丟進火裡焚燒，榮耀歸給他們：「禿鷹，謝謝你」、「山啊，謝謝你」。

第二天，我們會再次聚集，討論在生活中、在世界上，身為人類的我們可以做什麼改變，然後訂出計畫和行動，擬定策略，找出互相支持的方法。但此刻最棒的事情，就是躺在地上安靜歇息，看著面具在火裡蜷曲，發出劈劈啪啪的爆裂聲。

（這段敘述重現以戶外野地為背景，舉行的眾生大會儀式。其實，眾生大會的儀式，也曾於室內或都市中舉行。〈眾生大會工作坊綱領〉（第一六五頁）中針對室內與戶外，應該如何準備與引導進行提出建議。）

CENTER
DAINTREE

行動吧，英雄們！因納斯的見證

葛恩・因納斯

現在時刻，早上五點二十四分，我收拾好睡袋和輕薄睡墊。我將自己的頸部以下埋在土裡，至今已經第三天了。我用鎖鏈將右手臂綁在兩根木頭之間，這兩根木頭反而變成類似琴弓的組合，將我的地洞和葛恩・普拉茲（Graham Platts）相連。

將自己埋在土裡，是為了抵擋推土機的行進。前兩天的八至十個小時，我們稍微調整了埋在土裡的方式，減少疼痛和抽筋。雖然，到目前為止有些事情我還不太明白，但漸漸地，已經開始體會到某些連結——就是與大地的契合（earth bonding）。我與大地的脈搏彼此相通，而我的身體、這身軀殼，也變成傳達她意旨的工具。

我感覺到一種怪異的寧靜安祥。等待的過程中，我毫不懼怕，反而非常平靜，領悟到這場行動的正當性超越世上法律的基礎，又或者說，這行動恰好遵循了這塊土地的最高法律。這群人被貪婪、威望、權力所驅策，為阻止丹翠雨林（Daintree Rainforest）成為他們的刀下魂，我們不得不採取非暴力行動，成為最後的手段。

第一個遭到逮捕的是約翰·威廉斯（John Williams），他從路堤跳到挖土機的升降車上，把自己鍊在機器的排氣口上。動作非常迅速，也非常大膽，但就像多數行動一樣，僅是曇花一現。整個早上，挖土機不眠不休，挖出我們這些以鎖鏈綁腳、埋在土裡的人，一個一個將我們逮捕。

正午過後不久，警方拿著斷線鉗走到最後一列的防護人牆處。保育人士把自己的手或腳以鎖鏈栓在前排的琴弓式巨木上，但一個接著一個被警方用斷線鉗和鋸子鋸斷架走。不過，鋸子的效果其實不大，為了防止這種情形發生，我們早已將木頭用大釘子釘牢。

大約下午兩點的時候，最後一道防衛的人群幾乎面臨瓦解，只剩下瑪麗亞仍保持兩腳栓在深埋於地底下的竿頂，盤坐其上；另外還有葛恩家族的兩人，他們仍舊埋在堆放成山的琴弓狀木頭下的土裡。

開挖土機的工人正要開始移除木頭時，傳出一陣喊叫聲，原來是在旁邊看著的保育人士突然意識到，如果用這方式移除木頭，會使我們受傷。若其中一端木頭離開原本的位置，會導致一連串的木頭跟著滾動，而那些木頭之間的狹窄空間，恰好是我們緊緊待在其中的地方。這時候，挖土機的工作暫時中止，警方正在確認這消息是否正確。工人將挖土機停在一個地方，不知是否是上天安排，正好使我能與他四目相對，我一直在等待的就是這個機會。雖然，當時是我發自內心的發言，但說話的人卻又不是我，就好像自然進入我的意識裡面，讓我代表她發言。

我將全副心思都放在挖土機工人身上，幾乎可說是心靈感應，因為我的聲音在這時引起大家的注意。

先生，你剝掉了覆蓋在大地身上的那件斗篷，讓她因此死亡。而且她必死無疑，就像正午時分，被剝光衣服，裸身露體躺在沙灘上的嬰兒一般。即使步伐緩慢，但她必定會因直接曝曬而死。赤裸著直接暴露於陽光底下，將使大地逐漸變得貧脊，使自然再也無法展現活力和滿滿的豐富，無法再施行創造的神蹟。

先生，我求你明白。人類所建構的一切終將毀壞，而且短時間內將不復存在。但只要給自然機會，她就能不斷自我創造，慷慨大方地給予無比豐富的祝福。

先生，我求你停止這瘋狂之舉，別再參與這蓄意破壞的行為，請你退出，光榮回家吧。英雄的勇氣是眾人所歌頌。這項決定並不會為你帶來羞恥，也必不沾染臭名。我相信，你心裡也明白這是事實。現在，請付諸行動，立刻退出，成為一名英雄吧。請聽從你內心的聲音！我看到你的猶豫，然而，你的心已經告訴你什麼才是正確的決定，所以請別再猶豫。

先生，先生，你是否聽到我說的話？我知道你聽得清楚，卻充耳不聞。人所說的話是否讓你我失望了？或者這是森林靜默的宣言？假如我的話語再也不能讓你感動，假如我的話語因為濫用，而變得瑣碎、不具任何意義的話，那麼，請你好好地感受森林的能量，感受環繞在你周圍的生命脈動。

先生，我不相信你毫無感覺。現在還不遲，你必須明白，是大地在支撐著我們，是大地不斷自我創造，供應地表上的物種多樣性。我以人類之名，代表眾生，向你呼籲，希望你能做出正確的決定。回家吧，先生，回家吧。別讓人類的語言辜負了人道的精神，別讓人類的語言阻止你在這時候傳遞大地最細緻的情感。讓大地的情意觸碰你的心，喚醒你的感覺，那感覺必然存在你的心中，我如此相信。回家吧，英雄，不要帶著羞愧。

先生，我來這兒不是為了好玩，不是為了雜耍，也不是因為心懷詭計，這不是我把自己埋在這裡的原因。我來到這裡，是為了大地、為了森林。請你了解我所說的，我表達得非常淺顯易懂。你扯掉了大地的斗篷，那層保護她的外衣以及所有的生命。你也殺死了大地，這道理非常淺顯明白。

人類的語言，終究是行不通的。你搶奪她的剩餘之物，蹂躪她。人類的語言無法提供解答，而現在，我也清楚看到，語言並不能碰觸到你的情感，因此，我只能如同樹木一般，安靜站立。

當時有上百位人士參與或在旁觀看，有些是警察，有些是保育人士或大會的員工。當我開始講話時，全場安靜了下來，我感覺像是在大禮堂裡面演講，張力逐漸升高。挖土機的工人非常苦惱，他的表情扭曲，極為痛苦，他企圖鼓起勇氣撤退，卻仍無法辦到。警察明顯被感動了，他們靜止不動，幾乎被我的話催眠。此時，氣氛又更加緊張，很明顯地，這些警察再也無法努力保持如同電視播放情節般莊重得體。挖土機的工人退縮，警察也暫時離去解決午餐。

午餐過後，警方和挖土機又重新攻堅，只是這次他們不准任何人說話，他們像螞蟻一樣往我們身邊靠攏，挖起木頭覆蓋的那些泥土，緊附在我們身體上的泥土都被挖了起來。他們派來一台起重機，移除我頭部上方那根搖搖欲墜的危險樹樁。起重臂高高舉起，起重機和樹樁猛然之間，東倒西歪地往我的方向傾斜。因為，我的附近幾乎沒有空間可以讓警察使力，他們只好挖出木頭下方的泥土，好用斷線鉗剪斷我右臂上的鎖鏈。斷線鉗夾到緊貼在我手腕上的鐵鍊，拉扯之間，我覺得手腕隨時可能會被壓碎，我大聲喊著要他們停下來。

「胡說八道，他是在裝腔作勢。」一旁邊的警員說完後，準備繼續動作，但其中有個警察仔細盯著我看。

他大喊：「快停下來，你會壓斷他的手腕。」後來，他們設法避免扭動或拉扯的情形，終究還是剪斷了所有的鎖鏈。三個體型剽悍的警員手搭著手，協力控制斷線。啪嗒一聲！鎖鏈應聲而斷。現在，沒有了可以作為有效屏障的鎖鏈，他們隨意地挖出泥土。一根一根的木頭被清空，泥土開始被一鏟一鏟地挖出。最後，他們還是把我抓起來了。

危難眾生之伽陀頌歌

喔，那使我們相遇於滾滾紅塵的力量啊！
求祢祝福我們
求祢大大地釋放我們
凡那消失的、負傷的
凡那在地上遭遇困難的
芸芸眾生啊
我們將這大愛傳出去
為使他們能生養眾多。

葛瑞・史耐德（Gary Snyder，美國詩人）

眾生大會工作坊綱領

喬安娜‧梅西、佩德‧福連明

眼看著生物圈遭受愈來愈嚴重的破壞，奈斯提出了一個觀點和價值觀作為回應，他稱之為「深層生態學」。而且深層生態學的名號和概念，已經席捲了世界各地。他在本書的第一章，提出一種團體治療或所謂的體驗式過程，使我們真實地利用深層生態學的觀點和價值，發展出自我的生態意識，而「眾生大會」的目的即是如此。其實，現今的確出現許多不同的方式，來幫助我們超越人類中心思想和剝削自然的心態。「眾生大會」只是其中一種，今日這方式已存在我們當中，也廣為周知。本書的重要目的，即是分享「眾生大會」，讓更多人知道。

「眾生大會」之名有兩層涵義。狹義來看，意指一種宗教儀式，歷時大約一個半小時，或二至三個小時，如同會議一般，圍成一圈，代表各種生物發言。以更廣的角度來看，眾生大會指涉一個較長的過程，短則一天、長則數天，包含了一些練習和活動，這些都可能發展出某些儀式或延伸自儀式本身，繼而發展成工作坊，多在週末舉行。在工作坊的背景下參與，儀式更具真實性。除此之外，也能讓參與的人更有能力在他們的生活中產生改變。

本章將提供更全面的綱領與說明。

舉行這種團體活動並無任何奧祕之處，而是很自然地，以一種相當簡單的方式，幫助人更意識到我們身處的生態危機，並且清楚明白地表達出來，使他們更有行動力。

我們不一定非得是生態學家，或有魅力的團體領袖。因為想要延續生命的欲望——即催促我們拾起這本書的欲望裡，早已存在著最基本的要素。我們只需要具有清楚明確的意圖，找到大而隱密、使人感到自在的地方，並且獲得一點技巧得以領導工作坊的過程即可。

不要只想著「自己」

一開始先提出，為達成眾生大會的工作目標，背後需有清晰明確的意圖，才能有助我們度過目前可能遭遇的重重難關，以及單調乏味的折磨。切記，過程中不要凡事為自己著想，活動才能「順利推動」。只需提出一個架構，讓能量在其中自然流動就好，如此一來，我們的工作會變得輕鬆不少。

大會與工作坊的宗旨應該在於，強化人類保護地球上生命的責任義務，開發相關資源，並巧合地包含了其他次要目標：

- 培養對於生物同伴的同理心，敏銳察覺他們面臨的危險與困境。
- 更清楚意識到我們是命運共同體。
- 激發持續的行動，保護眾生。
- 透過悠久的生命演化歷程，回想那浩瀚的生命軌跡，並加以利用。
- 從更浩瀚、更悠久的壽命中，支取能力和權柄（authority）。
- 以開放的態度，面對生命之網中所蘊含的勇氣、忍耐和創造力之泉。

- 醫治精神與肉體之間、理智與直覺之間、人類與自然之間的裂縫，重新變得完整。
- 鬆綁想像力，開闊心中小孩的視野，一起玩耍。
- 與人類同伴建立信任以及更深層的社群意識。
- 為保護地球和未來的世代作預備，展開共同的行動。

上述所有的目標都意謂著一種轉向，從萎縮的自我意識、制約我們的主流文化和社會制度，轉向更大、更古老、更有韌性的真實生態我意識。事實上，若真的逐項列出所有眾生大會參與經驗，將會發現次要目標實在多不勝數。

地方、時間、人數

眾生大會舉行的地點包含室內外，範圍之廣，從大峽谷到大學學生聯誼室，從高聳的紅杉樹園到美國中西部的警政兵工廠，從學校體育館到教堂聖殿。

參與的人數少則六人以下、多至百人以上，包含各個年齡層。

大會的時間短則一個半小時，長則持續四天。參與的人可自行決定哪種時間長度較為可行。

領導工作坊的準備工作

請參閱梅西所著的《核子時代的絕望與個人力量》（*Despair and Personal Power in the Nuclear Age*, New Society Publishers, 1983）第四章中，詳細敘述「從絕望到培力」工作坊的主持人應該具備哪些條件，基本上與生態學的眾生大會工作坊主持人大致相同。請特別注意主持人的角色與風格，調整步調、照顧呼吸與身體、使用聲音和靜默，以及處理釋放緊張情緒等部分。主持人必然會遇到他們內心深層對於生命滅絕威脅的反應，因此留心面對自身情緒非常重要，同時需要超越面對這些強烈的情緒時產生的恐懼。

大會或大會工作坊的主持人，需要具備微妙的平衡能力。一方面，因為他們必須提供事先安排的架構，並擔任現場活動的指揮，所以需要擁有自信，才能使活動「步上軌道」。另一方面，主持人也擔任協調者的角色，因此須具備謙卑、平凡和柔軟等特質，使人相信儀式是自然發生的，並能自然而然地真實表達自己。

對於前來參加的人而言，這個活動是全新的經驗，可能讓他們看起來矯揉造作或愚蠢。作為在儀式中邀請他們進行各種參與的主持人，更應該以深層生態學的角度來看待；換言之，我們要以更大的「生態我」稱呼他們，並且支持**他們的**生態我。不需要大道理，也不需要催促他們，只要讓他們願意傾聽隱藏在每個生物裡的智慧和痛苦，體認到這是美麗卻又面臨危險的世界內在固有的一部分。

主持人若曾接受過團體動力學（group dynamic）的訓練，也有助表達出深層擔憂的經驗。若曾經參與過眾生大會的工作坊，同樣有所幫助。縱然這些都是理想的條件和特質，卻不是最基本要素，因為帶領大會所需的能力，都能夠慢慢發展出來。

請與另外一兩個人，共同主持眾生大會的工作坊。假如你是新手的話，最好和有經驗的帶領者合作，將是最好的訓練。共同主持有兩個好處，第一，恰好為所有學員示範生態界裡面的協同合作觀點；第二，輪流負責工作坊不同階段的工作，使每個人更自由地參與其中，更完整地表達自己的感覺和認識。

請記得以批判的眼光，進行活動後評量與雙向回饋。若要達到有效的協同主持，活動後的檢討工作與活動前小心謹慎的預備工作，同樣重要。

小孩也喜歡參加眾生大會，憑著小小的年紀，就已經明白大會的目的，並從活動中獲得勇氣和安慰。而且因為社會制約未深，所以仍能保持與自然的親近，比較不會潛意識壓抑感受，而能給予許多珍貴的回應。跨世代的眾生大會將自然創造出獨特的力量和喜悅。

若要十歲以下的小孩全程參與儀式，比較容易浮躁和分心。同時，若有小孩在場，可能形成一些阻礙，使某些較為年長的學員無法表達對於這世界情況的恐懼、憤怒和悲痛。因此，如果與會成員包含小孩，請安排托育，並判斷哪些階段的活動適合小孩參加。

工作坊架構

到目前為止，在團體活動中，「生態我」的改造包含三種方法類型，即追思（mourning）、回想（remembering），以及從其他生物發聲（speaking）。每一種方式或階段，都能進行某種練習，這些練習會在稍後詳述。

首先，讓我們了解意圖的宣誓（說明）之後，工作坊如何展開各個階段的順序，並以計畫行動和改變作為結束。

【意圖】醫治人類與自然的隔絕

我們聚集在一起，是因為地球已經面臨極大的危險；我們聚集在一起，是因為我們既然參與了生物圈的破壞，就必須參與必要的醫治工作。

如同約翰·席德在工作坊一開始所說：

> 當一群人聚集，一起度過一天，甚至是好幾天，是為了幫助彼此醫治人類與自然的隔絕時，這共同的意圖即是我們尋求的醫治。因此，我們必須好好思考這個意圖，並牢記在心。現在，讓我們用十分鐘來冥想這神聖的意圖。

假如時間超過一天，我們要鼓勵學員晚上睡覺前，心中仍必須保持清醒，不斷在腦海裡想著意圖。

開場的自我介紹時，除了介紹自己的名字，也須公開表明他們願意重視生命和滿足生命需要的承諾，說出他們喜愛地球的某個面向（只要一個面向即可）。若時間允許，也可以說說是什麼使命感，或因為感受到怎樣的迫切性，使他們來到這裡。有時候，會在大家說話的同時，在學員間互相傳遞陶製或橡膠製的地球、石頭或水晶。

【追思】重新和世界連結

若不讓自己有所感覺，感受心中因明白世界所遭遇的而覺得痛苦的話，深層生態學就只是一個概念，沒有任何力量改變我們的意識或行為。工作坊提供一個令人安心的地方，來承認、探究、以及釋放這種痛苦與傷害。通常一開始顯露出來的，都是因為遠古森林、乾淨的河流、鳥語花香、清新空氣的消失，而產生一股深層的失落感。這時候進行追思的儀式是適當的，讓我們至少有那麼一次機會，訴說哀傷與落寞，必要時，也向生命中那不復存在的道別。當學員在大家面前或在小組裡，完成這個動作之後，隨之而起的也許是憤怒、害怕和絕望，除了這些，還可能出現另一種情緒——那就是充滿熱忱的關懷。

關懷和源自於此的互依互存，是造成憤怒和悲傷的原因。而指出這個道理，是工作坊主持人的重要責任。除此之外，還有什麼原因能讓我們為眾生，甚至還未出世的生物，流下哀傷的淚水？深層生態學的原則，能解釋我們為什麼會為地球和眾生感到痛苦，並解釋當我們不再壓抑痛苦的感覺，重新連結於世界時，為什麼歸屬感會油然而生。

有許多因素都能解釋，為什麼這階段的活動不僅在本質上與「從絕望到培力」的工作坊相仿，也能使人準備好參與接下來的儀式。首先，追思活動瓦解了文化制約的防衛心，「人與自然隔絕」的錯誤認知，營造一種假象：「我」應該能夠掌控局面，也讓我們以為自己是旁觀者，可以對他人的遭遇冷眼旁觀。第二，使互依互存或深層生態學的概念產生力量。第三，為接下來的活動工作，建立團體成員的信任感。

這階段的時間不需要很長，重要的是幫助人們發現自己懷有真實關懷的心，並超越給予關懷，個人所必須承擔的痛苦與恐懼。若以此為目標，就能大大幫助接下來的練習活動。

說你感受到的故事

生態故事時間，讓每個人在一開始就能充分獲得聆聽，啟動工作坊的開關。首先以三至四人為一組，利用大約五至十五分鐘，描述某些生命經驗，包括曾經強烈感受到自然存在，或是因為這世界所發生的事而感到痛苦的經驗。主持人可以先行示範，然後強調這不是對話討論，而是說故事。因此，每個人都要專心聆聽其他人的故事，不能提出任何回應。建議以鈴聲或鐘聲來控制時間，讓寂靜圍繞著每個人的故事。

梅西總是引述一行禪師的話，來解釋這項練習，「我們所要做的最重要的事，就是從內心深處去聆聽地球哭泣的聲音。」我們每個人聆聽的方式都不盡相同，你用的又是什麼方式呢？

默想西雅圖酋長

一個世紀前，偉大的美國原住民酋長以優美流暢的先知語言，經過佩瑞於一九七〇年重現，可堪稱深層生態學的聖經。請在眾人圍住的圈圈中傳閱宣言的文本，讓每個人用堅定的聲音，大聲地輪流念出其中一小段（請參第一一三頁西雅圖酋長宣言，請自行將內文分成適當長度的段落。）

結束的時候，主持人先請全體成員靜默，然後邀請他們說說內心深處的想法。「我們可以想像西雅圖酋長本人就站在我們中間，告訴我們及生物同伴現在的情形為何。」那時候，絕對不會發生冷場，緊接而來的通常都是淨化人心的暢所欲言，因為，西雅圖酋長已深深觸動每一個人的心弦。這個階段的功能與基督教的禮拜儀式開始前的告解相似，若省略這一步，將很容易使我們以為自己是全面改革的代理人，落入假冒為善的陷阱中。

感謝離開的生物同伴們

這階段的活動，請以類似西雅圖酋長的儀式進行，讓大家一起高聲念出瀕危物種和受威脅物種名單（可從野生動物保育的相關組織取得，也可以本書第一二三頁的〈動物寓言故事〉為材料）。

唸完所有面臨滅絕的動植物之名後，可以突然拿起一雙筷子或響板敲響，斬釘截鐵，就像斷頭台的聲音，提醒他們——滅絕，就是永遠的結束。我們既然沒有為這些離開的物種舉辦喪禮，至少應該集體為他們默哀一分鐘，尊崇他們曾經貢獻出某些能力給我們共同擁有的地球。

不說話，去看、去碰觸

生態隨走（eco-milling）是一種引導式冥想，以不使用語言的互動，讓人安靜、逐次與不同的人相遇。可在一個房間或空間內隨意亂走，按照主持人的提示，一次又一次地在每個人面前停住，握住他們的手、注視他們，看到這些生物是如此複雜精細，卻又如何脆弱。這時可以暗示學員不須作出任何回應，但請全神貫注——將全部的心思意念放在此刻所見、所碰觸到的人，全神貫注於耗費數百萬年以上才演化而成的人類型態。眼前的這個人為了這世界如此哀傷，卻也擁有一股內在行動和重建的力量。

這是能夠喚起情感，也是充滿力量的練習，非常容易進行引導。[1]透過人與人之間無聲的相遇，能突顯並正面肯定他們對生命以及這個時代所面臨危險的關心。

當你直視對方的眼睛，請想想你眼前的這個人，可能因為呼吸或吃喝了環境中的某個東西，未來將死於癌症。……只要是活在這個地球計算時間軸裡的每一個生物，都可能面臨這樣的命運，但你能堅強面對和處理。……這時請用說話以外的方式、用任何你覺得合宜的方式，來承認這種可能性的存在。

接下來，以相同的方式，請他們兩兩一組，面對面。「想著你眼前的這個人，未來可能在醫治這個世界的工作上，扮演舉足輕重的角色……。」並讓他們自然而然地回應任何可能發生的情況。此外，可以擴大練習活動，納入空間的運作，增加彼此分享的界面。

走路時，請特別注意人類的身體如何有所感覺。現在，請依次走近其中一人——一個你不認識的人，將他的手握在你的手中。每一次大約幾分鐘的時間，分享你曾有的特殊自然經驗，說說引起你注目且現在仍存在心裡的某樣事物，……彼此互道感謝後，開始按照自己的步調，在房間裡來回走動，移動時請慢慢地、深深地呼吸……。

在《核子時代的絕望與個人力量》裡，可以找到更多關於練習活動的敘述，例如稱為「通透呼吸」（Breathing Through）的引導式冥想，以及使用顏色或黏土的視覺練習，都適用於這階段的深層生態學活動。靠著整個團體無聲的支持，顯露那顆關懷世界和未來的心，並且不再受到壓抑。當我們能承認並自覺到那顆關懷的心，能量就會因此釋放，產生極具創造力的回應。

【回想】漫長的演化過程

人類是地球上的有機生命體，擁有悠遠全觀的歷史過程。我們並非昨日新生，也不僅限於地球上如此短暫的時間框架內，相反地，人類的根可追溯自開天闢地之時。這些經歷仍然存在我們的心中，只要學習，就能回想。如同母親子宮裡的胚胎，重新回溯了地球上細胞生命的演化歷程。同樣地，我們現在可以利用理解力和想像力，在意識層面上回想那漫長的演化過程。

有一些方式能幫助我們觸發回想的開關，包含引導式冥想，專注於演化旅程，喚醒我們作為地球的四十五億年歷史故事（或是作為宇宙的一百五十億年的光陰故事）。以下這些方式，都已在各處廣泛運用，能幫助我們達到效果。

重拾演化的記憶

你可以借用演化的記憶（第八五頁）作為認知基礎，來選擇你希望營造或帶出的形式。這裡提供的練習包含兩個部分，第一部分帶著我們從宇宙的大爆炸，來到地球上有機生命的出現，此部分最好以旁白的方式進行。請大家以舒服但可以保持清醒和放鬆的姿勢，或坐或躺，準備進行此階段。由旁白不疾不徐地念著故事，時而停頓，時而繼續，請大家從宇宙的起源開始，一起進入回想的旅程。

第二部分則是引導式的動態冥想，專注於從單細胞開始的有機生命，演化成為今天的人類，穿戴上更加複雜的型態和表現形式。探索人類演化的每一步腳印，以真實發生的旅程，取代過去以來原始創造的神話（請學員實際扮演這段回想過程，「去感覺」，好像這是他們自己所經歷的演化過程）。

請斟酌保留一到一個半小時來進行練習。一開始，請學員以舒服的姿勢平躺或是趴下，放鬆自然地呼吸。每一個不同演化階段的開始，都是一邊聽著旁白敘述的演化故事，一邊在腦海裡認真想像，之後再讓身體動起來。有些人可能會在整個練習活動中，都選擇安靜地坐著觀看。只要鼓勵他們以最真實的狀態回應指令，隨心所欲扭動身體。他們可能會驚訝地發現，原來身體早已有所感覺。在某些比較動態的階段，有些人可能會覺得需要以碰觸他人的方式作為回應，但此時也應注意人類的習慣性反應，例如道歉等。可使用鼓或沙鈴作為該階段結束的信號，指示他們以休息的姿勢，準備聽從下一階段的說明。

最後請保留三十分鐘，兩兩一組，坐著或伸直身體躺下皆可，分享剛剛的過程，彼此述說回想著曾經是蜥蜴或小型哺乳類動物時，身心的感覺為何，這些都能使過程更加生動逼真，並有助於回想。

透過聲音和動作的冥想，能幫助我們經驗到語言層次以下的意識層面，強烈覺察到身體細胞裡面從未挖掘出的寶貴記憶和智慧。

與蓋婭同在

關於這部分的文字敘述，可參閱本書第一〇一頁。可大聲念出，也可加以背誦，或即興演出，適用於小組活動，以及人數眾多的場合。視你的需要，進行修改或增加。若情況允許，建議搭配鼓聲模擬心跳的聲音，因為我們每一個人的心跳，也是世界的心跳。

蓋婭的冥想

可見於本書第七九頁。這部分同樣適用於比較大的團體中，但若要特別達到效果，建議兩兩一組，面對面坐著，成為彼此的「冥想對象」。輕輕喚醒那自然界中供養著我們存在、交織生命之網的生物奧妙與千變萬化的元素流。

輕輕握著他的手[2]

若你沒有足夠的時間或空間可以進行完整的活動，那麼即使只是輕輕握住另一個人的手，也可達到驚人的效果。若是面對大群會眾，可在演講、節目或宗教儀式中，安插五分鐘的活動；若是在工作坊，則可接續在「生態遊走」之後，或以此取代「生態遊走」。

請大家閉上眼睛，聚精會神於他們所觸摸到的感覺。

請仔細感覺盤根錯節的骨頭結構和肌肉組織，感覺手掌的柔軟和指尖的敏銳。他們的手沒有殼、沒有盔甲，也沒有用來保護的肉墊，很明顯得以用來學習，用來做事。透過「手」，大地可以觸摸自己，也能認識形狀和質地結構。……

無論你在宇宙的哪一個地方，無論在太空中的哪一條黑暗走廊裡，只要與之相遇，你就會知道自己已經回到熟悉的家，因為，那是屬於地球上人類的手，別處無法找著。「手」的出現，是耗費了四十五億年、是只有地球的特殊條件下所創造。……這手原來是我們的鰭，在原始海洋游啊游……。

請用你自己的話，說說手的故事，述說手如何向上抬高，爬上陸地，如何學習伸手、抓取，如何製作工具、編織、栽種，建造廟宇和望遠鏡、毒氣室、醫院……如何為因應未來作準備、以及如何建造一個理性、正派的世界。

共同發展生態我意識的過程，使我們發現，其實人類是非常古老的存在。而主持人可以指出，偉大的時代早已賦予他們權柄與容忍的能力。因此，當我們為了保護其他物種而站出來，或面向公司企業、政府官員或軍隊說話時，不是因著個人好惡或心血來潮——而是靠著四十五億年賦予我們的權柄。

生態呼吸

另一個讓人重新回到生物圈的練習，我們稱之為「生態呼吸」。這是約翰・席德和羅伯特・羅森（Robert Rosen），於澳洲根據「BRETH」（Breath Releasing Energy for Transformation and Healing，釋放改變和醫治能量的呼吸）工作坊所設計的活動。BRETH工作坊是一種幫助個人成長（類似Rebirthing，「重生」）的途徑，利用與眾生連結的回歸呼吸（holotropic breathing），讓自己接觸深層的潛意識層面，並好好面對過去懸而未決、但至今仍限制和制約我們生活的問題。

每一場「重生」工作坊通常會持續數小時。參加重生工作坊的人，要找到一個夥伴，輪流成為「呼吸者」（breather）和「照顧者」（sitter）。請呼吸者躺下，保持某種呼吸節奏，藉此方式可以進入他們內心最深層的自我認識，也可能伴隨著劇烈的異象和記憶、強烈的感覺和情緒、哭泣、身體的抖動、狂怒等反應。歷經多場的重生工作坊後，可能是問題已獲解決的感覺，也可能感覺到被醫治、覺得完整，或感覺得到力量。

BRETH雖與重生工作坊相似，但相較之下，更強調學員進入呼吸課程的**意圖**。意圖是有意識形成的想法。經由課程之後的小組分享和討論發現，意圖其實與課程中的經歷有極大的關聯。因此，在生態呼吸工作坊中，我們會利用兩天進行BRETH課程，進入第二階段時，意圖將從個人人生的意圖轉向地球的意圖。結果顯示，生態呼吸工作坊能提升我們存在的層次，超越個人，甚至超越物種。

【認同】與其他生物連結

工作坊成員透過追思和回想，願意接納內在生命的普遍性，樂意脫去人類單一身分的認同，並利用一些時間，想像體驗其他生物的感覺。這就如同復興那幾乎已被遺忘的手藝；或是再次吟唱，那雖覺熟悉、但多年未曾想起的曲子，令人心滿意足。工作坊領著我們摸索向前，選擇了生物——或由生物來選擇我們。向這個世界舒展，來領會、來感覺人類極限知識領域的內涵，留心傾聽周圍和心中的自然如何竊竊私語。

換句話說，這是為了眾生大會儀式所作的準備，而初步的內容包括三個階段：讓別的生物來選擇我們、製作代表生物的面具、以及練習為他們發聲。

邀請生物的到來與結合

當你要學員允許自己被其他生物選擇時，可以參考〈眾生大會〉那一章中法蘭克的敘述。安排約一個小時，進行這項徜徉在自然裡的戶外活動，鼓勵他們找到感覺舒服自在的地方後，再開始進行「靈境追尋」（Vision Quest）的階段。這時尋找的稱之為盟友，並在眾生大會中為他們辯護，代表他們發言。

若是在室內進行，那就只能進行內心追尋，並將時間濃縮到十至十五分鐘。播放野地的聲音或冥想音樂，但要避免過度音樂干擾造成分心。這時可以請他們深沉放鬆，最好能躺下，以開放、不帶議論的心靜靜等待，邀請別種生物的到來與結合。

無論戶外或室內，鼓勵他們接受首次浮現的直覺反應，重點並不在於選出你覺得非常了解的生物，而是為那到來的生物感到驚奇。無論是動植物，或是沼澤、峽谷等生態物。請他們想像這些生物完整的樣貌，包含每一個角度，如他們的大小、形狀、移動方式等。請他們徵求生物的准許，使他們得以進入其內，從身體內部去想像、去感受。最後，請他們徵詢生物，問問他們希望人類如何為他們辯護，以及眾生大會中可以戴上什麼樣貌的面具作為象徵。

無聲製作面具

請在防潮布或桌上攤開所有材料（紙板、有色麥克筆、漿糊、膠帶、剪刀、繩子等），並安靜地進行。也可以播放音樂，讓他們放鬆，激發出自發性和創造力。從工作坊中製作的五花八門面具中，往往形成一股驚人的原創力。

可用繩子或橡皮筋戴上面具，或用漿糊黏在棍子上，以手握住，放在臉部前方。若要使他們方便在人與生物之間的角色互相轉換，後者的方式較為合適。確認每副面具的眼部和嘴部都挖了孔，若嘴部沒有挖孔，會因為被遮住而不易聽清楚發言。有些人可能會比較喜歡做胸部配戴的盔甲，或是直接畫在臉上，無論決定採用哪種方式，簡單和方便移動是重要原則。

以三十分鐘進行這階段的活動，應該綽綽有餘。若時間或場地不方便製作面具，可以發給每人一小張正方形的紙張或空白標籤，以簡短的時間畫出生物的形狀或是象徵圖像。若因為人數或其他考量因素，造成這方法也不可行，請不要擔心，只要讓他們說出代表的生物即可。

動態生物冥想

若時間允許，可以進行這個練習，幫助他們更充分連結自己代表的生物。此時請暫時擱置面具。

請舒服地坐著，或躺在地上，全身放鬆，輕鬆地呼吸，慢慢感覺自己進入生物的體內……現在的你是什麼形狀？……占據了多少空間？……你的皮膚或表皮長什麼模樣？……你如何認識周遭的環境？如果你會動，是怎麼移動的呢？……你會發出聲音嗎？請試著發出一些聲音……。

練習為生物發聲

戴上面具，以三至四人為一組，練習用人類的聲音為自己代表的生物發聲。這過程與上一場活動，都能加深人與生物之間的連結。若沒有這些前置工作，眾生大會極有可能淪為極度人類中心觀點的表現——說教、責難，充斥著含糊概括性或科學性的語言。

讓每一個生物輪流利用五分鐘向組員發表心聲，包含自我介紹，並說說變成這個生物後，有什麼感覺。要求他們保持專注於身體上的特徵和生活方式，避免任何針對環境現況的宣告性字眼。

> 上天賦予你說話的能力，使你可以清楚說出，現在的你有什麼樣的感覺。你特別喜歡哪些能力和特質？試著忠於自己代表的生物，並使用第一人稱，其他聆聽的人可以提出問題，幫助說話的人更清楚表達，也更完整地認識自己所代表的生物。

過程中通常會充滿笑聲和歡樂的氣氛，這是向人展現他們有能力連結於其他生物的有效方式，除此之外，若沒有時間舉行眾生大會，也可以這個活動代替。在這種情況下，小組進行的內容可包含三個階段：描繪生理的天性；分享在目前人類大幅影響的環境下，他們的生活發生什麼變化；最後則說出願意送給人類的特殊力量和能力，幫助人們阻止仍持續在世界各個角落所發生的環境破壞。

制式的開始，即興的結束

書中對於眾生大會的活動紀錄（始於第一三三頁），可以作為主持大會儀式的原則參考。請記得，大會本質上都是當場即興展現，因此每一場呈現的內容都大相逕庭，每一場大會皆具備本身的特質和流暢性。有些是情感強烈的爆發，有些是輕鬆愉悅，有些則看起來正經八百。另外，請牢記一點，表面常常誤導我們的判斷。有些人扮演角色時看似非常彆扭，或者有人相當沉默，看似壁上觀，但可能已被眾生大會深深感動。

雖然，儀式的開始都有固定的方式與架構，結束的方式卻是無法預知。儀式將如何結束，取決於小組的氣氛及釋放出的力度。有些大會的儀式以靜默沉思作為結束；有些是站在中間的人類，緊密依偎著詠唱或哼唱著；有些則是將面具掛在牆上，充滿敬意瞻仰，或設立臨時祭壇，向這些生物獻上感謝祭；其他可能是熱鬧的氣氛，和以隨意敲打的鼓聲、舞蹈結束，夾雜貓頭鷹的呼呼聲、嚎叫聲和其他野性的呼號；有些則是按順序，連續發生上述的現象。

儀式結束後，便可以讓這些生物離開，讓人回復到原來作為人的身分。我們會建議利用焚燒面具的儀式，輪流來到火的周圍，將面具丟進火裡的同時，向生物表示感謝。此時，其他人可以齊聲說著：「貓頭鷹，謝謝你」、「撒哈拉，謝謝你」……。

眾生大會的儀式大約需要二小時，請盡量將時間安排的鬆散一點。能夠在晚餐過後放鬆地休息，說故事或發表談話、跳舞、或著只是看看夜晚的天空，真的很棒。

後續追蹤：整合與計畫

再次召集組員圍成一個圓，分享每個人對於眾生大會儀式的回應。此時，請在專心聆聽他人之前，先分享參與經驗的想法，以及震盪著內心的內在回應。

這階段約需要一小時，請特別提醒他們，前半部時間的目的並不在於討論，因此每個人都可以隨意暢所欲言，記得說話的中間可稍作停頓，讓表達更加清楚。分享的形式可包括唱歌、動作和說話，以及晚上作的夢。這階段的活動不僅能深化他們的參與經驗，也能加深社群意識。

身體活動和伸展過後，就是共同擬定計畫的時間了。現在的我們能如何吸引大家加入行動？生活方式需要什麼改變？是否有任何感動要進行相關行動？在這相關工作的範圍內，我們能夠如何互相幫助？

這一階段的活動可以腦力激盪作為開始，並將想法紀錄在新聞紙上，只要有想法引起大家特別的興趣，就可以放在團體或小組討論。現在，該是以實際層面思考，交流資訊和書籍、影音、組織等相關資源的時候，也是擬定具體行動計畫和排定後續會議之時。請於工作坊結束前，確認後續工作的相關內容。

閉幕

工作坊既然以儀式作為開端，也當以儀式劃下句點。儀式不需要非常複雜，可以請人們站著，向我們當中跳動的生命脈搏表達謝意和敬意，自然而然地說出禱詞和承諾。除了上述方式外，可由學員精心設計與提供。若工作坊開始時曾經乞求四方力量，就必須於結束時向它們表達感謝、敬意和釋放。

眾生大會的結束，僅停留在某些層面上。雖然，未來要再次召集同一群人的可能性極低，但我們相信，這經驗會永遠成為圖像，留存於在場每個人的心中，使他們想起心中那更偉大、更真實的生態我。

1 請參閱《核子時代的絕望與個人力量》的〈遊走〉（The Milling）一文第九四頁之後，依情況修改其中的說明，強調生態危機的存在。

2 《核子時代的絕望與個人力量》第一〇一頁的〈輕輕握著〉內文包含教學說明，可為了回想的活動而任意修改，來突顯演化面向。

一日活動日程表範例

09:00	報到 與工作坊環境介紹
09:15	暖身／呼吸練習／遊戲／詠唱等
09:30	歡迎詞與開場
09:45	開場練習
10:00	生態遊走
10:20	重拾演化的記憶
11:30	與自然獨處／尋找生物盟友
12:30	午餐與製作面具
13:45	聲音／身體的暖身、團體簽到
14:00	冥想選定的生物代表
14:15	小組進行多方生物訪談
14:30	眾生大會開場：儀式空間開場
	宣讀：動物寓言故事／瀕危物種名單
	介紹現場生物
	邀請人類一起默默見證
	生物更進一步回應人類
	人類尋求引導
	與自然獨處，向生物道別
	象徵性釋放生物
	大會儀式結束
16:00	兩人一組進行審視：如何活出深層生態學價值觀
16:15	腦力激盪：如何為為地球努力？
16:25	兩人一組，聚焦討論個人目前／未來的努力和承諾、以及未來一年所需的支持。
16:40	報告／閉幕圈圈：評價、評論、「小蜜蜂嗡嗡嗡」／唱歌

註：本活動日程表為室內的活動設計，因此較為緊湊，若於戶外舉行，可配合戶外較為溫和緩慢的步調，將時間再拉長約一小時。

二日週末活動日程表範例

週五 19:00-21:00	
19:00	報到／行前說明
19:15	歡迎詞與開場
19:30	開場練習
20:00	遊戲／詠唱／尋找同質群組
20:20	與同質群組相見歡——確立參加意圖
20:50	床邊故事／唱歌
週六 09:00-21:00	
09:00	暖身／伸展／遊戲、前日回顧
09:20	同質群組相見歡，共同設計開場儀式
09:50	同質群組主持開場儀式
10:10	生態遊走
10:40	重拾演化的記憶
12:00	與自然獨處，靜默思想
12:30	午餐
14:00	團體簽到／遊戲
14:15	宣讀：動物寓言故事／瀕危物種名單 以西雅圖酋長演講作結／練習
15:00	靈境追尋
16:00	製作面具
16:30	探索新生物：冥想，兩人一組
17:00	晚餐
19:00	「與蓋婭同在」冥想
19:20	同質群組相見歡：設計生態戲劇表演
20:10	生態劇場表演
20:40	「輕輕握住」練習
20:55	晚安曲
週日 09:00-16:00	
09:00	報告事項／當日流程說明／團體簽到
09:15	暖聲與暖身
09:30	眾生大會儀式
11:00	與自然獨處
11:30	同質群組相見歡
12:00	午餐
14:00	全體簽到／唱歌／遊戲
14:30	兩人一組進行綜合練習：如何將所學融入日常生活中？ 腦力激盪：我們要如何為地球努力？ 小組：個人應如何為地球努力？ 未來一年內，我們需要哪些支持？
15:40	大會結束

後記
眾生大會在台灣

陳俊霖　亞東醫院精神科醫師，荒野保護協會常務理事

這本書或許對大部分的讀者而言不免有點虛無縹緲。但在台灣，這本書對散在各地的某幾百個人而言，卻會勾起一份生動的回憶，並開啟再一次更深刻的體悟。

二〇一一年四月八到九日這兩天，來自澳洲的環保前輩約翰．席德應荒野保護協會之邀，在位於北宜公路上的二格自然中心，帶領四十餘位愛好自然、投身環保的伙伴，舉辦了台灣有史以來第一場「眾生大會工作坊」。

兩天一夜相聚山林中簡樸的古厝旁，在約翰．席德的帶領下，經歷了一段一段的活動，大家時而吐納，時而冥思，時而吟唱，時而言志，時而行走，時而端坐，時而神遊宇宙，時而扮演眾生，時而感動，時而悲傷。原來，這就是傳說中的「眾生大會」。

何以謂傳說呢？

此前幾年，荒野保護協會開始接觸羅斯札克（Theodore Roszak）引領成流的生態心理學（ecopsychology），幾經折騰，在二〇一〇年把他主編而由美國山岳協會（Sierra Club）出版的《生態心理學：復育地球，療癒心靈》（*Ecopsychology: Restoring the Earth, Healing the Mind*）一書翻譯成中文出版。書中提到約翰・席德、喬安娜・梅西等人，以及眾生大會這個名字看來極為有趣卻著墨不多的聚會儀式。卻也正巧就在此時，當時在台中靜宜大學任教的林益仁老師，在完全不同的因緣下，邀請了澳洲的環保前輩約翰・席德訪台。非常意外卻也彷彿理所當然，荒野參與了接待席德的工作。基於荒野過往以辦理教育和體驗活動為主的基礎，當我們得知要接待的人是書上提到的約翰・席德時，便迫不急待希望他原汁原味地在台灣示範一下眾生大會工作坊。他也爽快地答應了。我們在離台北市不太遠的郊區找一個僻靜又充滿自然能量的地方，於是，有了二〇一一年四月八、九日在二格自然中心的這場殊勝的聚會。

讓我們尤其佩服的，在國內外講師珍惜自己的飯碗，視活動教材之智慧財產權為無上至寶的今日，席德全然一副歡迎我們翻譯傳閱，提供開放下載，歡迎學去帶領別人，而且最好越多人幫忙傳播越好的態度，真的是幫地球做事的無私典範。他不但將工作坊的講師費捐給雨林資訊中心（Rainforest Information Center）。翻譯教案的版權代價，竟然是我們也要提供中譯本讓他掛在眾生大會的英文網站上供人下載。當然我們不該苛求所有的環保人士都得這麼利他，但我真是敬佩他在生活上的檢樸與無私。

回來再說眾生大會工作坊，這是約翰．席德與喬安娜．梅西等人，基於深層生態學（deep ecology）、生態心理學（ecopsychology）等思想，所發展出來一套帶領人們重新體會心靈中自我認同如何擴大而與自然連結，進而讓生態自我（ecological self）得到更完整發展的一套工作方式。深層生態學和生態心理學是環境思想光譜中較為抽象而頗需體會的一端，前輩們在長年環境實務工作中凝聚出這樣一套工作模式，可以說是辦理「生態自我發展團體」的操作手冊，後人得以依樣畫葫蘆，實在是重要的庇蔭。

也因此，大多數的讀者若不熟悉這個領域，或許看到此書像是美麗的自然文集，活動的部份或許還有些莫明其妙。但對於親自體驗過眾生大會工作坊的朋友們來說，這本書將勾動當初生動的回憶。而對我們這些在席德之後試著在台灣繼續辦眾生大會的徒子徒孫們而言，這本書把很多活動背後的道理講得更明白，提供更多可以引用的詩文，與原本的操作手冊相輔相成，有助於深化引領者的內功。

席德曾在二〇一二年再度來台協助辦理亞太 NGO 環境會議。那之後，荒野的生態心理志工們也持續把這個薪火傳接下來，不定期地舉辦此一工作坊。而其中如「宇宙回溯」、「地球是一粒胡椒粒」等個別的活動，在其他的場合也多所運用。這顆種子留下的能量正慢慢成長中。

我們努力傳下眾生大會的香火，套句席德書信結尾愛用的問候語：For the Earth.

如果你也覺得心神嚮往，如果你看完此書也似乎感受到些什麼，在台灣，你還可以試著找到下列的資訊擴展這份連結：

- 試著讀《生態心理學：復育地球，療癒心靈》（*Ecopsychology: Restoring the Earth, Healing the Mind*）（荒野保護協會，2010/2012），這是生態心理學的經典。
- 試著讀《崇尚真實的文明》（鼓手，2011），是喬安娜・梅西極少數被譯入台灣的書。
- 試著上網站「生態心理季」查找前幾年生態心理學相關活動的資料，尤其關於二〇一一年席德訪台的記錄，可以在「生態心理季」網站上找到。（參見：http://eco.ecopsychology.tw/Action_john.htm）

- 找機會參加「眾生大會工作坊」，親身體驗一下和閱讀文字當然是完全不同的經驗。
- 尋找臉書社團「生態心理學」，持續接收生態心理學相關的資訊和活動訊息。
- 試著查找生態心理學、深層生態學、眾生大會以及書中諸位前輩的相關資料。

活動：遊走（畫面右方為席德）

化身眾生準備開會（右帶面具者為席德）

本書與臺北醫學大學醫學人文研究所合作出版

像山一樣思考

Thinking Like a Mountain:
Toward a Council of All Beings

作　者　約翰．席德等
John Seed, Joanna Macy, Pat Fleming, Arne Naess
譯　者　黃懿翎
編　輯　陳玟如
設　計　高偉哲
總編輯　劉粹倫
發行人　劉子超
出版者　紅桌文化／左守創作有限公司
10464臺北市中山區大直街117號5樓
02-2532-4986
undertablepress@gmail.com
印刷　約書亞創藝有限公司
經銷商　高寶書版集團
11493臺北市內湖區洲子街88號3樓
02-2799-2788
ISBN　978-986-91148-2-0（平裝）
978-986-91148-3-7（精裝）
二〇一五年四月初版
新臺幣二八〇元（平裝）
新臺幣三五〇元（精裝）
臺灣印製

國家圖書館出版品預行編目（CIP）資料

像山一樣思考 / 約翰.席德等（John Seed）等作，黃懿翎譯.
-- 初版. -- 臺北市：紅桌文化，左守創作，2015.04
200面 ; 14.8 x 21公分
譯自 : Thinking like a mountain : towards a council of all beings
ISBN 978-986-91148-2-0（平裝）
ISBN 978-986-91148-3-7（精裝）
1.自然史 2.人類生態學 3.自然保育 4.美國
300.852　　　　104004543